高等师范院校教师教育系列教材

中学物理实验教学研究

编著 张伟

陕西师范大学出版总社有限公司

图书代号　JC10N1264

图书在版编目(CIP)数据

中学物理实验教学研究／张伟编著 .—西安：陕西师范大学出版总社有限公司，2010.12（2022.7重印）
高等师范院校教师教育系列教材
ISBN 978-7-5613-5424-7

Ⅰ.①中… Ⅱ.①张… Ⅲ.①物理课—实验—教学研究—师范大学—教材 ②物理课—实验—教学研究—中学 Ⅳ.①G633.72

中国版本图书馆 CIP 数据核字（2010）第 261374 号

中学物理实验教学研究
ZHONGXUE WULI SHIYAN JIAOXUE YANJIU

张　伟　编著

责任编辑／	钱　栩
责任校对／	古　洁
装帧设计／	雷　青
出版发行／	陕西师范大学出版总社
	（西安市长安南路 199 号　邮编 710062）
网　　址／	http://www.snupg.com
经　　销／	新华书店
印　　刷／	西安日报社印务中心
开　　本／	787 mm×960 mm　1/16
印　　张／	20.25
字　　数／	360 千
版　　次／	2011 年 4 月第 1 版
印　　次／	2022 年 7 月第 2 次印刷
书　　号／	ISBN 978-7-5613-5424-7
定　　价／	49.00 元

读者购书、书店添货如发现印刷装订问题，请与本社高教出版中心联系调换。
电话：（029）85303622（兼传真），85307826。

前　言

　　众所周知，物理学是一门实验科学，这一学科特点决定了中学物理教学必须以实验为基础。教学实践中，人们早已认识到，物理实验在提高学生学习物理兴趣、帮助学生形成物理概念、理解物理规律、学习科学研究方法、发展技能与能力、培养科学态度及科学世界观诸方面均具有十分重要的作用。多年来，人们在现代教学理论、学习理论指导下，对物理实验的教育教学功能进行了深入的探索，取得了许多对当今中学物理实验教学改革颇具指导意义的新成果。为了适应当前中学物理课程与教学改革的发展形势，满足高等师范院校物理系本科生教育学二学位《中学物理实验教学研究》必修课程的教学需要、物理学科教育硕士专业学位研究生必修课的教学需要、"物理课程与教学论"专业方向研究生专业课的教学需要以及高中物理教师继续教育必修课的教学需要，我们编著了这部教材。

　　书中对实验物理教学与研究的基本理论问题进行了较为深入的探讨，以现代认知心理学为指导，从一定的理论高度论述了实验在中学物理教学中的地位与教育教学功能；论述了在教学仪器工业快速发展的今天，大力提倡自制物理教学器具及利用其开展物理教学的教学论依据；以现代教学理论、学习理论为指导，探索了"以学生为中心"旨在培养学生探究能力与创新能力的实验教学模式。由于物理演示实验是中学物理教学中最为活跃的实验教学形式，它最能发挥教师的创造性并最有利于引导学生进入科学的殿堂，因此，书中用较大的篇幅论述了物理演示实验设计与研究的基本要求、物理演示器具研制的一般规律、创新思路，同时进行了实例分析、专题研究，归纳出物理演示实验中微小量的放大方法，介绍了几种元器件在物理演示实验中的应用与"投影实验器"的研制方法，同时，探讨了利用内蒙古地区生活材料器具开展物理实验教学的方案设计问题；书中还介绍了学生分组物理实验、课外物理实验的特点、过程及要求，并进行了专题研究；为了提高学生动手加工制作的能力，介绍了常见材料的自加工技术。

　　应该看到，从开设实验到开展实验教学研究，这是对中学物理教师和师范大学物理系本科生提出了更高的要求，这是时代发展对教师及未来教师提出的新要求。对于物理学科教育硕士专业学位研究生以及物理课程与教学论研究生来说，更应该具备较强的实验教学研究与创新能力。编著本书的宗旨正是为了满足培养高层次、高素质中学物理教师、教研人员与管理人员的需要，着力体现"时代性"、"实践性"、"探究性"和"创新性"特点。

主编从1989年首次在内蒙古师范大学物理系本科生开设《中学物理实验教学研究》选修课至今，先后有20届学生从中受益。教学中运用了创造学的原理，引导学生把"创造技法"运用于物理演示器具的改进、设计与创造活动之中，实施了创造教育，发展了学生的创造能力与创造热情，突出了"时代性"、"实践性"、"探索性"与"创新性"特点。该课程取得的教学成果，一项获内蒙古自治区优秀教学成果二等奖，两项获内蒙古师范大学优秀教学成果二等奖。

为了尽快建立具有我国特色的中学物理实验教学方法论，国内许多专家、学者进行了不懈地努力，本书作者也愿"添砖加瓦"，贡献一份力量。

由于水平有限，错误和商榷之处在所难免，请同行专家、学者不吝赐教。

编者

2010年6月

目　　录

第一章　中学物理实验教学基本理论问题研究 …………………（001）
　　第一节　物理实验的教育、教学功能探索 …………………（001）
　　第二节　物理实验教学与研究的指导思想 …………………（009）
　　第三节　自制物理实验器具及其实验的独特教育功能探究 …（015）

第二章　物理实验教学模式与一般方法探究 ………………（020）
　　第一节　实验教学的模式探究 ………………………………（020）
　　第二节　实验教学的一般方法 ………………………………（029）

第三章　物理演示实验器具创新思路研究 …………………（040）
　　第一节　物理演示实验教学研究与设计的基本要求 ………（040）
　　第二节　物理演示实验器具研制的一般规律 ………………（044）
　　第三节　物理实验器具创新思路研究 ………………………（048）

第四章　物理演示实验设计案例专题研究 …………………（057）
　　第一节　物理演示实验中微小量的放大方法及案例分析 …（057）
　　第二节　几种常见元器件在演示实验中的应用 ……………（073）
　　第三节　物理投影实验器研究及案例分析 …………………（083）
　　第四节　利用内蒙古地区生活材料器具的物理实验方案设计 …（088）

第五章　物理演示实验设计与研究示例 ……………………（099）
　　一、静摩擦力和它的方向 ……………………………………（099）
　　二、"凹桥和凸桥"的演示 …………………………………（101）
　　三、用运动的合成和分解研究抛体运动规律的演示 ………（102）
　　四、同一直线上振动合成的演示 ……………………………（104）
　　五、横波的演示 ………………………………………………（106）
　　六、水波的演示 ………………………………………………（108）
　　七、布朗运动的演示 …………………………………………（110）
　　八、压缩空气引火的演示 ……………………………………（112）
　　九、静电演示实验 ……………………………………………（113）
　　十、闭合电路欧姆定律的演示 ………………………………（125）
　　十一、磁分子模型的演示 ……………………………………（128）
　　十二、安培分子电流磁场的模拟演示 ………………………（129）

十三、自感现象的演示 …………………………………………（130）
　　十四、电阻、电容、电感电路中电流和电压相位关系的演示 …（134）
　　十五、LC振荡的演示 …………………………………………（138）
　　十六、变化的电场产生磁场的演示 …………………………（142）
　　十七、跨步电压的演示 ………………………………………（144）
　　十八、用简易的装置演示光的干涉和衍射现象 ……………（145）
　　十九、声波干涉现象的演示 …………………………………（147）
　　二十、光偏振的演示 …………………………………………（149）
　　二十一、吸收光谱的观察和投影 ……………………………（151）
　　二十二、用验电器演示光电效应 ……………………………（154）

第六章　学生分组物理实验的设计与研究 ……………………（158）
　　第一节　学生分组实验的教学功能 …………………………（158）
　　第二节　学生分组实验的基本过程 …………………………（160）
　　第三节　设计学生分组实验的基本要求 ……………………（162）
　　第四节　学生分组实验专题研究示例 ………………………（166）

第七章　中学物理课外实验研究 ………………………………（203）
　　第一节　中学物理课外实验活动的意义、类型及要求 ……（203）
　　第二节　中学物理课外实验专题研究 ………………………（206）

第八章　中学物理实验教学基本技能训练 ……………………（251）
　　实验一　运用电磁打点计时器的力学实验训练 ……………（251）
　　实验二　晶体的熔化与凝固实验训练 ………………………（255）
　　实验三　验证玻意耳—马略特定律与理想气体状态方程实验训练 …（259）
　　实验四　油膜法估测分子大小实验训练 ……………………（264）
　　实验五　示教电流计及相关演示实验训练 …………………（266）
　　实验六　教学示波器及相关演示实验训练 …………………（271）
　　实验七　高、低压电源与相关演示实验训练 ………………（281）
　　实验八　测量玻璃折射率的设计性实验训练 ………………（286）
　　实验九　静电仪器与静电演示实验训练 ……………………（289）
　　实验十　自制物理实验器具训练 ……………………………（298）
　　实验十一　伏安法测电阻及小灯泡功率实验训练 …………（300）
　　实验十二　牛顿第三定律数字化实验训练 …………………（304）

第九章　常见材料自加工技术简介 ……………………………（307）
　　第一节　金属的简易加工方法 ………………………………（307）
　　第二节　有机玻璃的简易加工方法 …………………………（309）

第三节 玻璃管的加工方法 ………………………………（310）
第四节 木料、泡沫塑料等材料的加工方法 …………………（313）

参考文献 ……………………………………………………………（315）

第一章 中学物理实验教学基本理论问题研究

[内容提要]

本章对物理实验的教育教学功能进行理论探索,阐述了物理实验教学的指导思想。由于实验教学的开展离不开物质条件,因此,本章探讨了自制实验器具及其实验的独特教育教学功能,以此说明进行实验课程资源开发、创造实验条件,是开展物理实验教学与研究的重要指导思想。

[学习指导]

因为目前高考还不能进行实验操作考试,因此有些教师认为"做实验是浪费时间",进而用"说实验"代替"做实验"、用计算机模拟实验、仿真实验、录像代替做实验的做法较为普遍,严重背离了物理教育的目标。通过本章的学习,重点澄清几个问题:物理教学为什么一定要以实验为基础?开展实验教学是不是在浪费时间?开展物理实验教学与研究的指导思想是什么?要使物理实验教学有所作为,我们应该怎么做?

第一节 物理实验的教育、教学功能探索[①]

物理实验的教育、教学功能,简单地说,就是物理实验在物理教与学过程中对学生有效掌握物理知识、技能与方法,发展探究、实践与创新能力,对物理学产生热爱情感,提高科学素质与促进世界观形成等方面所起的作用或效能。

关于物理实验的教育教学功能问题,前人早有论述,人们早有认识,如"能使学生有效地掌握物理基础知识"、"有助于培养学生手脑并用的能力"、"有助于训练学生的科学方法"、"能培养学生的科学态度和科学作风"、"能激发学生学习物理的兴趣"[②]等等,它似乎是一个看起来并不复杂、答案显而易见的老问题,没有必要做进一步的研究。然而,面对实际教学中"题海战术"盛行、以讲实验(甚至背实验)代替做实验这种严重偏离物理教育目标的倾向,我们就不难得知,导致这一结果的原因

---

① 罗星凯. 物理实验的教育教学功能探索[R]. 天津:南开大学国际物理实验教育学术研讨会.1990.4.

② 安忠,刘炳升. 中学物理实验教学研究[M]. 北京:高等教育出版社,1986:3-10.

之一是人们对这一问题抱有肤浅和不全面的认识,因此还是有必要做深层次的探讨。

其次,这个问题无论在理论上还是在实践上都还存在不少需要澄清认识的问题。例如:物理实验在整个物理教学中究竟处于什么地位?是教学手段、教学方法?还是别的什么?实践中人们普遍感到物理实验对教学确有作用,但这些作用是不是物理实验所特有的?如果物理实验确有某些独特功能,那又是哪些?它是如何对教与学的过程起作用的?对这些问题的不同认识必然直接或间接地影响我们的教学实践,非正视它不可。又如,一些现代化教学手段不断渗透到物理教学领域中,演示实验录像、计算机模拟实验及仿真实验等,它们以其独有的特点,引起人们的关注,这对传统的由教师和学生亲手操作仪器的真实实验方式来说无疑是一个冲击。照此发展下去,是否还有必要花费人力、财力去建设实验室和实施那些颇费时间的真实实验呢?对此,只有在深入研究物理实验的教学功能、特别是它独特的功能基础上,才有可能回答好这个问题。

因此,物理实验在教学中的作用问题,虽然不是一个新鲜问题,却是一个在理论和实践上都很有意义且需要进行深化研究的课题。下面的探索,是在前人工作的基础上,以现代认知心理学为指导,通过调查分析,研究学生物理学习过程的思维特点和规律,探讨物理实验对学生认知过程的作用机制,在此基础上阐明物理实验的教育、教学功能及其在物理教学中的地位,不求对其功能作全面系统的论述。

一、从观察、实验的本质看物理实验的作用和地位

我们知道,科学观察是人们通过感官或借助科学仪器,有目的、有计划地感知客观对象从而获得科学事实的活动。而近代科学兴起的实验方法,就其本质而言,是一种人为创造条件、受控的观察。因此,"观察"是科学研究中最基础、最广泛的实践活动。"真正的科学始于观察"这句广为流传的名言道出了观察在科学中的作用,即观察构成了科学理论的来源和检验标准,对此,人们的认识基本上是一致的。但是,对于观察在科学理论的形成和发展中的作用机制,它与理论的内在关系这类观察的本质问题,却是一个长期以来颇有争议的问题。就当代科学哲学界来说,20世纪20年代在英美占主导地位的逻辑经验主义认为"科学概念是由感觉经验的事实构造出来的。科学理论是由某一种基本的经验真理构造出来的。"[1]而且描述观察的语言与描述理论的语言也是不同的,他们主张"存在一种不依赖于理论语言的观察语言,这种观察语言是稳定和中立的,从而成为人们评价或选择科学理论的坚实的经验基础。"[2]但是,仔细考察科学发展的历史进程,就不难发现这种对观察和

---

[1] 江天骥. 当代西方科学哲学[M]. 武汉:武汉大学出版社,2006.1:25.

[2] 张巨青. 当代西方科学方法论研究趋势[C]. 人民教育出版社,1988,教育学文集(15)146.

理论的绝对划分是站不住脚的。即使在比较直接、自然地进行的天文学观察中，人们也离不开理论的指导，以敏感和有选择地捕捉有意义的现象。威廉·赫舍尔之所以被称为天王星的发现者，并不是因为他是第一位看到这颗星的人，在他之前，"至少有十七个不同场合，许多科学家，包括几位欧洲最著名的观察者，在我们现在猜想那时必然由天王星占领的位置上看到了一颗星，这个集团中一位最好的观察者在1769年事实上已经连续四夜看到了这颗星，但没有注意到这种运动能提出另一种鉴别。"①这种情况，不能否认是由于理论规范对观察产生了影响。近代物理学史上，X射线、中子、正电子等发现过程都有类似的情况。近代科学研究中，人们更多地借助于实验和复杂的仪器进行观察，从实验的设计、实施到观察的过程和观察的描述，无不充满着理论。其实，即使我们日常的观察，也不是完全中立、不受观念影响的。心理学实验已经证实，观察者在不同的已有观念下对同一对象产生不同的知觉效果。这种实验清楚地表明了知觉不仅依赖于观察对象本身，而且与观察方法和观察者本人密切相关。这样，令人不解的"视而不见"就不足为怪了。事实上，人们真正能看到的只是他的经验已经教会他看的东西。例如一张病人的X光照片，在外行人看来几乎毫无用处，而在医生那里，就成了诊断病情的重要资料。

物理教学中，这样的例子也很多。一组学生同时观察同一实验现象，得出的解释往往不一定一样，有时甚至相差很大。云雾室照片若拿给刚开始学物理的学生看，他们只能一无所获。在面临现象时学生往往表现出更愿意接受观念中的事实的倾向。在全国第四届中学物理竞赛某赛区预试中，有这样一个实验任务：如图1-1所示（光源 A 通过透镜 O 在光屏 B 上成一倒立、放大的实像）的情况下，如果拿走光屏，留下光源和透镜，你还能看到实像吗？这个问题的正确解决是将眼睛置于光屏原来位置之后适当距离朝透镜方向观察，可以看到在原来光屏位置处所成的像，然而根据专家们现场统计，约3/4的学生开始是直接将眼睛放在 B 处去观察，以为"以眼代屏"即可看到像。特别是其中超过一半的学生一直没有放弃这样的观察。尽管他们一再睁大眼睛在 B 处看不到他们认为应该看到的像，却一直未移动观察点，最后还是在试卷上写下了"在 B 处看到了一个倒立、放大的实像"之类的观察记录。这说明，学生们头脑中原有的将眼睛作用等同于光屏的观念对当前的观察以及操作起了多么大的影响，这与前述的科学史上的事例具有相同的特点。美国著名哲学家汉森将这种现象称为理论向观察的渗透。汉森在20世纪50年代提出了"观察渗

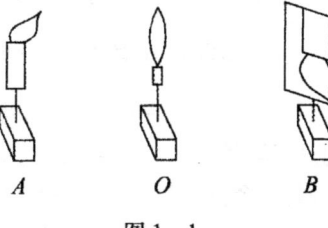

图1-1

---

① T·S·库恩，李宝恒. 科学革命的结构[M]. 上海：上海科学技术出版社，1980：94.

透理论",指出观察不是中性的,它不可避免地要受到理论的"污染"。因此无论观察过程还是观察陈述,都是与理论相互关联、不可分割的,任何将它们绝对区分开来的企图只能导致难解的混乱。

综上所述,由于主体原有认知因素的影响,使得观察在本质上不可能是中性的,无论观察过程还是观察陈述都充满理论的内容,因而观察应视为与理论有机联系的整体过程,同理,物理实验也是充满理论的探索过程。从这个角度来认识观察和实验在物理教学中的地位和作用,它们就不能只被当成附属于理论、服务于理论的手段和工具,而是本身充满理论的认识过程。因而,实验教学不仅是为学生学习物理理论提供感性材料、为理解疑难概念铺设台阶,而是整个物理学习过程的一部分内容,它与理论学习相伴而行,密不可分,也即物理实验教学不能仅仅当作为理论教学服务的工具,而应是物理教育必须有的内容,其目标相应地也应有其特有的规定。这样的认识是从观察、实验本身的性质和内在规律得来的。真正认识到了这一层次,我们在教学实践中,对于物理实验,就不会一味地强调条件的限制等因素,而是应该按照已故的苏州大学朱正元教授所倡导的"坛坛罐罐当仪器,拼拼凑凑做实验"的思想,努力利用现有条件和创造条件多做实验。

二、物理实验对学生认知结构的转化功能

现代认知心理学的发展,增进了人们对学生学习、思维过程的了解,对教育特别是理科教育产生了巨大的、积极的影响。认知心理学强调研究学习的内部心理过程,一个重要的结论就是学习者原有的知识、经验等对学习具有决定性的作用。正如奥苏贝尔所指出的:"影响学习的最重要因素是学生已经知道了什么"[1]。近几十年来,物理教育家们在这一思想的指导下,对影响学生学习的因素进行了较为深入的研究,其中最重要的进展是研究学生正式学物理以前所持有的观念,即所谓"前科学概念"的特点及对物理学习的影响。

"前科学概念"主要指那些在学生原有的经验中已经有了较长的发展历史,在头脑中反复建构已经形成了系统的但并非科学的概念。过去的几十年来,对学生头脑中的这类前概念的诊断、识别和转化的研究,构成了西方物理教育研究最富成果和前景的领域。研究表明,从幼儿园到研究生阶段不同层次的学生都不同程度地持有这种前科学概念。尤其引人注目的是近些年来的研究一再表明,学生头脑中那些最难转变的前科学概念往往在人类科学的认识史上也同样经历了曲折的进化过程。例如惯性的概念在历史上是得来不易的,对于今天的学生,那种以为通过演示一两个实验再加上引人入胜的讲解就可以在学生头脑中建立起正确的惯性概

---

[1] 邵瑞珍.教育心理学[M].上海:上海教育出版社,1997:132.

念的想法,被实践证明是过于天真的。在学生的经验中,早已有了与亚里士多德"力是维持运动的原因"的理论相类似的概念,借此,他们可以解释许多常见的自然现象,而对那些物体脱离外力后仍能运动的现象,如脱手后的石块等,他们则构造出类似于中世纪的"原动力"学说的解释,认为这类物体最初被注入了一种力,可以维持其运动直到此力耗尽为止。这样一调节,他们仍不必放弃原有的"力是运动的原因"这一总的概念框架。国内学者们研究发现,学生们在物理课程中学习了惯性的概念之后,他们就把这个概念纳入到自己原有的认知结构中,惯性因此成了"原动力"的代名词。学生这样不断发展起来的概念,虽然与惯性的科学概念相悖,但这是他们自己从生活经验中形成且真正理解得来的,用它可以解释所面临的现象,自圆其说,因而形成系统的、不易转变的前科学概念。

在这种情况下,科学教育的活动就必须建立在学生原有认知的基础上。学生的头脑不是一块"白板",我们不能随心所欲地描绘;学生的头脑也不是一块上面写了字的"黑板",我们不可能将其上面的内容一一擦去,因为那将意味着毁掉学生全部的感性经验和他们个人的理解。唯一的办法就是正视学生原有的观念,促使其向科学概念转化。要促使学生认知结构的转变,首先要设法使原结构解体,这就需要在学生头脑中激发认知冲突和危机,也就是使他们原有的观念中的现实与当前面临的现实产生无法调和的矛盾,在旧结构动摇的情况下,开始新结构的构建。这个过程实质上就是在学生头脑中进行的一场科学革命,而物理教学中实现这场革命的最好途径是利用有针对性的、设计良好的物理实验,因为"在科学实践中,真正的证实问题永远包括两种理论之间的比较,以及这两种理论与现实世界的比较,……"①

研究结果表明,物理实验在促进学生认知结构转化方面具有独到的作用。② 由于学生认知结构转化问题在物理学中的普遍性,物理实验的这一教学功能就具有特别重要的意义,必须引起高度重视。那种"为考试而教",认为"做实验是浪费时间"的想法和做法是错误的。

三、物理实验对学生认知发展的促进功能

在众多的心理学理论中,"皮亚杰的理论对于理科教学来看比其他任何理论都更为有用"③。他创立的发生认识论主要研究认识的起源和发展。对于认识起源,

---

① T·S·库恩.必要的张力[M].厦门:福建人民出版社,1981:209.
② 罗星凯,周中权.学生头脑中的自感概念——关于学生对自感现象理解的调查研究[J].江西师范大学学报(自然科学版),1988,2.
③ 蔡锦涛等翻译.联合国教科文组织新编理科教学实验手册[M].上海:中国对外翻译出版公司,1983.

皮亚杰认为"认识既不是起因于一个有自我意识的主体,也不是起因于业已形成的(从主体的角度看)、会把自己烙印在主体之上的客体;认识起源于主客体之间的相互作用,……"①在这里,皮亚杰将认识的起点和基础视为主客体的相互作用,即主体的活动或动作。而他最重要的发现就在于:对不同年龄阶段的儿童,这种活动或动作具有不同的类型,即皮亚杰用运演(或运算)这一术语所表示的阶段。他将运演划分为四个不同水平的连续发展阶段,即感觉运动(0~2岁)、前运演(2~7岁)、具体运演(7~12岁)和形式运演(12~15岁)四个阶段。而儿童的智慧发展就是在同化和顺应的过程中,这种认识阶段的进化。在较初级的阶段,儿童主要通过身体的接触和物质的手段与环境相互作用,以后逐渐发展到较高级的阶段,就可以脱离物质的实体而表现为精神的动作或活动,即抽象的逻辑运演。按照这一理论:"动作是一切知识的源泉,而且以逻辑和数学为最高形式的智力活动本身(即智力运演)也是真正的动作,运演性精神动作是从物质动作中产生转化而来的。一切知识都是主客体相互作用中主体构建的产物,……"②

据此,对于较低年龄阶段的学生,毫无疑问,我们必须给予他们充分的活动机会,使他们有足够的时间与环境直接相互作用,以促进其认知水平的发展。这样,物理实验就是一种最好的形式,学生在与现象和物质的相互接触中,不仅可以学到物理知识,而且有了充分活动、手脑并用的机会,这正适合于他们的认知发展水平。然而,对于高年级学生是否仍有这种必要呢?答案是肯定的。近些年来的一些研究表明,学生的认知发展存在严重的不平衡,约有1/3的大学生的认知发展仍然处于具体运演水平,也即这些学生在解决物理问题时,其思维仍难超脱事物具体内容而进行抽象的逻辑运演。而且,研究表明,在面临新的问题或情境时,即使成人也常常退回到较低的认知水平。

物理知识对于学生来说大多都具有新的内容或形式,学习这些知识仍需要足够的感性经验和活动机会。我们常常听到学生们抱怨:"物理难学",这主要是现行的物理教学中抽象的逻辑和数学运演内容过多,直观、具体的感性材料以及学生与物理环境相互作用的机会太少,教学活动与学生认知发展水平不适应所造成的。国外一些发达国家的大学,把"普通物理"开成"实验物理"、教学中每堂课都有演示实验且将其作为一条重要的、教师们都自觉遵守的原则,这不能不引起我们关注和借鉴。苏州大学朱正元教授生前在给大学生讲授"理论力学"时也频频使用演示实验③。这是很有见地的做法。

发展学生智能是物理教育坚定的目标。既然物理实验对学生认知发展具有促

---

① 皮亚杰.发生认识论原理[M].北京:商务印书馆,1981.9:21.
② 雷永生.皮亚杰发生认识论述评[M].北京:人民出版社,1987.4:117.
③ 胡南琦.课程设置与教材改革[J].中国大学教学,1986,3:4.

进功能,那么,我们就必须重视研究、开发物理实验的这一教学功能。

四、物理实验的非语言传播功能

从人类学的角度讲,由人所创造又服务于人的物理学属于一种人类文化,物理教育因此也属于人类文化传播的范畴。从这个意义上考查物理教育目标,可以说是将人类积累的物理学文化精神财富以最恰当、有效的方式传播给学生。而这里所说的精神财富,既包括有关的知识和技能,也包括诸如态度、信念、价值观、行为准则和模式等非语言信息,因为它们往往能更有效地通过无声的和无意识的途径传递,传递中更需要显示真实性,特别是感情的真实性。实验教学过程就不可避免地内含着这些非语言信息的传递。

在物理教学中,真实的物理实验引入后,从根本上改变了课堂的结构,使之增添了一个物化的实体。首先,这些实体本身可以通过其实验现象吸引学生的注意力,以利于向学生传播知识;其次,那一件件融入人类智慧的实验装置,都在无声地传递着一种物理思想,透过它学生可以看到物理学进化的实验、仪器设备背景,寻觅到人类与自然作斗争的历史足迹,领会出实验设计者匠心独具的巧妙方法和用心良苦的教学思想。例如,课堂上使用各种各样的计时方法和仪器,实际上就大致地构成一幅人类探索时间测量方法的历史图景以及力学发展的一个侧面,长度测量的各种工具的使用也是如此;而各种各样的减少摩擦力的方法,同时也可反映出人类在与摩擦作斗争的过程中智力和手段的进化。教学中,实验现象也将教师本身吸引到实验上来,教师全神贯注地操作实验,特别是实验成功时的微笑、失败时的严肃和焦急,这种无意识的感情流露,无不强烈地向学生传递着一个信息,实验的确是物理学不可缺少的部分,它值得我们花时间和精力。这样的效果比教师仅仅在口头上强调实验重要并要求学生如何如何重视要好得多。试想,如果教师总是不亲自操作实验,而是由专门的实验人员或以电视录像代行其事,自己只在一旁指挥,这不但会使教学失去理论与实践、现象与公式、语言与非语言之间水乳交融、恰到好处地配合的可能,而且无声地告诉了学生:亲手实践并不是重要的,理论指挥家更尊贵。这给学生对实验的态度、给他们以后独立进行实验以至于今后的生活和工作都将产生直接或间接的影响。

然而,教师若能用亲自设计制作的实验装置加强实验教学,则能体现教师对事业的情感、体现教师的素养、创造精神和艰苦奋斗等优良品质,这对学生无疑会产生无穷的非语言教育作用。

因此,从这个意义上讲,物理实验教学中还存在着丰富的非语言信息传播过程,使得物理实验教学在达成培养学生科学态度、价值观念等情感、精神领域的目标方面具有独到的功能。

五、物理实验的测量与评价功能

长期以来,我们对学生学习成就的测量大多采用纸笔型测验,所测量到的是学生学习的结果,而对学习过程的有关信息掌握得不多、不深、不准、不细;对学生的评价则注意的是按分数排队划分等,较少注重通过评价过程来诊断、分析学生的困难及学习规律,以设法改进教学,对每一位学生都给以帮助。若引入物理实验作为一种探测学生真实理解、评价学生学习成就的手段,则可弥补纸笔型测验的不足,从而获得客观、全面的有关学生学习的信息。因为"实验室工作和实验车间工作,……体现了诚实;因为在用实物而不是言辞表达自我时,你无法用模棱两可的手法掩饰自己的含混和无知。"[①]正因为如此,从皮亚杰到现在的科学教育家们,都喜欢采用物理实验来探测学生的理解。例如在爱因斯坦的建议下,皮亚杰曾就儿童关于时间和速度概念的形成进行了研究,所用的探测工具就是用两辆玩具小车进行的演示,让学生观察后回答问题。所得结论是:儿童进入"具体运演"阶段才能认识时间和行驶距离的关系,即速率的比率概念,而要真正理解时间和速度的关系,则要进入"形式运演"阶段才行。那么,大学生对于速度概念的理解是否正确呢?乔布里奇首先使用皮亚杰的测验方法,学生都能通过。但他进一步设计了一个巧妙

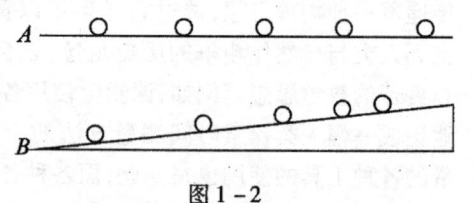

图 1-2

的物理实验来探测学生对速度概念的理解。如图 1-2 所示的是 A、B 两球每隔一定时间间隔的位置,A 球沿水平轨道匀速滚过,B 球以较大的初速度滚上斜面轨道。实验时,学生看到 B 球先超过 A 球,然后又被 A 球超过,提问学生:两球的速度是否有大小相同的时候?探测结果表明,许多学生并未真正理解速度的概念。

近些年来,一些科学教育家开始使用计算机辅助,给学生造成一种实际的情景,让他们身临其境去操作并对问题做出反应。这样,学生很少用从书上背来的结论去应付问题,因而能反映出真正的理解。此外,物理实验在测量学生观察能力、实验能力、解决问题的能力及创造能力等方面是其他测试手段无法替代的。

由于主、客观方面的原因,物理实验作为测量和评价学生学习成就的手段,目前只是用在规模较小的选拔性测试方面,更多的还是应用在教育研究上,但它所具有的独特的测量与评价功能对教学具有极大的潜在价值,值得大力开发和应用。随着信息技术手段的发展,对学生进行实验行为的测量和评价一定会得到实施。

---

① E. L. Jossem. 通往科学的门径[J]. 国际物理教育通讯,1989,2-3.

第二节　物理实验教学与研究的指导思想

中学物理实验教学与研究中包含着物理和教学两个基本方面，并各以实验的形式反映出来。因此，对于中学物理实验教学中涉及的种种问题，都必须归结到物理学的理论、思想、方法和教学论的思想两方面来进行研究。同时，与实验形式密切相关的还有一个物质条件的不断改进创新问题，因此，重视实验课程资源开发、重视研制创新也是开展实验教学的重要指导思想。对以上三方面的问题现分述如下。

一、用物理学的理论、思想和方法指导实验教学

1. 用物理学的理论鉴别实验的科学性

保证科学无误是实验教学的起码要求。要做到这一点，必须用物理学的理论去检验。但需要注意的是，不要把实验的错误与实验误差相混淆。误差是由于实验系统和条件的非理想化产生的。中学物理实验中允许有一定的误差，至于允许多大的误差，则由实验方法、仪器、实验条件和教学要求来决定。为了教学的需要，有时还故意扩大实验误差，让学生分析误差的来源等等。但是，实验的错误是不允许的。在实际教学中很容易出现的错误有如下两种：

(1) 原理上的错误

实验原理上的错误，一般是指实验的现象或结果与真实的物理过程不符，其现象是一种假象，这就是说，实验本身是错误的。例如：演示光电效应现象时，一般使用如图 1-3 所示的实验装置。图中①为静电计，②为锌板，③为电弧。当用电弧照射锌板时，由于锌板被打出电子，锌板带正电，静电计也随之带正电而指针张开一角度。但实际上这个实验效

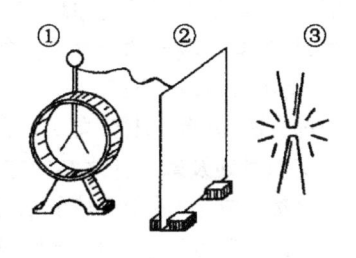

图 1-3

果不明显，指针张角甚小，不易被观察到。于是，有的教师在实验时先给锌板带上负电，使静电计指针张开一个角度，然后再用电弧照射锌板，出现静电计指针张角变小的现象，以此来说明"金属在光射线照射下会失去电子"。虽然实验效果改善了、明显了，但稍加分析便知，这一实验现象不能充分说明是光电效应的结果。因为在电弧的照射下，空气可以被电离，又由于锌板已带负电，其周围已存在电场，这样，空气电离后的正离子在电场力作用下便向锌板上迁移，与锌板上的部分负电荷中和，此时静电计指针张角便可明显变小。因此，可以断定利用上述装置先给锌板带上负电的实验原理是错误的。倘若用它来说明空气可以被电离的现象倒是可取的。正确的演示方法是事先不能给锌板带负电，为提高演示效果，采用 X 射线管代

替电弧作为射线源。当射线管靠近锌板时,静电计指针便可张开一个明显的角度。

(2)解释上的错误

很多情况下,实验本身虽然没有错误,但很容易出现解释上的错误。例如,用伏安法测定正在发光的电珠灯丝的电阻时,可以发现,在低于额定电压下测得的电阻小于额定电压下正常发光时的电阻。其基本原因在于电阻有随温度变化的特性,若把它说成是电阻随电压变化的特性,则就是科学性的错误了。再如把韦氏起电机的起电原理解释为"摩擦起电"、把尖端放电现象解释为导体尖端"发射电子"等等,都是在没有弄清实验原理的情况下出现的解释上的错误。因此,弄懂实验原理是中学物理教学过程中最重要、最基本的一环,也是进行实验研究的基础。

2.以物理学的理论、思想、方法为指导,选择各类实验的方法与手段

按传统,物理学划分为力学、热学、电学、光学和原子物理五大部分。各大部分的实验各有其独特的方法。例如,力学实验主要是围绕着时间、空间、质量和力的测量而设计的;热学中的气体定律实验是围绕着温度、压强、体积的关系而设计的;波动实验往往离不开干涉和衍射;静电实验主要是考虑绝缘及各种漏电因素;几何光学实验的关键是选好适当的光源、显示出明显的光路;微观粒子实验则利用碰撞或捕捉径迹等等。这些实验方法的设计是与各类物理现象的物理特性紧密联系的。

就某个物理量的测量来说,根据不同的物理原理,能设计出多种测量方法。以时间为例,根据周期性原理,有:滴水法、打点法、闪光照相法、音叉法、秒表法、节拍法;根据同步耦合的特性,有:复摆法、转盘法(如菲索方法测光速等);根据电学原理,有电容器放电法等等。以上每一种方法又有各自的特点,如打点、闪光照相之类的方法,具有"记忆"能力,即可以把时间和空间同时记录下来(可称之为时、位定法);秒表及毫秒计之类的方法,适用于按空间范围确定时间(即按位定时);节拍器之类的方法,适用于按节拍时间确定空间(即按时定位)。由此可见,设计和选择适当的实验方法,必须依赖物理原理和思想的指导。

3.用物理学的原理和方法分析实验成败的关键,解决实验中的难题

任何一个实验要获得成功,总有其关键问题。例如,要获得力学实验的成功,关键在于减小摩擦和提高计时定位精度;要获得某些热学实验的成功,关键在于使被研究的热力学系统达到准平衡态,使局部的参量能够代表系统的状态。萘的熔解实验之所以难做,主要是因为萘的导热性差,各处温度很不均匀。再如,由于静电实验电压高、电量少的特点,要获得实验的成功,关键在于绝缘问题;在全电路欧姆定律的实验中,要达到明显效果,关键在于增大内阻;等等。所有这些关键性问题,都包含着明确的物理意义。一项成功的实验设计,往往就在于它针对实验中的关键有所突破。在中学物理教学实验中,利用一定的物理学方法,巧妙地解决实验难题的例子屡见不鲜(这方面的例子在后面的实验专题研究中将会介绍)。总之,

能否巧妙地应用物理学的理论、思想、方法解决实验中的难题,反映了实验设计者和操作者的水平。

综上所述,物理思想是设计实验和评价实验的重要依据。同时,让学生明确实验中的物理思想,是培养科学方法的极好途径。

二、用教学论的思想指导实验教学

教学实验(包括课堂实验和学生分组实验等)必定不是用来搞科学研究的物理实验,虽然两者在本质上有许多共同之处,但在实验的目的、内容和形式上却不尽相同,教学实验必须考虑教学目的、教学内容、学生特点(认知水平)、教学模式和方法、实验的形式、手段及时间的限制等因素。因此,在实验教学和实验设计过程中,除了用物理学的理论、思想、方法来指导,还必须要用教学论、尤其是用现代教学理论与学习理论来指导,以求实现创新教育、健康个性与健全人格教育的新要求。

1. 按照教学目的确定实验方案

实验教学的目的,要根据物理教学的目的和任务来决定。从中学物理教学的总目的来看,实验目的有的侧重于理解和掌握知识,有的侧重于技能训练,有的侧重于学习研究方法,有的侧重于学生探究、培养创造能力,有的需达到综合性的要求;从教学的环节上看,有的实验主要是为了引入研究课题、引出问题,有的则是为了验证理论或为了突出教材的重点、突破教学的难点;就以掌握知识的要求来讲,在获得知识、深化知识、应用知识和扩展知识各个不同层次上,也要求使用不同的实验方案。

现以测量加速度的实验为例,看看两种实验方案所能达到的不同教学目的。

在气垫导轨上测定加速度可以有两种方法:一是根据 $a = \dfrac{v_2 - v_1}{\Delta t}$ 的原理;二是根据 $a = \dfrac{2s}{t^2}$ 的原理。前者可用来建立加速概念;后者是以匀加速运动规律为基础,适用于将加速度概念引申为匀加速概念,并应用来进行运动学量的测量。由此可见,任何一个教学实验,都应有它特定的教学目的。它所解决的教学问题越是关键,其价值也就越大。

2. 实验原理要力求简单、直观、突出物理过程

对物理学做出杰出贡献的麦克斯韦在一百年以前就明确指出:"实验的教育价值往往与仪器的复杂程度成反比",这是对实验教学规律的精辟总结。教学实践表明:实验的原理、结构越简单,越能展现设计者的智慧,越能激发学生的兴趣和学习热情。因此,实验原理力求简单、直观,突出物理过程,应该成为选择实验、设计实验和进行实验教学的一条教学论原则。例如,为建立交流电路中电流与电压的相位差概念,如图1-4所示的实验方案则是按这一原则进行设计的:实验中用干电池

和变阻器组成超低频交流电源,用手推动变阻器滑臂,控制交变周期(约 1 s 左右)。通过观察演示电流表和电压表指针摆动的先后,来认识电流与电压的相位关系,其过程非常明显,概念非常清楚。然后再用示波器进行演示,把相位差的概念抽象为图像,学生就很容易理解了。

这里需要指出的是,随着现代科学技术的发展,有些实验设计者有片面追求现代化的倾向,把实验原理隐蔽在复杂的"高级"仪器中,留给学生观察的只是几个难以理解其物理意义的数字或者图像,这是否符合中学物理教学要求,值得探讨。我们认为,在中学物理实验教学中,恰如其分地向学生展示现代科学技术在物理实验中应用的新成果,开拓学生的视野和思路,这是无可非议的。但如果排斥传统的实验,片面去追求教学仪器的现代化、自动化和复杂化,则是有悖教学论要求的。

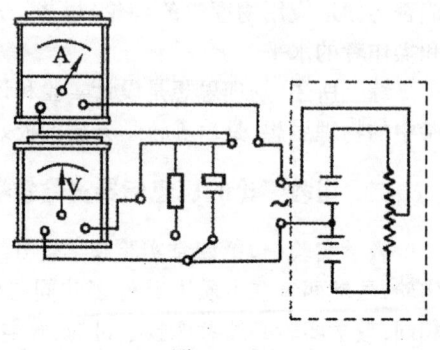

图 1-4

3. 对不同类型的实验有不同的教学论要求

中学物理实验大体上分为课堂实验、学生分组实验、课外实验三种基本类型。由于各类实验的教学目的和进行的方式不同,所以在实验教学和实验设计上有不同的要求。课堂实验又分为演示实验、学生小实验、边学边实验等形式,其主要目的是帮助学生建立概念、探索和理解规律,教师的演示实验以全体学生集体观察为特点,学生小实验和边学边实验主要以学生亲自动手操作、感知和探索为特点,因而应力求明显、直观、简单、可靠、富有启发性;学生分组实验是以训练实验技能、学习研究方法、培养创造能力为主要目的,同时注意培养健康个性和健全人格,它以个别操作和定量研究为特点,因而,应当突出实验研究的探索方法,有利于对学生实验技能的训练,要有一定的测量误差要求,并注意实验安全;学生课外实验主要是以扩展学生知识面、培养学生独立探索精神、发展学生创造能力为主要目的,以第二课堂的形式和独立活动为特点,因而,对于课外实验的要求是:突出科学与生活的联系,发挥学生的独立性和自主性,注意学生的智力和知识水平,合理选题,加强诱导,提高学生的兴趣,由易到难,逐步提高,等等。

在物理实验教学中,物理理论、思想、方法和教学论思想的指导是互相渗透的,不能把它们孤立开来。有时,需要依靠物理理论、思想、方法,巧妙地突破教学难点;有时,一项符合教学论要求的实验设计,会吸引师生去发掘其中物理思想的奥妙;有时,虽然某一实验的物理思想很新颖、能够体现设计者的创造性,但如果不符合教学论要求,如超出了学生的认知水平或由学生操作很不安全等,那么也就降低或失去了教学价值。因此,在设计和评价一个实验时,应该将两种思想结合起来,全面考虑。

三、重视资源开发是开展实验教学的重要指导思想

当实验教学在素质教育中的作用逐渐被人们广泛认识之后,加强和改善实验教学并充分发掘物理实验的人才培养和评价功能,必将成为中学物理课程改革的主要方向之一。但是,实验教学离不开一定的物质条件作为保障,客观上,各级各类学校现有仪器装备优劣不均,物质条件的不充分限制了实验教学的开展。如何解决这一矛盾?消极等待和观望只能延误教改进程。解决矛盾的有效途径是:充分挖掘现有物质潜力,积极进行实验课程资源开发,创造条件来满足教学及课程改革的需要。重视实验课程资源开发、自制实验器具、发挥师生的主观能动性是实验教学的重要指导思想,对这一教育观点必须给予高度认识。在我国经济还不发达、各地区经济发展还很不平衡的情况下,人们对自制实验器具的意义认识还比较肤浅和传统,一般还停留在"只是勤俭办学的做法,只有条件差的学校才有必要这样做"的观念上。然而,国外一些经济发达的国家(如日本、德国等),他们的实验条件很优越,对于他们极力推广和使用自制的实验器具,尤其是用生活材料、物品做实验的做法,很难用"勤俭办学"的观点解释得通。看来,自制实验器具并不单单是在教学仪器严重缺乏的情况下才有必要,即使是在装备精良的情况下仍十分必要。下面就自制实验器具的必要性问题进行一下讨论分析。

教师队伍中普遍存在的"等、靠、要"的思想,不能否认是实验教学改革进展缓慢的一条重要原因。人们等待着实验条件的完善,依靠着上级部门的拨款,要求为他们提供教学必需的仪器设备。在这种思想束缚下,就出现了"反正实验条件不行,没有实验也能对付得了教学"的倾向,致使无所作为的情绪抬头。实际上,假如得到了上级拨款,购置了大批教具仪器,借此能够大力开展实验教学活动,当然值得称道,然而,这时往往还会出现下述问题:

1. 只靠买来的厂制教具存在很多空白

因为教学仪器厂家批量生产的都是按照国颁"配备标准"和"配备目录"的常规仪器,很少考虑生产教学中个别要求的教具和器材。还有许多重要而抽象的物理概念和规律,需要用直观的实验才能帮助学生理解和认识,而厂制的教具却恰恰缺少这样的器材,致使相关的实验教学活动无法开展。例如电场强度、磁感应强度、气体压强微观机理等重要概念的建立过程所需的实验器材目前就买不到(或买不到理想的)。这种情况下,如果过分依赖于"购买",实验教学就会因器材的空白而出现空白。

2. 教师往往喜欢使用能体现自己教学思想和风格的教学仪器

"买来的仪器,有的不好用"这是教师们都有体会的。如果我们排除仪器本身的质量问题以及教师自身的操作问题,仅从满足教学需要的角度看,厂制的教

具难以满足各种教学方法的要求。例如厂制的弹簧一般只能演示被拉伸的情况,却不能演示被压缩的情况。而教师为了使学生全面理解胡克定律,希望使用"既能向外拉伸,又能向内压缩"的弹簧进行教学,结果使一根小小的弹簧就限制了教学方法。

我们知道,教学活动本来就是展现教师个性的活动,而使用大量生产的整齐划一的实验器材,要开展具有个性的教学活动,显然是比较困难的。但如果教师能够针对自己的教学需要开展自制实验器具,那么体现教师个性的"自由度"就会大大提高。

3."怕损坏"心理对实验教学效果产生影响

由于厂制的实验器材都是学校花钱买来的,属于学校的财产且套数有限,一般都有严格的管理制度,所以很多教师在使用实验器材的时候,普遍存在一种"怕损坏"心理。一方面,由于对新仪器的性能了解不够,一些教师担心失败而不敢使用;另一方面,怕学生弄坏,不敢让学生接触。在分组实验中,为了仪器不受损,保证其他组学生正常实验,教师往往要在实验课上占用许多时间讲解注意事项;实验时,学生们基本上按教师规定的方法步骤、对给定的器材进行操作,独立思考、自由操作的机会很少;为使实验课顺利进行,在规定时间内完成实验任务,学生在实验中遇到的困难和问题,教师很快帮助解决了。

由"怕损坏"心理导致的上述教学行为,形式上进行了实验教学,实际上,实验的许多教学功能并没有得到发挥,大纲要求的实验教学目标都没有很好落实。教师若经常开展自制实验器具并在教学中应用,实验能力必然得到提高,"怕损坏"心理自然克服,那么也就敢于让学生充分接触仪器并给学生提供尽可能多的动手机会和时间,实验教学的效果就会因此得到提高。

4.厂制教具难以满足教学改革的需要

正如科学家难以得到超前科学预言的完备设备一样,教学中也很难得到超前于教学变革的完备教学仪器。因此,厂制教具难以满足各种改革试验的需要是现实存在的客观问题。按中学物理教学器材配备目录国颁标准来看,仅仅从数量上就难以满足新的实验教学模式和方法的需求。例如被教育界肯定的所谓"边学边实验"教学方法,一改过去课堂演示实验为学生探索实验,仪器套数的大幅度增加,仅靠上级拨款购置,短期内是难以满足的。因此,发动师生,自制实验器具,创造实验条件,是实现改革的最有效途径。

通过以上四种情况的分析,我们不难看到"等、靠、要"思想的不切实际和自制实验器具的必要性。当然,我们仅仅认识到自制实验器具在克服仪器短缺困难和改善实验条件的"硬件"功能上是远远不够的,还需要全面深入地研究自制物理实验器具及其实验用于教学过程中,在达成物理教育目标方面的独特的"软件"功能,只有这样,我们才能深刻认识到重视自制实验器具的确应该是我们开展实验教学的指导思想。

第三节 自制物理实验器具及其实验的独特教育功能探究

下面对自制物理实验器具教育功能的探究,是基于自制物理实验器具及其实验的一般特点和中学生的认知特点,着眼于自制实验器具运用于中学物理教学过程中对学生学习心理及情感领域产生的独特作用,从实验教学论角度进行的概括分析,对其与厂制教具仪器相同或相近的其他功能在此不做全面论述。

一、运用简易的自制实验器具可激发学生学习物理的强烈动机

用学生熟悉的生活材料研制的教具,在物理教学中使用,其独特作用是学生能够从"知"的环境中发现"未知",使他们原有的认知结构与面临的现实产生矛盾,造成心理上的不平衡,从而产生探求新知的强烈愿望。他们在课堂上的表现是,情绪兴奋、兴趣盎然、注意力高度集中。产生这一效果的原因就在于这种自制实验器具及其实验所独有的"新"、"奇"、"疑"。这里的"新",并非是指教具外观的华丽精美,而是指用学生最熟悉的生活材料组建的他们经验中少有的结构或场合;"奇",指的是教具所呈现的现象是学生们料想之外的;"疑",指的是学生对看到的现象产生的原因一时不能用原有知识来做出科学解释。下面仅以一例分析说明。

如图1-5所示的是进行"动量定理"教学时为引入课题而设计的简易教具。它是将一个鸡蛋用细绳拴牢,细绳通过铁支架上的挂钩把鸡蛋悬吊起来。在鸡蛋正下方的桌面上垫一块泡沫塑料。可见实验中所用的材料都是学生们熟悉的,那么"新"意在哪里呢?其一是生活食品鸡蛋在物理课堂上出现,场合的不适宜给学生以新异感;其二是将鸡蛋高高悬挂,这种"结构"是学生生活中少见的。因为在学生的观念中,鲜鸡蛋是极易碰破的,现悬于高处更是令人担忧。实验时,教师松开手中牵挂鸡蛋的细绳,此时鸡蛋自由落下,碰到泡沫塑料垫子时被反弹起来,教师迅速接住鸡蛋,让学生们看到鸡蛋完好无损,然后往桌面上轻轻一磕,让蛋液流入玻璃杯中,证明是鲜蛋。该实验过程中,鸡蛋从高处落下碰到垫子上不碎且反弹起来的现象,是学生预先难以想到的,这是"奇"意。而对于鸡蛋猛碰"垫"不碎而轻磕桌面则碎的现象,学生们不能用原有知识做出科学解释,便为"疑"意所在。这三要素从"静"和"动"两方面改善了课堂结构,给学生以较强的刺激,心理上的要求平衡正是学习的强烈动机。

图1-5

具有类似效果的简易自制实验器具还有引入"运动叠加原理"课题的"猎人与猴实验"、验证液体对容器内壁产生的压力可以远大于液体自重的"帕斯卡'桶裂'实验"等等。

二、使用自制的实验器具可使学生获得充分的前期操作经验

自制的物理实验器具一般都比较简单，就地取材，易制易修。这一特点决定了它们在教学过程中不怕学生弄坏，可以放心地让学生充分接触。这样，自制实验器具无论其外显的还是内涵的东西，对学生的启发、影响和激励等作用比怕碰怕摸的厂制仪器发挥得更多。教师大可不必对学生说"不要搞坏了"之类的话，由此可使学生们的头脑和手指肌肉都充分活动起来，并且充分取得前期操作的经验。

前期操作的经验是相关技能或能力形成以前不可缺少的习练体验。正如初学骑自行车的人，若不经过一段时间的习练体验，仅仅观看别人"驾驭自如"或倾听别人的"理论"讲授是难以形成熟练骑技的。用此浅显的道理来考查我们以往的实验教学现状就不难发现：使用厂制教具仪器进行实验教学的教师，由于过分关心仪器或过分关心教学秩序，急于顺利完成实验任务，忽视了使学生取得前期操作经验这段时间，甚至给取消了。所以，对于许多高中生，甚至是上过多年实验课的许多大学物理系高年级学生，为什么实验动手能力还比较低下，不能不认为与前期操作经验获取不充分无关了。

"前期活动时期越长，后继的学习活动就越活跃，越积极。"所以，前期操作的经验对青少年学生来说非常重要。前期操作的经验一般包括正反两方面的经验，既有成功的经验也有失误或失败的经验，在失误或失败中总结出的经验更为宝贵。使用厂制的贵重教具、仪器，教师往往担心学生失败，使用中途给予的指导或帮助过多，真正由学生自己发现问题、解决问题获取的经验甚少。麦克斯韦的下述观点寓意深刻，引人深思。他说："使用自制简易设备的学生常比用精密仪器的学生学到的多，而且由于后者过分依赖仪器，一旦仪器有了毛病，不敢拆卸它而显得束手无策"。他还认为：自制仪器常出故障，却有许多优越之处，其中最重要的一点是，我们和学生们敢于拆卸它，修理它，因为它是我们自己制作的。

对学生进行能力培养是物理教育坚定的目标。为了使实验教学更富有成效，究竟在多大意义上去追求教学仪器的"更新换代"及"现代化"，这是值得思考和探讨的问题。

三、使用自制实验器具可使学生感觉到科学与生活的密切关系

由于自制物理实验器具、仪器所用的材料大都来源于生活，用它们来产生物理现象、探索物理规律，学生们就会感到亲切，感到物理学就在自己的身边，研究物理

学并不神秘,从而产生学习物理学的积极性和主动性。在实验观察时,器材本身已不是他们好奇的东西,所关注的是这些生活材料究竟能呈现什么物理现象。因此,他们的观察有较强的目的性。正如麦克斯韦论断的那样:"一项演示实验使用的材料越简单、学生越熟悉,就越能透彻地获得所验证的结果。"

比较而言,使用正规的厂制教具、仪器进行演示,在引起学生好奇心与注意力的同时,也给学生以全新的感受。从另个角度看,也使学生感到陌生,与他们已有的生活经验关系甚小。这种"正规"教学的长期效应之一,是使学生形成一种观念,那就是物理现象只有厂制的物理仪器才能产生,物理学只存在于实验室、课堂和教科书中。然而,我们今天生活、工作的环境都是由呈各种技术形态的科学来决定的,学生们成长在这样一个技术世界里,对他们来说,属于人类文化的物理学更多的是通过周围的技术来展现的。因此,与日常生活的关系就成了对科学学习至关重要的了。由于生活中的一切材料或物品都具有某些物理特性,利用它们来生成物理现象,再现物理规律,就会使学生切身体会到科学与生活的密切关系,进而感到学习物理就是本质上认识生活、认识环境世界。

四、自制实验器具可激发学生的动手欲望和创造性

实际上,用生活中易得材料或废旧材料充当实验器材或稍作简单加工制成教具、仪器并在教学中应用,这本身就潜在地对学生进行着创造教育。由于学生熟悉教具所用的材料且在生活中容易找到,因此会使学生产生自己动手也做一做的欲望。教师展现在学生面前的自制实验器具,其巧妙的设计、独到的构思,将给学生以创造性的启发和激励;其不完美、不理想之处又可促使学生产生"如何才能做得更好"的创造动机。特别是自制实验器具中蕴含的丰富的创新思路,无不潜移默化地启迪着学生。例如,用易拉罐制成的"滑轮"、"风车"、"马德堡半球",用废旧牙刷制成的"电荷相互作用演示器",用塑料袋制成的"帕斯卡桶裂实验装置",等等。这类自制实验器具整体上反映出"废物利用"创造思路,细微处又各自不同地表现出"改变"、"更换"、"代替"、"放大"等创造思路。另外,利用生活中易得的材料或物品(如小皮球、乒乓球、橡皮筋、硬币、气球、鞋刷、直尺、鸡蛋、粉笔、纸张、文具等)做物理实验,体现了"重组"、"借用"等创造思路。有意义的是,实验中"借用"的往往不是该种材料或物品的生活用途,而是某种物理属性。例如,借用硬币的"形状"、小皮球的"弹性"、直尺的"绝缘性"、鸡蛋的"密度"、泡沫的"绝热性"等等来做相关的物理实验。从这个角度看,自制实验器具能够引发学生用物理学的观点去重新认识环境中的事物和现象,同时引起学生发散性思维。发散性思维

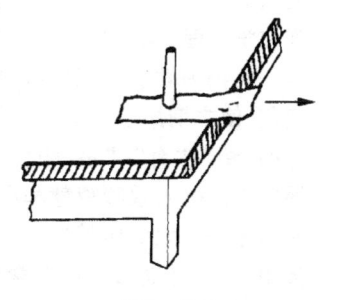

图1-6

是创造性思维的核心,自制实验器具所体现的"一物多用"、"废物利用"、"借用它物"等,正是启迪智慧、开拓思路、调动学生发散性思维的钥匙。教师若能有意识、经常地对学生进行借题引导,他们的创造性就会得到较好的训练和开发。例如,一根粉笔粗端朝下压在一张纸条上面(如图1-6),快速抽走纸条而粉笔不倒,这是大家熟知的说明物体具有惯性的小实验。如果教师借此向学生布置课外任务:"用粉笔等还能做什么物理实验?"该问题必然会激发学生课下去积极思考。这种思考不同于平常一道应用题那样仅限于某种规律或公式的集中思维,学生必须重新审视粉笔,根据它的质地、颜色、形状等物理特性,运用所学,设想它的实验用途。这种思考是发散思维和集中思维的结合,亦即创造性思维。学生对问题做出的答案不是唯一的,能真正反映他们对知识和经验的运用水平,体现学生的个性及创造性。所以,这是结合物理教学开发、训练和发现学生创造性的有效途径之一。

在物理教育中,对学生进行创造性思维的激励和训练,无疑是现代教育的体现和教改的趋势。因此,自制物理实验器具在创造教育中具有的潜在价值,值得研究和开发。

五、自制实验器具可有效地传播非语言教育信息

教师的个性、教育观、价值观、工作态度、创造性和科学素养等等对学生颇有影响的信息,往往通过非语言、无意识的途径传递才更为有效。它们虽然是无形的、抽象的,但要用某种有形的、直观的东西表现出来,莫过于教师自己亲手制作并展现在学生面前的教具仪器了。

在物理教学中,引入教师自制的物理教具后,物理课堂的结构便发生根本性的变化,使之增添了一个物化的信息源。首先,自制物理实验器具本身及其实验所特有的"新"、"奇"、"疑"吸引着学生的注意,唤起求知欲望,以利于知识传播。其次,那一件件融入教师智慧和汗水的自制实验器具、仪器,能使学生看到教师对教育事业的热爱及无私奉献精神;领悟到教师对实验的巧妙构思和对教学精心设计之良苦用心;同时也无声地向学生传递着一个信息:实验的确是物理学不可缺少的部分,它值得我们花时间和精力。这样的效果与教师仅仅口头上强调实验重要并要求学生如何重视,而实际教学中却很少做实验截然不一样。试想,如果教师常在学生面前抱怨学校实验条件差,仪器设备陈旧,总是在黑板上以讲实验代替做实验,这势必会无声地告诉学生:亲手实验并不是必要的。从而导致学生轻视实验,同时又对满是"理论"的物理课感到乏味难学。这种客观上存在的低效的物理教学现象一定会造成不良后果。因此,从这个意义上看,自制物理实验器具所具有的非语言教育信息的传播功能,应该给予足够的重视。即使在实验条件相当优越的情况下,自制物理教具并在教学中使用仍然十分必要。因为与厂制的同类教具、仪器相比,通过自制物理实验器具传递给学生的教育信息含量更大、内容更丰富。

以上是对自制物理实验器具及其实验的独特教育功能进行的初步探究。我们认为，自制实验器具不应仅仅看成是一种补缺措施，应视为物理教育中不可缺少的组成部分。因为它具有许多正规厂制教具代替不了的教育功能，将二者有机配合使用，才能获得最佳的实验教学效果。大力提倡自制实验器具并不是排斥正规的厂制实验器具，相反，前者在很大程度上正是促进后者完善和发展的先导。

[本章小结]

本章认为实验本质上是一种人为受控的观察，而"观察"是科学研究中最基础、最广泛的实践活动，无论观察过程还是观察陈述都充满理论的内容，因而观察应视为与理论有机联系的整体过程。同理，物理实验也是充满理论的探索过程。从这个角度来认识观察和实验在物理教学中的地位和作用，它们就不能只被当成附属于理论、服务于理论的手段和工具，而是本身充满理论的认识过程。因而，实验教学不仅是为学生学习物理理论提供感性材料，为理解疑难概念铺设台阶，而是整个物理学习过程的一部分内容，它与理论学习相伴而行，密不可分，也即物理实验教学不能仅仅当作为理论教学服务的工具，而应是物理教育必须有的内容。由于物理实验对学生原有的"前概念"转化为科学概念、对促进学生认知发展、情感教育以及整体评价方面具有独特的作用，因此，中学物理教学必须以实验为基础。

物理实验教学涉及的种种问题，都必须归结到物理学的理论、思想、方法和教学论的思想两方面来进行研究。同时，由于仅仅依靠买来的厂制仪器设备开展物理实验教学具有局限性，难以满足个性化教学需要，难以全面达成物理课程目标。因此，重视实验课程资源开发、自制实验器具、发挥师生的主观能动性是实验教学的重要指导思想。自制实验器具并不单单是在教学仪器严重缺乏的情况下才有必要，即使是在装备精良的情况下仍十分必要。

[思考练习]

1. 结合教学实际，论述物理实验的教育、教学功能。
2. 在教学仪器工业高速发展的今天，为什么还要提倡自制实验器具？
3. 自制物理实验器具及其实验有哪些独特的教育功能？
4. 为什么不提倡教学仪器的复杂化、自动化？

第二章　物理实验教学模式与一般方法探究

[内容提要]

本章结合物理课程改革背景,对物理实验教学模式改革问题进行了探讨,提出了"探究式"实验教学模式的构想,并对这种教学模式的理论基础、内涵以及在实践中需要注意的问题进行了讨论,旨在扭转现行实验教学"走过场、搞形式"的低效教学行为。本章还介绍了物理实验教学的一般方法,这些方法都是一线教师长期进行实验教学实践的总结和归纳,还有进一步开拓创新的空间。

[学习指导]

在前一章明确实验在物理教学中的地位和功能的基础上,如何有效地开展物理实验教学,是本章需要解决的问题。长期以来,基础物理实验囿于"教师做,学生看"、"老师准备好,学生照书做"教学模式,实验教学成为一种"形式"、"过场",未能达到实验教学预期的教学目标,未能发挥出物理实验应有的教育教学功能。本章针对这种现状,提出物理实验教学的"逻辑起点"和"逻辑终点"问题,即学生的实验行为从哪里开始？物理实验教学的最终目的是什么？在阐明这两个问题的基础上,探讨了类似于科学研究的物理实验教学范式——"探究式"物理实验教学模式。尽管这个教学模式在实施中存在阻力,但它不失为一种改革的方向,因为它将实验教学目标定位在培养学生科学素养上。对于物理实验教学一般方法的学习,应该在密切联系实验的教育教学功能以及如何实现课程三维目标来理解,进而在实际教学中加以运用,使物理实验教学更加高效。

第一节　实验教学的模式探究

物理学是一门实验科学,无论从哪个角度看,实验都是中学物理教学的基础。研究表明,实验是有效促进学生认知发展、有利于学生建构意义的理想环境和认知工具。物理实验的教育教学功能发挥的程度,决定了整个物理教学的质量。物理实验教学,包括课堂演示实验、学生分组实验和课外实验等形式,长期以来囿于"教师做,学生看"、"老师准备好,学生照书做"教学模式,实验教学成为一种"形式"、"过场",未能达到实验教学预期的教学目标,未能发挥出物理实验应有的教育教学功能。

教育部颁布的《全日制义务教育物理课程标准(实验稿)》,将义务教育阶段的物理课程培养目标定位为:提高全体学生的科学素质。明确:"通过科学探究,使学生经历基本的科学探究过程,学习科学探究方法,发展初步的科学探究能力,形成尊重事实、探索真理的科学态度。"同时指出:"通过科学想象与科学推理方法的结合,发展学生的想象力和分析概括能力,使学生养成良好的思维习惯,敢于质疑,勇于创新。"《高中物理课程标准》在课程性质中明确指出:"高中物理是普通高中科学学习领域的一门基础课程,与九年义务教育物理或科学课程相衔接,旨在进一步提高学生的科学素养。"同时要求学生"继续学习基本的物理知识与技能;体验科学探究过程,了解科学研究方法;增强创新意识和实践能力,……"可见,中学物理课程要注重使学生经历和体验科学探究的过程、培养学生创新意识和实践能力,最终培养目标是提高全体学生的科学素质。如果实验教学继续照原来模式进行,即使学校的实验条件再好,也难以实现这一培养目标。因此,基于现代教学理论、学习理论,研究个体在进行物理实验活动时的思维规律,物理实验对个体认知水平发展的促进作用,建构有利于培养学生探究能力,实践创新意识,提高全体学生的科学素质的新的实验教学模式,对于当前的物理实验教学改革无疑具有积极的现实意义。

一、物理实验的过程是积极的思维过程,是理论支配下的观察活动

前面已经论述,实验的本质是一种人为控制条件的观察活动,"观察"是科学研究中最基础、最广泛的实践活动。观察是一种积极的思维活动,无论观察过程还是观察描述,都是与理论相互关联、不可分割的,即使在比较直接、自然地进行的天文学观察中,人们也离不开理论的指导。观察与理论相伴而行、密不可分。所以,物理实验不是纯粹的感性活动,其中包括深刻的理性思维,并贯穿于实验设计、实验观察、实验数据分析和实验结果的处理等各个实验环节中。实验过程充满了理论和思维,正如恩格斯强调的:"只要自然科学在思维着,它的发展形式就是假说"[1]。科学研究中的科学观察和科学实验几乎都是根据一定的科学假设而设计、安排和进行的。

伽利略是科学方法的奠基人,世人称赞他是打开近代科学大门的大师。他著名的自由落体实验和理想实验就是上述论点的最好佐证。怀疑亚里士多德"轻重物体同一高度降落,重者先落地,轻者后落地"论点,他头脑中形成了另一种假设,促成了伽利略自由落体实验设计。他不满足实验结果,还要进一步揭示自由落体运动的规律;他猜想物体下落时的速度可能随下落的时间而增大,但却没有确切的证据,更没有定量的结论。为了解决这个问题,伽利略引入了加速度的概念,这是

---

[1] 季子林.自然科学方法论概论[M].呼和浩特:内蒙古人民出版社,1983.6.

伽利略迈出的关键性一步。但要检验他的自由落体运动是匀加速运动的假设,在当时的实验条件下,直接测量是不可能的,因为落体运动过程瞬间完成,没有足够精确的计时器来计量这样短的时间。于是他想到用斜面来"减弱重力",因物体沿斜面下落,运动速度可以减缓,原来难以测量的量变得可以测量了,原来测不准的量也变得能测准了。伽利略把在斜面上得到的结果合理地外推到斜面倾角 $\alpha = 90°$ 的情况,推知在自由落体的情况下物体仍保持匀加速运动的性质。但是,只是外推法得到的结论并不是当然正确的,必须进一步经过实验的验证才行。

可见,科学家的科学实验是从假设开始的,实验和观察的过程中也要进行判断和推理,而推测也并非总是在搜集资料和进行观察和实验之后,往往在提出问题时便可能对研究结果产生猜测。尽管物理教学中开展的实验与科学研究中的实验在目的上不尽相同,但在本质上是一致的,都是在某种理论或假说的指引下,人为控制条件验证结论或探索真理的过程。

二、关于实验教学过程的逻辑起点与终点问题

既然物理实验不纯粹是为学生提供感性材料,其中伴随着思维过程,而思维过程要采用一定的程式,按照一定的规律进行,即思维要按一定的逻辑形式展开。那么教学实验应从哪里开始呢?即实验教学过程的逻辑起点是什么?是教师事先设计好的仪器设备吗?是教材中已经写好的实验方案、实验步骤以及注意事项吗?

如果不搞清楚这个问题,就难以通过实验教学过程来发展学生的观察、实验能力,更谈不上培养学生的探究能力和创新能力。其实在仔细审视实验(包括实验设计)的全过程及个体(实验者)的实验活动特点之后,这一问题也就有了答案。

"实验设计,即实验研究者在实际着手探讨他提出的假设之前所制定的实验计划。包括确定实验变量(自变量)及其呈现的方式,反应变量(因变量)的指标及其观测的方式,还要考虑无关变量控制的具体措施等。实验是实验者人为地制造现象,对产生现象的情境或影响现象的条件加以操纵、变化与控制,从而进行观察"。[①]

实验者掌握主动权,可以选择方便的地点与时间使现象发生,在事前为准确地观察做好充分的准备;实验者可以系统地变化条件,观察因这些条件的变化而引起的现象上的变化,从而推测条件的变化与观察的变化之间的因果关系。由于实验者掌握主动权,不必浪费时间等待现象自发的机会去做偶然的观察,能够任意使现象在同样条件下重复发生,反复进行观察,验证自己的观察结果。

显而易见,实验者是为探讨"假说"而制订实验计划、为准备的观察做好充分的准备、系统地变化实验条件、反复地进行实验验证自己的观察结果。所以,物理教

---

① 朱智贤. 心理学大词典[M]. 北京:北京师范大学出版社,1998.

学中,实验过程的逻辑起点不是已经设计好的仪器设备,也不是书上已经写好的实验原理、方案和步骤、注意事项等,而是面临的需要探索的问题、需要验证的假说或理论。实验教学就是应该从问题开始,让学生带着问题、运用已有的知识与经验进行发散思维,努力去做出某种"实验设计"。

那么,实验教学过程的逻辑终点是什么?或者说实验教学的最终目的是什么?我们认为,实验教学过程的逻辑终点,不应该是"理解实验原理和方法,学会正确使用仪器进行观察和测量,会控制实验条件和排除实验故障,会分析处理实验数据并得出正确结论,了解误差和有效数字的概念,会独立地写出实验报告"[1];物理教学中的某一次实验只是一个具体的、个别的教学活动,学生在这样众多的"个别"活动中,在教师的指导下,能够顺利地进行实验操作、会用给定的仪器设备、会分析实验结果、会写实验报告以及学会实验研究的方法,应该说这只是达到教学目标中"知识与技能"层次的教学要求,这与目前社会对创新型、高素质人才需求还存在差距。因此,通过设计一种"以学生为中心"的探究式的实验教学过程,培养学生的创新意识、探究能力,最终培养全体学生的科学素质,才应该是实验教学过程的逻辑终点、才是实验教学的"最终目的"。整个实验教学都应该指向这一"逻辑终点",这与物理课程培养目标是一致的。

关于实验教学过程的逻辑起点和终点的不同认识,实质上反映了传统教育与先进教育的两种不同教育思想。传统实验教学过程的逻辑起点是教材上给定的实验说明、实验步骤、放置在实验台上的仪器设备。这样的实验教学难怪使人产生怀疑:"精密仪器在现代科学中有重要作用。但我有时怀疑,人们是否容易忘记科学研究中最好最重要的工具必须始终是人的头脑"[2]。

三、"探究式"实验教学模式的构建

按照现代教学理论与学习理论,物理实验教学过程中必须以学生为中心,使实验教学的过程成为学生自主学习、协作学习的过程,教师应在以下四个方面做出努力:

1. 要把探究的问题或任务作为实验教学过程的逻辑起点;
2. 要在学习过程中充分发挥学生的主动性,要能体现出学生的首创精神;
3. 要为学生创设多种机会,使学生在不同的情境下去应用他们所学的知识(将知识"外化");
4. 要让学生能根据自身行动的反馈信息来形成对客观事物的认识和解决实际问题的方案(实现自我反馈)。

---

[1] 中华人民共和国教育部. 全日制普通高级中学物理教学大纲(试验修订版)[M]. 北京:人民教育出版社,2000.

[2] 季子林. 自然科学方法论概论[M]. 呼和浩特:内蒙古人民出版社,1983.6.

以上四方面要素如果在实验教学过程中得不到体现,我们认为这种实验教学的过程就是不完整的,实验教学的逻辑终点也因此难以达成。从追求教学过程完整的观点出发,实验教学过程总体上应该反映科研探索的方法与程序(如图 2-1 所示)①,重视学生主动探索研究的过程与经历。以上就是"探究式"实验教学模式的核心思想。

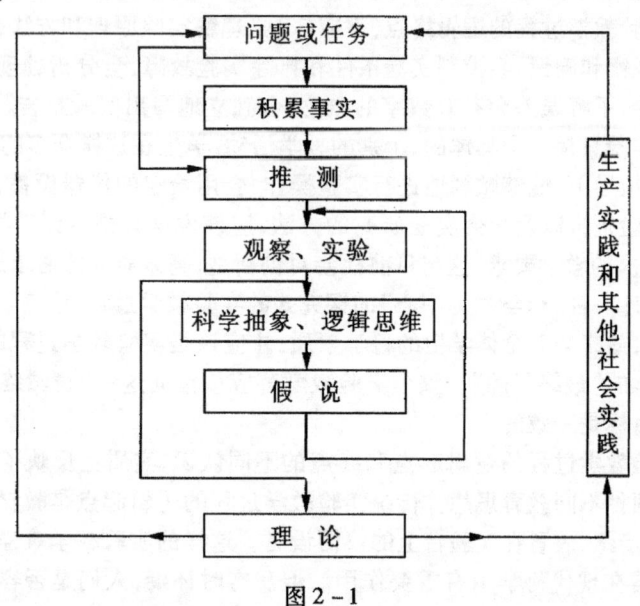

图 2-1

从图 2-1 我们首先看到,实验教学过程的逻辑起点不是观察实验,而是需要探究的问题或任务;该实验教学模式主张以问题为中心,教师以问题形式呈现实验教学内容,鼓励学生提出问题、探索问题和解决问题。换句话说,实验教学,首先以问题或任务形式表达实验目的,要求学生依据某些事实对探究问题的结果进行大胆推测。推测是一种初步的假定,它还没有被充分地研究,它在逻辑上和经验上的根据尚未得到充分地说明,因而带有很大的猜测性。推测一般在形式上表现为跳跃式,即通过它并不是由于对以往知识进行严格的逻辑推论的结果,也不是对经验材料的简单概括,而是思维中的一种升华过程。推测的产生有时需要借助于丰富的想象力和"直觉"。"直觉"是逻辑思维过程的浓缩,它在进行创造性活动中有着特殊的地位。可见,针对探究的问题,在正式进行实验之前推测结果的过程,是引发学生独立自主地在头脑里进行实验设计、培养学生创造性思维与"直觉"思维的重要过程。突出创造性思维过程,是该实验教学模式的重要特点之一。

---

① 季子林.自然科学方法论概论[M].呼和浩特:内蒙古人民出版社,1983.6.

不是由教师直接告诉学生应当如何去解决面临的问题,而是由教师向学生提供解决该问题的有关线索(例如需要搜集哪一类资料、从何处获取有关的信息资料以及现实中专家解决类似问题的探索过程等),并要特别注意发展学生的"自主学习"能力。当学生对面临的问题没有解决思路或者无法入手时,教师要适时判断学生困惑所在,并及时改变问题形式,鼓励学生继续探索、解决问题。即提出问题、探索问题、解决问题成为学生实验活动的主要行为。以问题为中心是该实验教学模式第二个重要特点。

通常经过逻辑加工并获得比较充分的科学论据的推测称之为假说,假说是研究工作中最重要的思维方法。它的主要作用在于据此安排新的实验或新观测。事实上,绝大多数的实验以及观察都是为了验证假说而进行的。在实验探索的一定阶段提出假说,即使是错误的假说,也可以使实验研究获得新的方向,促使学生深入思考,推动探索工作的前进。由于每个学生看问题的角度不尽相同,或者依据的事实存在某些差异,会造成对同一现象或同一过程的理解不同,因此会出现多种假说的现象。出现这种"多假说现象"在科学研究过程中是非常正常的,而在传统的实验教学过程中却很少碰到,这是不正常的。

"多假说现象"在学生自主学习、独立探索实验过程中出现,是该实验教学模式另一个重要特点。它说明学生在理解当前学习内容所反映的事物的性质、规律以及该事物与其他事物之间的内在联系上出现差异;恰恰在这个阶段,建构主义学习理论对学习环境所要求的所谓"协作"、"会话"出现良机,教师的指导作用也正是在此阶段得以充分发挥。为了使意义建构更有效,教师应在可能的条件下组织协作学习(开展讨论与交流),并对学习过程进行引导使之朝着有利于意义建构的方向发展。引导的方法包括:提出适当的问题以引起学生的思考和讨论;在讨论中设法把问题一步步引向深入以加深学生对所学内容的理解;要鼓励支持学生自己去发现规律、自己去纠正和补充错误的或片面的认识。

应该指出,虽然假说在一般情况下都是以事实为依据,但是这并不能保证所有假说都是正确的;假说必须以广泛的实践作为衡量其正确与否和决定取舍的标准;检验假说的实践包括实验、观察、生产和生活实践等等;被实践证明是正确的假说便升格为理论。该实验教学模式主张通过实验教学过程的主动探索,使学生掌握科学研究与创新的程序和方法,体验挫折、失败的苦恼与成功的喜悦,逐步形成刻苦钻研、百折不挠等良好个性品质和善于与他人协作、团结互助的健康人格。

四、关于"探究式"实验教学模式的实施

由于实验一般可以运用于物理教学的各个环节,因此,实验教学的形式必然是灵活多样的。实验教学无论是何种形式,都必须从如何创设有利于学生自主学习、主动探索的情境开始,整个教学设计过程紧紧围绕"意义建构"这个中心而展开,不论是学生的独立探索、协作学习还是教师辅导。

1. 课堂实验教学

这是运用于课堂教学、主要以教师操作演示、学生积极参与的实验教学形式。"探究式"实验教学模式,总体要求是"学生思考、设计、探索、体验在前,教师的讲解、演示、分析、评论在后"。这样的教学环境与传统的"教师讲,学生听"、"教师做,学生看"模式所提供的教学环境有根本的区别。在新环境下,学生独立自主思考、探索问题,避免因教师先讲解或预习教材所造成的"先入为主"影响,要让学生人人有自己的猜想、观点、看法,并努力形成各自的实验设计。依据教学时间安排和具体课堂教学进展,必要时教师以学生身份发表自己的实验设计(或拿出事先准备好的仪器设备,或让学生阅读教材中的有关部分),之后,才开始具体的实验操作。对于物理规律教学,建议采用"随堂实验或边学边实验"的教学方法,以问题展开教学,学生带着问题进行实验探索,对学生们的实验结果组织讨论,让学生充分发表不同看法、交流信息,然后再通过实验进行验证,最终实现意义建构。可见,通过该实验教学模式,课堂上进行健康个性和健全人格培养、落实创造教育成为可能。

2. 学生分组实验教学

这是在实验室中进行的以学生独立操作、定量研究为主的实验教学形式。按照"探究式"实验教学模式的要求,学生分组实验教学要打破"给定实验原理、器材、步骤"与"在规定教学时间内完成规定实验内容"的传统做法,实验教学按学期或学年划分为两个阶段:第一阶段为"基本实验器材使用方法训练";第二阶段为"课题型学生自主实验"。

在第一阶段,教师把第二阶段"课题型学生自主实验"将要用到的实验器材分类、分批提供给学生,让学生通过阅读实验器材说明书等资料,自主学习各类器材的性能、构造、原理、注意事项及使用方法。教师的角色是"实验技术人员",为学生学习提供服务和帮助。教师以提问和让学生实际操作的形式,把握每个学生对器材的熟悉和使用程度,教师及时纠正、指导、示范(也可把学生分成若干小组,学生之间相互检查、交流、纠正)。

第二阶段,在学生进入实验室开展实验活动的前几天,教师以课题形式向学生提出实验任务,同时提出实验要求(诸如客观记录实验数据、实验报告的规范格式等),实验原理的选定、实验器材的选用、实验步骤的设计、实验数据的处理等任务,完全由学生自主完成;教师不提供实验讲义、教材等限定学生思路的资料,只是对学生如何查阅有关资料进行必要的指导;实验过程原则上要求两人一组(自由组合),实验方案由两人共同制订,实验中遇到问题首先在两人之间讨论,两人讨论不出结果的问题,教师可以把问题扩大到全班学生中讨论,如果还没有结果,教师才提出参考性答案,不允许教师轻易给出结果;每一个实验课题,不要求学生在一次实验课必须完成,下次课继续做上次课未完成的实验(当然鼓励学生一次实验课完成两个以上实验课题),未完成的实验报告及原始数据不得带出实验室。由于实验方案是学生自主设计的，因此，同一个实验课题，各实验小组采用的实验原理、选用的实验器材、得出的实验结果等方面必然出现差异，这些"差异"直接反映在学生的实验报告中。教师应在一个实验课题完成之后，组织学生进行成果交流、研讨，为学生提供相互学习与促进的机会，让学生在交流中对实验结果进行自我评价，然后改进、补充、修正或重做实验；最后才由教师对学生的实验结果进行公正、客观的评价。

当然，根据实际情况，可以在第二阶段之前安排一个"过渡阶段"。所谓"过渡阶段"是对学生进行规范训练的阶段，即按照现行的给定实验原理、实验器材与实验步骤等，训练学生如何正确读取数据、如何规范撰写实验报告等。

3. 课外实验教学

课外实验有多种类型，有趣味性实验、制作类实验、体验类实验与探究性实验等。在此，只讨论探究性实验。

探究性实验是由教师提出实验研究课题（最好是由学生提出），学生利用课余时间独立自主完成的一种实验形式。在实验过程中，学生针对课题和实验任务，依据积累的事实，做出对研究结果的推测，自行设计实验方案，独立进行实验观察，通过对实验数据的分析处理，建立假说，通过实验反复验证，最后得出结论。

课外探究性实验可以成为科学研究的一个缩影，使学生以研究者的身份经历探索过程，体验科学研究过程的艰辛，学习科研方法，培养创造才能。这种探究性实验可以弥补课堂教学的时空限制，延伸课堂教学，对培养创新型人才颇为有利，值得大力提倡。

五、对相关问题的讨论

1. 关于实验教学过程对学生的评价

在传统教学设计中，教学目标是高于一切的，它既是教学过程的出发点，又是教学过程的归宿。通过教学目标分析可以确定所需的教学内容和教学内容的安排次序；教学目标还是检查最终教学效果和进行教学评估的依据。但在"探究式"实验教学模式为学生提供的学习环境中，由于强调学生是认知主体、强调发挥学生的主动性和学生的首创精神，学生是意义的主动建构者，所以把培养学生的创新意识、探究能力，最终培养全体学生的科学素质作为整个学习过程的"逻辑终点"。在这样的学习环境中，由于教学要求学生解决面临的现实问题，学习过程就是解决问题的过程，即由该过程可以直接反映出学生的学习效果。因此对这种教学效果的评价往往不需要进行独立于教学过程的专门测验，只需在学习过程中随时观察并记录学生的表现即可。

2. 如何对待学生面临问题思路受阻

在"探究式"实验教学模式的实施过程中，要求学生自主完成的学习和探究任务都是学生以前没有做过的事情,一开始,学生肯定有为难心理,想不出来或做不出来,对问题式教学不习惯。面对这种情形,教师怎么办?回到原来"教师讲,学生听"、"教师做,学生看"吗?不行。处理该教学问题的办法是,对于课堂演示实验教学,提出的实验设计问题可能绝大多数学生没有思路,但必须给学生一点思考时间,然后给出降低难度的"二级问题",再给学生一点时间思考。由于课堂教学时间有限,不能逼迫学生一定想出结果。察觉到学生确实"不知所措"时,教师以"商讨"的口气"拿出"自己的(或教材上的、或专家的)方案,征求大家的意见,如果没有反对意见,教学就在共同研究的气氛中展开。值得注意的是,绝不能因为学生没有解决问题的思路,就不提问题或不给学生思考的时间。我们不求每堂课所有学生都能设计,都有创新,只求人人动脑,人人参与实验教学过程。我们坚信,"过程比结果更重要"。如此坚持,学生实验设计能力、创新意识与探究能力的培养就能在课堂教学中得到落实。

至于学生分组实验和课外探究性实验,由于给了学生足够的时间去查阅相关资料、进行推测,在此基础上设计实验方案,相信一部分学生能够顺利完成、一部分学生比较顺利、还有一部分学生不能完成。因此,教学开始阶段,教师指导、帮助的成分多一些,时间给的长一点,以后,随着学生的逐步适应和相关能力的提高,教师指导、帮助的成分将越来越少,给的时间也将越来越短。

值得注意的是,为了达成实验教学过程的"逻辑终点",开始阶段要舍得花时间,敢于放慢教学进度,一段时间的训练和适应之后,就会产生"加速度",就会赶上或超过"常规"教学进度。重要的是,教师一定要有耐心,要相信学生;要善于发现学生的点滴进步、点滴创新,及时给予鼓励,要让所有学生树立起自信心,激发起他们独立探索真理、大胆创新的勇气。

3. 该实验教学模式对教师的要求

该实验教学模式在课堂上运用,首要工作是情境创设,这就要求教师把课堂上要做的演示实验"加工"、"提炼"成问题或实验探索任务,为学生提出实验设计课题,这就需要对教材进行"处理",不许学生课前预习,这样才有可能创设出有利于学生建构意义的情境;要求教师要由知识的传授者、灌输者转变为学生主动建构意义的组织者、指导者、帮助者、促进者。由于受时间和教学进度的限制,实施该模式确有一定难度。因为从学生角度,可能被问题所困惑,需要教师转化问题方式,正确诱导;从教师角度,可能会面临学生各种各样的、出乎预料的"答案",这就需要教师的课堂驾驭能力、应变能力、组织能力和领导能力了。当然,教师也大可不必担心自己的能力,只要把"权威"和"支配"意识降到最低限度,让学生感到老师与他们平等,和他们共同探索"未知",那么教师偶尔表现出的"无能"、"无知"也会被学生谅解和尊重。

该实验教学模式在学生分组实验和课外探究性实验过程中实施,要求教师注意发挥学生的主动性、积极性和首创精神,提出的探究性课题要考虑学生智力的最近发展区,通过提问来引导讨论,切忌直接告诉学生应该做什么(即不能代替学生思维)。

从国内的情况看,当前深化物理实验教学改革的关键在于能否打破长期以来统治各级各类学校实验教学的传统模式。这种实验教学模式的特点是:以教师为中心,实验作为帮助教师传授知识的手段、方法,而不是用来创设情境、作为学生主动学习、协作式探索的认知工具;学生参与教学活动的机会少,主要靠教师向学生灌输,作为认知主体的学生在教学过程中自始至终处于被动状态,其主动性、积极性难以发挥;这既不能保证实验教学的质量与效率,又不利于培养学生的发散性思维、批判性思维和创造性思维,即不利于创造型人才的成长。为了改变这种状况,我们基于现代教学理论和学习理论,提出了"探究式"实验教学模式。当然,该模式在实际运用中还有待于进一步完善,运用中还会遇到各种困难或阻力,实施中的相关问题有待于进一步研究。

第二节 实验教学的一般方法

中学物理实验教学方法,是师生在教学过程中以实验为基础,完成一定教学任务所采取的工作方式、手段及程序组成的方法体系,它包括教师的各种工作方式和学生的各种学习、实践及探究活动方式。

中学物理实验教学方法隶属于中学物理教学方法论系统,它的主要特点:一是教师活动与学生的认识活动通过实验相互联系;二是为达到某种教学目的而进行的一种有组织的实验活动程序,是一种有秩序的实验活动方式体系。

在教学内容及实验条件确定的前提下,实验教学的方法是获得预期教学效果的关键。教学过程是一个多要素、复杂的动态系统,不同地区、不同学校、不同教师、不同学生、不同的实验条件等因素决定了实验教学方法具有多样性,难以固定成一种方法。但是,分析研究众多实验教学方法的规律性,归纳总结其共同的属性是十分必要的。

近些年来的中学物理教学改革,以实验为基础,以改革教学方法为突破口,深入开发实验的教学功能,加强对学生能力和素质的培养,初步取得了一些成功的经验。从这些经验中可以看到,如何选择实验教学方法,至少应当考虑如下几个方面:

(1)要把教师的主导作用和学生的主体地位统一起来,要以学生为中心,调动学生的积极性和主动性。

(2)要使教学过程有效地符合中学生的认识特点和思维规律。

(3)不仅要使学生获得知识,更重要的是让学生学习获得知识的方法,培养学生主动探究、勇于创新的能力。

(4)要有利于教师与学生、学生与学生之间的信息交流。

(5)要处理好学生自主学习与教学时间、教学任务之间的关系,努力提高教学效率。

(6)要从实际情况出发,综合考虑影响实验教学效果的各种基本因素,灵活运用教学方法。这些基本因素是:教学目的,教材内容特点,学生情况,教师情况,时间、空间和教学设备条件等。

(7)要全面地考虑教学方法,其思路应当是从总体构思到局部安排,从大单元到小单元,再到课时教学计划。

基于上述考虑,我们从实验的方式或功能角度对实验教学的一般方法、类型进行一下分析。

一、利用实验使概念形象化、具体化

物理概念是客观事物的物理共同属性和本质特征在人们头脑中的反映,是物理事物的抽象。教学实践表明,物理概念是物理基础知识中既不易教也不易学的内容。中学生普遍感到物理难学,其症结之一就在于物理概念教学没有搞好。在教师方面,不同程度地存在着只注意让学生多做练习,而不注意让学生形成正确的物理概念;在学生方面,往往只注意背定义、记公式、做练习题,而忽视了对物理概念的理解。其结果必然使丰富的物理含义被形形色色的教学符号所淹没,概念不清就会越学越困难。

学生形成、理解和掌握物理概念,是一个十分复杂的认识过程。在这一过程中,首先必须使他们有足够的感性认识,而在物理环境中通过观察、实验是获取必要感性认识的最有效途径,是学生理解概念的基础。例如,关于概念的量度单位,一般比较抽象,学生学完"力"、"速度"及"功"等概念后并不知道每一牛顿、米/秒、焦耳单位到底有多大。为了使学生得到关于这些单位形象化、具体化的理解,可以利用家庭及身边易得的材料及物品设计出学生能够亲身感觉的实验方案。下面的方案可供参考:

(1)用手去感觉质量为100 g的物品(如两个鸡蛋等),此时手对力的感觉即为1 N。

(2)测一下自己正常步行100 m的时间,求出的平均速度大约为1 m/s。

(3)把质量为125 g的物品(如一块肥皂等)从地面拿到桌面上,人对肥皂做功大约为1 J,等等。

为了使学生在感性认识的基础上建立概念,还必须引导学生运用比较、分析、综合、抽象、概括等思维方法,对感性材料进行思维加工,进而抽象概括出事物的本质属性,从而使他们形成概念。例如,瞬时速度的概念是非常抽象的,为了使高中生在没有高等数学基础的情况下正确理解瞬时速度的概念,可以利用气垫导轨实验装置求出某一段位移的平均速度,逐步过渡到位移趋于零时平均速度的极限,着重解除学生的两个疑虑:(1)当位移趋于零时,平均速度为零吗?(2)平均速度是否有极限?

具体实验方法如下。如图 2-2 所示,将导轨倾斜放置,使滑块从固定高度下滑,求滑块经过 O 点的瞬时速度。这个实验分两步进行:在 O 点装上光电门 S_1,先在 O 点的左方,每隔一定距离取一点 $A_1, A_2, \cdots, A_6$,将第二个光电门 S_2 按顺序放在 $A_6, A_5, \cdots, A_1$ 各点,用毫秒计逐次测出滑块通过 $A_6O, A_5O, \cdots, A_1O$ 的时间,计算各次平均速度,得到下表左方的数据。由表中数据可以明显看出,当位移越来越小时,平均速度却越来越大。由此推论,位移趋于零,平均速度并不为零。但是,平均速度的增大是否有极限呢?为此,再在 O 点的右方,按一定距离取 $B_1, B_2, \cdots, B_6$,将光电门 S_2 按顺序放在 $B_6, B_5, \cdots, B_1$ 各点,测出滑块通过 $B_6O, B_5O, \cdots, B_1O$ 各段的时间,计算各次的平均速度,得到下表右方的数据。

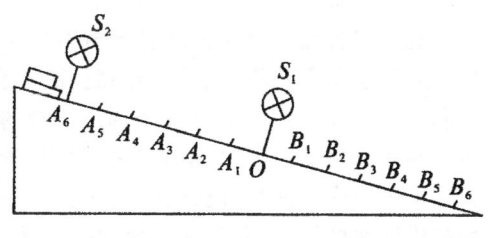

图 2-2

区间	Δs_A (cm)	Δt_A (s)	$\bar{v}_A$ (cm/s)	$\bar{v}_B$ (cm/s)	Δt_B (s)	Δs_B (cm)	区间
A_6O	50.0	0.844	59.2	↑ 87.7	0.570	50.0	B_6O
A_5O	40.0	0.633	63.2	85.8	0.466	40.0	B_5O
A_4O	30.0	0.447	67.1	83.6	0.359	30.0	B_4O
A_3O	20.0	0.287	69.7	82.0	0.244	20.0	B_3O
A_2O	10.0	0.140	71.4	79.4	0.126	10.0	B_2O
A_1O	5.0	0.069	72.5 ↓	74.6	0.067	5.0	B_1O

从第二批数据可看出,位移取得越小,平均速度随之越来越小,但是 B 的最小值(74.6)仍然大于 A 的最大值(72.5)。这就说明在 72.5~74.6 之间,必有一个中间界限量,这个量就是 O 点的瞬时速度。

这种方法是由形象思维过渡到抽象思维,同时也是真实实验与理想实验相结合的研究方法。运用这种方法不仅有利于建立清晰的物理概念,也有利于能力与方法的培养。

二、按照思维发展,设计实验程序

培养学生物理思维能力,是实验教学的核心目标。物理思维,即物理学中的科学思维，其重要作用是将物理观察与物理实验所得到的感性认识，上升为理性认识并从已有的理性认识获得新的理性认识。而物理思维能力，即顺利进行物理思维并获得正确思维结论的个性心理特征。

观察和实验是获得物理思维材料的重要手段，但如果观察和实验不引出物理问题，决不会导致探索和研究过程。人们常说："问题是创造的起点，思维从问题开始的。"因此，在中学物理实验教学中，要根据学生的认识规律，设计、编制实验程序，在为学生提供感性材料的同时，注意使学生带着问题进行观察，并诱导学生进行比较、分析、综合、判断、推理等思维活动，以促进学生物理思维能力的发展。这种按照思维发展，以问题为中心的实验程序，可以用一个简单的台阶图表达出来（如图2-3）。

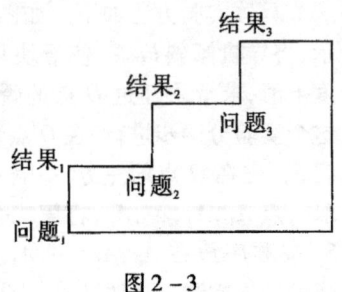

图2-3

学生对实验现象的观察，不应是机械的注视，而应是积极的思维过程。因此，提出问题是展开实验教学的基础。但需注意的是，提出问题不是一般地提出学生不懂的问题，而是应着重在现象观察及现象解释两方面提出问题。现象观察问题主要是考查学生对某一现象和过程的观察是否全面、准确，能否抓住其重要特点和相关的细节特征以及现象和过程发生、发展的条件和规律性等，即此类问题是针对观察提出的；现象解释问题是指学生在充分运用自己的知识并进行积极的思维活动才有可能解释的带有一定难度的问题。正确的质疑，对进一步学习和研究具有方向性和启发性，常常意味着少做无用功。

下面介绍浮沉子的演示程序示例（图2-4）。

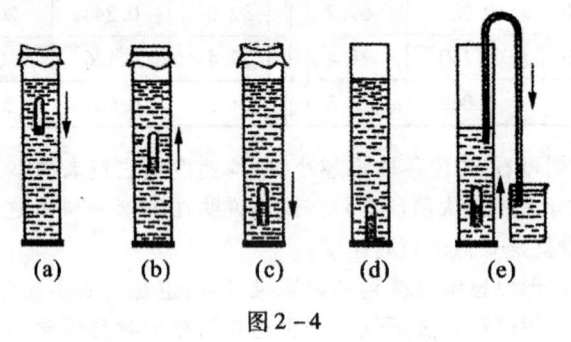

图2-4

问题：

(1)用手按下橡皮膜（图a），你看到什么？

(2)松开手，橡皮膜复位（图b），你又观察到什么？

(3)你能否根据上面观察的结果，概括一下浮沉子沉与浮的条件？

(4)重复实验步骤(1)和(2),注意观察浮沉子内部空气柱体积的变化情况。现在,你能否说出浮沉的原因?

(5)先用手稍微下压橡皮膜,待浮沉子下降到一定深度后,再松开手(图c),你会发现什么现象?(这时,浮沉子继续下沉。)

(6)打开橡皮膜(图d),你会发现什么?(浮沉子仍然停留在底部。)

(7)请你想想看,浮沉子为什么现在不会上浮?你能否肯定它与液体内部的压强有关吗?你打算用什么方法验证这个想法呢?

(8)用虹吸管把大玻璃管中的水吸出来(图e),随着水位下降,浮沉子内部空气柱体积逐渐增大,在什么情况下浮沉子又上升?

(9)请你概括一下观察到的结果,说明浮沉子下沉或上浮的原因。

以上是一个观察程序教学的例子,体现了观察由表及里逐渐深化的认识过程。同时,这种实验教学方法,一改传统教学那种"教师做,学生看,教师讲,学生听"的模式,课堂上,以实验为基础,以问题为中心,学生积极思考,主动学习。这种教学方法值得大力推广。

三、边学边实验,探索物理规律

在课堂教学过程中,教师在实验前或实验后提出问题,引导学生进行实验探索、组织讨论、交流,最终得出结论。这种教师与学生、学生与学生进行多边活动的教学方法一般叫做边学边实验(或称随堂实验等)方法。在这种教学方法中,常常把教师的指导、演示和学生实验、探索和讨论结合起来,这可以为学生创造自主进行意义建构的物理环境,扩大师生在课堂内的信息交流,有利于在教师的主导作用下,突出学生的主体地位。在教学改革中,它将越来越受到重视,成为一种方式灵活、广受欢迎、有强大生命力的课堂教学形式。

在运用这种教学方法时教师应掌握学生的学习进程,分析学生已经认识和尚未认识的事物及其原因,不失时机地抓住出现的问题,组织讨论或示范,使学生明确继续实验和观察的方向。既要使学生想要摘"桃子",又要使学生经过努力能够摘到"桃子"。

例如,在电容器充、放电的教学中,利用图2-5的电路,将开关S扳向1,电容器充电,然后,将开关扳向2,电容器放电。观察电容器充、放电的过程中电流的变化情况,并用$I-t$图像表示电流随时间变化的规律。按照学生观察与思考的发展过程,可组织如下表所示的教学程序。

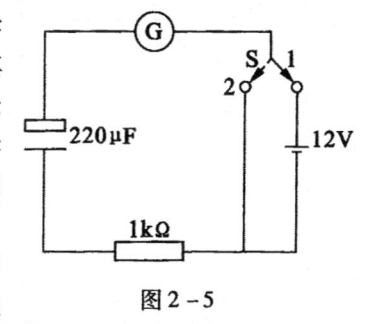

图2-5

学生作出的描述	已经认识到的程度	供进一步讨论的问题与观察的目标
充电 放电 波形图	仅仅观察到电流两次增加两次减少现象	充电与放电过程中电流的方向相同吗?
充放电反向波形图	观察到充电与放电的电流方向相反	电表指针偏离与回零的时间相等吗?
快增慢减波形图	已观察到电流增加得快,减小得慢	电流的变化是均匀的吗?
非线性正弦状波形图	观察到电流不是按线性变化的	电流衰减的速率是越来越快,还是越来越慢?
衰减振荡波形图	观察到电流的衰减是越来越慢	在什么时刻电流最大呢?
指数衰减波形图	经过讨论获得最后的结果	配合示波器观察,与讨论结果一致

边学边实验教学方法在培养学生综合能力及提高学生各种素质方面的潜在功能是巨大的,值得大力开发和应用。但由于这种方法运用灵活且受实验条件限制,因此需要广大教师因地制宜、发挥主观能动性、创造实验条件、积极推广和使用并不断完善和创新。

四、手脑结合,锻炼实验技能

作为一种实践活动,物理实验是和操作息息相关的。但是,绝不应把物理实验仅仅理解为实验操作。物理实验的全过程包括:从问题开始,经设计、实践、分析和排除异常现象,到分析实验现象和数据,分析误差,写出实验报告的一系列活动。因此,物理实验的过程是一个动脑动手的过程,即思维与操作相互展开、互相影响的过程。从功能上看,思维乃是使操作得以沿正确方向顺利进行的一种保证。注意到物理实验的操作总是灵活多样的,预料之外的情况是经常发生的,因此,实验中的思维是一种综合性的思维,即它是分析、综合、归纳、演绎等各种抽象思维以及动作、形象、直觉等各种思维的综合运用。而实验操作,则是物理实验能力的核心部分,虽然在完成一个具体物理实验的过程中,实验操作直接表现为实验技能和技巧,但就整体的、抽象的(指不涉及某一个具体实验内容)物理实验而言,实验操作则是和思维有机地结合在一起的。

因此,开展实验教学,要采取灵活多样的教学方法,促进学生手脑结合,锻炼实验技能。在设计和选择这类教学方法时,必须注意以下几点:

(1)要设法引导学生积极主动地进行操作,创造条件,采取措施,消除部分学生当观察员、记录员的现象。

(2)在具体实验中,不仅要使学生了解应当怎样操作,而且弄清为什么要这样操作,以动手促动脑,以动脑指导动手,从而在手脑并用中提高动手能力和思维能力。

(3)对操作训练的内容应有明确要求,它既是教学目标,又应是实验考核的目标。

下面是两个促进学生手脑结合、锻炼实验技能的实验教学方法的例子,仅供参考。

[例1] 调整天平训练(提纲)

1. 调整天平底座水平

(1)观察一下天平底座是否水平? 如果不水平,请你把它调水平。

(2)想一想,怎样判断天平底座的前后左右哪边较高? 哪边较低? 当你调节一个底座螺丝时会引起哪些变化? 请你试一下。应当怎样调节才能使底座水平? 请你的同组同学把底座调歪,再由你调节到水平。然后互换训练。

2. 调节天平横梁平衡

(1)请把游码放在标尺零点处,再把横梁抬起,看横梁是否平衡? 如果不平衡,想一想应当如何调节,再把横梁调到平衡位置。

(2)当一端的螺旋已调到尽头,横梁仍不平衡,应当怎么办? 与同组的同学互设故障,再把横梁调到平衡。

3.综合调节训练

(1)想一想,是否可以先调横梁平衡,再调底座水平？请试一试。

(2)与同组同学位置互换进行上述两步调节训练。

(3)进行全班天平调节竞赛。邻座同学作为裁判员,检查有无违反操作规程。最后总结一下天平调整的步骤和注意事项。

[例2] 惠斯通电桥实验中排除故障的训练

在做完惠斯通电桥实验后,把学生分为两组,互设故障,由对方排除,然后再讨论排除故障的思路和方法。例如,滑臂在滑线中移动,怎么也找不到平衡点,只有当滑臂在某一端时,检流计才指示零,试分析可以通过哪些途径来排除故障。引导学生讨论,归纳为如下三种方法:

(1)根据滑臂向一边移动检流计电流始终不为零的现象,假定某一桥臂电阻断开,画出等效电路图,分析是否与现象吻合,再用实验验证。

(2)根据检流计在某一端时电流为零,列出平衡方程,$\dfrac{l_1}{l_2} = \dfrac{R_1}{R_2}$, $l_1 = 0$, $l_2 = L$, $R_1 \neq 0$,必有 $R_2 \to \infty$,即判定 R_2 断路,用实验验证。

(3)根据电表中电流不为零的现象,判定干路和电表支路都不可能断开。然后用一根完好导线去逐一地替代与桥臂电阻相连接的导线(即并联在原导线的两端),逐步缩小探索范围,最后找出故障产生的原因。

五、归纳和验证结合,学习研究方法

实验本身就是一种基本的科学方法。在实验教学中,教师要有意识地交给学生打开知识宝库的钥匙,启发学生从接触物理学开始,较快地理解和熟悉实验这一基本科学方法。实验教学可以在一定程度上模仿成科学研究过程的缩影,让学生主动地探求物理规律,学习研究方法。科学实验中的基本方法大致分为如下三类:

(1)实验归纳法。这是一种由个别到一般的认识方法。物理学家常常根据研究的目的,人为地控制条件,从大量的实验事实中找出普遍特征,形成规律。实验归纳法的特点是,实验在前,结论在后,实验成为探索规律的主要手段。人们常把这种实验称为探索性实验。

(2)实验验证法。这是一种推理、判断在前,实验验证在后的研究方法(即演绎法)。它是在已知的物理推论或者哲学思想的基础上,经过推理,做出假设和预言,再通过实验检验它的真理性,最后肯定或否定论断,得出可靠的结论。

(3)理想实验的方法。理想实验是人们头脑中想象的实验,是一种思维活动,是在已有实践的基础上,经过推论、判断得出理想条件下的物理规律的方法。

以上三种方法,是人类认识能力高度发展的体现,在推动物理学发展的过程中起着重要的作用。因此,在中学物理实验教学中,恰当地运用这三种方法,不仅有助于学生建立物理概念和认识物理规律,而且可以培养学生探求真理的科学研究方法。

在实际的规律教学中,常需要把探索和验证两种方法结合起来,通过教师的指导使学生掌握并运用于实验设计之中。

例如,在研究单摆振动规律的教学中,可要求学生设计四个小实验,前两个实验要求学生用实验归纳法,分别研究单摆的振动周期与振幅、摆球质量的关系。第三个实验要求学生先用归纳的方法找出周期与摆长的关系,再改变实验条件进行验证:

(1)使单摆的摆长分别为 0.25 m 和 1 m,然后,分别测出它们各自的周期,从记录的数据中,你能否看出单摆的振动周期与摆长有什么关系?

(2)再任取几个不同摆长的单摆,测出它们各自的周期,根据这些数据,验证一下你的上述结论,看看是否符合?

单摆与重力加速度的关系,由于条件限制,无法让学生通过实验归纳得出。在学生能力较强的情况下,可以引导学生根据 $T=2\pi\sqrt{\dfrac{m}{k}}$ 的公式,推导出单摆的周期公式 $T=2\pi\sqrt{\dfrac{l}{g}}$。再进行第四个小实验,用一个强磁铁放在钢球单摆的下方,模拟重力增加,定性地说明单摆周期与重力加速度 g 的关系。在这个过程中,学生得到了实验研究方法的训练。

在中学物理教学中也需要借助理想实验的方法,帮助学生建立概念和认识规律。例如,建立瞬时速度概念,只能在测定有限的平均速度的基础上,推论到位移趋于零时平均速度的极限(详见 P.31 图 2-2)。运用这种理想化方法,可以发展学生的想象能力和逻辑推理能力,具有不可忽视的科学方法和教学方法意义。

六、设计性实验训练,培养创造能力

设计性实验是由学生根据实验任务自己进行设计和实验。它能较好地调动学生的积极性,培养灵活运用知识和技能进行创新和实践的能力。在引导学生进行这类实验时应注意以下几个问题:

1. 设计性实验的选题要有探索意义

设计性实验的课题可小可大,小的如一道实验练习题,大的如科研课题。无论何种规模,都应力求使学生感到有探索价值和设计的必要,能引起学生兴趣,能培养学生灵活运用知识、技能的本领,能学习科学的方法。课题的难度应逐步加大并因人而异。

2. 逐步学习设计的思路,训练创造性思维

物理实验设计,一般是围绕几个物理量展开的。设计时,应明确要研究的是哪

几个物理量的关系,这几个物理量能否直接测得?如果不能直接测量,又如何通过间接的方法测得,如何控制实验条件等。按这样的思路把实验理论方案设计出来,然后再构思实验装置,确定实验步骤,设计实验表格。整个的实验设计过程,是学生灵活运用已有知识和经验进行发散思维和集中思维的过程,在方案的实施过程中,又不断地遇到新问题,在解决问题过程中,不得不手脑并用,再次进行发散思维和集中思维,直至问题得以解决。所以,设计性实验是发展学生创造性思维能力的有效途径。

设计性实验,不能使学生仅满足于设计出一种方案,一定要强调设计的方案越多越好,然后让学生深入分析各种方案的可行性和特点。这样,才能使学生的创造性思维得到有效训练。

3. 在实现设计方案的实践中培养学生的实践能力

学生在方案实施的过程中,需要解决许多具体问题,这是锻炼学生实践才干的极好机会,教师绝不应包办代替,要有意识地让学生碰些"钉子",鼓励学生克服困难、战胜困难的勇气。在实验成功的基础上,可组织学生汇报成果,交流经验和体会,使多数学生受到教益,成功者也得到鼓舞,这样方能充分发挥设计性实验的作用。

[本章小结]

长期以来,物理实验教学普遍采用和实施给定教材、规定实验原理、选定实验器材、设定实验步骤、要求学生在限定时间内完成实验的教学"模式",教师包办代替的成分多,学生遇到问题主要依赖教师帮助解决,实验过程比较顺利;学生被动参与,不能积极思考,就像机器人一样,在设定的程序下进行机械操作;因实验原理、方法、器材、步骤一致,实验结果大同小异,不能体现学生的首创精神,不利于交流与相互学习,不利于培养学生的实验设计能力、创新能力以及探究能力,因此,不利于课程三维目标的达成。为了扭转上述实验教学模式的不足,本章提出了一种"探究式"的实验教学模式,并对这种教学模式的理论基础、内涵以及在实践中需要注意的问题进行了探讨。这种实验教学模式是科学研究的缩影,符合新课程倡导的探究式学习的基本程序和要求。本章介绍的物理实验教学的一般方法,是实验教学的基本方法,是在长期的教学实践中总结和归纳出来的有效方法。但"教无定法",应该采用"学习、消化、吸收、改进、创新"的原则来掌握这些实验教学方法。

[思考练习]

1. 结合实际,谈谈中学物理实验教学的传统模式及存在的问题。

2. 谈谈实验教学改革的必要性和对"探究式"实验教学模式的看法。
3. 请设计一堂"边学边实验"课的教学方案。
4. 请谈谈实验教学方法改革的必要性,阻力及困难在哪里?如何克服?

第三章 物理演示实验器具创新思路研究

[内容提要]

物理演示实验设计和演示器具设计与研制是有规律的,掌握了这个规律,就会缩短设计与研制的周期。本章介绍了物理演示实验教学研究与设计的基本要求、物理演示实验器具研制的一般规律,介绍了几种创造技法并结合实例探讨了物理演示器具研制的创新思路。

[学习指导]

在进行物理演示实验器具研制时,必须首先了解物理演示实验教学研究与设计的基本要求;其次,了解演示实验器具研制的一般规律或程序,避免走弯路;然后,掌握几种创造技法和研制思路,结合典型案例进行演示实验器具的研制与创新,以缩短设计与研制的周期,克服盲目性。

第一节 物理演示实验教学研究与设计的基本要求

演示实验是物理课堂教学中一种深受学生欢迎的实验形式,也是当前中学物理教学改革中最为活跃的研究课题。由于演示实验主要由教师操作表演,一套装置就能满足全班学生观察的需要,对实验条件的要求不高,即使是条件较差的学校,通过自制教具也能解决很大问题。因此,演示实验的设计与教学研究,已得到普遍重视并已收到成效。

演示实验从内容到方法都有很大的灵活性,它取决于教师的教学意图和要求。有的教师在现有仪器演示方法上下工夫,取得优良的教学效果;有的教师乐于进行新的教学尝试,常常设计与制作一些新的演示实验;有的教师将传统的演示实验与现代教学手段有机结合,明显提高了演示效果,等等。为了用好或者设计出好的演示实验,除了有正确的指导思想外,还必须明确设计演示实验的基本要求,了解演示实验教学中需要注意的一些问题。同时,还应了解当前演示实验的研究动态,开拓新的思路,不断丰富演示实验的内容,以提高演示实验教学的水平。

一、设计演示实验的基本要求

演示实验是中学物理实验教学的重要组成部分,演示实验的运用水平直接关系到物理教学的效果和质量,因此,精心设计和运用好每一项演示实验意义重大。设计演示实验大体包括两方面的内容:一是演示实验教学方法及教学策略的设计;二是演示器材的选用、组合以及演示仪器教具的设计。这两者相辅相成,互相依赖。运用原有的演示仪器,需要考虑教学内容、教学目的的需要,充分发挥它们的教学功能;一种新的教学方法,也许对原有仪器有新的使用方法,也许需要设计、研制出新的演示仪器教具。所以,演示实验的设计主要是围绕一定的教学思想和方法而展开的。在设计演示实验时,需要注意以下基本要求:

(一)紧密结合课堂教学环节

物理演示实验具有丰富的教学功能,这些教学功能只有在演示实验与课堂教学环节紧密结合时方能得以充分的发挥。因此,运用和设计演示实验时,必须考虑教学时机。当然,一项演示实验仪器或装置所呈现的物理现象或自身结构,往往已经决定它所应用的场合,教师只需要如何恰当地选用。在课堂教学的各环节中常采用的演示实验有如下几种基本类型:

1. 引入课题的演示

这类演示实验用于新的教学内容讲授或讨论之前,其目的在于通过现象展示问题,激发学生求知的欲望。它的特点是现象有趣,引人入胜,发人深思。例如,进行动量定理教学时为引入课题而设计的"落蛋"实验(见图1-5)。就能在活跃的气氛中引入课题,达到教学目的。

2. 建立概念和规律的演示

这类演示实验用于概念规律教学之中,其目的在于提供感性材料,借以形成概念,建立规律。它的特点是:实验条件明确,观察对象突出,演示层次分明。例如:为了使学生认识惯性定律,可设计实验装置和教学程序如下:

第一步,将小车倒放在桌面上,问:"怎样才能使小车运动?"把小车推动,问:"不继续推小车,小车将会处于什么状态?"在联系其他一些现象后,让学生提出看法:"你认为物体运动的原因是什么?"

第二步,将小车正放在桌面上,用手推动小车达到较大速度时,将手与小车脱离接触,问:"小车为什么仍然运动?为什么与上面的结论有矛盾?"

第三步,让小车从斜面上的同一位置滑下并进入水平面,分别在水平面上垫粗糙毛巾、细棉布和玻璃板,观察现象,问:"假定小车与支撑面间没有任何阻力,小车将会处于什么状态?你又能得出什么结论?"

用上述的实验装置和演示程序,就能有助于学生认识"力不是维持物体运动的原因。"

3. 深化与巩固物理概念和规律的演示

这类演示实验一般是在建立概念或规律之后进行,其目的在于加深理解、强化记忆。它的特点是,在原有的实验基础上变换一些条件,以利于扩展与推广。例如为了加深理解浮力是怎样产生的,可以演示在水槽底面的蜡块当排除了与底面之间液体之后浮力消失的现象。又如为了把阿基米德定律推广到气体中,可以观察物体在气体中也受到浮力的现象。

4. 应用物理知识的演示

这类实验可以在讲授新课之后进行,也可以在复习课中演示。其教学目的在于让学生运用所学的知识解释实验现象,培养学生理论联系实际及分析问题、解决问题的能力。例如用光导纤维进行光通讯的演示,使学生了解全反射等原理的应用。

(二)要有启发性

演示实验的最终目的是要通过观察启发思维,有助于认识规律,发展能力。因此,在设计演示实验或编制演示程序时,必须在启发性上下工夫。

1. 引起兴趣,发掘问题

学起于思,思起于疑。设计演示实验应以"趣"、"疑"、"难"为诱因,趣中涉疑,发掘问题;疑中涉难,引导定向思维,造成一个向未知境界不断探索的学习环境。

2. 设计演示程序,推进思维发展

发掘了问题,只是思维的起点,而思维的进程,尚须依靠演示程序加以引导。在前面列举的浮沉子实验和惯性定律演示例子中,都体现了启发性的演示程序对推进思维发展的作用。

3. 训练思维方法,发展思维能力

仅有学生思维的积极性,而无正确的思维方法,思维也不能得到很好的发展。因此,设计演示实验时,还要注意思维方法的训练,把思维和观察结合起来,以观察推动思维,以思维指导观察。

学生按照老师的演示程序思考问题,一般都能顺利进行,而要独立地辨别物理现象的本质常常会发生困难。为此,有时可设计两个表面相似而实质不同的实验,以训练思辨方法。

例如,在讲授分子引力之前,先演示一个学生熟悉的大气压强实验。用一只注射器吊起约 4 kg 的砝码。然后演示分子引力实验:用两只铅柱搓压在一起,也挂起约 4 kg 左右的重物。这时,教师问:"后者挂起重物的原因是什么?"可能有许多学生会不假思索地回答:"这也是大气压强的原因。"这表明学生还没有仔细观察、开动脑筋。在此情况下,可引导学生仔细观察两块铅柱的接触面,发现接触之处存在许多透光的缝隙,说明中间不是真空。扳开铅柱后,可见它们互相接触的有效面积甚小。让学生与前一实验比一比,算一算,从而建立新的概念——分子引力。

例中所用的是比较法。我们知道基本的思维方法还有分类、类比、分析、综合、判断、推理等,都可以在实验中设计安排,逐步对学生进行训练。

正确的思维方法的形成,常常是在不断纠正错误中实现的。学生在日常生活中,因为思维方法不对,往往只凭经验形成错误观点。因此,在演示实验设计中就要让错误观点暴露出来,从纠正错误中,训练正确的思维方法。

(三)力求明显、直观

1. 明显

为了使课堂上所有的学生都能看清楚,演示的现象必须明显、可见度大。因此,在设计演示实验时应注意以下问题:

首先,物理过程中的变化要显著;其次,仪器的尺寸要足够大,尤其是被观察部分的尺寸要大,刻度线要粗,要使教室内最远的学生都能看清。这样做,精密度虽然有所降低,但可以用感受效果补偿。必要时可以通过投影、机械放大、光杠杆、放大电路等方式来提高观察效果。再次,要使被观察的主体突出,与背景对比强烈,以利于学生看准目标,易于分辨。通常可采用染色、生烟、衬托背景、照明等方法来增加对比效果。

2. 直观

演示实验之所以要求直观,就是为了能从实验中直接观察物理过程,认识物理现象的本质,而不需要过多地拐弯抹角。例如,用旋转磁铁的方法来演示电动机的原理,就比搬一个真的电动机来做实验更能突出物理原理。

(四)力求简单、可靠

1. 简单

即要求演示实验从原理到结构一定要力求简单,这主要是为了排除次要因素的干扰,突出主要矛盾。特别是一些为建立、巩固物理概念的定性演示,没有必要为追求过分精密而使仪器结构复杂化。例如用椭圆截面墨水瓶演示微小形变的现象(见图4-13),就比用光杠杆系统效果好。提倡用简单的方法做演示,不仅有利于突出物理原理,而且易于引起学生学习物理的兴趣,消除进行实验活动的神秘感。

2. 可靠

即要求演示实验现象稳定、重复性好、成功率高。课堂教学的每一分钟都十分宝贵,需要在预定的时间内,配合教学,准确无误地完成演示任务。如果演示实验出现挫折,不仅延误教学时间,而且还会引起学生对科学或验证内容的怀疑。因此,在设计演示实验时,必须保证有一定的可靠系数。

二、演示教学中需要注意的几个问题

为提高演示教学的效果,必须从实际出发,讲究实效。为此,通常需注意以下几个问题:

1. 千方百计创造条件开展演示实验,并且不断提高要求

由于实验在物理教学中尚属薄弱环节,在一些学校,物质条件和师资条件都不理想,不少演示实验和学生分组实验开起来有困难。在这种情况下,首先应当千方

百计地把演示实验开展起来,尽量用自制和代用的办法,为学生多提供一些直观的物理现象。然后,随着客观条件的改善和教学经验的积累,不断提高要求。即使有了相当完备的设备,也还有一个精益求精、不断改进完善、在实践中不断提高自己的设计和实践能力的问题。

2. 演示实验必须防止"走过场"、搞形式

为了搞好演示实验,必须钻研教学,做好备课工作。只有深入备课才能明确演示的目的要求,设计好演示程序、并做好课堂演示的准备工作。例如在演示中引导学生观察是非常重要的,必须在备课中充分考虑。常常有这样的情况,学生虽然喜爱演示实验,但有时只是看热闹,没有进行相应的思维活动,使得演示实验达不到课堂教学预定的目的。为了防止"走过场"、搞形式,教师首先应从思想上重视演示实验的作用,其次是选择恰当的实验教学方法,设计好演示程序,引导学生观察并引发问题、促进学生积极地思考和探求知识。

3. 正确对待演示中的失误,切忌弄虚作假

课前做好充分准备,可以提高演示的成功率,但不能保证课堂上一定不出问题。例如由于各种原因造成教室内潮湿,静电演示实验就难以保证不出问题。出了问题怎么办?一要镇静、保持清醒的头脑,尽可能迅速地采取措施,把故障排除掉,最好能把排除故障的过程,变为学生增长见识或受教育的过程。例如当发现因室内过分潮湿而不能进行静电演示时,教师随即采取烘干措施,一边烘干演示器材,一边介绍这样做的道理,然后使演示实验获得成功。这一过程会使学生深刻地了解静电的特点,获得教益。二是要实事求是。针对课堂上一时不能排除的故障,教师不能用"仪器不行"来搪塞,更不应编造假数据蒙骗学生,否则必然造成不良影响。教师应当如实地分析或引导学生分析实验失败的原因,化失败为"教材",并争取在下一次上课时补做成功。借此机会可以向学生们介绍一些科学家在探索真理过程中屡遭失败、百折不挠的例子,说明实事求是的重要性。那种担心实验失败影响课堂教学而不做演示实验的想法和做法,都是不可取的。对于成功率不高的演示实验,教师有必要事先向学生介绍清它的原理及成败的关键因素,这样,教师即使因操作不慎出现失败,学生们也不会觉得意外了,反而会对教师的演示格外关注并产生亲手试一试的欲望。

因此,如果教师能正确对待演示中的失误,并善于利用失误展开教学,那么,演示实验就永远不存在"失败"。

第二节 物理演示实验器具研制的一般规律

物理演示实验设计和演示器具研制是一对"孪生兄弟",一般都是同时进行的,很少有单一的实验设计或者单一的仪器研制。当然有些演示实验只是一些器材的

新组合,无需进行加工制作,但更多的情况是需要简单加工或较复杂加工的,因此要有一个研制的过程。设计研制物理演示器具,对于研制者来说,从设计、试作、改善到定型,要付出一系列创造性劳动,还要具备刻苦钻研的毅力和坚忍不拔的精神。

为了设计出好的物理演示器具,必须明确设计实验的目的和作用,掌握设计的依据和原则,懂得设计、制作的程序和方法。

一、要明确设计的目的和作用

设计演示实验器具总的目的是为了提高物理教学的质量。对于某一具体的演示实验器具来说,它在实现提高教学质量的总目的中只能起到某些特定的作用。如按实验对教学所起的作用来分,有些侧重于知识传授,有些侧重于技能的培养;有些侧重于物理思维方法的训练,还有些侧重于综合性要求;按实验对不同教学环节所起的作用来分,有些侧重于引入课题,有些侧重于使学生建立概念和规律,有些侧重于深化与巩固物理概念和规律,有些侧重于应用物理知识。如果是按实验的设计者对设计的意图来分,一般可分为三类:一类是为了完善实验体系填补空白的新实验;另一类是改进完善原有实验;还有一类就是为适应教改需要与新的教材或教法配套的专用实验。

总之,在设计与研制物理演示实验器具之前,首先要明确它在物理教学中的特定目的和作用。

二、掌握设计的依据和原则

如上所述,既然我们设计的某个具体实验只能起到某些特定的作用,那么,我们设计实验的依据是把握有关特点,并运用教学论的有关理论,结合物理学的有关原理,来确定我们的原则。

1. 时代特点

时代推动科学的发展,时代确定培养目标,时代造就教学环境。演示实验器具设计必须依据时代的需要,按照教学的必要性与可能性原则,充分利用现实的条件推陈出新。

2. 学生特点

学生是学习的主体,是教学的对象,必须依据学生的年龄特征、知识基础和认知发展水平,按照可接受性原则确定实验原理,选择实验方法。

3. 教材特点

物理教材的突出特点是"以物论理"的科学思想,具有与人类认识过程十分和谐的知识结构,知识传授与技能训练并存。因此,设计实验要把握它的结构体系,要据物讲理,做到生动有趣,原理正确,方法巧妙,结论严谨。

4. 教学特点

当前教学的突出特点是"立足于知识传授,加强能力素质的提高"。因此,要以学生为主体,设计实验要为学生提供尽可能多的动手、动脑、观察、分析的条件和机会,让学生去探索和验证真理。

三、设计制作的程序和方法

研制物理演示实验器具的一般程序可图示如下:

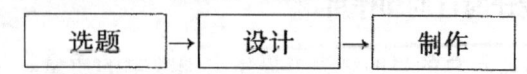

选题 → 设计 → 制作

1. 选题

物理演示实验器具的研制过程实际上是一种教育科学研究过程,因此,能否选择、确定合适的课题至关重要。那么,到何处去选择课题,又怎样选择合适的课题呢? 其实,物理实验教学领域中无数尚未解决和有待于研究的问题,以及层出不穷的新问题,为我们提供了广阔的选题来源。具体到物理演示实验器具研制课题,主要来源于以下几个方面:

(1) 物理教学与教改的需要

物理演示实验器具在改善课堂结构、创设物理环境等方面的功能和作用逐渐被人们认识之后,为了达成某项或某些教学目标,为了某项教改方案的实施,自然会出现对某项或某些专项演示实验器具的需求。物理教学与教改的需要,为我们提供了选题来源。

(2) 寻找差距和空白

在教学实践中,我们会发现现有的厂制教具并非尽善尽美,有的可见度小,有的原理复杂,有的操作不便,有的可靠性差,有的存在不安全因素等等;另外,因设施条件限制,实验器材缺乏,甚至国家按一定配备标准为学校装备的实验器材中仍然存在许多空白,无法满足个性化教学要求。这些情况均为我们研制演示实验器具提供了选题来源。

(3) 用生活中廉价、废旧材料作替代物

这一选题的意义,在前面的论述中可以看到。无论是仪器短缺,还是仪器充足,用生活中能够廉价买到的或者是废旧物品来替代相关的厂制器材,研制出贴近学生生活经验的"土造"演示实验器具,也是选题的重要途径。

(4) 充分利用现代科技和现代教学手段

随着现代科学技术的迅猛发展以及现代教学手段在教学领域的广泛运用,物理演示实验器具也需要引入现代科技成果,同时与现代教学手段相融合。例如激光器、硅光电池、压电陶瓷片、发光二极管等器件的开发运用;在教学投影仪及视频展台上开发小型演示实验器具;计算机辅助演示实验以及计算机模拟实验等等,这些能为物理教学带来现代气息和浓厚感染力的物理演示实验器具,均可以成为我们的选题。

2. 设计

研制物理演示实验器具的选题一旦确定,下一步就是设计。设计过程是一个创造的过程,需要设计者有丰富的知识、技能和经验,并掌握一定的创造技法。

(1)具体设计原则

前面已经讨论过了实验设计的总体原则,在针对具体的一项演示实验器具的设计时,还应遵循以下原则:

①可行性原则 即研制者一定要根据自己的主客观条件进行方案设计,否则,如果超越自身的条件,即使设计方案意义很大,创造性很强,也只能是纸上谈兵。因为主客观条件不具备,方案实施过程中遇到的难关就难以克服,研制工作就不得不中止,由此造成人力、物力和时间的浪费。

②经济合理性原则 即设计的演示实验器具其性能、成本比一定要合理。一项设计方案即使构思很新颖、很巧妙,如果成本远远超过同类厂制教具,那么它就没有使用和推广的价值了。

③创新性原则 指演示实验器具方案设计一定要在设计思想、实验原理、方法、结构、选材、造型等方面体现新颖性、独特性,这是演示实验器具研制的本质特点,应体现在研制过程的每一阶段。但要注意的是,追求创新,不能理解为"赶时髦"、"挤热门",要坚持实事求是的原则。

(2)设计步骤

尽管设计过程是一个复杂的创造过程,但设计的步骤还是有规律可循的。归纳起来,演示实验器具的设计步骤如下:

a. 构思方案;

b. 初步实验;

c. 整体设计;

d. 零部件设计;

e. 准备材料和加工工具。

3. 制作

演示实验器具的设计工作完成之后,开始进入制作过程。制作包括自加工和外加工。自加工即研制者自己动手进行制作,需要具备的条件是:要有一个加工场所,要必备一定的工具,要备好相关的材料,还需要加工者有一定的加工技能技巧。外加工指设计者针对要求较高或较精致的部件,自己无能力或无条件加工完成,到专业厂家进行加工。此时,需要研制者具备机械制图的基础知识和技能,同时也需要有一定的美学修养等。

总之,研制物理演示实验器具并非一种简单的事情,它是一种艰苦的创造性工作,需要研制者具备较高的素质及知识水平。对于研制教具的新手来说,必须不断学习,在实践中增长才干,积累经验,逐步提高研制能力。

第三节 物理实验器具创新思路研究

对物理演示实验器具研制创新思路进行研究,有利于启迪广大研制者的思维、缩短研制周期、提高研制效率、促进物理教学改革。本节以创造技法为主线,以国内研制成果为实例,对物理演示实验器具的创新思路进行初步探讨分析。

一、创造技法简介

创造技法是创造学领域中"创造工程学"的主体部分,它为常人进行创造活动提供了易于掌握与操作的技法和技能。自从1941年美国创造工程学家奥斯本发明第一种创造技法——"智力激励法(Brain Storming)"以来,现已有三百余种创造技法诞生并应用于世界各国。其中很多都为我们的实验设计和演示实验器具研制提供了创新思路和成功的途径。现对几种最常用、最著名的创新技法给以介绍。

1. 智力激励法

这种方法是通过智力激励会议的形式,与会者畅所欲言,相互启发,相互激励,填补知识空隙,从而引起创造性设想的连锁反应或思维共振,产生众多的创造性设想,最后找出最优的设想方案。

2. 缺点列举法

该方法的具体做法是召开缺点列举会,与会者围绕一个需要革新的主题列举各种缺点和不完善之处,然后在众多的缺点中确定出主要缺点,最后围绕这些缺点制定出切实可行的革新方案。此方法是一种简便有效的创造发明方法,被称之为创造发明的捷径。

3. 希望点列举法

该方法是集中人们对某种东西所期望的功能,然后沿着这种愿望的设想去创造。它所采取的形式灵活多样,一种形式是召开小型会议,与会者围绕一个主题提出种种希望,即希望点,然后沿着希望点去设想;还有一种形式是深入用户征求意见、收集整理用户提出的希望,然后制订改进方案;对于民用产品,也可以从报刊杂志上了解到群众对商品的愿望和要求,然后进行改革创新。

4. 检核表法(或称检查提问法、设想提问法)

在创造活动中,经常需要把现有事物的要素进行分离,然后,再按新的要求和目的加以重新组合或调换某些元素;对事物反思或偏转一下视角进行审视;增加一些或缩小一点等等。照这样灵活的思路去深入思考和展开,就能得到许多思维方案。有专家研究表明,经由事物要素的分散切割与再组合而产生创造发明的,具体可循的途径有75条之多。例如,还有别的用途吗？能否借别的方案？有什么可以代替吗？调换一下怎样？减少一点如何？放大一些如何？反过来怎样？结合起来怎样？把形状改变一下怎样？等等。检核表法就是从给定的几个思考方向来突破现状,开拓创造思路。它可以克服那种漫无边际的、没有目标的乱想,引导我们进行多路思维。这是一种能够开发创造性设想的创造技法,它几乎适用于任何类型与场合的创造活动,因此享有"创造技法之母"之称。

5. 特性列举法

该法是通过把发明对象的特性一一列出,然后进行分析、综合,找出实现改革的办法。这种技法也称为"分析创造技法"。一般事物的特性包括以下三个部分：

(1)名词特性——全体、部分、材料、结构、原理、制造方法等;

(2)形容词特性——性质、状态;

(3)动词特性——功能。

特性列举法就是从各个特性出发,通过提问的方式,诱发出创造性的设想。该方法特别适用于具体事物的革新创造。运用时,对解决的问题越小、越简单,就越易获得成功;对大的问题,采取分散的办法,化大为小来处理。将此法与上述四种方法结合起来运用效果最佳。

关于创造技法,我们仅简介以上五种。在物理演示实验器具改进研制过程中,如能学好用好这几种创造技法,就足以使我们开阔思路,产生大量的设想和方案了。

二、物理演示实验器具创新实例分析

近十几年来,国内涌现了一大批优秀的物理演示实验器具。其中一些已转化为产品走向市场,还有一些取材容易、制作简便的也得到广泛推广。它们以其巧妙的构思、优良的性能、独特的形式受到广大物理教师的喜爱,它们为物理课堂增添了创造的气息。

那么,这些研制成果的创新思路有无规律可循呢？回答是肯定的。不论研制者有意识还是无意识运用创造技法,我们都可以运用创造技法对他们研制成果的创新思路进行归纳,使物理演示实验器具的研制创新变得有规律性,便于广大研制者们掌握和运用。

下面,结合创新实例,对物理演示实验器具的创新思路进行一下归纳、分析与探讨。

1. "转化"思路

即寻求现有演示实验器具的其他用途,或稍加改变转化和扩展用途。

[例1] 用弹簧秤演示超重、失重现象。

弹簧秤的原本用途是称量物体重量的,当手提挂有砝码的弹簧秤沿竖直方向向上或向下做加速运动时,弹簧秤示数将出现增大或减小的现象,由此说明超重或失重的物理原理。由于现象稍纵即逝,不便观察,因此,可用薄金属皮剪制两个"记忆"指针装置①,嵌插在旧式弹簧秤的侧缝之中,如图3-1所示。这种稍加改变的弹簧秤在演示效果上大为改进,它可以将瞬间超重或失重的作用效果记录下来。

[例2]用扬声器作为振源,演示弦驻波。

扬声器是一种发声器件,但稍加改变可将其转化为一个机械振源。具体做法是:选一功率稍大的扬声器,在其中心粘制一振动柱,如图3-2所示。将扬声器与大功率超低频信号发生器连接,接通电源,扬声器鼓盆振动,振动柱随之振动,此时与振动柱连接的弦线在一定张力下发生驻波现象。该实验装置的特点是,振源频率可调,现象明显。

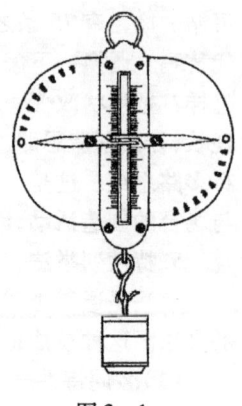

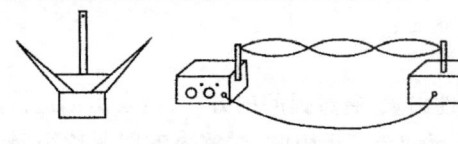

图3-1

图3-2

[例3]APPLe-Ⅱ(8位)计算机尽管属于淘汰机种,但可以设计一个通用接口,通过相应软件支持,这台APPLe-Ⅱ微机便可成为一台大屏幕示波器。由于微机具有存储记忆和自动采集数据的功能,用相关传感器等硬件配合,可以将一些定性演示的物理现象(如电磁感应现象)进行定量演示,或使量化演示的物理规律更方便、更迅捷地显现在学生面前。

类似的例子还有:用注射器演示空气大气压的存在;用激光器作光源,利用光杠杆原理演示坚硬物体的微小形变;用电磁打点计时器作为振源,演示弦驻波;将数字式秒表作技术处理后,与光电门配合,可以作气垫导轨实验中的计数器使用;等等。可见,"转化"是挖掘实验器材潜力、充分发挥其使用率的重要创新思路。

2."模拟"思路

即借用其他器材、方案、相似的东西或类似的发明成果,模拟一些物理现象。

[例1]用一定数量的小钢珠来模仿气体分子,通过机械手段使众多钢珠做混乱运动模仿气体分子的无规则运动。在一规则透明的密闭容器内放一轻小物块,在大量钢珠的碰击下物块将作随机运动,由此可以模拟演示布朗运动。如果在容器中设置一活塞及与活塞等重量的砝码若干,则可以模拟演示压强的微观机理和理想气体实验三定律②。

---

① 张伟.用弹簧秤演示超、失重现象的简单记忆装置[J].物理教师,1992,5.
② 张伟,色生阿.投影式气体分子运动模拟演示器,《BROCHURE OF INTERNATIONAL COFERENCE ON PHYSICS EDUCATION THROUGH EXPERIMENTS》,1990.TIANJIN CHINA.

[例2] 两个点电极与一个平面型导电材料连接,当电极与直流电源相连时,在平面型导电材料中将出现稳恒电流场,该稳恒电流场与具有相似边界条件的静电场具有相同的电势分布。因此,用稳恒电流场模拟静电场,便可研制出各具特色的"静电场等势线描绘演示器"。

另外,微机模拟实验、微机辅助实验等均属于这一类的设想或思路。

3. "改变"思路

即考虑改变现有演示实验器具的形状、演示方法、颜色、音响等,来提高演示的效果。在演示通电导线在磁场中运动的现象时,常采用图3-3所示的实验装置。但该装置的主要缺点是可滚动的直导体不易动,且现象的可见度小。为了使导体"易动"且"动得明显",可以考虑改变导体的形状及演示的方法。因此,人们设计的方案及装置至少有下列几种。

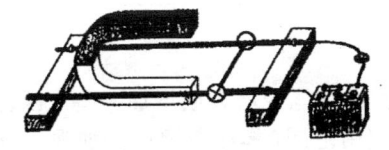

图3-3

(1) 摆动。实验装置大致如图3-4所示。
(2) 转动。实验装置大致如图3-5所示。

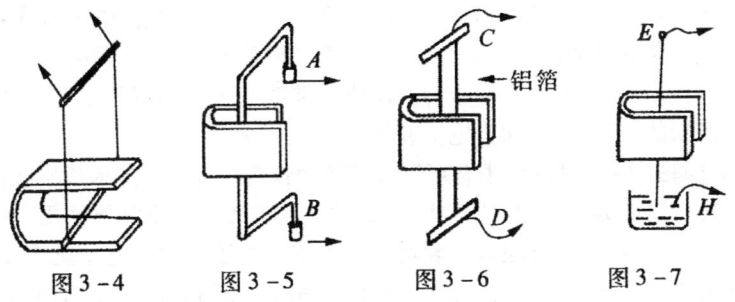

图3-4　图3-5　图3-6　图3-7

(3) 变形。实验装置大致如图3-6所示。
(4) 竖直平面内运动。如图3-7所示。

[例1] 演示平行载流导线相互作用常用装置如图3-8所示,由于该装置使用的直导线很细且导线形变小而使现象不够明显。对此,国内的研制者们从改变导线形状及演示方法的思路出发,设计出的新装置至少有以下几种:

(1) 将直导线变粗并改变其形状,使两直导线可自由转动。实验装置大致如图3-9所示。
(2) 用导电液体柱(如 $CuSO_4$ 溶液)作为载流直导线,提

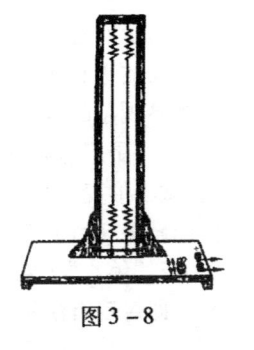

图3-8

高受力变形的可见度,如图3-10所示。

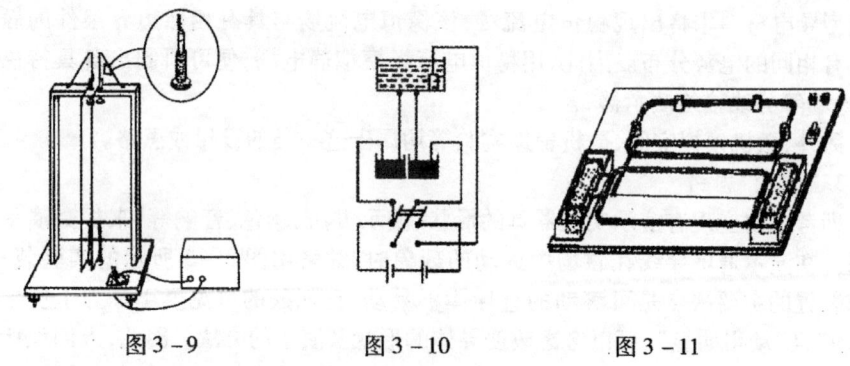

图3-9　　　　　图3-10　　　　　图3-11

（3）用多匝矩形线圈的一边作为载流直导线,加大磁力,提高可见度。实验装置大致如图3-11所示。

4."放大"思路

即考虑现有演示实验器具能否增大或增加一些东西,提高其现象的可见度或增强其感染力或扩大其使用范围(具体考虑可否加强一点、高一些、长一些、厚一些、大一些等等)。

[例1]演示液体表面张力及薄膜干涉现象常用器材是各种形状金属框和肥皂水(或洗衣粉、洗衣膏等加水)。由于液体的原因,金属框不能太大且形成的肥皂膜持续时间短,演示效果不佳。南京大学物理系吴志贤老师,在高泡沫洗衣粉制成的液体中加入适量甘油或白糖之后,极大地改善了液膜的持久性,同时可将金属框做得很大。这样,不仅使液体表面张力及薄膜干涉实验现象的可见度增大,同时还开发出一系列新的演示内容,如静电实验等。

[例2]如图3-11所示,用两矩形线圈的边作为长直导线演示其相互作用的实验装置。也可以认为是采用了"放大"思路改进的。该装置不需要使用专门的电流源,一般的学生电源或干电池即可满足实验要求。由于线圈是由 n 匝导线绕制的,通入线圈的电流 I 不一定很大,但对于矩形线圈的一条边来说,电流却倍增为 nI,进而增大了线圈边与边的安培力,使演示效果大大增强。

演示实验的特点是群体同时观察,只要不过分影响灵敏度且易于搬动,"放大"将成为改进和研制物理演示实验器具的一个重要思路。"放大"的目的一方面是为了提高现象的可见度,另一方面是为了提高现象的感染力。"放大"不单单指体积的增大,更应考虑利用现代声光电技术,使呈现的物理现象倍增。对于微小物体运动、微小形变、微弱电信号等物理现象的演示,需采用相应的放大技术,这方面的具体问题将在后面专题讨论。

5."缩小"思路

即对现有演示实验器具观察目标可见度不影响或影响甚小、或通过其他技术手段反而使现象可见度大为提高的前提下，将演示实验器具缩小或减少一些部件，使之变小、变薄、袖珍化、变低、变短、变轻、简略、收缩等等。

[例1]等势线描绘实验常用的器材是导电纸及直流电源，另加示教电表、电极组等。为了提高课堂演示的可见度，不得不扩大导电纸及衬托板的面积，但在操作演示时，教师的身体常常挡住部分学生的视线，观察效果不佳。图3-12所示的"投影式静电场等势线描绘演示器"①，就是利用"缩小"及投影放大思路，采用新型透明导电材料研制而成的，它将电源（干电池）及投影式毫伏表等"集成"为一体，便于操作和携带，克服了原演示装置的一些不足之处。

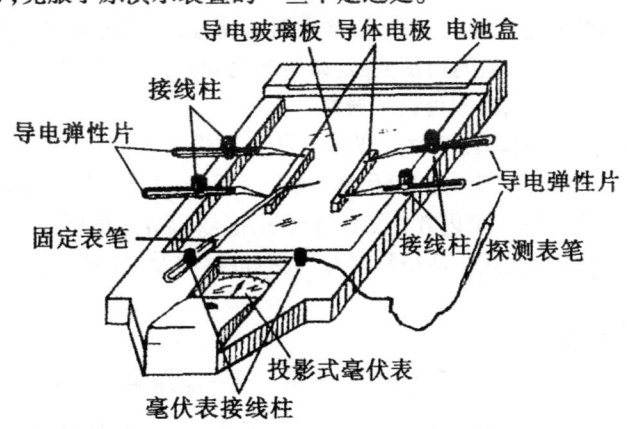

图3-12

[例2]物理投影实验器的大力开发，是"缩小"后再投影"放大"思路的体现。国内生产的投影气桌是将原来的大型气桌缩小后用透明材料研制而成的。尽管运动体的体积及运动范围缩小了，但经过投影后，实验现象的可见度却有了大幅度的增强。

随着教学投影仪的普及，投影实验器必将得到大力推广。目前，视频平台与液晶大屏幕投影机正向课堂渗透，因此，演示实验器具的小型化也将成为研制趋势。

需要指出的是，"缩小"的含义不仅指体积、外形尺寸的减小，还包括减少、省略、变轻、收缩等。例如各种可拆装拼合的演示实验器具箱（盒）的研制成果，均属于"缩小"思路的产物。

6."代替"思路

即根据现有物理演示实验器具的特性，考虑能否用其他材料、元件、动力、方法、结构、原理、能源等代替，达到降低成本、改善演示效果的目的。

---

① 张伟，张治国. 投影式静电场等势线描绘演示器[C]. 基础物理教育改革新动向（ICPE会议论文集）. 南京：东南大学出版社，1995：150.

[例1]关于投影式静电场等势线描绘演示器,人们通常采用含离子水(如氯化钠溶液等)作为面形透明导电材料。这种材料虽然低廉易得,但主要缺点是:实验所用金属电极及探测表笔均在液体中,长时间使用其表面易产生高阻氧化层,影响实验效果;其次,实验过程中,由于触动液面产生水波,投在银幕上不断有波纹暗影出现,易分散学生的注意力;另外,在液体中做等势点标记、画等势线时,要求使用特种铅笔,给操作带来麻烦。图3-12所示的改进型仪器,是用一种新型透明导电玻璃代替了含离子水,用干电池代替了学生型低压电源,用投影式检流计代替了笨重的示教电表,从而克服了上述投影实验器的不足,使演示效果得以改善。

[例2]演示弦驻波需要的振源,通常采用电动音叉,这种振源的不足是振动频率不能连续改变。因此,人们用扬声器(或压电陶瓷片)代替电动音叉(参见图3-2),改进成在一定范围内频率可调的振源。

"代替"是自制实验器具及改进研制教学仪器最常用、最基本的创新思路。因为用"低廉"代替"昂贵"、用"简单"代替"复杂"、用"高性能"代替"低性能"是创新追求的目标。近20年来,国内教育工作者们运用这一思路,研制出大量优秀的自制实验器具,其中巧妙地运用生活中易得材料、廉价器材及废旧材料作为替代品的例子不胜枚举。

7."颠倒"思路

即考虑现有的实验器具可否颠倒过来用。这一思路属于逆向思维。

[例1]扬声器一般是用来发声的器件,但必要时也可以将其反过来用,把它当做麦克风或声音传感器。

[例2]压电陶瓷片的一般用途是将压力信号变为电信号,比如可将音叉的振动信号转变为电信号,通过功放及扬声器将音叉的音量放大。但反过来,若将音频信号源通入压电陶瓷片,它将成为发声器;将大功率超低频信号通入压电陶瓷片,它又可成为弦振动的机械振源。

"颠倒"思路尽管在物理演示实验器具研制中不如其他思路运用得多,但它能有效地克服人们的思维定势。比如在人们的一般观念中,保温瓶常用来保温,但反过来用于冷藏常被忽视。

8."组合"思路

即考虑将现有的研制成果组合在一起。

[例1]1988年全国优秀自制实验器具评选获一等奖的"能的互换装置"①,就是采用"组合"思路研制成功的(如图3-13所示)。该装置通过在配件插座(Ⅰ槽、Ⅱ槽)组配电池盒、灯泡、风扇盒、磁针盒等配件,可以演示:①能的转化,即机械能、

---

① (原)国家教育委员会.1986-1988年全国优秀自制实验器具选编[M].北京:人民教育出版社,1992.12.

电能、化学能、光能、热能、声能、磁能、风能之间的转化；②定性推导电功公式 $W = UIt$；③定性推导电功率的公式 $P = UI$；④测定机械效率；⑤电流做功；⑥起重机的起落过程；⑦直流电动机和发电机的可逆性等。

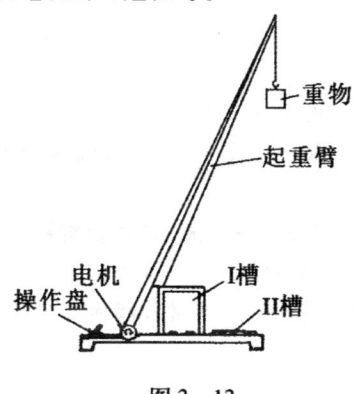

图 3 - 13

[例2]四川省教学仪器厂研制的"电磁学组合教具箱"以及教育部联合设计组研制的"J2466型无线电组合教具"，通过各零部件组合，分别可以演示 15 和 40 项相关实验内容。两项教具均获 1986 年全国普理科教学仪器优秀成果四等奖。

组合教具箱（盒），由于具有一机多用、便于携带和便于存放等特点，比较适合我国中学教学的实际，深受广大物理教师的欢迎。因此，"组合"成为当今物理演示实验器具研制创新的重要思路。

综上所述，我们结合典型实例对物理演示实验器具研制创新思路做了初步归纳总结。八个方面的思路相互联系，互相渗透，在实践中往往需要综合运用。但其核心是一个"变"字。谁变得好、变得巧、变得合理，即符合物理原理和教学论思想的要求，谁的创新方案就越有价值。

[本章小结]

物理实验教学与设计的指导思想不仅是物理学的理论、思想与方法，还要考虑教学论的要求。所以，要从两方面来理解本章介绍的物理演示实验教学研究与设计的基本要求。物理自制教具是我国基础教育的传统。过去，物理演示实验设计和演示器具设计与研制是经验性的，实际上它是有规律可循的，掌握了这个规律，就会缩短设计与研制的周期。当然，本章介绍的物理演示实验器具研制的过程和程序，要求是比较高的，是具有教学研究性质的，很多利用生活材料、物品、器具开展的实验设计往往是一种"方案"，不产生作品，实施并不复杂，因此，不一定按照这个要求。本章介绍的几种创造技法是比较有用的有利于开阔思路的设计方法，学习过程要结合现有研制成果实例,更要进行实践运用,这样,才能提高演示实验器具设计的能力。

[思考练习]

1. 简述设计物理演示实验的基本要求。
2. 结合实际分析:为什么一些教师不愿意做物理演示实验?如何解决这一问题?
3. 你对物理演示实验器具的"希望点"能提出哪些?
4. 针对1~2项物理演示实验器具、仪器进行全面评价,提交"实验研究报告"。
5. 请你整理一下你所知道的用生活材料做物理实验的方案。

第四章 物理演示实验设计案例专题研究

[内容提要]

本章归纳了物理演示实验中微小量的放大方法,介绍了几种元器件在演示实验中的应用以及物理投影实验器,最后介绍了利用内蒙古地区生活材料设计物理实验的几个方案。

[学习指导]

物理演示实验教学对可见度有严格的要求,而有些物理现象变化微小或瞬间出现或微小颗粒缓慢移动或微弱电压等,导致在课堂上不易观察。因此,必须采取技术措施对其进行放大。在进行物理演示实验器具或方案的设计过程中,有必要掌握一些放大的方法。其次,市场上容易买到的廉价压电陶瓷片、发光二极管、硅光电池以及玩具小电机等,由于它们具有某种物理特性,利用其特性可以设计出既有用又有趣的物理演示实验器具。利用投影放大法可以将一些演示仪器进行缩小,然后借助投射式投影仪进行放大演示,这样的演示实验装置叫做"投影实验器",它的优点是减小了演示仪器的体积,便于存放与携带,同时又可将物理现象放大演示。最后,从实验课程资源开发与利用的视角,利用内蒙古地区特有的生活材料、物品、器具,开发设计出体现地方特色、学生熟悉的物理演示实验器具或方案,以体现"从生活走向物理"的课程理念。

第一节 物理演示实验中微小量的放大方法及案例分析

物理演示实验是以众多观察者同时观察为特点的,这就要求所演示的现象必须能够被观察群体充分地感知到。然而,有许多物理现象(包括一些模拟实验现象)由于受其自身物理特性所决定,在常规条件下演示可见程度低,不易感知。例如:微小物体的运动与分布、物体的微小形变、微弱电信号等。这些微弱的物理现象需要采用相应的放大技术或方法,方可满足课堂演示的要求。下面,结合具体实例对物理演示实验中微小量的放大方法做一介绍。

一、杠杆传动放大法

1. 杠杆传动放大法的原理

如图4-1所示,设 AB 为一杠杆(刚体),以其质心 O 作为转轴,短臂 $AO = l_1$,长臂 $BO = l_2$,杠杆在力矩作用下偏转到 $A'B'$ 位置时,设 $AA' = x$,$BB' = y$,根据 $\triangle AOA'$ 和 $\triangle BOB'$ 的相似性,有以下几何关系:

$$\frac{y}{x} = \frac{l_2}{l_1}$$

图4-1

上式变为:
$$y = \frac{l_2}{l_1}x \qquad (4-1)$$

当 x 有微小变化 Δx,由(4-1)式得 y 的微小变化为:
$$\Delta y = \frac{l_2}{l_1}\Delta x \qquad (4-2)$$

由(4-1)和(4-2)两式,如果 $\frac{l_2}{l_1} = n(>1)$,则 $y = nx$,$\Delta y = n\Delta x$。说明:如果长臂 l_2 是短臂 l_1 的 n 倍,那么杠杆长臂一端偏转的距离(或弧长)将是短臂一端偏转距离(或弧长)的 n 倍,这就是杠杆传动放大法的原理。根据演示需要,总是希望 n 足够大,通过技术手段将物体的微小线度变化转化为杠杆短臂一端的偏移,或将微弱的物理量变化转化为杠杆的转动,这样,在杠杆长臂一端便可产生一被放大的偏转距离(或弧度),从而提高了相关现象的可见度。

2. 杠杆传动放大法的应用实例

[例1] 演示固体的热膨胀。

方法一、细铜线膨胀法

[实验装置]

如图4-2所示。指针用 $15 \times 0.5 \text{ cm}^2$ 的薄铁皮制作并染成红色。在其一端距端点 0.5 cm 和 2.5 cm 处各打一小孔。选一根长 14 cm、直径约 0.3 mm 的细铜线。用薄木板制作底座、支架、标尺板,具体尺寸可根据指针和细铜线的长度决定,在标尺板上贴一画有刻度线的白纸条。用小钉将指针固定在支架上,使指针能绕小钉自由转动;将细铜线上端系在指针端部小孔里,下端拴在底座上的小钉上,把细铜线拉直并使指针成水平状态。

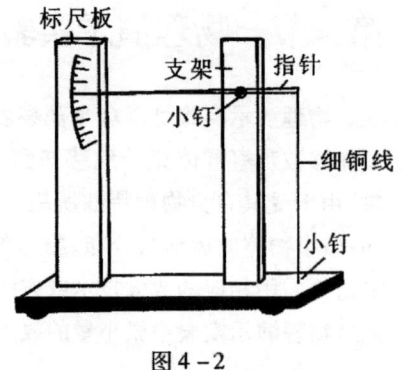

图4-2

[演示方法]

用一根火柴给细铜线加热,细铜线受热伸长,指针将绕着小钉发生较大偏转,通过标尺板上指针的刻度变化,说明细铜线受热膨胀。

方法二、细铜棒膨胀法

[实验装置]

如图4-3所示,铜棒 A 直径约 4 mm,长 30 cm,其一端通过螺丝钉 D 固定在木制立柱 B 上,另一端固定在木立柱 C 上的指针末端 F 点并与活动轴相连;指针用 $15×0.5$ cm² 的薄铁皮制成,其转轴设置在末端 G 点处以活动轴与木立柱 C 固定;在木立柱 C 的顶部制作安装一个有刻度的标尺板 H;在铜棒的正下方放一个金属酒精盒 I。

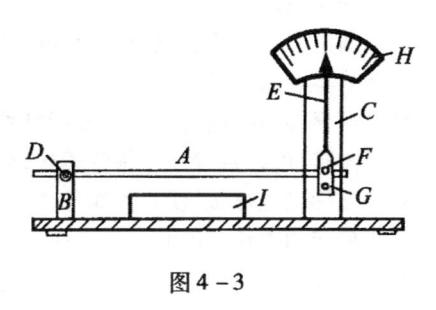

图4-3

[演示方法]

调松 D 点螺丝,水平调整细铜棒,使指针对准标尺中央刻度后再紧固 D 点螺丝。在酒精盒 I 内倒入少许酒精,点燃酒精对细铜棒 A 加热,片刻后铜棒受热膨胀,指针则偏转一个角度。演示热膨胀后,撤掉热源,向铜棒上滴些冷水,指针就会向零点返回,说明铜棒遇冷收缩。

方法三、线膨胀多级放大法

[实验装置]

如图4-4所示,在图4-3所示装置的基础上进行改进,对铜棒 A 的线膨胀变化多级放大。铜棒的另一端与连杆 C 固定,竖连杆 C 长 20 cm,横连杆长 5 cm,指针 E 长 30 cm。连杆和指针都用薄铁片或用木条制成。图中 M、N 表示各连杆间相连的活动轴。

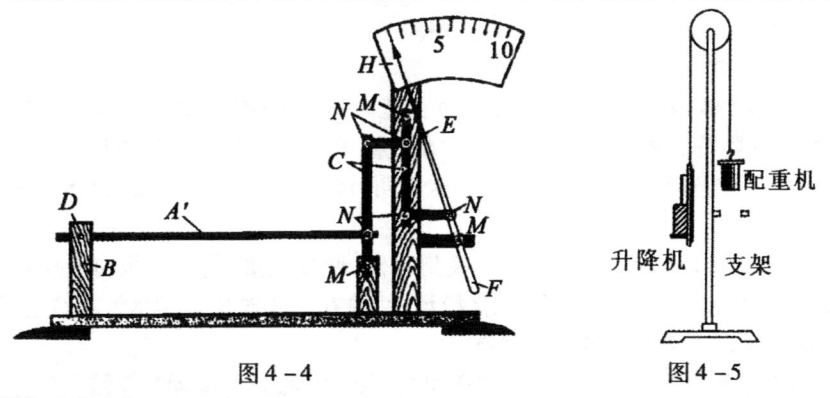

图4-4

图4-5

[演示方法]

同方法二,但效果大幅度提高。

[例2]演示超重、失重现象

方法一、变形式磅秤演示法

[实验装置]

图4-5为升降机和阿特武德机架。升降机主要有形变式磅秤、竖直底板和重物三部分,它的结构如图4-6(a)所示。在底板的右下角固定一只角铁座,在它的座上固定一条向左伸出的金属弹性簧片,磅秤的台板的右端与簧片相连。台板的左端固定一根钢丝连杆,并且被一根小螺旋弹簧悬挂着,弹簧上端固定有一只可以调节零点的螺丝。用一块矩形块作为重物,放在磅秤的台板上。在底板的左边,装有两根同轴的指针。前面的指针称为"压力指示针",台板左端的钢丝连杆与该指针连接,可以直接策动指针偏转,后面的指针叫"记忆指示针",在它的轴承上压有一根细钢丝弹簧,使它不能随意转动。在这根"记忆指示针"的底端,还装有一个可以旋转的挡片,如图4-6(b)所示,可以把它旋在指针的左侧或者右侧。当"压力指针"偏转时,就将推动某一侧的挡片,从而带动"记忆指针"一起偏转,并停留在曾到达的极限偏转位置。

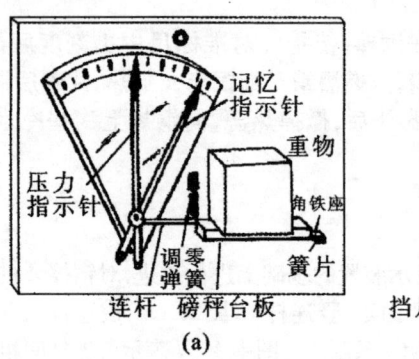

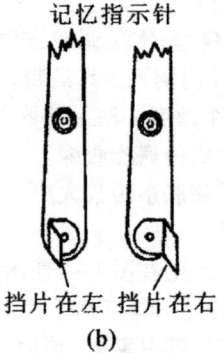

图4-6

[演示方法]

1. 把形变式磅秤的两根指针都放在静止时所指的位置(如刻度盘中央),再把升降机装在阿特武德机架上,调节配重的重量,在推动后使它做匀速运动。可以看到磅秤的指针仍指在静止时的位置。这表明升降机加速度为零时,物体不出现超重、失重现象。

2. 把"记忆指示针"下端的挡片拨到左侧,调节配重,使升降机向上作加速运动,运动过程结束后,可以看到"记忆指示针"停在静止时压力指示针的右边,说明加速向上运动时,物体处于超重状态。

3. 把挡片拨在指针的右侧,使升降机向下做加速运动,运动过程结束后可以看到"记忆指示针"停在静止时"压力指示针"的左边,说明加速向下运动时,物体处于失重状态。

方法二、弹簧秤演示法

[实验装置]

取厚度约 0.3 mm、面积约 15×10 cm² 的铁片(罐头盒铁皮即可)一块;直径为 1 mm 左右的螺杆、螺母两副,选用老式的面板读数、量程为 500 g 的弹簧秤一只,20~100 g 的砝码若干。

根据弹簧秤面板尺寸,将铁片剪成两个刻度盘,剪两个指针、四个垫片。根据所选螺杆直径,在剪成的刻度盘、指针及垫片上钻孔,它们的形状及孔位参见图 4-7。

安装前,将刻度盘和指针漆成反差强的两种颜色,并在刻度盘上绘制出刻度,漆干后即可安装。安装时,先将刻度盘插入弹簧秤面板与背面金属筒之间的接缝中(由于铁片很薄,弹簧秤不会有损坏),然后根据刻度盘上刻线位置及指针末端形状合理安装指针。在指针轴孔上下各垫一个被弯曲的垫片,穿上螺杆,拧上螺母(注意不能过紧或过松),这样便制成"记忆指示针"。

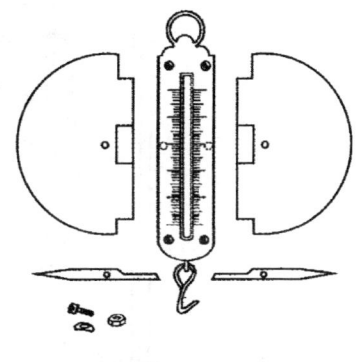

图 4-7

[演示方法]

演示前先选配砝码,使得弹簧秤指示标正好处于两记忆指示针水平放置时末端留有的空隙间为准(如图 4-8 所示)。这样,只要弹簧秤指示标在竖直方向上稍有移动,由杠杆原理,两记忆指示针便发生相应偏转:①超重时,弹簧秤指示标向下移动,此时左边指示针向上偏转且不因超重过程结束而复原,"记忆"下超重瞬间效应;②同理,失重时,右边指针向下偏转,"记忆"下失重瞬间效应。

注:1. 根据课堂教学要求,当只需要学生观察超重或失重一种现象时,应相应地使用一个指针;当需要学生观察系统自启动(加速)到制动(减速)全过程中超、失重现象或系统做匀速运动时,应同时利用两个指针(如图 4-8 所示)。

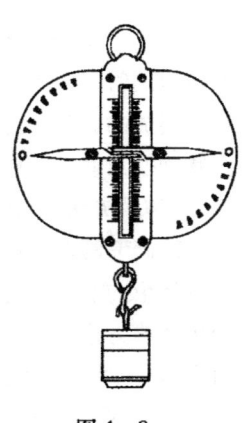

图 4-8

2. 用手演示时,加速度(即用力)不宜过大。若在阿特武德机架上进行演示效果最佳。

[例3]同一直线上振动合成的演示

[演示装置]

如图 4-9 所示,在支架的水平主轴上左右两方装有两个物理摆,摆锤的质量稍大一些(100~200 g),可以在摆杆上移动,以改变振动的频率。在两个物理摆摆杆靠近转轴处用一根细橡皮筋相连,在橡皮筋中部牵连着一个很轻的木片杠杆式指针(可以绕同一水平轴上下作同方向摆动)。在指针的前端还装了标尺,以显示摆动的幅度。

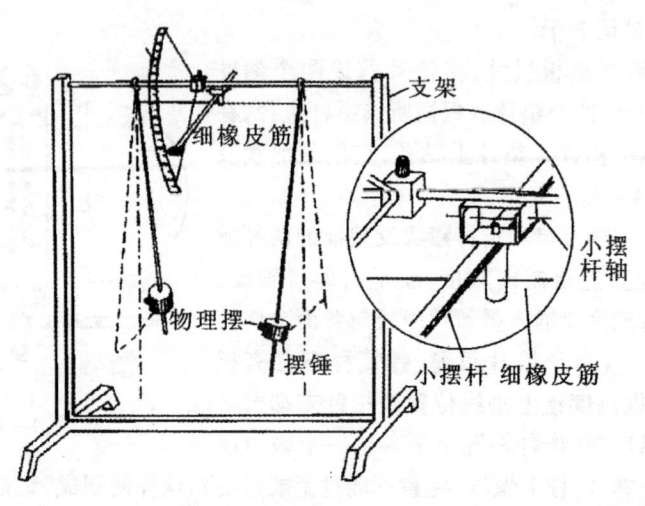

图 4-9

当一个物理摆摆动时,振动就会沿着橡皮筋传播。由于传递的振动能量很小,在较短的时间内不足以使另一个物理摆产生振动。小摆杆的质量很小,此时却能产生明显的振动。这样当两个物理摆同时振动以后,小摆杆所显示的振动就是两个物理摆策动它所作的振动的合成。

[演示方法]

1. 调节两物理摆的摆长相等,先使一个摆偏转约5°后释放,从标尺上观察指针前端标记的摆幅,再使两个物理摆都向前或向后偏转约5°后释放,可以看到合成后的幅度约为原来的2倍。如果使一个摆向前偏转约5°,另一个摆向后偏转相同的角度释放,可以看到指针几乎不动。由此可以说明,同频率、同位相的两个分振动合成时,合振动的振幅最大,为两个分振动的振幅之和;分振动反相时,合振动的振幅为两个分振动的振幅之差。

2. 调节两个物理摆的摆长使其略有不同。偏转一定角度后释放,可以看到指针振动的振幅周期性地出现极大和极小的现象。这是不同频率的两个振动合成后形成的"拍"现象。

杠杆传动放大法的应用十分广泛,几乎所有的指针式仪表都是运用这一原理制成的,在这里就不举例说明了。

二、几何原理放大法

1. 几何原理放大法的原理

如图 4-10 所示,假设有一装有一定量液体的透明连通器,一端是横截面为 S_1 的粗管端,与之相通的另一端是横截面为 S_2 的细管($S_1 > S_2$);设粗管端有一活塞 P,当活塞 P 进或退一小距离 H 时,则粗管内液体体积变化量是 S_1H,此时细管内液面随之上升或降落 h 高度,体积变化量为 S_2h。当细管足够长,且粗管内液体的体积变化 ΔV 不至于使细管内液面超过顶口或降至粗管内时,粗细两管内液体的体积变化的绝对值相等,即 $|\Delta V| = S_1 H = S_2 h$

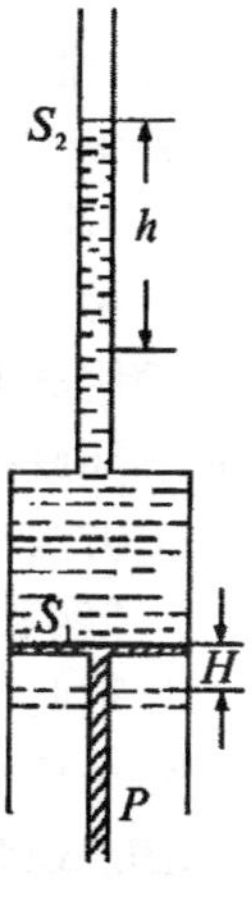

$$或 \qquad h = \frac{S_1}{S_2} H \qquad (4-3)$$

$$或 \qquad h = \frac{1}{S_2} |\Delta V| \qquad (4-4)$$

由(4-3)式,如果 $\frac{S_1}{S_2} = n(>1)$,则 $h = nH$。说明:如果一连通器粗管横截面面积 S_1 是细管横截面面积 S_2 的 n 倍,那么当粗管端活塞 P 移动一距离 H 时,细管内液面将上升或下降 H 的 n 倍;由(4-4)式,如果 S_2 足够小,那么无论何种原因使连通器内液体的体积发生变化(变化量为 $|\Delta V|$),则这个变化可以转化为细管内液面的位置(即线度)变化。这就是几何放大法的原理。

图 4-10

几何放大法在具体运用时需注意以下两点:

(1)选用细管时,一般用内径为 1~2 mm 的细玻璃管(或透明塑料管);玻璃管不宜过细,否则会降低可见度或出现毛细现象;为了方便观察,一般要求管内要用有色液体,管外配一个有刻度的且与液柱颜色有强烈反差的衬板。

(2)图 4-10 中的粗管部分也可以是规则或不规则的密闭容器(如各种形状的玻璃瓶等),但其液面最好处于细管中部某一位置,这样,当密闭容器变形、或遇冷、遇热等原因使容器内液体的体积发生变化时,细管内的液柱高度将随之发生明显变化。此时必须注意细管的长度选择,不能使细管内液面超过顶口或降至密闭容器内,这是在满足实验要求前提下选择细管长度的依据。

2. 几何原理放大法的应用实例

[例1] 液体热膨胀的演示

方法一、双手加热法

[演示装置]

1. 取一个废灯泡,把金属螺丝口部分放在酒精灯上加热,再用钳子把金属螺丝口拧掉,然后小心地把灯尾部分的抽气管折断。把灯泡尾端放在细砂布上磨,磨掉灯泡里面的灯丝架,小心地将灯丝架取出,再用钢锉修理一下断口部分,一个很好的土烧瓶就制作好了。

2. 如图4-11所示,在制作好的土烧瓶内装满染成红色的酒精,再用插着一根玻璃管(内径1~2 mm)的橡皮塞盖住瓶口。这时红色酒精会上升到细玻璃管的某一个位置,在此处套上一个橡皮圈作为标记。

[演示方法]

用手捂住土烧瓶进行加热,因酒精受热膨胀,可看到细玻璃管内酒精明显上升。在室内温度为20℃的情况下,酒精柱可以上升6 cm高。如放在热水里加热,酒精柱会上升得更高。

方法二、开水加热法

[实验装置]

取两支同样的小药瓶,分别装满染色的水和酒精,给每支小药瓶配一个插有一段细玻璃管的单孔橡皮塞,这时水和酒精会分别上升到细玻璃管的某一位置,实验前要把两细管内的液柱调节到同一高度,并各套一个橡皮圈作为标记。

图4-11

再准备一只250 mL的烧杯,倒入三分之二的热水。

[演示方法]

把上述两个小瓶同时浸入装有热水的烧杯中,如图4-12所示。可看到两个细玻璃管内的液柱慢慢上升,说明液体受热膨胀,但上升的高度不同,说明在相同的条件下不同的液体膨胀的大小不同。

注意:为了操作方便,可用一块有两个孔的薄木板盖在烧杯口上,把两个药瓶分别卡在孔中,使之不能上下滑动。

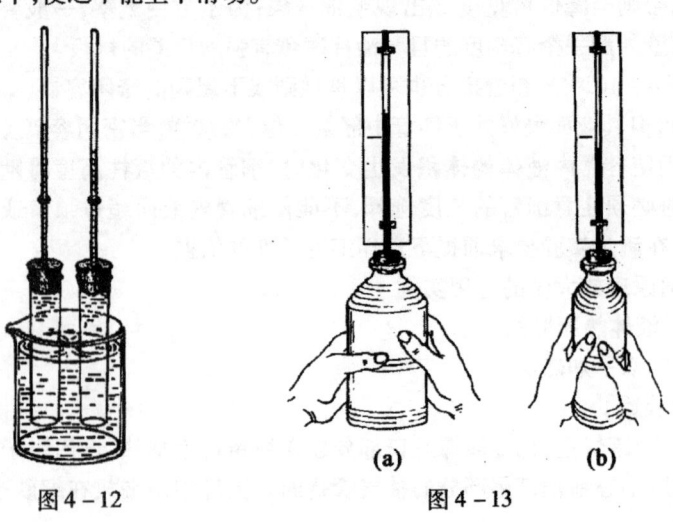

图4-12

图4-13

[例2] 微小形变的演示

[实验装置]

用一只椭圆截面的大墨水瓶。在瓶口的橡皮塞子中穿一根两端开口的细玻璃管,并在玻璃管的一侧固定一白色的背景屏,玻璃瓶内装满红色的液体,调节橡皮塞,使红色液体的液面位于玻璃管的中段,如图4-13所示。

[演示方法]

1. 用手压一只塑料瓶,使学生看到变形现象,进而提出问题:"如果对石块、玻璃杯或者钢棒之类的坚硬物体施加压力或拉力,它们是否会产生形变呢?"

2. 拿出椭圆截面墨水瓶,用手指甲弹击瓶壳,使它发出清脆的响声,然后从椭圆截面的短轴方向向里挤压瓶子,使学生见到细玻璃管内的水柱液面明显上升的现象[如图4-13(a)所示]。当学生见到这个现象时,会感到十分惊奇。因为在他们的观念中只有橡皮、塑料之类的东西会产生形变,所以他们很自然地提出问题:"这究竟是不是玻璃的瓶子?"

3. 用硬物轻击瓶子的外壳,使它发出更为清脆的响声,再次证实瓶子是玻璃的。虽然他们不再怀疑瓶子的质料,但水柱为什么会上升的问题仍然没有解决,有一部分学生会联想到液体的热胀冷缩。

4. 教师继续演示:从瓶子的椭圆截面长轴方向向里挤压,使学生看到玻璃管里的液面突然下降的现象[如图4-13(b)所示]。这确实又是一个惊人的结果,从而否定了学生中的上述错误联想。

5. 让学生亲自操作实践一下,学生的心理状态和思维水平又进了一步,认为坚硬的物体不会发生形变的观点得到了纠正,关于形变随弹性力产生的认识得到了巩固。

[例3] 热辐射演示

[实验装置]

1. 取平底烧瓶两只,容量都是150 mL,把其中一个内部用煤油灯熏黑,另一个内部用广告颜料涂成白色。

2. 取与烧瓶口适合的橡皮塞两只,都打两个孔,一孔作插玻璃棒用,另一孔要打得上小下大,作插入细玻璃管和塑料眼药瓶用,如图4-14所示。玻璃棒和细玻璃管与橡皮塞插入都要保持密封。

3. 取玻璃棒两根,长约8 cm,直径约5~6 mm。它的作用是通过插入烧瓶中的深度,来调节烧瓶中的气压,从而达到调节细玻璃管中液柱的长度。

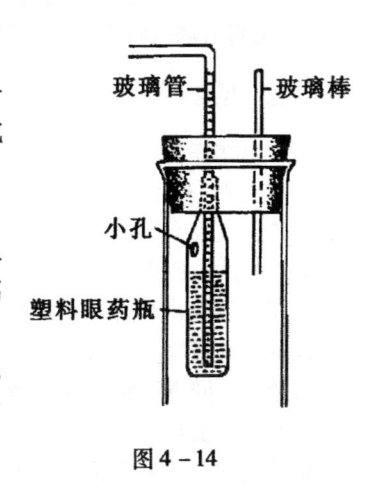

图4-14

4. 取塑料眼药瓶两只,上端的封口都被截掉一小段,以便插入细玻璃管,瓶内都注入半瓶红色水,把眼药瓶的细脖固定在橡皮塞孔里。再在眼药瓶的肩膀处开一个小孔,使眼药瓶内的气体与烧瓶内的气体相通。

5. 用2根直径约4 mm的细玻璃管,放在酒精灯上加热,弯成直角,把直角细玻璃管的一端,通过橡皮塞插入塑料眼药瓶中的红水里。再用硬纸片做两块标尺板,把它们用细线固定在两直角玻璃管的水平段上。

6. 把两个烧瓶固定在图4-15所示的木支架上,再把烧热的铁砝码(或秤砣,铁块)作为热源,放在木支架的底座上,居两烧瓶的中间位置。

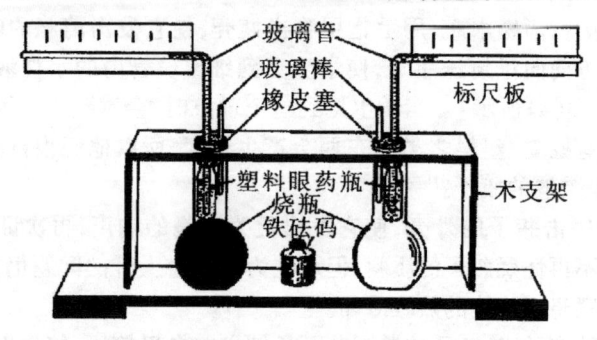

图4-15

[演示方法]

1. 调节两玻璃棒插入烧瓶内的深度,使细玻璃管中的红水柱面都指到标尺板的零刻度处。

2. 把铁砝码加热后,放在两烧瓶之间,并使铁砝码与两烧瓶间距离相等。稍等片刻,便可看到熏黑烧瓶的红水柱向外移动的速度大于白色烧瓶的红水柱移动的速度,说明黑烧瓶吸收辐射热的本领大于白烧瓶。

三、光杠杆放大法

1. 光杠杆放大法的原理

如图4-16所示,将一平面镜固定在一丁字架上,在支架的下部安置三个尖足,这一装置就称为光杠杆。使用时将两前足尖放在固定的平台上,后足尖置于微变体上。其放大原理如图4-17所示。将光杠杆望远镜及直尺按图4-17所示安装好,此时就会从望远镜中看到经由镜面 M_1 反射的直尺的像。设直尺上刻度 a_0 和望远镜叉丝横线重合,即光线 a_0O 经平面镜反射后进入望远镜中。当光杠杆后足 B 随微变体一同下降距离 δ 时,平面镜将转过一角度 θ,此时,直尺上刻度 a_m 和望远镜叉丝横线重合,即光线 a_mO 经平面镜 M_2 的反射后进入望远镜中,入射线 a_0O 和 a_mO 的反射光线方向相同。根据反射定律必定是 $\angle a_0Oa_m = 2\theta$,由于转角 θ 很小,

所以
$$\theta = \frac{\delta}{b}, \quad \angle a_0 O a_m = \frac{a_m - a_0}{D} = 2\theta$$

式中 b 是光杠杆后足尖到二前足尖连线的垂直距离，D 是镜面到直尺的距离。合并二式，得

$$a_m - a_0 = \frac{2D}{b}\delta \tag{4-5}$$

式(4-5)说明，当光杠杆后足尖随微变体下降一微小距离 δ 时，从望远镜中观测到的距离 $(a_m - a_0)$ 将是 δ 的 $\frac{2D}{b}$ 倍。这就是光杠杆法的放大原理。但在演示实验中，将图 4-17 中望远镜改换成激光器，直尺可以远离激光器以增大 D_0，这样，光路的方向与图 4-17 中所示反向，a_0 及 a_m 成为反射线在标尺上的光点，便可直接观察到。

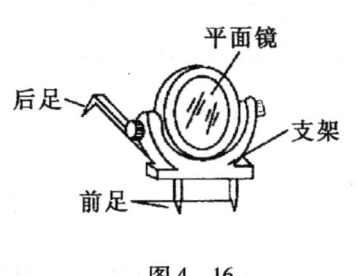

图 4-16

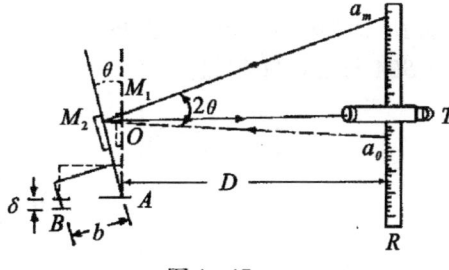

图 4-17

2. 光杠杆法的应用实例

[例1] 坚硬物体弹性形变的演示。

[演示装置]

取厚度 6~8 mm 的玻璃板一块（条形为佳），两端水平垫起，光杠杆、激光器按图 4-18 所示放置。

[演示方法]

打开激光器电源，激光光束经过光杠杆镜面反射到远处标尺或墙壁上，出现一亮点，然后用力下压玻璃板中部（即杠杆后足尖附近 B 点），玻璃板将会发生弹性形变（弯曲）。此时，光杠杆后足尖将下降一微小距离，根据光杠杆的放大原理，便可观察到标尺或墙壁上的光点移动一非常明显的距离。由此说明，一坚硬物体受力时，也会产生弹性形变。

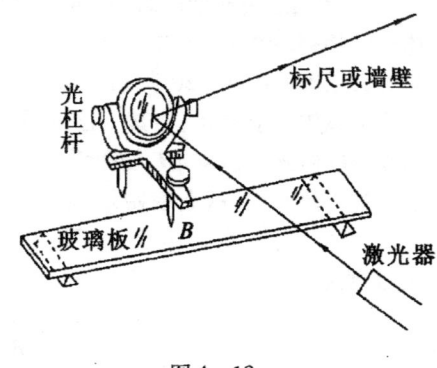

图 4-18

各种原因产生的微小形变,均可以参考此例进行放大演示,具体应用方案留给读者去开发设计。

四、投影放大法

1. 投影放大法的原理

通常投影的方法有暗影投影和成像投影。应根据各种实验的特点,采用不同的投影方法。

(1)暗影投影

利用光沿直线传播的原理,使屏上出现与物体轮廓相似的暗影的方法,叫做暗影投影法。其放大原理如图4-19所示,物体 SA 到光源 O 的距离设为 D_0。像 $S'A'$ 到光源 O 的距离为 D_i,OS' 及 OA' 是光源直进的两条光束,由于△SOA 与△$S'OA'$ 相似,故有

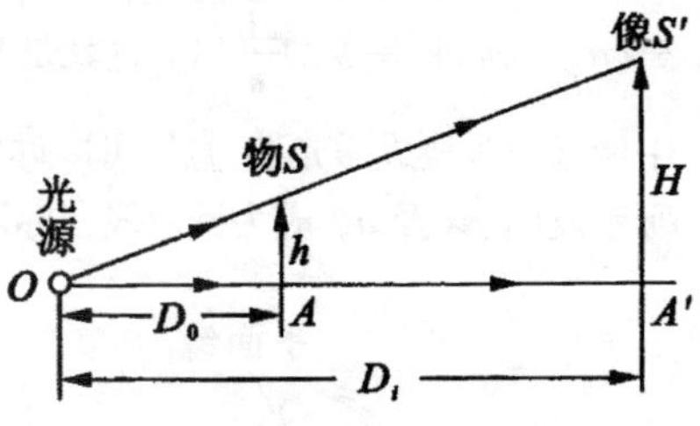

$$\frac{S'A'}{SA} = \frac{H}{h} = \frac{D_i}{D_0}$$

或

$$H = \frac{D_i}{D_0}h \qquad (4-6)$$

图4-19

由于 $\frac{D_i}{D_0} = n\ (>1)$,故 $H = nh$。即如果像(或屏)到光源的距离是物体到光源的距离的 n 倍,那么像则是物的 n 倍。这就是暗影投影的放大原理。

(2)成像投影

利用凸透镜成像原理,使屏上出现与物体轮廓相似的像的方法,叫做成像投影法。其放大原理如图4-20所示。假设焦距为 f 的凸透镜放置于 O 点,在其一倍焦距以外、二倍焦距以内放一物体 AB,物距设为 u,根据凸透镜的成像原理,就会在距透镜 v 处成一放大倒立的实像 $A'B'$。由于△AOB 与△$A'OB'$ 相似,则有:

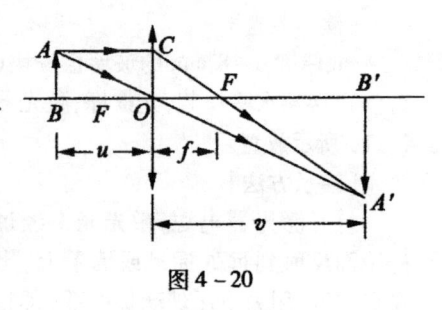

$$\frac{A'B'}{AB} = \frac{OB'}{BO} = \frac{v}{u}$$

或

$$A'B' = \frac{v}{u}AB \qquad (4-7)$$

图4-20

由于 $\frac{v}{u} = m(>1)$,所以 $A'B' = mAB$。即如果像距是物距的 m 倍,那么像则是物的

m 倍。这就是成像投影的放大原理,幻灯机、投影仪便是利用这一原理研制而成的,所以,成像投影通常用幻灯机或投影仪来实现。根据实验的要求,可采用水平投影或立式投影的方法。

2. 投影放大法的应用实例

[例1]电场线的投影演示

[演示装置]

用有机玻璃制作一个 $120 \times 100 \times 10$ mm^3 的器皿,在器皿中固定两个金属电极并用导线引出器皿外,如图4-21所示。将蓖麻油装入器皿中,深度为5~6 mm,再将碎头发放进蓖麻油中搅拌均匀。用感应起电机作电源,用教学投影仪进行放大。

[演示方法]

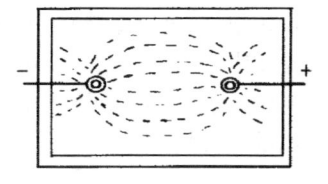

图 4-21

将图4-21所示器皿水平放在投影仪工作面上,把正负两电极与感应起电机正负极相连,打开投影仪电源,调节焦距使银幕上的像清晰后,摇动感应起电机,此时便可观察到蓖麻油中的头发屑按电场分布排列,呈现出电场线。

重复演示时,需断开电源,用刮板将头发屑调匀,然后接通电源,进行投影演示。

[例2]洛仑兹力的投影演示

[演示装置]

如图4-22所示,用透明有机玻璃板制作一个中间是器皿的线圈骨架,器皿直径为10 cm,深度为2 cm,在外环线圈骨架上,用直径为0.5 mm左右的漆包线分层密绕500圈。另外,在器皿中心固定一只中心电极(可以用接线柱的铜螺丝代替),再用铜皮制作成环状电极,放在器皿内。

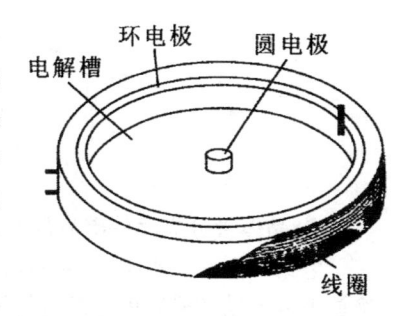

图 4-22

[演示方法]

把浓度为20%左右的硫酸铜溶液注入器皿中,并在溶液中洒上少量的蜡纸屑作悬浮颗粒,将整个装置放在投影仪上,再把两个电极接在 6 V 直流电源上,把线圈串联一只 50 Ω 的电阻器,也接在 6 V 的电源上,投影后即可看到悬浮颗粒做圆周运动。由此说明,溶液中的离子在电场作用下运动时,受到洛仑兹力的作用。

五、电转换放大法

在演示实验教学中,常常遇到微弱电信号的演示问题,如温差电现象、压电效应等。这些微弱电信号难以用常规的大型示教电表明显观测到,需要应用电流放大电路来提高现象的可见度。我们通过电流放大电路将微弱电信号增益后表现出来,进而提高演示效果的方法,称为电转换放大法。

电信号一般有直流和交流之分。对于交流信号的放大问题,比较容易找到现成的放大器进行处理,而对于直流信号的放大,更多的情况下需要自行设计和制作。下面介绍两种直流放大器。

1. 集成电路的电流放大器

如图4-23所示电路图。它使用了一个运算集成块和少量的外围元件,占有的体积很小,可以组装在一个有机玻璃盒内。电源采用两节9 V叠层电池,电位器W是用来调节零点的。使用时,输出端接在大型示教电流表(G挡)的正负接线柱上,将电表表针零点调到正中。接通电源后,再调节电位器W,使表针指到零点。该电路的电压增益:

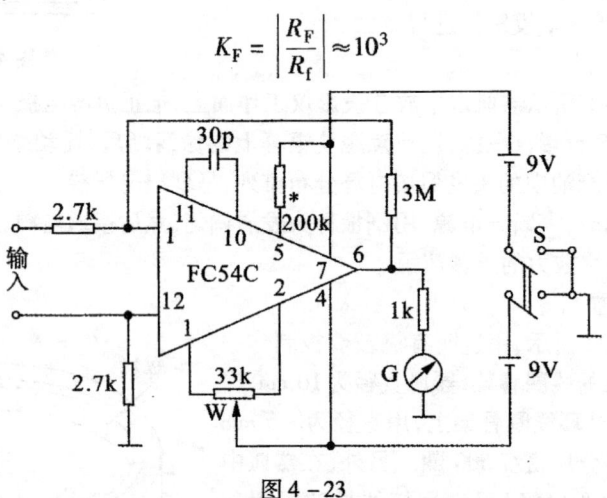

$$K_F = \left|\frac{R_F}{R_f}\right| \approx 10^3$$

图4-23

2. 晶体管分立元件电流放大器

电路如图4-24所示,采用两级差动放大。由电表(100μA)表头显示出经过两级放大的差动信号。电路两级使用独立电源为宜,这样调试简便,稳定性好。

元件规格:BG_1、BG_2 和 BG_3、BG_4 为硅NPN差分对管(5G32);可调电阻:R_1 20k、R_2 20k、R_5 20k、R_6 20k;定值电阻:R_3 500Ω、R_4 500Ω、R_7 500Ω、R_8 500Ω;外接调零电阻:W_1 20Ω、W_2 1k、W_3 10Ω、W_4 1k;微安表取大型演示电流计,量程 100 μA;E_1 直流3V,E_2 直流4.5V,A、B端为调试端,C、D端接微安表两端。

调试:

为了避免调整时出故障,造成烧表现象,可暂不接表头,接通电源,调整 R_1、R_2、R_5、R_6,使 BG_1、BG_2、BG_3、BG_4 集电极电流均为 0.8 mA,然后进行平衡调节。先调第一级,此时电路从A点断开,在 BG_1 集电极与B点接入表头,调节 W_1、W_2,使 BG_1、BG_2 两个基极无论断开还是短路时,表头均指零。第二级调节与第一级相同。

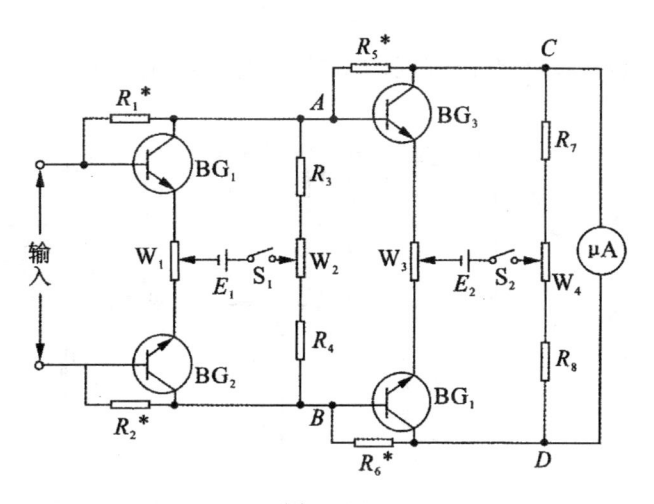

图 4-24

两极都调好后,将 A 点重新接好。在 C、D 两端接入表头。W_4 是外接调零电位器。这时 BG_1、BG_2 两个基极输入直流信号,调 W_4 使表头为零。此时,就可以进行演示实验了。

以上介绍的两种电流放大器,根据实际条件用其一种即可。

3. 电转换放大法的应用实例

[例1] 电磁感应现象的演示

[演示装置]

采用图 4-23 所示的运算放大器和大型示教电表（G 挡）；自制一个如图 4-25 所示的磁铁,磁铁支架用有机玻璃板或胶木板制成。磁极宽度约 12 cm,极间距离可以调整,最大约 15 cm。每块板上粘有 24 块 $15 \times 10 \times 5$ mm^3 的小磁钢,排成四长条。另备电磁铁一只,可以用带铁心的原、副线圈。附件有四（如图 4-26 所示）:(a) 单根导线,用自行车辐条代替,上面穿两只接线柱,导线由此引出,改变两接线柱的距离,L 即改变。(b) 大线框用单股铜丝弯成。(c) 小线框,也是单股铜丝弯成。(d) 可变面积的线框,在两个对边的中间穿入两只小弹簧即可达到伸缩可变的目的。

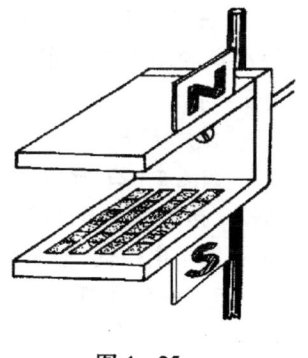

图 4-25

[演示方法]

把演示需要的线框接在电流表（实际上是放大器）的输入接线柱上,打开电流放大器的电源开关,再调节电位器,使电表指针指在正中的零点。然后把线框移入磁极之间,就可以明显看到指针偏转的现象。用小线框可以在磁极间作各种方式的运动;用单根导线可定性地演示法拉第电磁感应定律。其具体方法,这里不再详述。

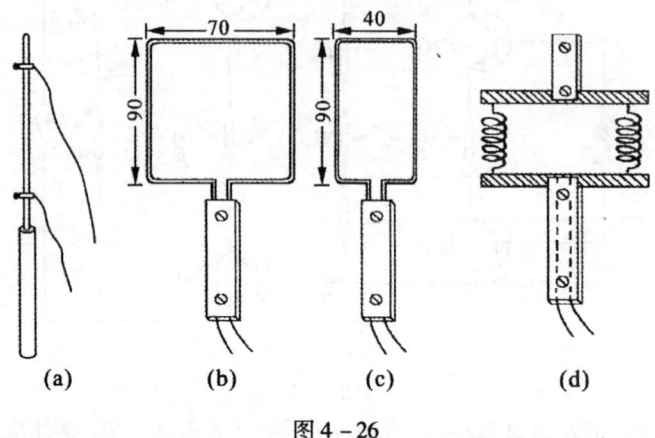

图 4-26

实验现象表明:只要穿过闭合电路中的磁通量发生变化,就会产生感应电流。

需要注意的是:当演示感应电动势与单根导线切割磁感线速度的关系时,由于电表指针的惯性较大,切割速度过大时,感应电流反而减小。这是由于指针来不及响应造成的,因此应当注意适当选择切割速度的范围,以取得较好的演示效果。

[例2] 温差电现象的演示

[演示装置]

用铜丝、铁丝各一根,两线绕在一起的一端为 C 端,铜丝与铁丝的另一端分别为 A、B 端,组成简单的热电偶装置。另附酒精灯一只,配有直流放大器的大型示教电表一台。

[演示方法]

如图 4-27 所示,将 A、B 端电直流放大器输入接线柱相连,打开电流放大器的电源开关,再调节电位器,使示教电表指针指在正中的零点。然后用酒精灯加热 C 端,就会见到表针有明显偏转,由此现象表明热电偶的原理。用这个装置还可以演示绝热膨胀时的温度变化现象。

用此例的方法还可以演示压电效应。取一个压电陶瓷片,两根引线接电流放大器输入端,用手轻轻压陶瓷片,即可见到表针有较大幅度的偏转,由此表明了一些物质的压电现象。

图 4-27

第二节　几种常见元器件在演示实验中的应用

压电陶瓷片、发光二极管、硅光电池和直流玩具小电机，是几种常见的元器件，它们不仅自身可以展现一定的物理原理或物理现象，而且利用它们的特性还可以使其他有关物理原理或物理现象得以再现和生辉。下面就分别介绍一下它们在演示实验中的应用。

一、压电陶瓷元件

压电陶瓷元件具有明显的压电效应和电致伸缩效应（逆压电效应），即给压电陶瓷元件施加压力使之产生机械形变时，它的两个电极之间就会出现电压信号；当电压加到压电陶瓷元件的两极时，它就会产生机械形变。压电陶瓷元件的外形如图 4-28 所示。它是将一片镀银薄陶瓷片（直径为 20mm 或 14mm 圆片）和一片黄铜片（直径为 27mm 或 20mm 圆片）用环氧树脂黏合在一起构成的，两个电极引线可按图 4-28 所示方法引出，焊接时注意要用小功率电烙铁（20 W 内热式）。这样，就可以用压电陶瓷片做实验了。

下面几个实验可以帮助我们了解压电陶瓷片的应用。

实验一　利用压电效应放大音叉的振动声音

音叉的振动声通常是比较弱的，但利用压电陶瓷片可以将音叉的振动声音放大，从而提高演示效果。具体做法是，用黑封泥（或橡皮泥）把压电陶瓷片粘贴在音叉叉股的下半部分，将压电陶瓷片两极引线接入扩音机输入端，如图 4-29 所示。打开扩音机电源开关，适当增大音量，当用橡皮锤敲击音叉叉股时，即可听到扬声器发出洪亮的振动声。

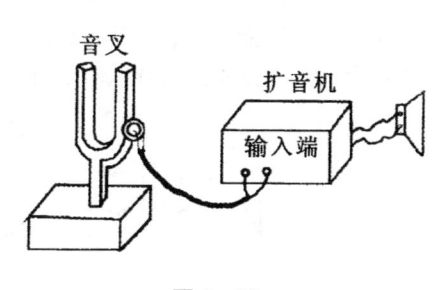

实验二　放大演示声音的共鸣

取固有频率相同的音叉两个并分别装在共鸣箱上；另附可套在音叉股上的小环和橡皮锤各一个。

用实验一的方法使两个音叉分别发声，证明两个音叉的振动频率相同。

再把两音叉的共鸣箱口对口放置，相距 15cm 左右，将压电陶瓷片与一个音叉叉股粘贴并与扩音机连接，如图 4-30 所示，用橡皮锤敲击另一音叉，发声片刻后用手抓住该音叉叉股使其不发声,这时可清晰地听到第二个音叉发出的被扩音机放大的声音,说明第二个音叉对发声的音叉起了共鸣。

如果用小环套在一个音叉的叉股上,使两个音叉的固有频率不相同了,重复上面的实验,则不会产生共鸣现象。

实验三 放大演示音叉的拍振动

如图 4-31 所示,将两个固有频率相同的音叉 F_1 和 F_2 分别装在两只相同的共鸣箱上,两音叉相距较近。用橡皮泥将两个压电陶瓷片分别粘在音叉 F_1、F_2 的叉股上,同时在 F_1 的上端套一个小环,使两音叉的固有频率稍有差异,再将压电陶瓷片的电极引线按图示

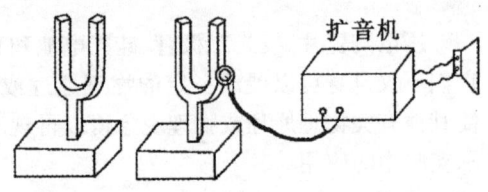

图 4-30

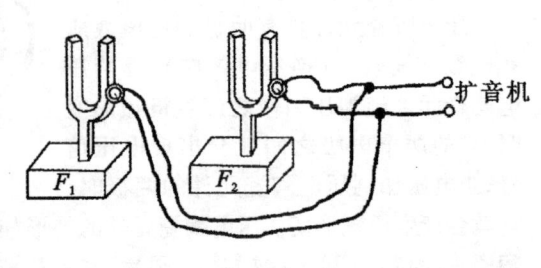

图 4-31

方式同时接到扩音机的输入端。用橡皮锤分别敲击音叉 F_1 和 F_2 时,可从扬声器中明显听到两个振动合成的拍音。

实验四 利用逆压电效应将音乐电信号变成音乐声信号

将音乐信号发生器 A(录音机等)输出的音乐电信号,通过升压变压器 T 和压电扬声器 PS 相连接(压电扬声器是将压电陶瓷元件配以相应的纸盒而成),如图 4-32 所示。当打开 A 发出音乐电信号时,即可听到从压电扬声器发出的音乐声音。

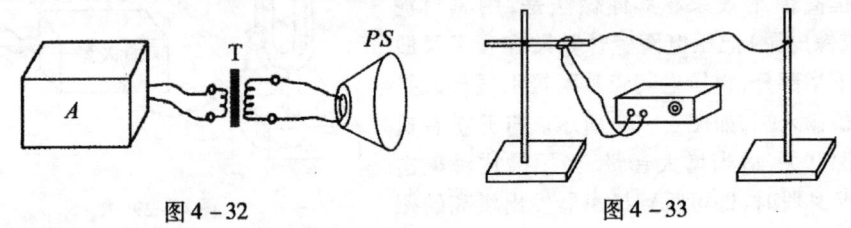

图 4-32

图 4-33

实验五 利用逆压电效应演示弦驻波

如图 4-33 所示,用一铁架台,通过一铁夹子将一根锯条固定,把压电陶瓷片粘在锯条上,锯条一端连接一弦线,弦线的另一端用另一个铁架台固定。用一大功率低频信号源给压电陶瓷片通入某频率的信号、调节该信号源的频率,当它与锯条的固有频率相同时,锯条就会振动起来成为一个机械振源。改变弦线的张力,就会出现波节数不同的弦驻波。

同样,只要把这个装置稍加改装,把一般发波水槽上的振子装在锯条的末端,

就可以代替发波水槽的激发器,利用投影仪等便可以演示水波的形成及波的干涉、衍射等现象了。

二、发光二极管

发光二极管,除了具有普通二极管的一般特性外,还具有工作电流小(一般在 10 mA 左右,但在 1 mA 左右即可发出可见光)、色光艳丽等特性。在演示实验中,利用发光二极管的特性,可生动地显示二极管的单向导电性、电流的方向、电流的有无及变化等。现将发光二极管在物理演示实验中的应用做一简单介绍。

实验一 电容器充放电演示

制作一个示教板,如图 4-34 所示,用一对正反向并联的发光二极管与一电容器 C 串联,D_1 为绿色的发光二极管,D_2 为红色的发光二极管,由于发光二极管的正向电压为 2 V 左右,所以电源电动势取 3~4.5 V,电容器取耐压大于 6 V、电容值稍大的电解电容器即可。

当开关 S 掷 1 位置时,电源接通,给电容器充电,此时发光二极管 D_1 亮一下,说明电流的方向是 D_1 的导通方向;当开关 S 转换至 2 位置时,电容器放电,此时 D_2 亮下,说明电流方向是 D_2 的导通方向,同时说明充电与放电两个过程的电流方向是相反的。

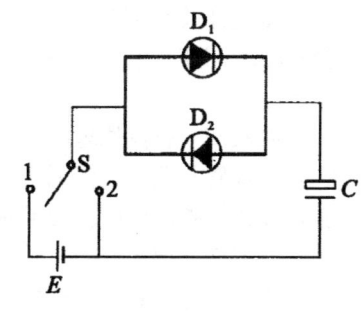

图 4-34

实验二 磁感应现象的演示

以直径为 4 cm 左右、长为 8~10 cm 的非金属圆筒为基轴,用线径为 0.1 mm 左右的漆包线绕 1000 匝左右,自制一个线圈,线圈外层标清漆包线的绕向,该线圈与一对正反向并联的发光二极管串联构成闭合回路,如图 4-35 所示,D_1 为绿色、D_2 为红色。实验时,用一条形磁铁插入线圈时,由于产生感应电流,发光二极管 D_1 亮一下,说明感应电流与 D_1 的导通方向一致;当条形磁铁拔出线圈时,发光二极管 D_2 亮一下,说明此时感应电流的方向与 D_2 的导通方向一致,同时说明条形磁铁与线圈相对运动的方向不同时,回路中产生感应电流的方向也不同。条形磁铁在线圈中不动时,D_1、D_2 均不发光,说明条形磁铁与线圈不作相对运动时,回路中不产生感应电流。当配有电磁铁、铁芯、电源、滑线变阻器等器材后,还可演示其他几种电磁感应

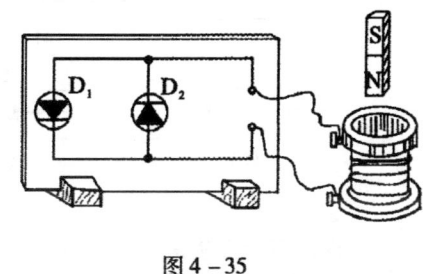

图 4-35

现象,这里不再详述。

实验三　自感现象的演示

如图 4-36 所示,用一对正反向并联的发光二极管串联在电阻支路中,D_1 为绿色,D_2 为红色;电源电动势取 3~4.5 V,小电珠 R' 的额定电压为 2.5 V,电感 L 可用 1 kVA 自耦变压器 0~220 V 线圈(0.4H,6Ω)代替;与发光二极管串联的是 50 Ω 的滑线变阻器 R,在接通电源后调节其阻值,使发光二极管 D_1 与小电珠亮度相近。

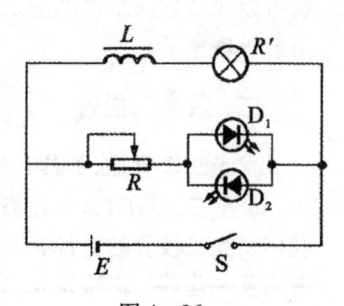

图 4-36

接通开关 S,可以看到电阻支路中的发光二极管 D_1 比电感支路中的小电珠先亮;切断开关时,电阻支路的发光二极管 D_1 熄灭,D_2 闪亮了一下,由此说明自感现象的存在。

实验四　整流原理的演示

二极管常用作整流元件。整流是把交流电变成直流电的过程,常用的有半波整流和桥式整流电路。为了演示整流的原理,可自制如图 4-37 所示的示教板及相关接插附件。图 4-37(a)所示示教板中,D_1、D_2 是一对正反向并联的发光二极管,D_1 为绿色,D_2 为红色;虚线框内由四个插孔接线柱组成,用以接插附件;左边是一个模拟超低频电源,可以用滑线变阻器或者线绕电位器(50 Ω 左右)按图示电路连接,将串联的 4 节 1.5 V 电池的中心抽头作为零电位,滑线变阻器的滑动触头作为另一输出端,当滑动触头在变阻器的中点左右来回滑动时,输出端之间就会有周期性变化的电压输出。附件(b)、(c)是两段导线,附件(d)是一个发光二极管,附件(e)是由四个发光二极管组成的桥式整流电路。所有附件都采用香蕉插子与示教板电路连接,利用附件来改变电路接线,用以演示交流、半波整流及全波整流。

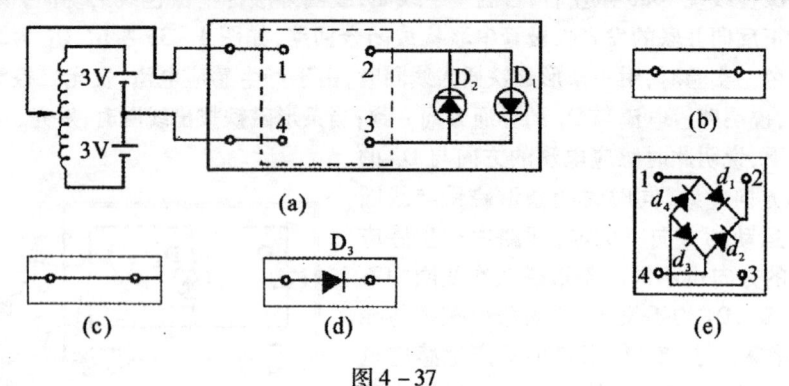

图 4-37

具体实验方法是:

1. 用附件(b)、(c)使示教板 1、2 导通,3、4 导通,来回滑动变阻器的滑动触头,使之输出一个周期性变化的电压,此时可以看到发光二极管 D_1 和 D_2 交替发光,证明信号是交变信号。

2.将示教板上1、2插孔换成附件(d),此时电路变为半波整流电路,输入周期性交变信号后可观察到发光二极管 D_1、D_3 时亮时灭,而 D_2 不再发光,说明此时是半波整流。

3.将附件(e)插接到示教板四个插孔中,则电路变成桥式全波整流电路。当输入周期性交变信号后,可以观察到 d_1、d_3 同时发光时 d_2、d_4 不发光,而 d_2、d_4 发光时 d_1、d_3 不发光,而 D_1 始终发光。由此说明此时通过 D_1 的电流已被全波整流。

在以上几个例子中,发光二极管在表现自身特性的同时,通过一对正反向并联二极管的发光情况,起到了检流计的作用,虽然不能定量显示电流大小,但在显示电流有无及方向上却优于检流计,因为它成本低、响应速度快、可见度高,因此在演示教学中应用前景广阔。

三、硅光电池

硅光电池,即硅太阳能电池,它是一种将光能直接转换成电能的半导体光电器件,是利用半导体内光电效应的原理制成的。在硅光电池的内部有一块面积较大的 PN 结,当硅光电池受光线照射时,它的两个电极将产生电动势(P 区为正电势,N 区为负电势),这现象通常叫做光生伏特效应。硅光电池的构造如图 4 – 38 所示,以 N 型(或 P 型)材料为基底,P 型(或 N 型)为受光面,在受光面受到光照射时,受光面为负极(或正极),背面为正极(或负极),受光面涂有蓝紫色增透膜,背面涂有一层焊锡,在硅光电池的受光面和背面连有引线。硅光电池约有 0.3 mm 厚,由于其质地很脆,所以为了防止损坏,通常将硅光电池背后用胶水固定在圆形有机玻璃板上,再将有机玻璃板固定在金属圆筒内,金属圆筒装有金属柄,这样可把它装在铁支架上,如图 4 – 39 所示。当硅光电池的受光面受到光的照射时,硅光电池的两个电极就产生电动势,而且其短路电流与入射光强度成正比。根据这个特性,我们可以将被调制的光信号通过硅光电池还原成电信号。下面举几个应用实例。

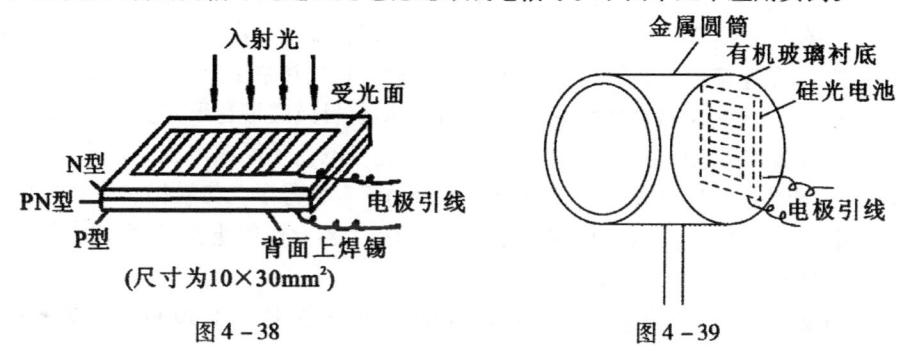

图 4 – 38

图 4 – 39

实验一　简易的光通讯原理演示

如图4-40所示,当我们将声音的电信号加到光束上(即光调制),经调制后光束按声频发生变化,变化的规律是与声音的频率和强弱有关。如果用光电探测器(如硅光电池)去接收经调制后的光信号,则能将已调制的光信号还原成声音的电信号,这个过程叫做解调。如果将该声音的电信号通过扩音机放大,最后在扩音机的输出端接上扬声器,就能听到经光传播的声音了。

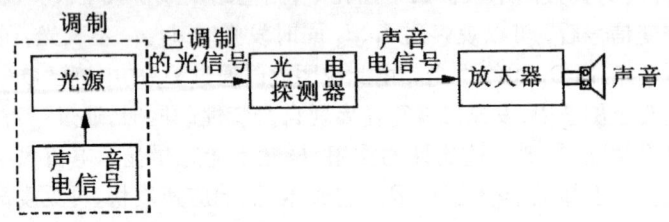

图4-40

实验装置如图4-41所示,其中 D 为6.3 V、0.3 A 的小电珠,把它固定在支架上,S 为开关,E 为4节1.5 V串联的干电池,A 为大功率晶体管收录机。K 为硅光电池,将其两根引线和扩音机的话筒输入端相连接;小电珠和硅光电之间放一直径为8 cm、焦距为12~15 cm的凸透镜 L,小电珠 D、凸透镜 L 及硅光电池 K 调整到同一高度,使 L 和 K 相距2~4 m。

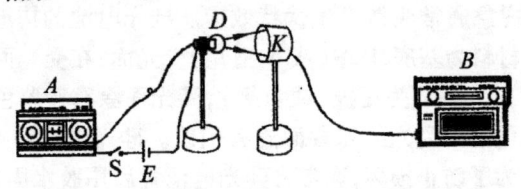

图4-41

将小电珠 D、开关 S 和干电池组 E 串联后与收录机 A 的输出端(输出变压器的输出阻抗为8 Ω)相连接。将 S 接通,调节硅光电池高低及前后位置,使小电珠发出的光经凸透镜会聚到硅光电池的受光面上,刚好将硅光电池的受光面全部照亮。接通收录机,放出音乐信号并适当增大音量,我们将发现小电珠的光强不再是恒定不变的,而是连续地闪烁(实验表明功率大的收录机比功率小的效果好,通常为5 W左右)。闪烁的光束就是经声波(收录机的广播节目或磁带音乐)电信号调制的光束,当该光束照射到硅光电池的受光面上,经硅光电池还原成声波电信号,再经扩音后,就能从扬声器听到晶体管收录机输出的声音信号了。如果将一块挡板放在硅光电池前面遮住这闪烁的光束,则扩音机的扬声器立即停止发声,由此说明光是信息的载体。

如果欲使上述实验中光传播声音的距离再远一些(如大于10 m),可以在透镜

L 和硅光电池 K 之间再加一个凸透镜 L'，如图 4-42 所示。不过要先调节 L 与 D 的位置，使小电珠刚好在凸透镜 L 的焦点附近，这样小电珠的光经凸透镜 L 后形成一束平行光，该平行光束经第二块凸透镜 L' 后会聚到硅光电池的受光面上。如果要使光传播声音的距离很远很远，则需要将声波加到激光光束上了，但此时对激光的调制，则需采用其他方法。

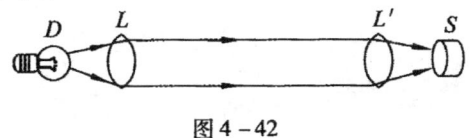

图 4-42

实验二　放大机械振动的演示

如图 4-43 所示，将装有 6.3 V、0.3 A 小电珠 D 的灯座固定在铁支架上，经过开关 S 和 4 节 1.5 V 干电池相串联。在小电珠的前边放一个直径约为 8 cm、焦距为 10 cm 的凸透镜，在凸透镜的右边再放置硅光电池 K，硅光电池的两根引线与扩音机话筒输入端相连接。小电珠 D、透镜 L 及硅光电池 K，均用铁支架架起并处于相同的高度，小电珠和透镜相距 8 cm，硅光电池离开凸透镜约 45 cm，使来自凸透镜的光束将硅光电池的受光面全部照亮。将装有共鸣箱的音叉放在离凸透镜约 38 cm 处，使音叉的叉股遮住来自凸透镜的亮圆点的三分之一，如图 4-44 所示。此时我们用橡皮锤敲击音叉叉股，使音叉发生振动。由于叉股的振动，使硅光电池受光面的面积按音叉振动的频率发生变化，因此硅光电池产生按音叉振动的电信号。此信号经扩音机放大，在扬声器中发出响亮的音叉振动声音。如果使用不同固有频率的音叉，那么扬声器将发出不同音调的声音。

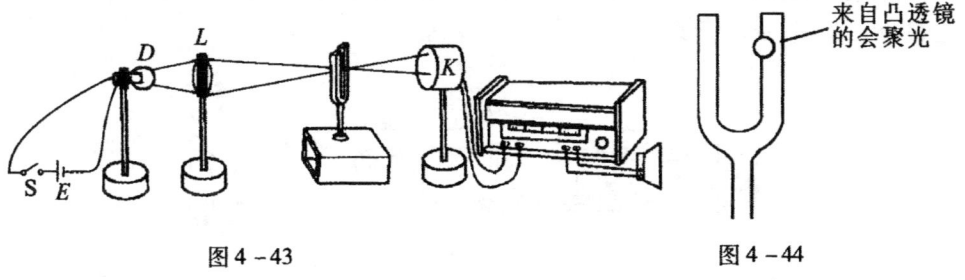

图 4-43　　　　　　　　　　图 4-44

实验三　检测光源的频率特性

如果光源强度变化的频率超过 24 Hz，由于眼睛存在视觉暂留效应，人们分辨不出光源在变化。一只白炽灯，我们难以分辨它是接在直流电源还是接在 50 Hz 交流电源上，但由于硅光电池具有较高的频率响应，因此利用硅光电池就能分辨光源的频率特征。

如图 4-45 所示，将硅光电池的两根引线与扩音机的话筒输入端相连接。如果用手电筒发出的光束照射硅光电池的受光面，由于流过小电珠的是恒直流电，小电

079

珠的光强不变，所以扩音机扬声器不会发出声音，如图4-45(a)。如果用50 Hz交流电点亮白炽灯(或日光灯)，当白炽灯发出的光束照射到硅光电池受光面上时，如图4-45(b)所示，我们可以从扩音机扬声器中听到声音，并且可发现白炽灯和日光灯的音色不同，这是由于这两种灯发出的光的强度变化频率不同。

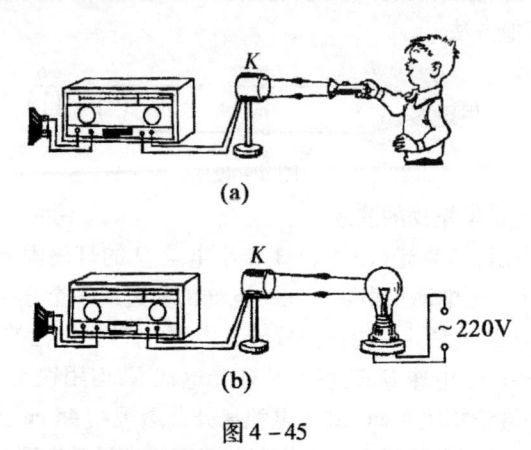

图4-45

实验四　检测电风扇转速的快慢

在图4-45(a)所示的装置中，如果用手去遮一下手电筒的光路，使光线突然停止照射硅光电池，这时扩音机扬声器将发出"扑"的一声。如果用手断断续续地去遮手电筒的光路，那么扬声器会发出连续的"扑扑"声音，现在再用一只小型电风扇放在手电筒和硅光电池 K 之间，如图4-46所示。当我们接通电风扇电源，电风扇由慢到快高速旋转时，从扩音机扬声器中可听到随电风扇转速而变的声音，由此可检测电风扇转速的快慢。

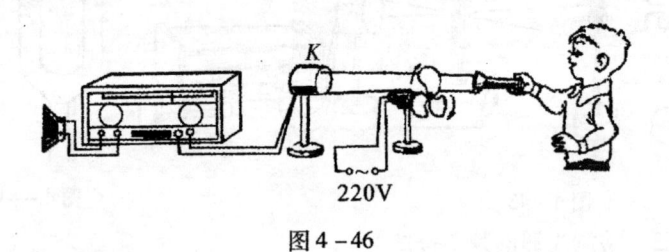

图4-46

四、直流玩具小电机

电动机是将电能转变为机械能的装置，其基本原理是磁场中的线圈在通入电流时受到一力偶矩而转动。市场上出售的儿童玩具直流电机，工作电压为1.5～4.5 V(可用50 Ω 电位器来调速)，具有价格低廉、耗电小等特点，因此，在物理演示实验中得到广泛的应用。下面介绍几个直流小电机的具体应用实例。

实验一 演示共振现象

如图 4-47 所示，在玩具小电机的转轴上焊一个小金属铁块作为偏心锤，把带有偏心锤的小电机安装在作为振动台的底板上，板的四个角下各粘一只橡皮垫脚。取长度分别为 30、26、23、21 和 18 cm，直径为 1 mm 的细钢丝各一根，按长短顺序竖立紧固在振动台上作为共振棒。为观察方便，可在钢丝的上端粘贴上小纸片。

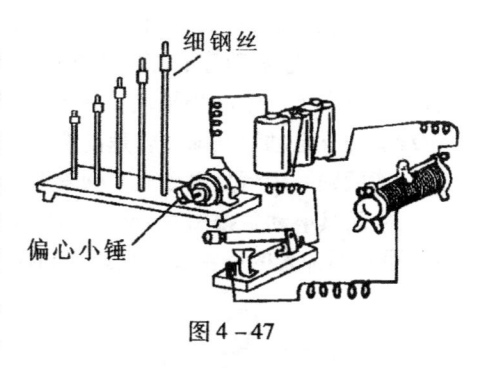

图 4-47

实验时，接通电源，将滑线变阻器串联在电路中，使其阻值由最大逐渐调小，电机的转速随之增加，共振棒由长到短依次抖动出现了共振现象。实验还表明棒越长，其固有频率越低。

用变阻器改变电动机转速，应随时注意某棒将要发生共振时，应减缓变阻器滑片移动的速度，必要时可稍作停留，使棒得到一个为起振蓄积能量的时间。

实验二 演示弦驻波

如图 4-48 所示，将转轴上带有偏心小锤的小电机固定在一个具有弹性的金属片中部，金属片两端固定在一稳固的座架上。在金属片中部系一弦线，弦线的另一端系在一铁架台支杆上，弦线长约 1 m。

实验时，先拉紧弦线，接通小电机电源，将滑线变阻器由最大逐渐调小，电机转速由慢变快，金属片振动频率由小到大，直到弦上出现稳定的驻波。或者给定振源的振动频率，缓慢调节弦线的张力，也可调节出波节数不同的弦驻波。

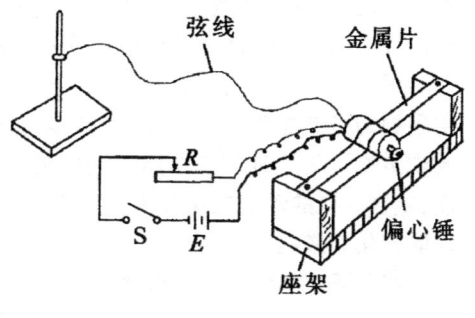

图 4-48

以上装置做适当改进也可作为发波水槽的振源。

实验三 演示小电机反电动势的存在

把电池、玩具小电机、小灯泡（2.5 V）和开关用导线串联起来，如图 4-49 所示。接通电源，就会发现开始接通电路时，小灯泡发出较强的光，随着电机转速提高，小灯泡亮度减弱；当转速正常时，小灯泡的亮度不再变化；用手指捏住电机转轴，随着转速降低，灯泡又逐渐变得更亮。

图 4-49

这个现象说明,电动机转子线圈绕轴转动时,导线切割磁感线产生感应电动势,但这个感应电动势的方向与外加电池电动势方向正好相反,我们称它为反电动势。正是由于反电动势抵消了一部分电动势,所以灯泡的亮度减弱。又由于转子中线圈的反电动势是随着转速的增加而增大的,所以灯泡在电机转速低时比较亮。

实验四 用玩具电动机当做发电机

将玩具电动机按图4-50所示固定在底座上,在转轴和摇柄轴上装一对传动齿轮(可用旧钟表的齿轮改装),以提高摇动时电机的转速。

图4-50　　　　　　图4-51

实验时,用导线将2.5 V的小灯泡与电机引线相连,摇动手柄就可以看到小灯泡发光;提高电机转速,灯泡就变得更亮。如果用发光二极管代替小灯泡按一定的极性接入电路(正、反交替试验一下),电机转速不需很高就可以发光。

用下落的重物代替手摇来带动转轴,同样可以使灯泡发光,如图4-51所示,表明重物的机械能转变成了电能。如果在电路断开时和接通时分别进行实验,可以发现重物下落的时间在电路接通时变长,即此时重物下落变慢,说明下落一定高度,重物获得的动能在这种情况下要小一些,而电机输出的电能正是由重物减小的动能转化而来的。

实验五 用玩具电动机做测速表

如果把图4-51中的小灯泡换成电流表,电流表的示数与小电机的转速有关,即与重物下落的速度有关,因此可以用它来作为速度计使用。

这个速度计的刻度可以这样来标定:将打点纸带与重物相连,用电磁打点计时器记录重物下落时的情况,同时,测出小电机输出的电流值。如果难以使重物做匀速运动,就记下电流的最大值,再由打点记录纸带求出即时速度的最大值(用相邻两点距离最大的 s 值除以打点周期 $t_0 = 0.02$ s)。这样测出一组数据,并用 $i-v$ 图像表示出来,定标工作就完成了。

如果按照图4-52所示那样,将小电机和电流表组成的速度计与在平面上的小车相连接,使小车做加速直线运动,就可以从速度计上观察到示数逐渐增加。当牵引的重物部分着地后,外力减小,但速度值仍然增大,这时对深入理解加速度的概念是有益的。

图 4 - 52　　　　　图 4 - 53

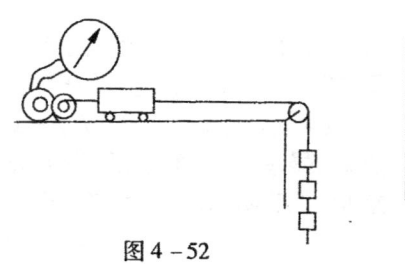

同样的道理,可以用小电机和电流表来测物体的转速。在小电机转轴上套一个用橡皮削制成的小锥体,小锥体要用"502"胶水固定在转轴上,使它不产生相对于转轴的运动,如图 5 - 53。使用时,手持电动机,把小锥尖端顶住转动物体的轴心。这时,从电流表的示数可知,转速越高,指针偏转角度就越大。

以上几个例子说明,玩具小电机不仅可以提供动力,而且可以利用其自身属性开发创新演示实验,请读者从这两个方面继续设计新的实验。

第三节　物理投影实验器研究及案例分析

物理投影实验器是一种借助投影手段把物理实验现象实时呈现在银幕上的物理演示器具,是传统演示实验与现代投影设备相结合的产物。与其他现代视听媒体相比,投影实验器具有价廉、演示现象真实可靠等优点。

一、物理投影实验器的一般特点

物理投影实验器是一种既经济又能最大限度地提高现象可见度的现代演示实验方法,与传统的仅仅靠增大仪器外形尺寸来提高现象可见度的方法相比,具有以下特点:

1. 仪器体积小,便于携带和存放

由于投影实验器是利用光学放大原理设计制作的,它的体积一般不超过 $300 \times 300 \times 50$ mm^3,所以携带方便,节省存放空间。

2. 经济合理

由于投影实验器体积小,所以在制作上能节省材料、降低成本,而且能够提高仪器的灵敏度和准确度,耗能也少。

3. 实验现象的放大倍数高

投影距离在 1.5~4 m 范围内,可把投影仪工作面上的实物放大 10~100 多倍。因此,现象的可见度大,能很好地满足群体同时观察的需要。

二、物理投影实验器的类型

按投影方式划分,投影实验器可分为"立式"和"卧式"两种。所谓立式投影实验器,即投影光源与实验器处于前后位置,实验器的工作状态是直立的,其原理如图 4-54 所示。这种投影实验器投影到银幕上的像是实物的倒立像,因此它适合于仪表或不区分上下的对称现象的投影。卧式投影实验器,即投影光源在实验器的下方,一般指直接平放在透射式教学投影仪工作面上进行操作的实验器,如图 4-55 所示。这种卧式投影实验器操作简便,操作者面向观察者,实物对操作者是正对的,像对观察者是正立的。

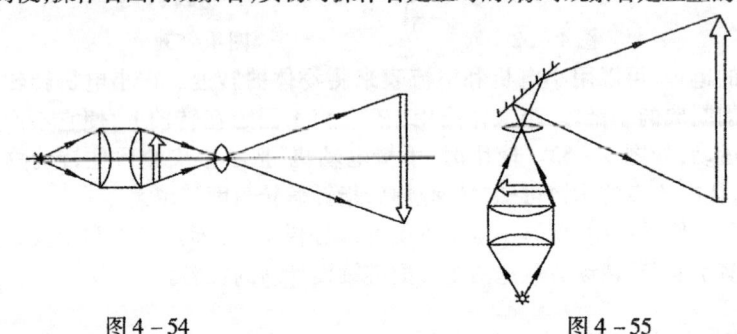

图 4-54   图 4-55

随着透射式投影仪在教学领域中的普及,卧式投影实验器的研制、开发和应用将成为物理投影实验器的主流。在下面的讨论中,物理投影实验器均指卧式投影实验器。

三、对研制开发物理投影实验器的一般要求

由于物理投影实验器是一种专门用于物理课堂教学的实验器具,因此,对它的研制开发,一方面要符合物理学的理论、思想和方法,另一方面要符合教学论的要求。

1. 原理正确、投影清晰

传统的或常规的物理演示仪器,一般不能在投影仪上直接进行投影演示,只有根据需要和可能,结合投影的特点对其进行科学改进后方可实现投影演示。所谓"科学改进",即指开发研制的投影实验器,既要符合物理学原理,又要符合教学要求,突出观察目标,投影清晰。

2. 结构简单、原理直观

物理投影实验器是借助投影仪,将平面上或扁平空间内发生的物理现象的影子呈现在银幕上。这一特点决定了投影实验器的结构要尽量简单,同时要展现物理原理。因此,在设计投影实验器结构时,要以其投影效果为出发点,合理组配透明、半透明及不透明材料。

3. 现象稳定、操作方便

课堂教学时间是有限的,为达到最优化的教学效果,要求投影实验器操作简便、现象真实、重复性好且成功率高。

四、研制物理投影实验器的技术问题探究

物理投影实验器的研制过程将面临种种技术问题,如外观尺寸、仪器结构、物

理原理、材料选配等问题。一般来说,物理原理及材料选择是众多技术问题中的难点,因为常规的物理演示仪器均为竖直、面向观察者演示的,若使其转化为卧式投影实验器,首先面临的问题是物理原理正确与否;其次是材料的透明问题,即透明、半透明及不透明材料如何选配才能符合教学论要求。下面就这两方面的技术问题,结合实例做技术措施方面的探究。

1. 受重力因素制约的技术问题

许多物理实验是与重力场有关的,如自由落体实验、运动的叠加原理实验、超重与失重实验、分子运动模拟实验等。这类实验一般只能在竖直方向、一定空间范围内进行。而投影实验器要求被投影的物理现象必须在投影仪工作面上(水平或接近水平)的扁平空间内发生,这样方能通过调焦使投影清晰可见,这就给相关投影实验器的开发提出待解决的技术问题。

解决这类问题的重要技术措施是利用光滑透明斜面,即把原来在竖直空间受重力加速度 g 影响的现象,转化为在光滑透明斜面受 g 沿斜面分量 g' 影响,如图 4-56 所示。这样处理不仅不影响现象产生的物理原理,而且因减缓了重力的作用,降低了受重力作用物体的运动速度,通过投影放大,使物理现象更加便于观察。例如斜上抛物体的运动轨迹观察实验,在竖直空间演示时,物体受重力加速度 g 影响,故因速度过快,肉眼难以看清其运动轨迹;而在光滑透明斜面上演示该现象,根据斜面倾角 θ 大小,选择适宜的抛射速度,物体便能以较慢的运动速度,在有限的斜面内,按空间的运动规律呈现斜上抛运动情况,如图 4-57 所示。该现象通过投影,在竖直银幕上展现的现象酷似在空间发生的一样,其物理过程十分明显。

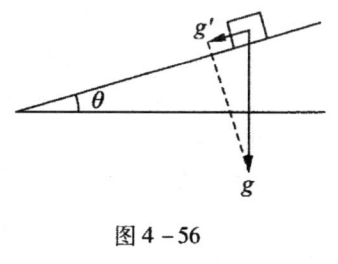

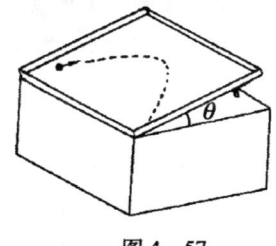

图 4-56

图 4-57 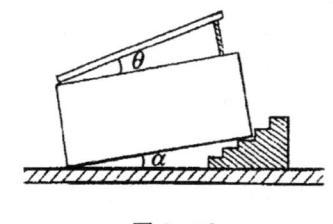   图 4-58

由于投影实验器的工作面与投影仪工作面存在一个倾角 θ,这似乎对投影清晰度产生影响。但实际上,当实验允许的倾角 $\theta \leqslant 15°$ 时,通过调焦,银幕上的影像是可以获得满意效果的;当实验要求的倾角 $\theta > 15°$ 时,则需要采取补偿措施。所谓补偿措施,即在保持投影实验器与投影仪工作面倾角 $\theta < 15°$ 的前提下,再将投影仪在桌面上支起一定的补偿角 α,如图 4-58 所示,α 角的大小视实验需要而定。如果

085

受投影仪性能限制,当投影实验器与投影工作面存在倾角 θ 会造成投影现象不清晰或畸变时,可以直接采取补偿措施。

上述光滑透明斜面及倾角补偿措施,为在书写投影仪上开发研制物理投影实验器提供了一条重要的技术思路。下面介绍的"投影式气体分子运动模拟演示器",就是按照这一技术思路改进研制的。

如图 4-59 所示,投影式气体分子运动模拟演示器的上部分是一个扁平透明的分子运动模拟演示盒,盒底有一个振动板,振动板与仪器下部的变速电动机通过传动杆连接;模拟演示盒内装有 200 多粒小钢球,盒内还有一个倒 T 字形活塞,盒的顶部有盒盖;另外配有与活塞重量相同的、可以加到活塞上的带孔砝码以及用塑料做的一个线度为 1cm 左右的不规则物块。仪器顶部配有一个可调高度的伸缩支架,用以调节仪器卧放时的倾角。演示时,另配一个 0~24 V 低压电源,演示器的工作状态如图 4-59 所示。

该投影实验器演示的内容有:①模拟演示气体分子的热运动状态;②模拟演示布朗运动;③演示说明压强的微观机理;④半定量模拟演示气体实验三定律,等等。具体演示方法简述如下:

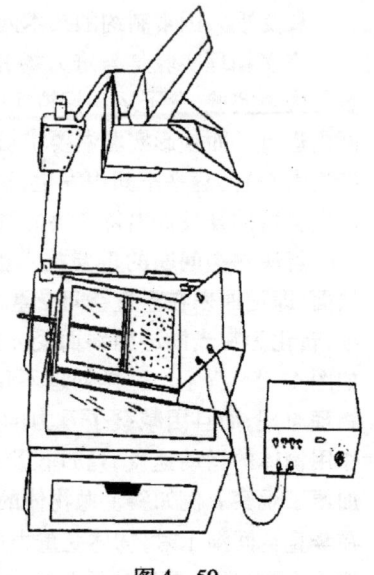

图 4-59

①模拟演示气体分子的热运动状态

将投影实验器斜放在投影仪上,连好电源,先打开投影仪电源,调焦使影像清晰,然后用固定活塞的办法限制"分子"运动的空间大约为整个模拟盒的 2/3 左右,启动电动机,这时盒内大量的小钢球在振动板的作用下作杂乱运动,通过投影,在银幕上可直观模拟出气体分子的无规则热运动状态。

②模拟演示布朗运动

在上述实验条件下,向"分子"运动空间内放一个无规则物块。启动电动机,"分子"作混乱运动,小物块在大量"分子"的碰撞下做随机运动,由此模拟说明布朗运动的微观机理。

③演示说明压强的微观机理

解除对活塞的固定并取出小物块。由于活塞具有重量,在启动电动机之前,活塞将沿着斜面滑落到盒底。启动电动机,这时可以观察到大量的"分子"无规则地碰撞活塞,使得活塞浮起一定高度并在一个平衡位置附近作无规则振动。由此,可以使学生理解压强的统计平均意义和涨落(起伏)特性。

④模拟演示气体实验三定律

a. 玻意耳—马略特定律。保持加在电动机两边的电压不变,此时"分子"的平均速率不变。启动电动机,在活塞浮起的平衡位置用彩色水笔画一横线(即标注体积大小);关闭电动机,在活塞上加一个砝码(砝码与活塞等重),此时相当于压强增加一倍,再启动电动机,则活塞浮起的高度变低,在其平衡位置再画一标记,关闭电动机,比较加砝码前后两个标记的高度,可以观察到体积随着压强增加一倍而减小一半;由此说明一定质量的气体,温度不变时,其压强与体积成反比。

b. 查理定律

接着上面的实验演示,如果压强增加了一倍之后仍要保持活塞的平衡位置不变(体积不变),可以加大电动机的电压,进而提高振动的频率,使"分子"平均速率加大。由此可以说明,一定质量的气体,当体积不变而温度升高时,气体的压强增大。

c. 盖·吕萨克定律

去掉活塞上的砝码,启动电动机,观察活塞浮起的高度(即体积);加大电动机的电压,即提高"分子"运动的平均速度,此时可观察到活塞浮起高度增加了(即体积变大)。由此说明,一定质量的气体温度升高时,要保持压强不变,只有让气体的体积增大才行。

以上气体三定律的模拟演示,有利于学生从微观角度和以统计的观点理解气体实验定律。关于该仪器其他演示内容,在此不做详细介绍。

2. 投影实验器的材料选配问题

物理投影实验器演示的是真实现象的投影,不是现象本身。它向观察者展现的影像是由其透明部分、半透明部分和不透明部分转化在银幕上的白色、相应彩色和黑色构成的图案,图案的各部分是可动的或是变化的,以此展现物理现象。观察者对图案各部分的一般感觉是:对透明部分,会感觉为"空间"、"平面"、"仪器面板"或"无色液体"等;对半透明部分,根据其不同形状、颜色会感觉到仪器的形状、结构、原理或其他附件等;对不透明部分,只能根据其形状及结构会被感觉为某种实物(如球体、表针、刻度、导线、元器件等)。投影实验器的结构和原理要求从投影出的图案中一目了然,这就需要设计者恰当地选择材料来实现这一目标。然而,在物理投影实验器的设计研制过程中,往往因材料的限制而导致"搁浅",也往往因为新材料的选用而促使新型投影实验器的"诞生",下面的例子可以说明这一点。

静电场等势线描绘实验是在稳恒电流场中模拟的,该实验能否实现投影演示,关键问题在于选取理想的面型透明导电材料。以往人们用透明浅水槽装入薄层含离子水(比如盐水等)作为面型透明导电材料,虽然材料易得,但存在许多不足,例如实验所用金属电极及探针均在液体中,长时间使用其表面易产生高阻氧化层,影响实验效果的稳定性;其次,实验过程中,由于触动液体而产生水波,在银幕的投影中不断有波纹现象出现,易分散学生的注意力等。因此,寻求一种坚硬的面型透明导电材料来取代含离子水,是改善等势线描绘实验投影演示的唯一途径。

如图4-60所示是一台新型的投影式静电场等势线描绘演示器。该投影实验器采用了一种新型的透明导电玻璃板作为面型导电材料,并与投影式毫伏表及电池盒组合,成为一体化专用演示器。"透明导电玻璃板"是在真空高温条件下,采用特殊工艺,在普通玻璃板表面镀制一层半导体透明导电膜而成。它具有电阻率均匀、耐磨、透光率强等特点,是实现投影演示等势线的理想材料。等势点的探测标定及等势线的描绘,可用彩色水笔直接在玻璃面上进行,实验后可用湿布轻易擦掉,便于重复实验。由于透明导电玻璃板的优越性能,使得新型投影式静电场等势线描绘演示器具有了体积小、便于携带、便于操作、便于投影及成本低廉等优点。

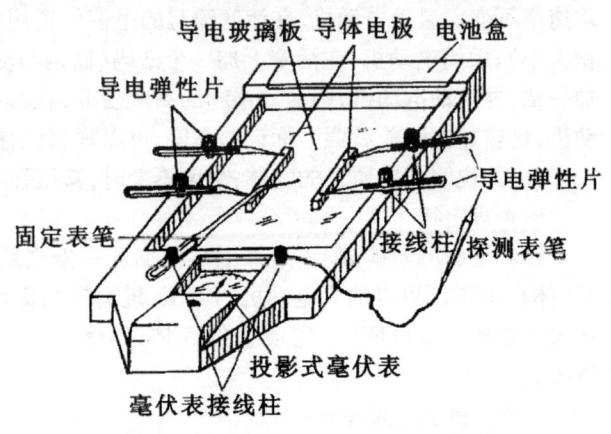

图4-60

物理投影实验器在研制过程中,还会遇到各种各样的技术问题,如克服摩擦问题、按比例微缩问题、提高灵敏度问题、使仪器变薄问题等等。在众多技术问题中,往往只有一、两个关键问题,重要的是要有解决关键问题的正确思路。攻破了关键问题,其他问题就迎刃而解了。

需要指出的是,视频平台和液晶视频投影机在教学领域中的渗透,并不影响投影实验器的开发应用前景,相反,由于投影实验器具有"小型化"特点,正迎合了在视频平台上操作演示的需要。当然,由于视频平台和液晶视频投影机价格昂贵,其普及率远远不如教学投影仪,因此,投影实验器的开发应用前景是十分广阔的。

第四节 利用内蒙古地区生活材料器具的物理实验方案设计

在民族地区利用民族特色、本土特色资源进行物理实验教学,既有利于探索学科知识,也有利于学生了解民族文化。在蒙古族生活材料中包含着许多物理知识,是很好的物理实验资源,利用这些资源进行实验教学,在激发学生学习物理的兴趣、培养学生动手能力和创新意识方面有其独特的优势。

一、简易勒勒车模型制作及其探究性实验教学设计

(一)勒勒车及其构造简介

勒勒车是蒙古族人民长期使用的传统交通工具之一。勒勒车长一般为 5 m 左右;车轮通常是由六块组件拼成的,直径约为 1.5 m 左右,车辐条为 18 根,其结构如图 4-61 所示。制作勒勒车的材料可完全是桦木或其他木质材料,不用铁件,结构简单,易于制造和修理,又便于驾车。

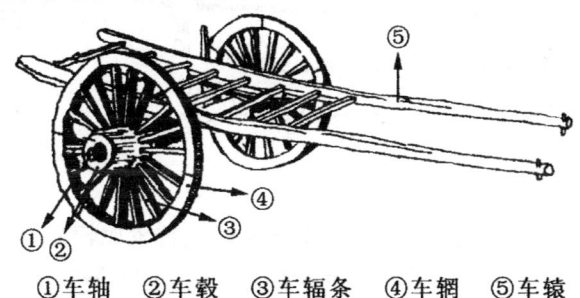

①车轴 ②车毂 ③车辐条 ④车辋 ⑤车辕

图 4-61

(二)制作勒勒车模型

[使用器材]

细木条或废弃的一次性筷子若干、雪糕棍儿若干、矿泉水瓶盖子四个、图钉两枚、酒精灯、剪刀、刻度尺、胶水等。

[制作过程]

(1)车轴的制作:用横截面为圆形的一次性筷子。

(2)车轮的制作:车毂是在四个瓶盖子上穿孔,孔径比车轴横截面稍粗一点;车辐条可用 18 根等长度的雪糕棍儿;车辋可用在酒精灯上烤弯曲的雪糕棍做成多层,这样车轮会更加结实。例如做成双层的时候,里层可用三根弯曲雪糕棍儿连接成圆形,外面再包上一层。不但要把里层三根雪糕棍儿的接口与外层的接口要错开,而且接触部分都用胶水牢牢固定。

(3)车架的制作:需要六根相等长度的雪糕棍。

(4)车辕的制作:需要细木条或使用过的一次性筷子两根。

(5)如图 4-62 所示,安装固定好勒勒车模型的各个组件。

图 4-62

（三）利用勒勒车模型探究杠杆原理

[实验目的]

探究杠杆原理

[想一想]

在牛拉勒勒车行驶过程中（见图4-63），牧民坐勒勒车哪个位置比较适合呢？

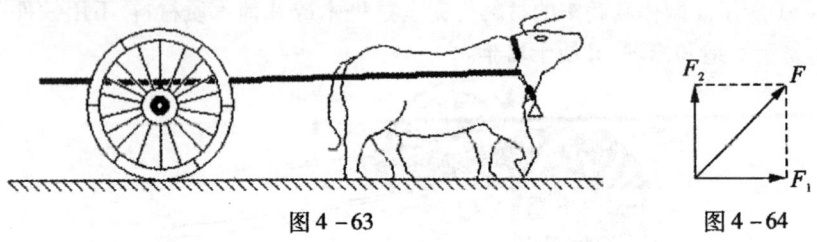

图4-63

图4-64

[分析与假设]

研究牛拉勒勒车行驶过程中牧民坐勒勒车哪个位置比较适合，比较牧民坐勒勒车哪个位置时牛更省力。分析牛对车辕的作用力（图4-64）：

力F可分解为水平方向分力F_1和竖直方向分力F_2。F_1是与牛拉车前进方向一致的力，而F_2是牛对车辕的支撑力，这个力越小牛就越省力，（但也不能没有这个力，稍微压住牛脖子即可，这样车在行驶过程中稳些）所以我们只讨论F_2。

一根硬棒，在力的作用下能绕固定点转动，这根硬棒叫杠杆。从支点到力的作用线的距离叫力臂。静止的勒勒车车辕能够绕着车轴转动，它也是一个杠杆。若以做好的勒勒车模型为研究对象，在车辕处于水平方向时模拟计算出"一个牧民"（用砝码代替）坐在"勒勒车"（用勒勒车模型代替）上时，"牛"的竖直方向的受力大小（用弹簧秤代替）及其力臂之间的变化规律。

[实验器具]

勒勒车模型、砝码、弹簧秤

[探究过程]

（1）如图4-65所示，在勒勒车模型车辕上（如$x=8$ cm处）用细绳挂一个砝码m_1（如$m_1=10$ g），弹簧拉力的方向垂直于车辕，车辕处于水平平衡时记录相应的弹

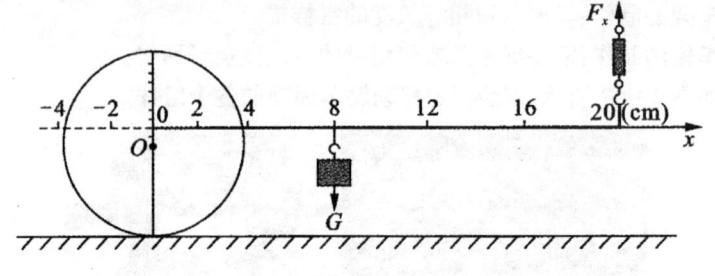

图4-65

簧拉力数值 F_x(弹簧的作用点在 $x=20$ cm 处)。改变砝码的悬挂位置多测几次。

(2)同样的方法,改变砝码的质量(如 $m_2=20$ g),记录相应的弹簧拉力数值。

(3)砝码挂在什么位置的时候:弹簧的拉力小于砝码重量(省力)？弹簧的拉力大于砝码重量(费力)？弹簧的拉力等于砝码重量？

(4)比较上面的两组数据,F_x、G 和相对应的力臂 x 之间满足什么样的规律。

若把勒勒车轴心 O 点看成支点,F_x 为动力,砝码受到的重力 G 为阻力,根据得到的数据请归纳出动力、阻力与它们相对应的力臂之间满足什么规律？

[得到结论]

从实验结果可以看出,当牧民坐在离车轴越近时牛受到的竖直方向的作用力越小,当物体放在 $x>0$ 位置时车辕对牛有向下的压力作用,当物体放在 $x<0$ 位置时车辕对牛有向上的拉力作用。牧民坐在车轴靠后的位置时,牛受到向上的拉力,不利于牛拉车。因此牧民应坐在车轴稍靠前的位置比较适合。

(四)利用勒勒车模型设计力矩盘实验

[实验目的]

了解有固定转动轴物体的平衡条件(力矩的平衡)。

[想一想]

夏季雨后的草原上泥泞处较多:

(1)在泥泞处牛拉不动勒勒车的情况下你该怎么办？(有同学认为:下车减轻重量、施加推力、施加拉力)

(2)若施加推力、拉力,作用点应在勒勒车车辕、车辐条、车尾部、车轮的哪个位置更适合？

(3)作用力的方向如何？为什么？

[假设]

一个有固定转动轴的物体,在力的作用下,如果保持相对静止(或匀速转动)状态,这个物体处于转动平衡状态。勒勒车车轮正好是一个有固定转动轴的物体。在泥泞处牛拉不动勒勒车是因为车轮受到的阻力很大。若我们分析勒勒车车轮在受到一定大小的阻力的时候,测出我们施加的动力(拉力或推力)和力臂的关系,就可以知道哪种情况是最有效的。

[实验器具]

勒勒车模型、砝码、弹簧秤、细绳、大头针若干。

[实验步骤]

(1)如图 4-66 所示,A、B 点分别钉个大头针,把勒勒车模型悬空固定。在勒勒车模型车轮底端 A 点,用弹簧秤作用于水平向右的拉力 $F_阻$($F_阻 = F_0$),相当于泥土给勒勒车车轮的阻力,实验过程中其方向保持不变。

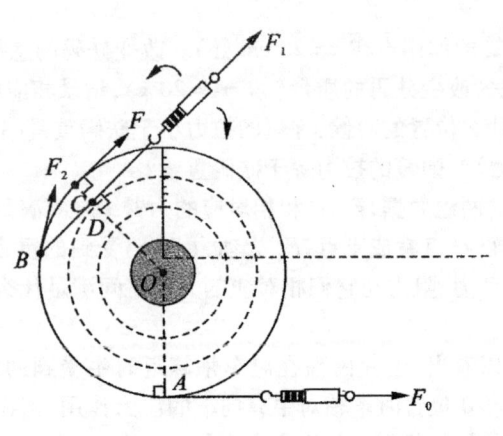

图 4-66

（2）在勒勒车模型车辋上的任意一点 B 上，用弹簧秤作用一斜向上方向的拉力 F_1（代替人对车轮的推力）。

（3）在拉力 F_1 方向保持不变的情况下，其大小从零开始缓慢增大。当 $F_阻$ 的数值等于一个固定值 F_0 时，记录拉力 F_1 的大小和从 O 点到 F_1 作用线的垂直距离 OD_1（相对应的动力臂）。

（4）同样的方法，改变拉力 F_1 的方向并使其有一定的角度，分别记录弹簧秤相应的读数 F_2 和相对应的垂直距离 OD_2。

（5）分别计算使车轮向逆时针方向转动的力矩 $M_阻 = F_阻 \cdot OA = F_0 \cdot OA$ 和使车轮向顺时针转动的力矩 $M_1 = F_1 \cdot OD_1$、$M_2 = F_2 \cdot OD_2$，它们之间存在什么规律？

（6）能否表述有固定转动轴的物体的平衡条件？

（五）利用勒勒车模型进行力矩盘实验

［实验目的］
探究有固定转动轴物体的平衡条件

［想一想］
草原上凹凸地面多，车轮大和车轮小的勒勒车哪个更能适合这种路面情况？
方案一：
［分析与假设］
哪个更能适合这种地面，就是判断牛对车的拉力哪个更小些。我们可以探究轮子大小不同的勒勒车翻过一块石头的过程来判断哪个车更能适合草原上凹凸地面。找出两辆车轮不同的勒勒车模型（代替两辆车轮大小不同的勒勒车，半径分别设为 R、r），车轴心到车辕的距离为 h_0，分别用弹簧秤测出翻过相同的木块（代替石

头,其高度 h 小于小轮勒勒车车轮半径 $0<h<r$ 时所用的拉力 F_1 和 F_2(代替牛对车的拉力)进行比较。为了容易进行比较,使两辆勒勒车模型质量相同,研究同一侧的车轮和车辕的受力情况。

[实验器具]
两个不同大小车轮的勒勒车模型、砝码、弹簧秤、细绳、大头针。
[实验步骤]
(1)加砝码使两个勒勒车模型的质量相等。
(2)如图 4-67 所示,先用小轮勒勒车模型做翻过木块的实验。用弹簧秤在勒勒车模型车辕上施加一水平方向的拉力。当弹簧秤数值从零开始慢慢增大,记录恰好能翻过木块时弹簧秤的数值 F_1。

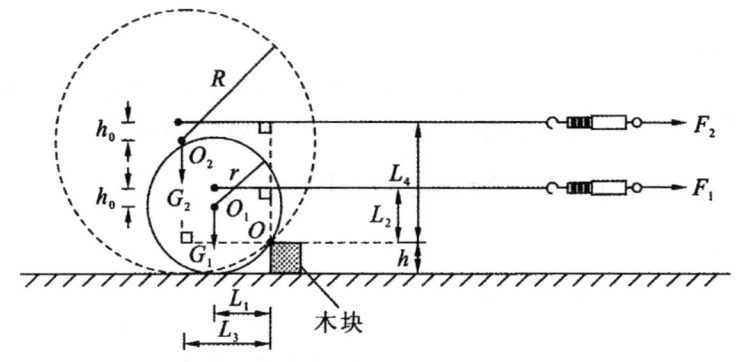

图 4-67

(3)同样用大轮勒勒车模型做实验,并记录恰好能翻过木块时弹簧秤的数值 F_2。
(4)在两个勒勒车模型上增加相同质量的砝码,再次分别测出恰好能翻过木块时弹簧秤的数值 F_1 和 F_2。
(5)比较两次实验结果。
[得到结论]
经过比较,翻过同一块石头时,大轮勒勒车所需动力比小轮勒勒车的更小。这说明大轮勒勒车更能适合草原上的凹凸地面。

方案二:
如图 4-67 所示,勒勒车车轮能够绕着 O 点转动(而不是车轴 O_1、O_2),我们可以看成有固定转动轴物体的平衡问题。
假设勒勒车刚好能够翻过石头,两辆勒勒车模型的质量相等的时候,根据力矩平衡条件可知:
由 $G_1L_1 = F_1L_2$;$G_2L_3 = F_2L_4$;$G_1 = G_2$ 可得

$$\frac{F_1}{F_2} = \frac{L_1L_4}{L_2L_3} \tag{1}$$

由图 4-67 还可知：

$L_1 = \sqrt{r^2-(r-h)^2}; L_2 = r+h_0-h; L_3 = \sqrt{R^2-(R-h)^2}; L_4 = R+h_0-h$

其中 $0 < h < r$

代入(1)式可得

$$\frac{F_1}{F_2} = \sqrt{\frac{r^2-(r-h)^2}{R^2-(R-h)^2}} \cdot \frac{R+h_0-h}{r+h_0-h} \tag{2}$$

若两个勒勒车车轮分别设为 $R=0.8$ m; $r=0.4$ m,石头高 $h=0.2$ m, $h_0=0.1$ m
代入(2)式可得

$$\frac{F_1}{F_2} = \sqrt{\frac{7}{3}}; \quad F_1 > F_2$$

[得到结论]

翻过同一块石头时，大轮勒勒车所需动力比小轮勒勒车的更小。这说明大轮勒勒车更能适合草原上的凹凸地面，与方案一的实验结果相吻合。

(六)利用勒勒车模型探究影响摩擦力大小的因素

[实验目的]

探究影响摩擦力大小的因素

[想一想]

为什么勒勒车上驮的物体重时，牛拉车比较费劲，而不驮物体时牛就轻松了呢？

[分析与假设]

牛拉车比较费劲是因为勒勒车受到的阻力大，也就是摩擦力较大。那么摩擦力大小与什么因素有关呢？是否与压力有关？是否与接触面的粗糙程度有关？是否与接触面积的大小有关？我们可以研究勒勒车模型，通过改变砝码的质量来代替"驮的物体质量"，改变接触面等方法就可以对勒勒车受到的阻力——摩擦力进行定量分析。

[实验器具]

勒勒车模型(以下均简称为模型)、砝码、弹簧秤

[探究过程]

(1)如图 4-68 所示，使用弹簧秤拉模型，读出使模型在桌面上匀速运动(弹簧秤的指示针稳定)时候的示数，并记录。这就是模型车轮和桌面之间的滑动摩擦力大小。根据牛顿第一定律，匀速直线运动的物体所受到的合力为零，所以弹簧秤的数值就是模型受到的摩擦力大小。

(2)模型上放块砝码，增加模型对接触面的压力，模型受到的摩擦力大小将怎样变化？

(3)把模型放在地毯上使它做匀速运动，模型受到的摩擦力大小又如何变化？

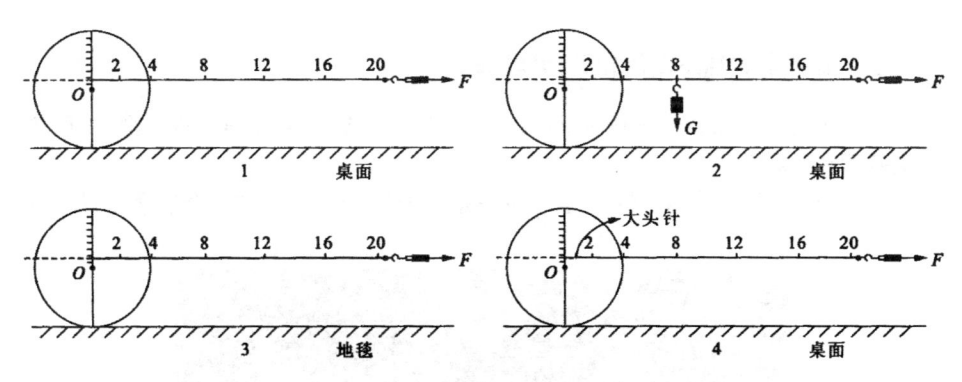

图 4-68

(4) 用什么方式可以阻碍模型车轮的转动，模型车轮的转动受到阻碍时模型受到的摩擦力大小怎样变化？

(5) 归纳出滑动摩擦力的大小与哪些因素有关？

(6) 请举出周围环境中还有哪些地方应用到了摩擦力。它们是减小摩擦力，还是增大摩擦力？你对勒勒车车轮有何改进的方法？

[得到结论]

牛拉勒勒车行驶过程中勒勒车上驮的物体越重，车受到的压力变大，受到的摩擦力也变大，牛拉车比较费劲，反之比较轻松。

（七）探讨车轮大的益与弊

1. 车轮大的益处

(1) 车轮大的勒勒车，无论是牧草繁茂的草场、积雪深厚的雪野，还是泥泞地都能够比较顺利通行，因此被草原上的牧人誉为"草上飞"。

(2) 大车轮适应凹凸地面，即使陷入泥土时也容易推出。

(3) 大车轮还减少了车毂和车轴间的滑动摩擦，延长了车轮的使用寿命，适应了当时的游牧生活特点。

(4) 车轮又大又宽时接触地面的面积增大，压强变小，不容易陷入泥土里。

2. 车轮大的弊端

车轮太大了用料多，本身的重力增大、车轮不牢固，容易损坏。

3. 探讨车辕的长短

(1) 勒勒车车辕长了能减少牛受到的向上、向下的作用力。

(2) 勒勒车车辕长些套牛容易。

(3) 勒勒车车辕不能太长，太长了其本身重力增大、勒勒车转弯也不方便。

二、饸饹床的制作以及相关物理问题

饸饹床是一种结构简单造价低廉的小型轧面条的工具,在内蒙古西部,一般用来做莜面和做粉条。

饸饹床的形状如图 4-69 所示。一般家用饸饹床由支架和一个活塞装置及杠杆组成。

图 4-69

使用的时候,把上面的活塞抬起来,离开圆筒,把和好的面(一般为荞面、白面、莜面)放在下面的圆筒里,将活塞对准圆筒,按住上面的杠杆向下一压,活塞即把放在圆筒里的面从下面的多孔处挤出来,就成了一根根的面条,这种面条就叫饸饹。

(一)饸饹床模型的制作以及相关物理问题

1. 饸饹床模型的制作

[器材]

竹筷子若干,PVC 塑料管一段,饮料瓶盖一个。

[工具]

手锯,刻刀,锉刀,尺子,胶水。

[制作过程]

用手锯把筷子制成如图 4-70 所示形状的部件,并将材料用胶水固定。

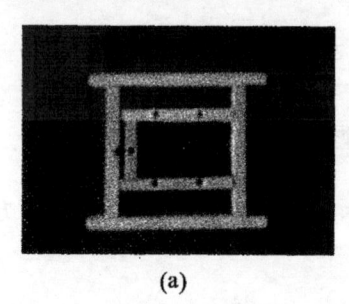

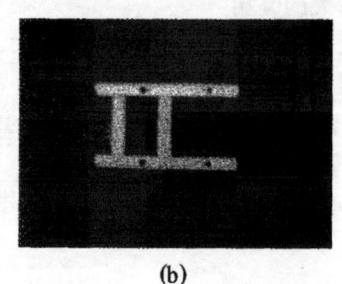

(a)   (b)

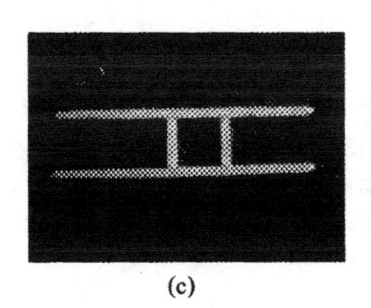

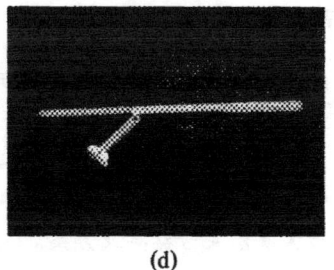

图 4-70

如图 4-70(a)所示部件为"龙门架";如图 4-70(b)所示为后支架;如图 4-70(c)所示为床子;如图 4-70(d)所示为压杆;

取 PVC 塑料管一段:用锉刀将塑料筒挫成螺纹,把饮料瓶盖用刻刀钻孔,如图 4-71(a)所示,把饮料瓶盖拧在塑料筒上,固定在饸饹床支架上即制作完成,制成的饸饹床模型如图 4-71(b)所示。

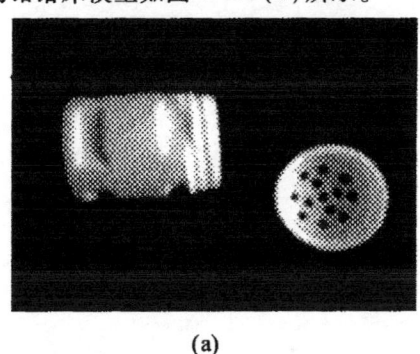

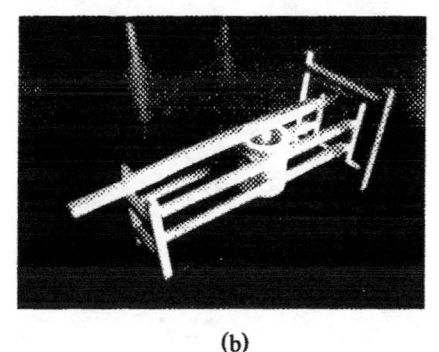

图 4-71

2. 利用饸饹床模型进行"杠杆"主题教学

内蒙古西部农村或地处城郊的一些家庭基本上都有饸饹床。在相应地区的初中物理教学中,可以利用这一课程资源引发学生观察生活并有机会体验其中的物理原理。饸饹床利用了省力杠杆,可引导学生在家庭体验与观察:手掌在饸饹床"压杆"的什么位置最省力?为什么?

以上仅仅探讨了利用内蒙古以及西部地区本土资源开展物理教学的两个实例,这方面的研究工作还有待于深入与拓展。切实贯彻落实《物理课程标准》提出的"从生活走向物理"的基本理念不是一句空话,需要广大的一线物理教师挖掘生活中的材料、物品与器具中的物理现象,借此作为物理实验教学资源,这是非常具有现实意义的教学行为。

[本章小结]

　　本章结合设计实例介绍了杠杆传动放大法、几何原理放大法、光杠杆放大法、投影放大法以及电转换放大法；又结合设计实例介绍了压电陶瓷片、发光二极管、硅光电池以及玩具小电机在物理演示实验中的应用；同时结合设计研制成果介绍了投影实验器；最后，结合实例介绍了利用内蒙古地区特有的生活材料、物品、器具开发设计物理演示实验器具或方案。

[思考练习]

　　1. 运用物理演示实验中微小量的放大方法，设计几个实验方案。
　　2. 请你用压电陶瓷片、发光二极管、硅光电池和直流玩具小电机，设计几个实验方案。
　　3. 请你设计一个投影实验器。
　　4. 请你用生活中易得材料设计 10 个物理实验方案。

第五章 物理演示实验设计与研究示例

[内容提要]

本章介绍了 22 个物理演示实验的典型案例,重点介绍了每个演示实验的设计思想、采用的实验装置以及演示方法,并对其进行了分析研究。

[学习指导]

本章介绍的物理演示实验案例,都是多年来经过中学物理教学实践检验,被认为设计巧妙、实施便利、效果明显的研究成果。学习中,要重点搞清每一个实验的设计思想、实验所使用的器材、演示方法以及实验的特点,同时思考、分析这些实验装置存在的不足,利用创造技法对其进行改进与完善,力争设计出更有教学价值的演示器具来。

一、静摩擦力和它的方向[①]

[设计思想]

静摩擦力是教学中的一个难点。由于在一些情况下,相对运动的趋势不明显,学生难于想象。因此,困难所在于如何判断它的方向。如果从宏观的角度出发考虑,静摩擦力的产生和接触层的形变是分不开的。所以用模拟放大的方法,使学生生动地看到不同情况下接触层的形变情况,问题就可能迎刃而解。

[实验装置]

取三只长毛刷和两个木块。将其中的两只长毛刷分别固定在木块 A 的上、下两表面,毛朝外;将另一只长毛刷固定在另一木块 B 的下面,毛也朝外,如图 5-1 所示,这样就制成了两个待研究的物体 A,B。用板刷的长毛模拟这个物体与另一物体表面之间的接触层。为了使形变现象明显,可把每只板刷的毛染成逐行深浅相同的两种颜色,并且使 A、

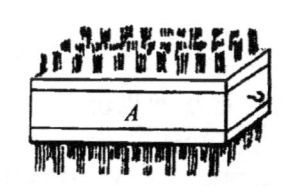

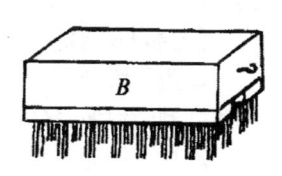

---

① 郭章意. 用毛刷显示摩擦力方向[J]. 物理教学,1984,1.

B 上的毛颜色不同。为演示不同情况下的静摩擦力方向,还需另备斜面板、弹簧秤等。

[演示方法]

1. 在平面板上放一张砂布(增大摩擦),再把一面有毛刷的木块 B 放在砂布上,且使板刷的长毛与砂布接触。然后,用弹簧秤沿水平方向拉此木块。可以看到,由于木块 B 与支撑面有相对运动的趋势,板刷的长毛就发生了形变,由形变的情况即可判断静摩擦力的方向(如图 5-2 所示)。如果使拉力逐渐增大,在接触层没有滑动前,板刷毛的形变也逐渐加剧,由此可以说明,静摩擦力的大小随外力大小的变化而变化。

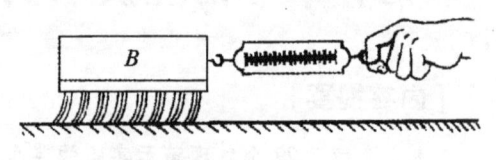

图 5-2

2. 把两面有毛的木块 A 放在支撑板的砂布上,在它的上面再放木块 B,使木块 A、B 之间通过刷毛接触。用一水平向右的力拉木块 A,保持其与支撑板之间不发生滑动。可以看到,仅有底层的毛向左弯曲(如图 5-3 所示),说明木块 A 受到支撑面对它向左方向的静摩擦力,而木块 A、B 之间没有静摩擦力存在。

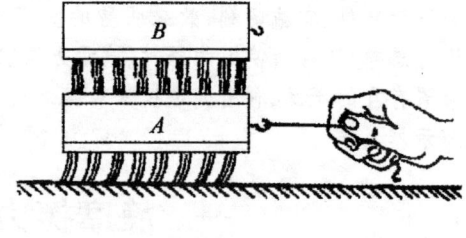

图 5-3

3. 如图 5-4 所示,用水平向右的力拉木块 B,则木块 A、B 之间的接触层、木块 A 与支撑面之间的接触层都发生了形变,由这些形变情况即可判断各自所受静摩擦力的方向。

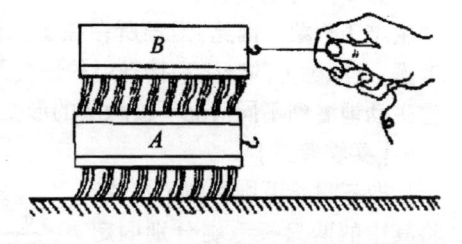

图 5-4

[分析与研究]

1. 为了培养学生的思维能力,可以让学生先判断预测,然后再用演示验证。

2. 这个仪器还可以用在课外,让学生把实验和习题结合起来,帮助他们掌握科学的学习方法。下面举一个可以用这个仪器验证的思考题。

思考题:在倾角为 θ 的粗糙斜面上放着一块木块,且有一个沿斜面向上的拉力 F 拉着它,试讨论木块所受静摩擦力的方向和大小(实验情况如图 5-5 所示)。

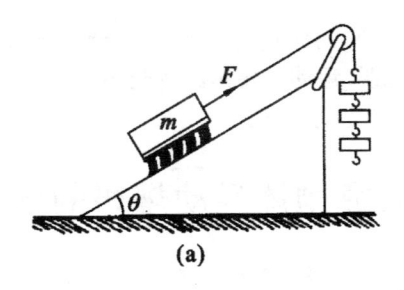

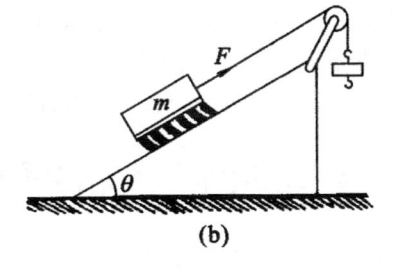

图 5-5

二、"凹桥和凸桥"的演示

[设计思想]

研究运动物体经过凹桥和凸桥正中对桥面的压力是运用向心力研究曲线运动的实例之一。由于问题的难度较大,学生常常对自己分析的结果将信将疑,因此用演示进行验证是必要的。它既可以培养学生推理、验证的能力,又可以加深对结论的印象。通常用磅秤演示时,结构比较复杂,给制作带来许多困难。如果用两根铁丝按一定的要求弯成凹桥和凸桥,对比小球在静止和运动时的区别,可以很直观和简单明了地说明这些物理现象的原理。尽管定量并不严格,但效果却比较好。

[实验装置]

取两根 10 号镀锌铁丝,弯成图 5-6 所示的形状。在凹形轨道中心的铁丝下部焊两只小环,并装上一只搭钩。两条钢丝轨道之间的距离应符合下列要求:(1)轨道的斜面部分可以使一只直径 18~24 mm 的小钢球安全滚下;(2)当搭钩未勾上时,小球可以静止地停在轨道凹形的中心桥面上,但稍微加大一点压力(即压力大于小球的重力),小球就从轨道之间掉了下去;(3)凸形桥的顶端轨道之间的距离,应使静止的小球恰恰能够掉下去。

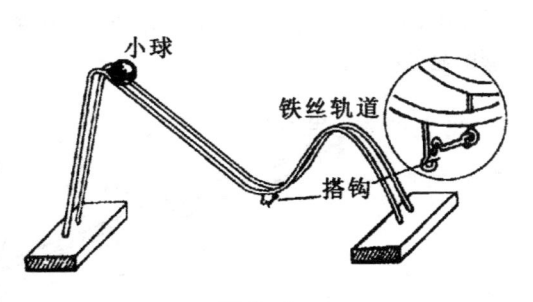

图 5-6

[演示方法]

演示凹形桥时,不要勾上搭钩,先把小球静止地放在凹桥面上,显示小球的压力不足以将两铁丝桥臂挤开而下落。然后让小球从斜轨上滚下,当小球滚到凹桥底端时,小球即从两轨道之间掉了下来,说明运动的物体经过凹桥面中心时,对桥面的压力大于物体的重力。

演示凸形桥时,把凹桥底部的搭钩勾上,再把小球放在凸桥顶端,可以看到,小

101

球从两轨道之间落下。但让小球从斜轨上滚下,再经过凸桥顶端时,便不再从两轨道之间落下,而是沿桥面掠过。由此可以说明,运动的物体经过凸桥顶端时,它对桥面压力小于物体的重力,这和理论的分析是完全一致的。

三、用运动的合成和分解研究抛体运动规律的演示

运动的合成和分解是研究复杂运动的重要方法。教学中常常用这种方法来研究平抛和斜抛物体的运动。

(一)"猎人与猴"的演示

运用演示引入课题或巩固所学知识时,总力图使实验的趣味性浓一些,这样可以更好地调动学生思维的积极性,"猎人与猴"的演示首先具有这样的特点。当学生看到"猎枪"的子弹总射中同时开始下落的猴子时,会立即激起探求知识或运用知识的愿望。

[实验装置]

如图5-7所示,在一支长枪管玩具枪的上面,固定一根长约1.2 m的木杆,在木杆的前端装一个电磁铁(可以用直径为0.25 mm的漆包线在骨架上绕400圈左右,再在骨架中穿入圆柱形铁心制成),在木杆的后端装两节干电池,在枪管出口处装一只碰撞开关,然后把干电池、碰撞开关和电磁铁连成串联电路。另备圆柱形铁质子弹(直径比枪管内径略小)和铁皮制的射击靶一只。装配时应使射击靶处在枪管的延长线上。

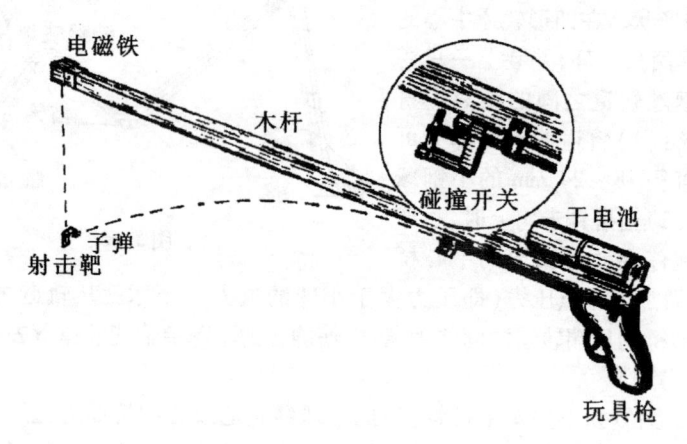

图5-7

[演示方法]

拉好枪簧,往枪管内装入子弹,合上碰撞开关,电路联通后使射击靶吸在电磁

铁上。然后托起枪杆，扣动扳机，子弹射出后做抛体运动，靶因碰撞开关断开而同时自由下落，最终两者在空中相碰。

如果用一根导线把碰撞开关的两端短接起来，使靶一直吸在电磁铁上，可以看到，举枪射击后子弹就打不中靶了。

[分析与研究]

1. 这个演示实验可以用这样一个故事来引入："从前有一个猎人到森林去打猎，他远远瞧见一个顽皮的小猴子用双手吊在树枝上，就举枪瞄准。他瞄得一点不差，猴子就在它的枪管的延长线上。当他扣动扳机，正当子弹出膛的瞬间，机灵的猴子瞧见子弹出枪口时的火光，立即松开原来握住枝干的双手，问这只猴子是否能逃脱死亡的命运？"在热烈的讨论后，再作演示，可以获得良好的教学效果。

2. 利用这个实验装置，只要枪口瞄准靶子，不管是沿水平方向还是沿斜线向上、下方射击，三者都能"百发百中"。在解释水平射击现象时，可以把子弹的运动按水平和竖直两个方向分解。而解释斜上抛射击现象时，按水平和竖直方向进行分解，对初学力学的中学生就会遇到很大的困难。可以启发学生，把斜上抛运动看作是物体沿初速度方向所做的匀速直线运动和在重力作用下的竖直上抛运动的合运动。这样做不仅可以方便地解释现象，而且也使学生认识：合成和分解只是研究问题的手段；一个运动可以按任何两个方向进行分解，关键是如何寻求解决问题最简便的两个方向。不要机械地对待合成和分解的问题。

3. 如果没有条件制作上面介绍的装置，可以用如图 5-8 所示的实验装置代替或让学生作为课外的补充演示实验。在竖直的背景板上固定两只羊眼圈，用细线穿过羊眼圈悬挂一张硬纸板或薄木板，在板上画一只猴子。演示时，把悬挂线的末端与橡皮弹弓的石弹同时捏在手指间，瞄准靶板射击。

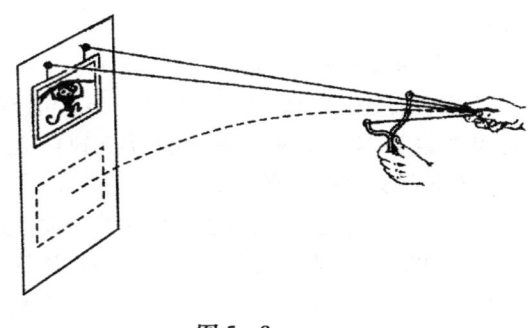

图 5-8

当子弹射出的同时，靶板也开始自由下落，可以看到子弹终于射中了猴子。

(二) 三球相碰的演示

平抛运动可以看成是水平匀速运动和自由落体运动的合成，这个观点可以用"等时性"的实验来证明，即平抛物体与自由下落的物体下落同样高度所需要的时间相同；以初速度为 v_0 的平抛物体与以速度为 v_0 的匀速直线运动的物体达到同一水平距离所需要的时间相同。这个事实可以使学生进一步认识运动的独立性原理。

[实验装置]

如图5-9所示。在一块竖直放置的背景板上，固定有两个弧形轨道A、B用以发射小球。从A轨道射出的小球做平抛运动，从B轨道抛出的小球做匀速直线运动。此外板上还装有三个电磁铁C、D、E。其中电磁铁C、D分别离轨道A、B出口水平线的高度相等。在A轨道出口处有一个碰撞开关，用以控制电磁铁E的释放，控制电路如图5-10所示。电磁铁E可以沿水平杆MN移动，当它吸上小球时，该小球的球心与从A轨道抛出的小球的球心在同一条水平线上。备同样直径的小钢球三只。

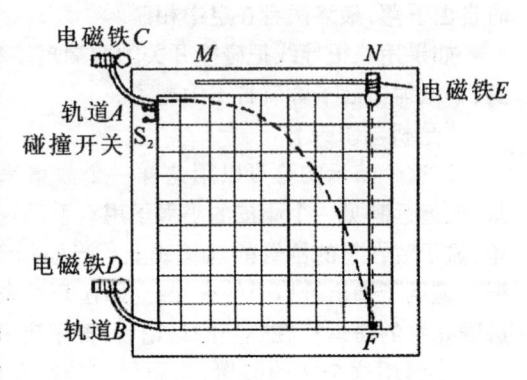

图5-9

[演示步骤]

为了使学生更好地认识平抛运动的特点，演示可按如下四个层次进行：

1. 把一只小球吸在C电磁铁上，断开电源，使小球从A轨道上抛出，可以看到小球抛出后运动的轨迹与背景板上的抛物线相重合。

2. 把两只小球分别吸在C、D电磁铁上，再切断电源，使两只小球以相同的初速度分别从A、B轨道射出。可以看到两只小球在F点相碰，说明平抛运动的水平分运动是匀速直线运动。

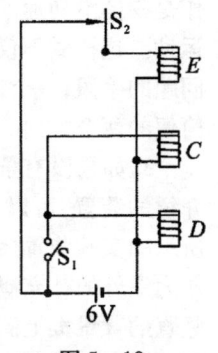

图5-10

3. 把两只小球分别吸在C、E电磁铁上，再切断开关S_1，使一只小球从A轨道抛出，并在抛出时碰断碰撞开关S_2，使另一小球同时开始做自由落体运动，可以看到两小球相碰。如果将电磁铁E从F上方沿背景板上的水平杆移动位置（例如向左），重复上述实验，两小球仍然相撞，由此可以说明，平抛运动与自由落体运动等时，即平抛运动的竖直分运动可以看成是自由落体运动。

4. 把电磁铁E仍移到F点正上方，将三个钢球都吸在电磁铁上切断开关S_1，一段时间后，三个小球同时在F点相碰。请学生运用所学知识解释这一现象。

四、同一直线上振动合成的演示

[设计思想]

振动的合成包括同一直线和互相垂直方向的两个振动的合成。中学教学中应以同一直线上的合成为主,它是波的叠加和干涉的基础。但在一般教学中,多从数学的角度来描述,比较抽象,学生不易理解合成的意义。因此在初建立概念时有必要增加直观的演示。为了设计出能达到一定目的的演示方案,可以先对已有的几种方案进行设计分析:

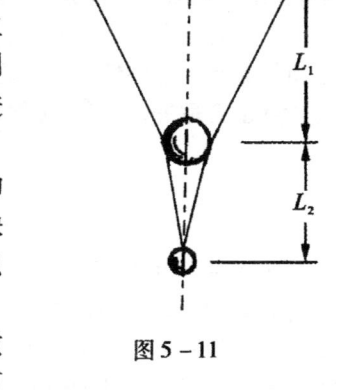

1. 模拟式的演示,即用振动演示器将两个振动图线通过模拟手段得到一条合成图线。这种演示缺少真实性,不能作为我们进一步改进演示的基础,只能作为课堂上辅助教学的手段。

2. 用如图 5-11 的双摆进行演示,取大球的质量比小球大得多,大球在摆线中的连接点的位置可以调节。当两球摆长略有差异时,使大球偏离平衡位置(小于5°),松手后,大球维持自己的简谐振动,而小球显示出振动的"拍"的现象。这个实验装置简单,"拍"的现象清晰明显,用巧妙地选择小、大球质量的方法,使小球合振动的现象更明显。但是振动是怎样合成起来的,合振动与分振动有什么联系却显示不出来。

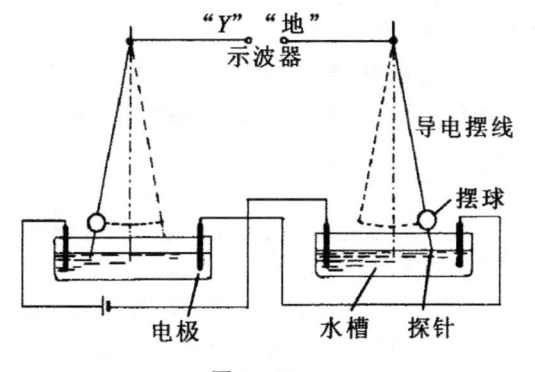

图 5-11

3. 用示波器和单摆信号转换器的演示

实验装置和原理如图 5-12 所示,槽中置有两个平板电极,一半浸在水中并与 6 V 电源相连,金属摆球的悬线也是导电的,与摆球下的探针相连,探针与水面接触。当两摆摆动以后,示波器屏上即可显示出光点的合振动图线。

图 5-12

这个实验设计的巧妙之处,在于通过电解槽利用分压器原理把单摆的位移信号转换为电压信号,输送到示波器中。通过单摆很直观地反映出两个分振动的频率、振幅、相位关系,合振动的现象也很清晰。但是,振动是怎样合成的,学生仍不好理解。

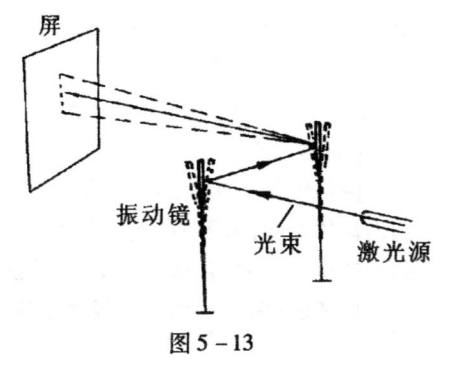

类似的还有用光束连续打在两振动镜面上,利用光的反射使屏上的光点作合成运

图 5-13

105

动的演示方案(图5-13),与上面的方案具有同样的优缺点。由于它们的综合性强,宜作为巩固和综合练习的演示。

通过对以上各方案的分析可知,作为一个初步建立振动合成概念的演示,采取以机械振动通过弹性介质传递而合成的方案为好,在这基础上,综合各方案的优点可设计出合适的装置(参见第四章图4-9)。

五、横波的演示

为了使学生认识横波的特点,常常把真实的现象和模拟现象结合起来演示。因为正确的认识必须以事实为基础,所以应当首先演示真实的横波现象。但由于真实的横波是一个动态过程,不容易对某一时刻各个质点的状态进行比较,因此需要用模拟的手段作辅助说明。

(一)橡皮绳中横波的演示

[设计思想]

凡讲到横波,总以水平悬挂的橡皮绳中振动的传播为例,但橡皮绳波的演示又特别不容易成功,其原因与波的传播速度有关。可以把橡皮绳的横波近似地看做是张紧的弦中振动传播的模式,其波速 $v_横 = \sqrt{\dfrac{T}{\rho}}$ (T 为张力, ρ 为介质的线密度)。演示中希望波速不要太大,于是选择线密度 ρ 大一些的橡皮绳进行实验,但 ρ 一加大,橡皮绳在自身所受重力的作用下拉得更紧,即 T 随之加大,所以波速降低不了。波速一大,学生还来不及观察波已反射回来,效果就差了。因此,做好这个演示的关键就在于处理好上述这对矛盾,减小 T、ρ 这两个参量的相互牵制。下面介绍两种改进方案。

1. 以振动簧片策动竖直悬挂的橡皮绳的演示

[实验装置]

如图5-14,在置于桌面上的三角铁架的上部用夹子夹住一根竖直放置的钢锯条,在钢锯条的下端悬挂一根橡皮绳或麻绳,把一些玻璃珠或螺丝帽穿于绳上,呈等距分布。绳子尽可能长一些,使其下端垂下正好与地面接触。

[演示方法]

使钢锯条下端偏离平衡位置,释放后它将振动起来,可以看到由锯条产生的振动在绳中从上到下传播开来。适当改变锯条的夹持位置,寻找合适的频率,可使演示现象达到满意的程度。

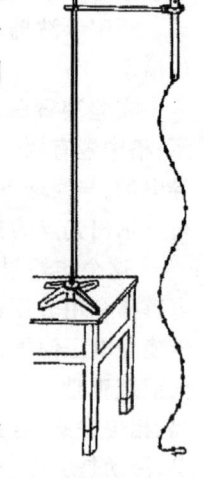

图5-14

思考题:为什么绳子要竖直悬挂?

2. 筷波演示器

[实验装置]

如图5-15所示,给17根竹筷或木条的中点钻孔,把它们穿在一根水平的铁丝轴上,能绕轴转动,木条的前端面贴一张红色的圆片作为质点的标志,在竹筷中点两边对称地各穿一根橡皮筋(如细圆截面的松紧带)。将木条两边的橡皮筋上用空心铆钉夹紧,维持木条成等间距排列。不要把橡皮筋的两头拴在架子上,在两边的木条中心下各夹一只夹子,使系统的重心正处在转轴的下方。这样,这些木条就能以水平为平衡位置,前端的圆片成水平排列,面向观察者。

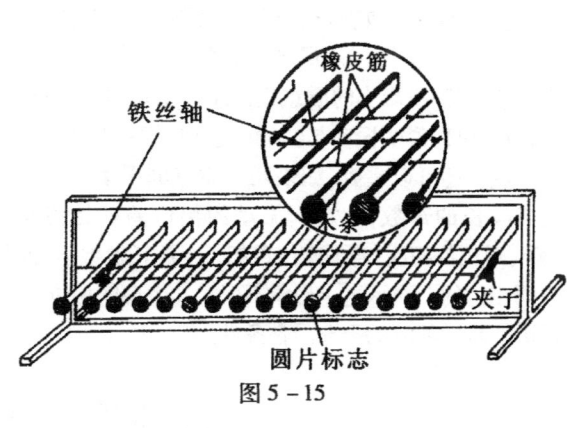

图5-15

[演示方法]

用手将最外边(如左边)的一根木条向上(或向下)敲击一次,使它的"质点"偏离又回到平衡位置,随即能看到一个竖向的脉冲沿橡皮绳传播出去。如果使最外边第一个"质点"发生一次上下方向的全振动,则可见一个正弦波形沿着橡皮绳传播出去,到尽头后又反射回来。由此可以直观地说明横波的形成过程、横波的特点,波是能量传播的一种形式以及波的反射现象。

如果在仪器的两端,同时策动木条,可以看到脉冲独立传播,在中点相遇时,脉冲的幅度是相遇前各脉冲幅度的矢量和,由此可以说明波的叠加原理。

如果在一端连续策动,就可以看到驻波现象。

思考题:如何用演示说明波是能量传播的一种形式?

(二)横波的模拟演示

[设计思想]

用模拟投影的方法,可以十分形象地显示横波的形成。但我们不能只满足现象。可以通过简单的自制仪器和投影原理用生动的形象努力揭示振动与波动的区别和联系,通过演示说明振幅与波长的概念、横波的特点、相距半波长的奇数倍(或偶数倍)的质点振动时的相位关系等等。

[实验装置]

如图5-16所示,用一段直径为1~2 mm的镀锌铁丝在圆柱体(如小玻璃瓶)表面上绕7~8圈,取下后即成螺旋管,将它安装在小支架上,在支架的透明水平底板上画出直角坐标系,再用橡皮泥捏几个小球粘在螺旋管的金属丝上(或用小螺帽焊在金属丝上),使小球之间的投影距离,有的为半波长的奇数倍,有的为半波长的偶数倍。

107

[演示方法]

把实验装置放在投影仪上,只要用手转动螺旋弹簧的摇柄,就可以从屏幕上看到一列横波沿水平方向传播,而投影出的质点仅围绕平衡位置上、下振动,由此可以说明振动与波的区别和联系,以及横波的特点。还可以看到,如果两个质点的平衡位置相距半波长的奇数倍,它们振动的相位差就始终是

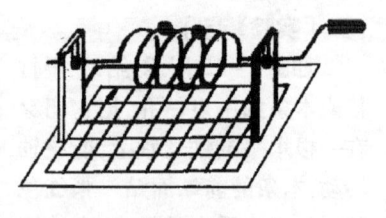

图 5-16

180°,即相位相反,若平衡位置相距半波长偶数倍(波长的整数倍),则质点的振动就始终是同相位的。演示这一现象不仅对学生理解相位、波长、半波长的概念有益,而且可为以后进一步学习波的干涉准备条件。

六、水波的演示

用光波演示波动理论时,只能够显示在垂直于波的传播方向平面上的情况,而利用水波投影可以清晰地显示出沿波传播方向的平面上的情况,因此能够使学生更直观和深刻地认识波的特性。实验装置如图 5-17(a)所示:是由发波水槽、水平投影仪(书写投影仪)、振源(包括振动器与振子)、频闪光闸等组成。

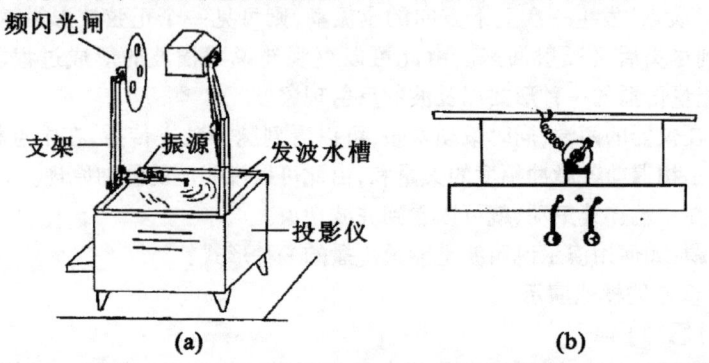

图 5-17

常用的振动器有两种不同的类型:一种是由电动机策动的,一种是由电磁铁策动的。图 5-17(b)的装置表示用偏心玩具电动机策动橡皮筋悬挂着的底座。当电动机转动时,就使底座带着振子上下振动,打击水面形成水波。振动频率可以通过串联在电动机电路中的变阻器来调节,振幅的大小可由偏心轴上的螺丝来调节。还可用小电动机通过偏心轴和连杆策动杠杆的装置①,也可用舌簧喇叭头改装的电

---

① 许国梁. 中学物理教学法[M]. 高等教育出版社,1981.1:345.

磁振动器,具体细节这里不再赘述。

[演示方法]

以衍射和干涉为例:

1. 演示单缝衍射

装上直线振子,并在波行进的途中放置两块挡板,开始使缝宽远大于水波波长,然后减小缝宽,使它与波长相近,可以看到随着缝宽减小,波阵面由平直逐渐变为圆形,并且波绕到了挡板后面的阴影区。提高振子的频率,使波长变短,可以看到,当波长相对于缝宽较小时,通过单缝的水波又几乎按直线传播。由上述现象即可说明波的衍射性质。

2. 演示干涉现象

把双球振子装在振动器上,使振子振动同时与水面接触,调节到适当的频率就可以清楚地看到两个圆形波的干涉现象(图5-18)。

[分析和研究]

1. 用水波投影不仅能很好地演示干涉、衍射现象,而且用它来演示反射、折射的现象效果甚佳。例如,用光束演示折射现象时,比较难以用实验使学生认识入射角、折射角的正弦函数与波速之间的关系。如果在水槽中垫一块玻璃板[见图5-19(a)],使玻璃板上面的水深为1~2 mm,用直线振子发出连续的平面波,就可以投影出如图5-19(b)所示的波形。不难看出,当平面波从深水区进入浅水区时,波的传播方向改变了,而且在浅水区水波的波长变短了。设入射角、折射角分

图5-18

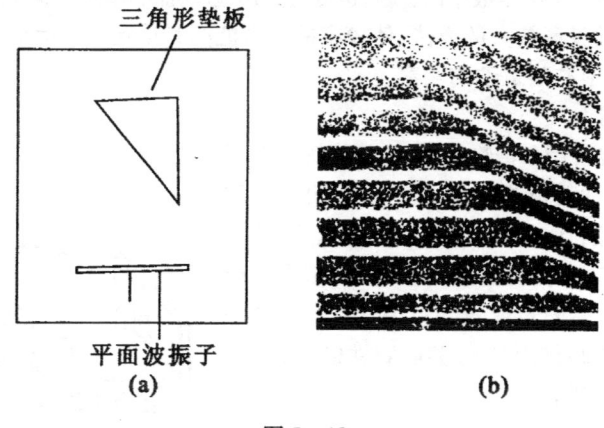

图5-19

别为θ_1、θ_2,深、浅水区水波的波长分别为λ_1、λ_2,由于振动的频率一定,因此深水

区、浅水区的波速之比 $\frac{v_1}{v_2} = \frac{\lambda_1}{\lambda_2}$，由实验可以粗略地验证 $\frac{\sin\theta_1}{\sin\theta_2} = \frac{v_1}{v_2}$ 的关系。

如果用一条金属片弯成一个椭圆的围墙，用一个单球振子在椭圆的一个焦点位置振动，可以看到一个非常有趣的现象，那就是点振动源的圆形入射波通过反射以后，将汇集到椭圆的另一个焦点上。

2. 如果在投影光路上加一个旋转光闸，当调节适当的转速，使闪光频率与振子振动频率一致时，屏上的波形就静止下来（思考：这是为什么？），再稍微调节转速使彼此间出现很小的差频，就可能在屏上使波以很小的速度向前传播，这对观察是有利的（当然也有缺点：可能会使复杂的结构和原理干扰了观察的主要目标）。

3. 如果需要摄影，可以在水槽上方约 20 cm 处置一张半透明的纸作为透射屏幕，在屏幕上方摄影，胶卷可用 27DIN，光圈 2，曝光时间 $\frac{1}{60} \sim \frac{1}{125}$ s。

七、布朗运动的演示

[设计思想]

布朗运动是证实分子运动的重要实验。通常用显微镜来观察悬浮在液体中颗粒的运动，由于颗粒比较小时才能产生显著的运动，因此观察和调节比较困难。为解决这个困难，可以有如下一些途径：

（1）观察气体中烟尘颗粒的运动。气体分子的动能比较大，能够使空气中比较大的颗粒产生显著的运动。

（2）用观察颗粒对光的散射现象来提高明显程度。例如用小电珠从侧向照射烟室中的尘粒或载玻片上标本液中的颗粒，也可用激光透过乳浊液观察颗粒的散射现象。

（3）用显微投影放大的方法，使较多的同学能同时见到布朗运动现象。

（一）气体中布朗运动的观察

[实验装置]

显微镜一台，用 8 倍物镜和 15 倍目镜。专用的气体布朗运动观察器一只。气体布朗运动观察器的结构如图 5-20 所示。由贮烟室和光源组成。贮烟室的一侧有进烟口，另一侧与橡皮球相通，贮烟室的上面是透光的玻璃片。光源用小电珠，透镜可用圆柱形的充水玻璃管（如用装中药片的小瓶）代替。

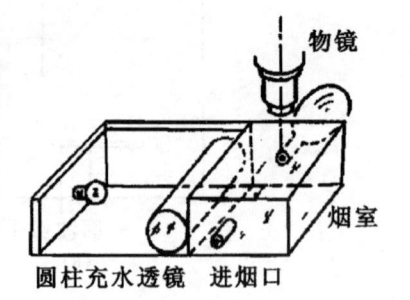

图 5-20

[实验方法]

1. 用橡皮球吸入点燃的蚊香的烟尘；

2. 把观察器放在显微镜的载物台上,并使物镜处在贮烟室的正上方;

3. 点亮光源后,边用目镜观察,边微调提升镜筒,很快就能看到烟尘颗粒的布朗运动现象,飘浮颗粒对光源的散射,犹如夜空繁星点点,十分生动。

利用散射观察的方法观察藤黄或广告色颗粒在液体中的布朗运动现象效果也很好。实验时把小电珠的光从侧下方照在载玻片上即可。

(二) 用激光散射法观察布朗运动
[实验装置]

如图5-21所示,由氦氖激光光源、装有乳浊液的扁平器皿、物理支架和半透明的透视光屏等组成。扁平器皿用有机玻璃板黏合而成,要求前后器壁之间的距离不大于1 cm,可以用旋光仪中的扁平玻璃器皿代替。

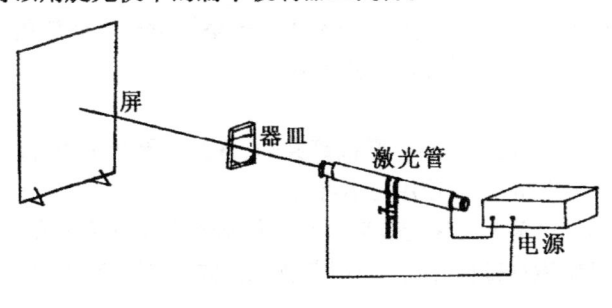

图5-21

[演示方法]

1. 将蒸馏水与少许奶粉(或牛奶、稀豆浆)调和在一起,要求很稀,装在清洁的器皿中并盖上盖玻片,再把器皿安放在支架的平台上。

2. 打开激光电源,使激光管工作,再调节光源位置,使光束透过器皿的前后两壁。

3. 把光屏放在器皿后方,由于光照射在液体中的颗粒上产生的散射作用,屏幕上即可清晰地看到放大了的颗粒运动的景象。注意,观察的区域不在激光束直接射在屏上的亮斑之中,而在它周围的散射光形成的区域内。为了避免亮斑的干扰,可以用一张小黑纸片贴在屏上,把亮斑遮挡起来。

(三) 液体中布朗运动的投影
[实验装置]

如图5-22所示:1. 幻灯机;2. 聚光镜组;3. 标本切片;4. 显微镜物镜(45×);5. 显微镜粗细调节螺丝;6. 显微镜目镜(15×);7. 可伸缩的暗匣;8. 屏幕(毛玻璃或硫酸纸)。

显微镜所属各组成部分均安放在木箱中,这样可以做到光线集中。

111

[演示方法]

1. 标本的制作：采用藤黄粉溶液夹在载玻片与盖玻片之间制成。方法是先取一块藤黄研成粉末状，放在玻璃器皿中，加入少许蒸馏水调匀并反复研磨，再过滤一下，去掉大颗粒。然后将调好的溶液取一小滴放在干净的载玻片的边缘上，用盖玻片的一边将溶液盖住，并用手左右移动，使溶液达到均匀，然后紧压盖片同时向中央移动。最后将它用石蜡密封起来，片子就制成了。这样做的目的是防止空气进入坡片间，也避免溶液厚薄不均匀而造成图像呈片片黑斑。密封方法：用小刀将石蜡切成一丝丝细条，然后放在盖片边上，用不太热的烙铁沿边来回加热，使石蜡均匀地溶化。这样密封的标本，可持续10多天不干。

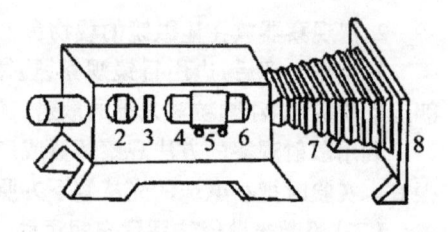

图 5-22

2. 调节步骤

（1）首先调节聚光镜组与显微镜筒共轴，再调节聚光镜组与载物台之间的距离。调好后，固定牢靠，以后使用时不再调节。

（2）调节幻灯机镜头与聚光镜组间的距离，使光线集中会聚在标本中心上。

（3）调节显微镜物镜筒位置（即调节物镜位置），直至屏上出现最清晰的图像（实像）为止。

八、压缩空气引火的演示[①]

[设计思想]

在初中物理热学中安排这个实验的目的是为了说明对气体压缩做功能使它的热能增加；在高中物理教学中，可以用它来说明热力学第一定律。这个实验很直观，能给学生留下深刻的印象。

本装置不需要用特制的硝化棉花，关键是设计时选取内径较细的玻璃管和选取合适的压缩比。在达到相同压缩比的情况下，选择较细的玻璃管，操作者可以用较小的压力，因此实验容易成功。

[实验装置]

如图 5-23 所示，A 为一上端开口、下端封闭的玻璃管，由型号为 G·G17 的耐高温玻璃管制成，内径 13 mm，管壁厚 3~4 mm，管长 260 mm；B 为活塞杆，在靠近手柄处装有一个螺旋垫圈 C，用以调节空气的压缩比，在活塞杆的下端用两只螺帽及垫圈夹住一只

[①] 1981 年广州全国中学物理教学经验交流会展品，南京市一中物理组自制实验器具。

橡胶活塞D,改变螺帽间的距离即可改变活塞与玻璃管内壁的松紧程度。

另备手动鼓气球E一只(可用血压计上的鼓气球),内径约1 mm的吸液玻璃管一只,乙醚一小瓶,药水棉花和凡士林少许。

[演示方法]

1. 用少量凡士林涂遍橡胶活塞表面,再将活塞杆插入玻璃管,上下抽动数次。

2. 取黄豆大的一小撮棉花球(松松的,不要压实),用细玻璃管吸入1~2 cm长的乙醚,滴在棉花球上,随即把它放入玻璃管内底部。然后插入活塞杆,迅速下压,由于管内气体温度突然升高,乙醚便燃烧起来,火苗长度可达6~7 mm。

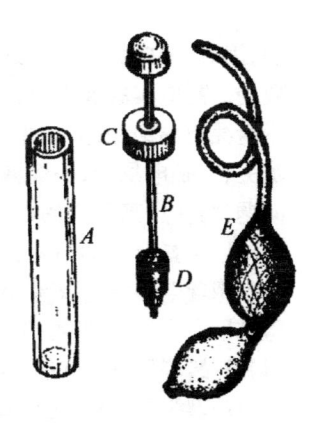

图5-23

3. 若第一次乙醚未发生燃烧,随即将活塞杆抽出重做一次,如果压缩比正常,即可燃烧。

4. 在第一次燃烧后,如果再做实验,因为玻璃管内燃烧后缺氧,需要换气,可将接手动鼓气球的橡皮管插入玻璃管内,轻轻鼓气,以新鲜空气排除原来燃烧后的废气。这样,原来的棉球仍可继续实验2~3次。

[分析与研究]

为保证实验成功,应注意以下几点:

1. 实验前应根据当时的气温情况,适当调节压缩比(空气压缩比=压缩前活塞以下的空气柱长度/活塞压到底时空气柱长度)。空气压缩比参考值如下表所示。

室 温	10℃以下	10-15℃	20℃左右	25℃以上
压缩比	9:1	8:1	7:1	6:1

2. 乙醚不要过量,特别是气温较低时更需注意,否则乙醚汽化时吸收的热量太多,温度上不去,实验反而会失败。

3. 在乙醚棉球放入玻璃管内以后,动作要迅速。因为乙醚的沸点在34.6℃,挥发较快,时间一长,管内空气将被排出较多,使管内缺氧,从而导致实验失败。

九、静电演示实验

(一)做好静电实验的关键[①]

静电学的内容比较抽象,很需要做一些直观的演示,但是实验又往往不容易成

---

① 朱正元.勤俭做实验[J].物理教师,1980,1.

功,因此,分析静电实验的特点,把握静电实验的关键,研究实验的方法,是十分必要的。静电实验通常有两个特点:一是电压很高,可以达数千伏至数万伏,使在通常情况下的绝缘体,如木头、玻璃、橡胶、胶木棒等都会失去绝缘性能,故电荷极易流失;二是电量少,一经漏电即很快漏完;因此,做好静电实验,关键在于解决绝缘问题,防止压高量少的电荷流失。如何解决绝缘问题?可以从以下几方面着手。

1. 选择合适的绝缘材料

像验电器的绝缘塞,各种导体的绝缘支架,都应选用绝缘性能好的材料制成。实验结果表明,聚四氟乙烯(塑料薄膜或塑料棒)、有机玻璃、聚苯乙烯塑料、聚氯乙烯塑料和石蜡等具有良好的绝缘性能。市场上有很多塑料制品,如塑料唱片、薄膜塑料袋、有机玻璃筷子、塑料肥皂盒等都是可以用来自制静电仪器的。值得一提的是石蜡材料,它不仅绝缘性能好,而且具有很好的防潮性能,水对它是不浸润的,因此,在气候潮湿的地区和季节,使用它作绝缘材料很好。利用这一点,我们还可以在静电仪器的绝缘材料的表面上敷一层蜡,或是用石蜡块把需要对地绝缘的仪器垫起来。

2. 保持绝缘部分表面的清洁和干燥

各种绝缘材料的绝缘性能并不是一成不变的。表面的污渍、油污、灰尘、水汽都会使绝缘性能变坏,因此,必须保持表面的清洁和干燥。如果塑料材料的表面脏了,就用酒精擦洗或者用肥皂液擦洗一下,再用清水把肥皂液洗去,吹干。石蜡块脏了,可用刀片把它的表面刮去一层。此外,还应当仔细清除附着在绝缘体表面上可能引起尖端放电的纤毛。

3. 注意环境的影响

环境对静电实验的影响是很大的,在空气湿度相当大的时候,可以用红外灯对演示的空间加热(一般可以不用)。除湿度的影响外,有一点往往容易被忽视,就是空气电离的情况,如火焰、紫外灯光、感应圈放电等都能引起空气的严重电离。因此,静电实验应当尽量避免在这样的环境下进行。

4. 要养成静电实验中良好的操作习惯

除了做好静电实验前的绝缘检查工作外,实验室的临场处理也十分重要,装置仪器和操作都应当非常谨慎。例如,用一根导线把起电机和孤立的导体连接起来,或者把导体和验电器的导杆连接起来,都应当特别注意不使导线接触或靠近桌面、地面和验电器外壳。当我们抓住起电盘或导体的绝缘柄时,务必要尽量地远离导体,稍有一点马虎都会导致实验失败。通常演示时,要养成一个习惯:拿出每一个静电仪器,就用干净的丝绸把绝缘柄的表面往复轻拭数次。这些看来都是小事,但对保证静电实验的成功,却起着重要的作用。

(二)电荷守恒

[设计思想]

电荷守恒是说明电子论的一个重要的实验。两个物体相互摩擦,其中一个物体得到电子,另一个物体就必然失去电子,因此它们所带的电荷总是等量而异号的。

为了验证这个结论,一般在验电器导杆上装一个法拉第圆桶(又叫冰桶)。把两个相互摩擦而带电的物体放入冰桶内,移出一个带电体,再放回去,再移出另一个带电体,可以看到验电器指针张开、闭合、再张开的现象。由于冰桶比较小,两个相互摩擦的物体不得不做得很小,并且装在绝缘把手上,为了提高灵敏度,人们不得不求助于金箔验电器,即使如此,效果仍然不佳。为什么一定要被法拉第冰桶的大小限制住呢?下面的实验,就是从这里打开思路的。

[实验装置]

验电器结构如图 5－24 所示。用石蜡块 ($15 \times 6 \times 3 \text{ cm}^3$) 作底座,用 $1 \sim 2$ mm 的铁皮制作导杆,用很薄的电容器极间绝缘纸(变压器的层间绝缘纸)卷在细竹针上贴成管状抽出,再分两段插在一小段塑料圆珠笔芯的两头,用小针在笔芯正中钻一小孔,作为验电器的指针,然后用一根漆包线(或钢丝)作轴,把指针装在导杆的固定孔内,就做成了自制验电器。

另备稍大一点的扁纸盒或屏蔽罩作为冰桶,用一张小塑料唱片和一个带绝缘柄的同样尺寸的圆木板作为互相摩擦的物体。

图 5－24

[演示方法]

1. 把冰桶放在验电器导杆上端的圆板台上,或者把冰桶放在石蜡块上,用导线把冰桶与验电器导杆连接起来。

2. 将塑料唱片在酒精灯的火焰上掠过,以消除唱片上的残余电荷。

3. 将塑料唱片与木板相互摩擦后共同放入冰桶内,不见验电器指示张开,再把其中的一个物体小心移出,可以看到验电器指针张开一定的角度,如图 5－25 所示。把移开的物体逐渐移近并再插入冰桶内,可见指针张角逐渐减小,最后完全闭合。再移出另一个圆片,指针又张开到与前相同的角度。由此可以归纳出电荷守恒的结论。

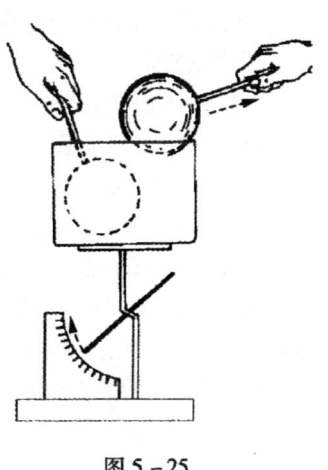

图 5－25

[分析与研究]

1. 把两个带电体之一移出时,应注意不要使手与冰桶相碰。随时记住静电实验压高量小的特点,防止各种形式或各种可能的漏电。

2. 这个演示也可以简化为不用冰桶进行。只需将相互摩擦后的塑料板和木板合拢在一起,让木板与验电器的导杆接触,然后移开塑料板,见到验电器指针张开,说明木板已经带电。再将塑料板移近,最终与木板合拢,可以见到指针张角变小,直至完全闭合,如图 5-26 所示,由此可以说明木板与塑料板带有相反种类的电荷,其电量相等。

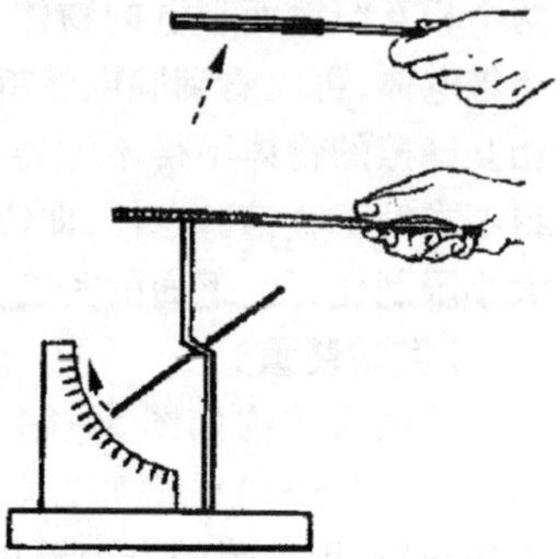

(三) 库仑定律

库仑定律实验在物理学史上十分著名,设计思想非常巧妙。在当时不知道电量单位的情况下,利

图 5-26

用等分电荷的方法巧妙地解决了电量改变的问题。可惜,在课堂教学中往往只有模型而不能演示,下面的两种设计方案可以解决这一问题。

1. 用电摆验证库仑定律[①]

[实验装置]

如图 5-27(a)所示。用硬泡沫塑料制作三个直径为 2 cm 的小球,在小球的表面涂以石墨粉。将其中的一个小球用两根细绵纶线或尼龙线悬挂起来,线的上端用胶带固定在一块石蜡板或泡沫塑料板上,再用铁夹把绝缘板固定在铁支架上,这样就制成了一个电摆(图中的 A 球)。将另两个导电球绝缘固定在石蜡座上,如图中 B 和 C 球所示。为了便于观察和测量,用小电珠进行点光源投影,在光路上放置一块带刻度的半透明投影屏。另备起电盘一副。

[演示方法]

(1) 按图示位置把仪器装配好,使投影屏与 A、B 的连线平行,读出 A 小球下垂时的投影位置 P_0[见图 5-27(b)]。

(2) 用起电盘给 A、B 两个导电球带上尽可能多的同种电荷,再把 B 球慢慢地靠近 A 球,取 A 和 B 几个不同的位置分别读出两球在刻度尺上的几组投影 P、Q 的位置[图 5-27(b)画出了其中的一组],根据这些数据可以读出 A 球偏离平衡位置距离的投影 d 和 AB 球之间距离的投影 R 的值,可得出 d 与 R^2 成反比的结论。利用平衡条件及力的平行四边形法则可以证明,静电力 F 与 d 成正比,可知静电力的大小与距离 R 的平方成反比。

---

① 孙荣祖. 静电力[J]. 吉林人民出版社中学物理实验,1983,33.

图 5-27

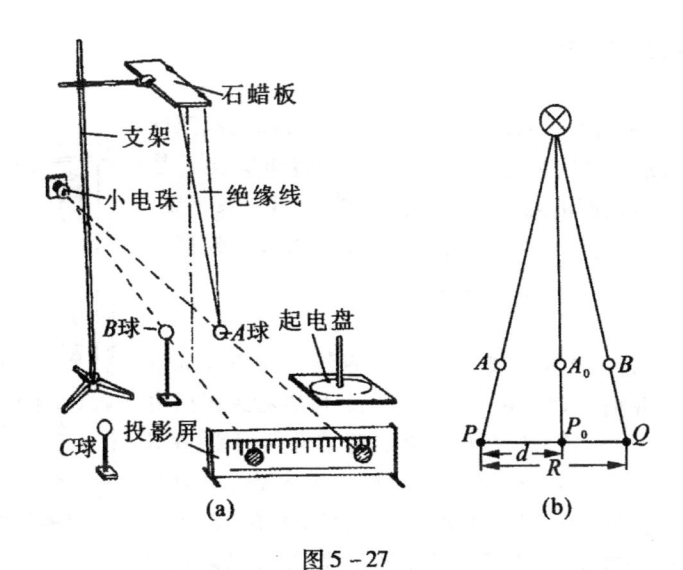

(3) 若 A、B 球带电, C 球不带电。让 B、C 球接触后再分开, 移动 B 球至适当位置, 测出 d_1 与 R_1, 然后用手接触一下 C 球, 待 B、C 两球再接触分开后, 移动 B 球以保持 R_1 不变, 再测出 d_2 值。如此, 测两次等分电荷后 d_1、d_2 等值, 从数据中可以得出静电力的大小与两点电荷电量之积成正比的结论。

[分析与研究]

(1) 将 B 球逐渐移向 A 球的过程中, 可以发现, 当两球间的距离与小球的线度相近时, 两球间的库仑力的大小不再与两球心之间的距离平方成反比。这是由于当两球间距离较小时, 球面上的电荷不再均匀地分布。距离越小, 每个球的等效电荷中心偏离球心越远, 因此不能再把电摆当做点电荷处理了。

思考题: 如果用细而长的导电纸筒代替导电小球悬挂起来, 是否也可以说它符合点电荷的库仑定律?

(2) 用图 5-27 的装置还可以演示电场强度的概念。把图中的 B 球换一直径稍大的导电球(例如用乒乓球涂上石墨粉), 作为产生静电场的源, 给它带上足够多的电荷。再以 A 球为检验电荷, 给它带上同种电荷。记录下两球之间的距离 R 和 A 的偏转距离 d, 然后用上述方法改变 A 球上的电量, 并保持 R 不变。由该实验所测得的一组 d 值即可得到 $\dfrac{F}{q}$ 为一常数的结论。改变带电体 A 在电场中的位置(R 值)或者改变形成电场的带电体 B 的电量, 同样可以得到 $\dfrac{F}{q}$ 为另外的常数。由此即可引入电场强度的概念。

2. 库仑扭秤的演示

[实验装置]

如图 5-28 所示。A、B、C 是三个导电球，都用泡沫球贴上铝箔制成，D 是用有机玻璃板条制成的转动摆架，E 是支撑转轴，F 是扭摆的悬丝，在它的上端固定有一只旋钮，并带有标志扭转角度的箭头指针 G，整个底板和支架都用有机玻璃板制成，底板上有刻度。

[演示方法]

把上述装置放在投影仪上，用起电盘给 A 球和 C 球带上同种电荷，并把 C 球放在一定位置上。可以看到扭摆由于 A 球受排斥而偏转一定角度。然后转动悬丝旋钮，使 A 球回到原来位置，此时悬丝产生的扭矩与 A 球受静电力产生的力矩平衡。改变两小球的距离，或者按 1 中的[演示方法]改变小球的电量，测出悬丝的扭转角度，就可以研究静电力与距离及两球电量的关系了。

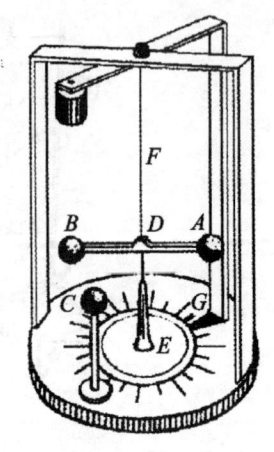

图 5-28

在实验中应注意，不要让仪器底板和支架带电，以免影响实验效果。

(四) 静电感应

把一个中性的导体放在电场中时，导体上的自由电荷将在电场力的作用下移动，使导体上出现正负电荷分离的现象，这是静电感应现象。感应分开的电荷是等量而异号的。为了验证这个结论，需要把被感应的导体分开，然后分别验证它们所带的电荷种类和电量多少。演示的方法很多，但必须从教学的要求出发来选择和安排实验。

[分析与研究]

1. 试用两只验电器、一根导电杆和一只带电棒进行如下演示：

(1) 用导电杆把两只验电器的导杆连接起来，再用带电棒接近验电器，如图 5-29 所示；

(2) 把导电杆移开，再取走带电棒；

(3) 用带电棒分别接近两验电器，检验它们所带电荷的种类；

(4) 移开带电棒，用导电杆把两只验电器的导杆连接起来，观察验电器指针张角的变化。

这种演示方法是否能说明两验电器上所带的电荷是等量异号的呢？它存在的主要问题如下：

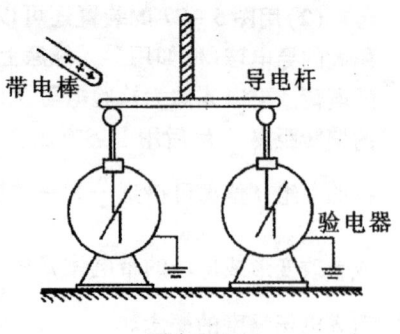

图 5-29

实验中,实际上是把三个导体(两只验电器导杆和一根导电杆)连成一体放在电场中的,而只检验其中两个导体就作出结论,其证据是不充分的,甚至会出现错误。因为验电器的外壳接地使带电棒的电力线不能落在验电器的指针上,所以导体系统的"最远端"应是验电器的指针。即使在靠近带电棒的验电器的指针上,所带电荷也不会与带电棒的相异。移开导电杆和带电棒后,该验电器导杆上与指针上的电荷重新分布,其所带电荷可能与带电棒相同,也可能相异,或者不带电。把导电杆与两验电器导杆连接时,验电器指针闭合,这只是三部分导体的总体呈中性的缘故。

由以上分析可知,无论从科学性还是从直观性来看,这种方法都是不可取的。

2. 如图 5 - 30,用一对半枕形导体和验电器作下列演示:

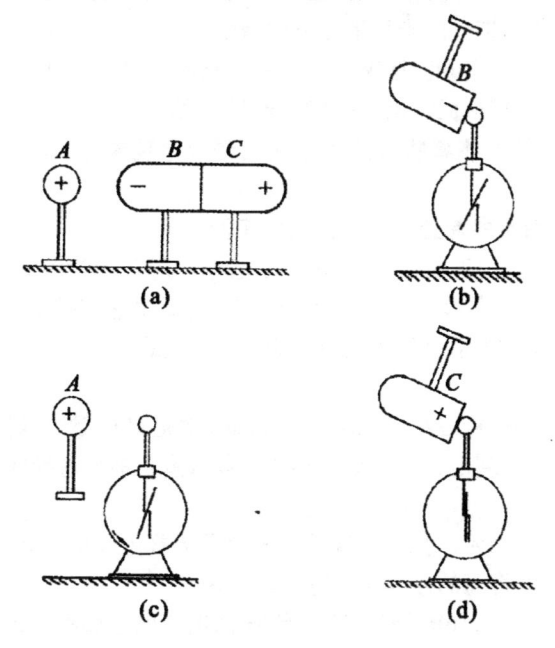

图 5 - 30

(1)把带电体靠近合在一起的枕形导体的一端,然后分开两只半枕形导体,再移走带电体 A,如图 5 - 30(a);

(2)先让一只半枕形导体 B 与验电器导杆接触,使验电器带电,如图 5 - 30(b);

(3)用带电体 A 接近验电器来检验验电器与带电体所带电荷种类异同,如图 4 - 30(c);

(4)再让另一只半枕形导体 C 与验电器导杆接触,观察验电器指针张角变化,说明两只半枕形导体所带电量相等,如图 5 - 30(d)。

该实验方法存在的问题是：先用一只半枕形导体 B 与验电器导杆接触，分开后再用另一只半枕形导体 C 与验电器导杆接触，验电器的指针不应完全闭合，原因是前一只半枕形导体的电荷不可能全传到验电器上，即使指针闭合了，那只是验电器灵敏度不高的反映。所以这一程序的安排是错误的。

由上面的分析出发，我们可以对第二种演示方法做一些改进。

[实验方法]

使两只半枕形导体感应带电后分离，用一只半枕形导体 B 与验电器导杆接触，可以看到验电器指针张开，紧接着立刻使另一只半枕形导体 C 与前一只半枕形导体接合，这时验电器指针将完全闭合（如图 5-31 所示）。也可以用一只验电摆球分别来检验两只被感应带电的半枕形导体的带电情况。

思考题：(1)如何用验电摆球来检验两只被感应带电的半枕形导体的带电情况，从而得出"等量和异号"的结论？

(2)如果由于带电体离感应体太近而出现放电现象，实验的结果如何？

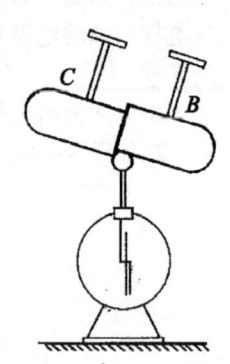

图 5-31

（五）静电平衡时电荷分布在导体的外表面

这个实验一般有两种做法：一是用一个验电小球分别检验导体内、外表面的带电情况；二是使带电导体变为另一导体的内表面，观察它们带电情况的变化。下面将着重分析程序设计的思想和实验中可能遇到的问题。

[实验装置]

小号饼干筒一只（或者纸盒、铝锅、广口瓶、搪瓷口杯都可以），石蜡垫块，验电器两只，起电盘一副（起电盘中带绝缘柄的金属板要求能放进导体筒内）。

[演示方法]

(1)如图 5-32 所示。把饼干筒放在验电器导杆上端的平台上，或者放在石蜡绝缘座上，并用导线将筒的外部与验电器连起来。

(2)使起电盘带电，如图(a)。手持绝缘柄把带电金属盘伸入到筒内并与内壁接触，可以看到 A 验电器指针张开，如此数次，使筒带上足够多的电荷，如图(b)。

(3)将带绝缘柄的金属盘（原已带电）从导体筒内拿出，放在验电器 B 上检验一下，发现它不再带电，如图(c)所示。

(4)再把金属盘伸入到筒内与内壁接触后移出，再经验电器检验，发现仍不带电，多次检查验电器指针都不张开。

(5)用不带电的金属盘与筒外壁接触，接触在曲率较大的地方[图(d)]，然后移开并与验电器 B 接触，可以看到验电器指针张开，反复数次，张开角度越来越大，如图(e)所示。

分析上述过程可以说明，静电平衡时电荷分布在导体的外表面上。

图 5-32

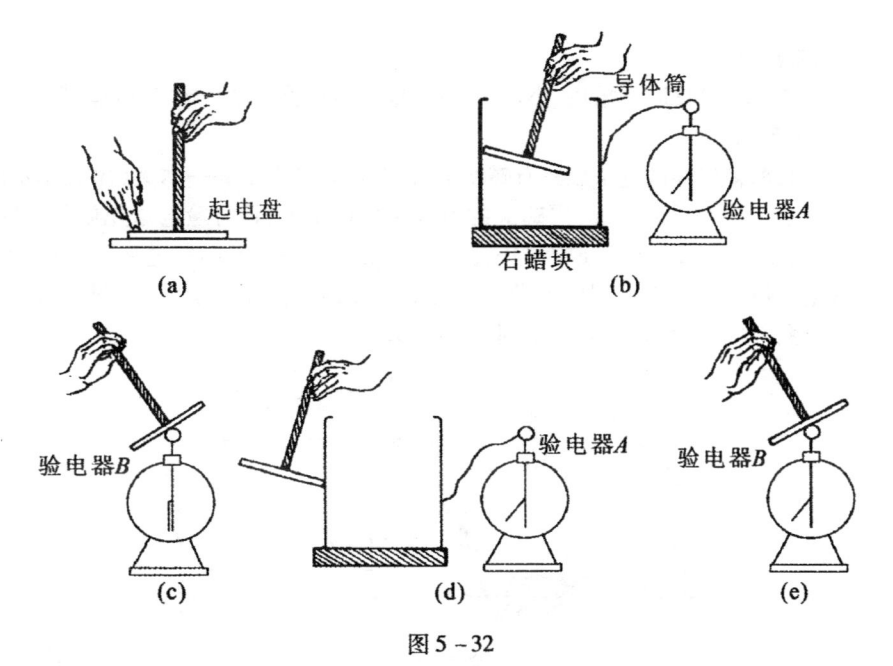

[分析与研究]

上述程序运用物理和逻辑分析,提高了演示效果。

(1) 为什么在实验中要先把带电体伸到金属筒内部使其带电?一是只有在内表面才能最有效地把电荷传递给导体筒,反复数次使导体筒带上足够多的电荷;二是只有从内表面给导体带电,才最有说服力,否则学生完全有理由认为"你本来就没有给内表面带电,当然在内表面上没有电荷"。

(2) 演示通过两个层次来使学生认识导体内表面不带电:一是原来带电的金属盘变成为导体内表面的一部分以后就不再带电了;二是原来不带电的金属盘与导体筒内表面再次接触后仍不带电,由此可反复说明导体内部无电荷分布。

(3) 检验导体外表面带电是演示成功的关键,为此应使检验用的金属盘接触筒后成为导体系统中曲率较大的一部分,而且反复数次可以使现象更加明显。检验的顺序应当是先内部,后外部。这样,实验的说服力更强,否则学生会认为导体上的电荷是逐步漏掉了。

(4) 有时发现检验导体从圆筒内取出后带电,这并不表明圆筒内表面存在电荷,而是因为检验导体取出时与筒口相距太近,或圆筒过浅、筒口过大等原因造成的,这种情况应尽可能避免。

(六) 电荷在导体表面按曲率的分布

这个实验固然可以用仪器厂出的锥形导体进行演示,而用家庭日用品代替也会毫不逊色。

[实验器材]

验电器、搪瓷口杯、石蜡块、小木夹、带绝缘柄的检验导体小球、起电盘等。

[演示方法]

将一只搪瓷口杯翻过来放在石蜡块上,并在口杯的把上夹一木夹(木夹用水湿润),使之成为一个导体系统,用感应的方法给导体带电,再将验电球先后与杯底、杯底边缘和木夹尖端接触后放在验电器上(此演示顺序不要颠倒过来以免被认为电荷逐渐跑掉了),可以看到由电荷在导体表面按曲率分布的情形,如图5-33所示。曲率愈大处,电荷愈密集,箔片张角也愈大。

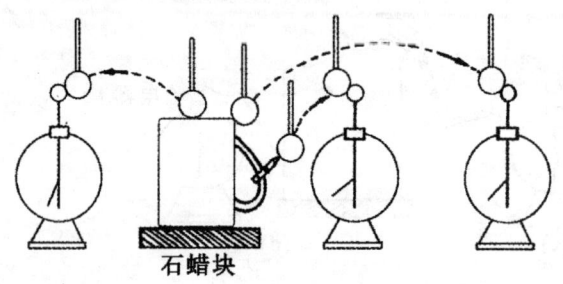

图5-33

思考题:是否可以认为导体上凡是尖端的部分电荷分布的密度一定大?请用实验证实一下。

(七)静电屏蔽

[设计思想]

一般的静电屏蔽实验是用验电器或验电羽放在金属网罩内进行的,做这个实验并不困难。但如何更好地调动学生兴趣和激发思维的积极性,是值得研究的课题。通常在学习过程中,学生可能会存在一些问题,如用金属网罩把带电体封闭起来,能否起屏蔽作用?用塑料罩也能屏蔽静电场吗?如果我们有针对性地设计一些实验,并在适当的时候进行演示,不仅能解决学生的具体问题,而且有利于学生认识屏蔽现象的本质。

[实验器材]

起电机、起电盘、验电器、屏蔽罩、塑料罩、小鸟等。

[演示方法]

1. 用小鸟做静电屏蔽的实验

把小鸟装在金属网罩内,再把金属网罩放在石蜡绝缘座上。在金属网罩内外各装验电羽,然后把感应起电机的一个放电极与金属网连在一起,使另一个放电极靠近金属网。当摇动起电机转柄产生高压时,可以察觉,放电极与金属之间发生火花和声响,网外的验电羽张开,而网内的验电羽却丝毫不动,小鸟在网内自由自在地活动(如图 5-34)。从网内验电羽闭合说明导电体内部没有电场存在,因此小鸟平安地在网内照常活动。

2. 用金属网罩罩在验电羽外做对比实验

把带电球放在验电羽一侧,可见验电羽张开,如图 5-35(a)。再把金属网罩罩在验电羽外,验电羽则全部下垂[图(b)],然后把金属网罩移开,验电羽又重新张开[图(c)]。由此可以说明电场中的导体内部场强为零,可以起屏蔽作用。

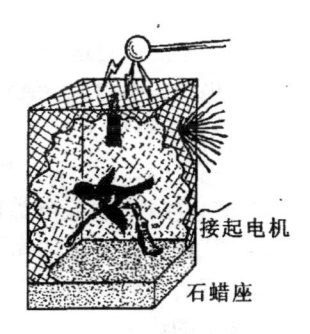

图 5-34

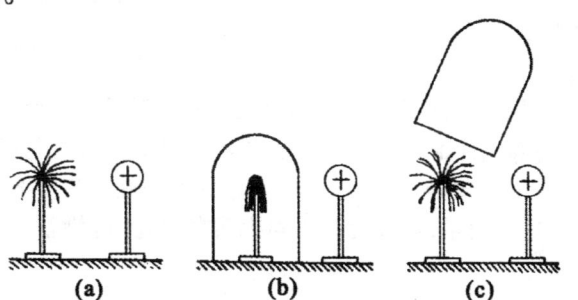

图 5-35

3. 用金属网罩和塑料罩罩在验电器上进行对比实验

把验电器放在导体的旁边,分别用一个金属网罩和塑料罩(塑料瓶或杯等均可)盖在验电器的导电小球上(如图 5-36 所示),可以看到,盖金属网罩的验电器指针会闭合,盖塑料罩的验电器指针并不闭合[分别见图 5-36(b)、图 5-36(c)]。由此说明,导体内部的自由电荷在电场的作用下重新分布,才导致内部场强为零,从而起到屏蔽作用;而绝缘体中的是束缚电荷,极化的结果不能使内部电场消失,所以不能起屏蔽作用。

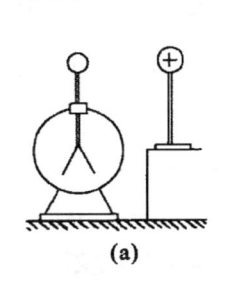

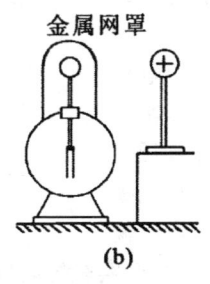

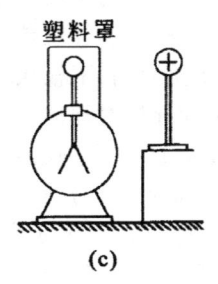

图 5-36

本实验可以放在学习电介质的极化后进行。

4. 用金属罩罩住带电球进行对比实验

做过以上实验后,有部分学生认为用金属罩把带电体封闭起来,对外也可能起屏蔽作用。针对这一情况进行如下演示。

仍用 3 中的实验装置，在金属网罩上接一个绝缘柄，手持绝缘柄把金属罩罩在带电球上，可以看到验电器指针并不闭合；如果用手触金属网罩，使它接地，则验电器的指针就闭合了（如图 5-37 所示）。通过如此的对比，再说明道理，学生就不会犯形而上学的错误，同时又深化了对静电屏蔽的认识。

（八）电容的演示

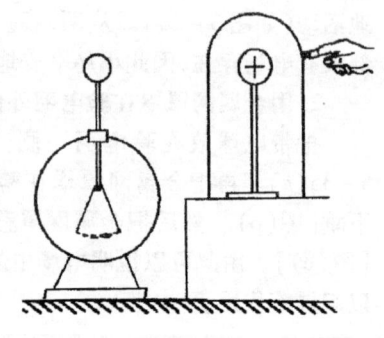

图 5-37

[设计思想]

"用 12 V 电池对电容器充电能使静电计指针偏转吗？"乍一听这个问题似乎是不可能的，因为要使静电计指针偏转一明显的角度，非得要几百伏甚至上千伏的对地电压，如今电池电压只有 12 V，怎么可能使指针偏转呢？其实不然，按下述方法即可使指针偏转。这个演示，可以使学生对电容的概念、电势差与电量、电容量的关系有更深的理解。

[实验装置]

灵敏静电计一只，平板电容器极板一对，塑料唱片（或聚四氟乙烯薄膜）一张，叠层电池（6 V）两只（其他种类的电池也可）。

[演示方法]

首先在静电计导杆上装一只圆形导电板，在圆板上放一张塑料唱片再把另一个带柄的圆形导电板放在唱片上，这样就组成一个电容器。然后用两根导线将 12 V 电池的正负极分别与电容器的两极接通，电容器就被充电了。用手与上极板接触后，下极板对它的电势差，即静电计导杆对地的电势差确实只有 12 V，无疑这是不会使静电计有任何反应的。但是把电源拆除后，拉开上极板，指针就偏转了，再拿走唱片，指针偏

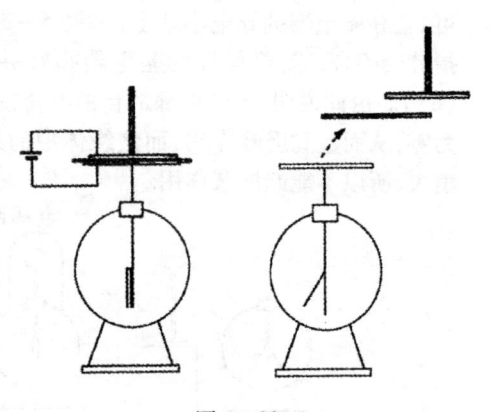

图 5-38

转的角度更大，如图 5-38 所示。这个实验生动地说明：充电量不变时，电容器两极板间的电势差随电容量变小而变大。

这个实验对薄膜的绝缘要求比较高，可以用比较新的塑料唱片来做实验。实验时，应该用火焰消除唱片上的残余电荷。

思考题：把一个金属板插在静电计的导杆上，形成一块极板，再在其上用另一

个极板与它组成平板电容器,演示平板电容器的电容量与极板间距离的关系。这时,为什么必须用手接触上极板?如果只给上面的极板带电(不用手接触它),改变两极板距离时会出现什么现象?与 $U = \dfrac{Q}{C}$ 的公式矛盾吗?

十、闭合电路欧姆定律的演示

[设计思想]

闭合电路欧姆定律的演示是一个较为难做而又十分重要的实验。为什么以往实验很难得到内、外电压之和等于一个常数的结论?有两方面的原因:一是过去用的伏打电池或者盐水电池等的电动势很不稳定,电流稍大一些,极化现象就非常严重;二是电源内部探极之间的电阻太小。在化学电池内部,由于非静电力作用,在紧靠电池极板附近形成了一个电偶层,这里的电势是跃变的。当外电路开路时,电源内部的电势分布曲线如图 5-39(a)所示。由图可知,在靠近正极板附近,溶液中带电层的电势比正极板要低 E_1,在靠近负极板附近,溶液中带电层的电势比负极板要高 E_2,溶液内为等电势,所以电池正负极板的电势差(即路端电压) $U_0 = E_1 + E_2$,$E_1 + E_2 = E$ 就是电源的电动势。

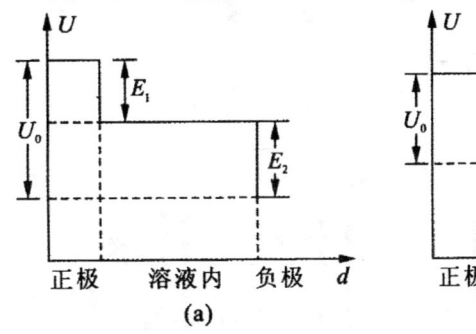

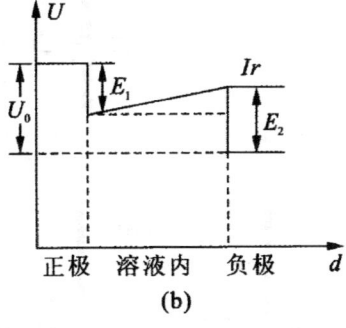

图 5-39

当外电路接通时,电池内部的电势分布曲线如图 5-39(b)所示,此时靠近极板的电偶层的电势跃迁仍为 E_1 和 E_2,但溶液内部由于电流存在,出现了电势降落,靠近负极板的溶液带电离子层的电势比靠近正极板的高,$U_内 = Ir$,因此,正负极板间的电势差 $U_0 = E_1 + E_2 - Ir$,由此式可得 $U_0 + Ir = E_1 + E_2$,即 $U_外 + U_内 = E$。这是理论上的情况。实际上,在电路接通时,等效电路如图 5-40 所示。图中 A、B 两点为探极所在位置,两探极间的电阻为 r。由于探极不可能无限靠近电池极板,与正负极板之间分别存在电阻 r_1、r_2,所以,通过探极测得的电压仅是内电压的一部分,即内电压表读数 $U_内 = Ir$。外电压表的读数 $U_外 = U_0$。由 $E = U_0 + I(r_1 + r_2 + r)$ 可知,

125

只有当 $r \gg r_1 + r_2$ 时，才有 $E = U_0 + Ir = U_外 + U_内$ 的关系。由此可知，要使实验获得成功，一是要保持电源电动势 E 稳定，二是要适当加大电池的内电阻 r。

图 5-40

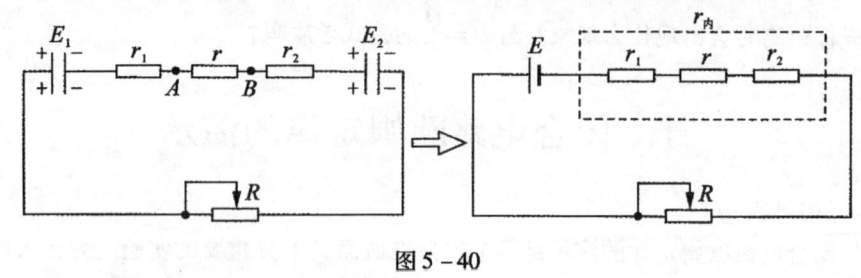

（一）用加大内阻的铅蓄电池演示

[实验装置]

1. 用加大内阻的铅蓄电池演示。这种电池一般是用减小电池内离子通道截面积的方法来加大电池内电阻的。目前已有一种"可变内阻电池"，其离子通道截面积可以改变，适宜于演示闭合电路欧姆定律。如果没有这种电池，可以用如图5-41所示的任何一种装置。图(a)是在两个容器之间通过滤纸或棉花线的毛细作用

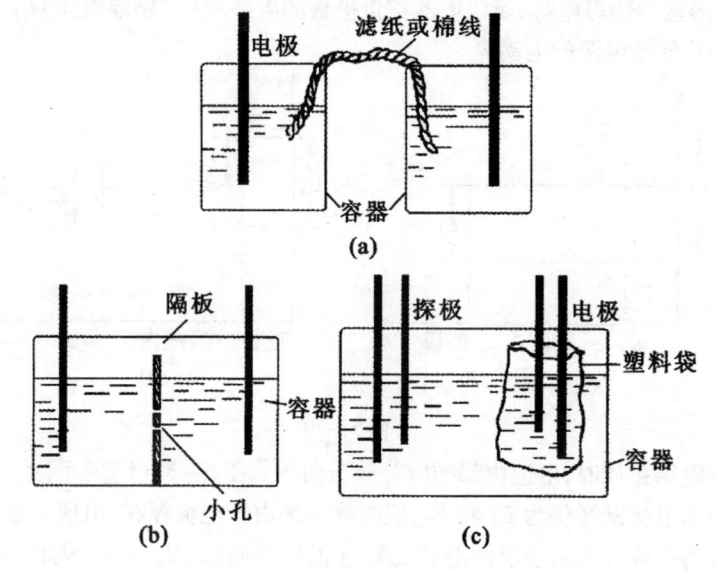

图 5-41

把酸液连通起来（也可以把滤纸或棉线穿入"⌐⌐"形的玻璃管内）；图(b)是利用旧闪光灯的电池或摩托车点火器的蓄电池，把容器间的隔板用针烫几个小孔连通起来的；图(c)是利用一只被针穿过一些小孔的塑料袋，把两个电极隔开。上述容器中注入浓度为18%～20%的稀硫酸溶液（用比重计测量示数为 1.2 g/cm³ 左

右),用铅蓄电池的正负极作这个电池的电极(可以从旧电池中拆出使用)。测内电压的探极可以用极化电势小的合金片,也可以用窄长的铜片代替。使用前,把两个电极放在一个容器中进行充电,使电动势达到 2 V 左右。

2. 大型示教电流计两只:用 4.7 kΩ 的微调电阻作为附加电阻,将电表改装成 2 V 量程的电压表。

3. 用最大阻值为 200 Ω 的滑线变阻器作为可调的外电阻。

[演示方法]

按图 5-42 接好线路,先观察断路时的外电压和内电压,然后接通电路,依次减小外电路的电阻,观察内、外电压的变化,并记录下每次的一组电压数值,比较各次的实验数据,就可以得到内、外电压的和等于一个常数的结论。

[分析与研究]

1. 当把探极插入酸液以后,探极与原来的电池极板将构成一个新的电池,这对实验结果有无影响?

如果在一个容器的酸液中插入四块极板(两块探极和两块电池极板),由于非静电力的作用,各极板和溶液之间就会出现一个电偶层,它们的电势跃迁是一定的。设电池正极附近的电偶层的电势差为 E_1(相对溶液而言,以下皆同),电池负极附近的电偶层的电势差为 $-E_2$,由于两探极材料性质相同,因此两探极附近电偶层的电势差 E_3、E_4 相等,即 $E_3 = E_4$。不难分析,在外电路开路时,两探极间的电势差为 $E_3 - E_4 = 0$,电池正、负极之间的电势差为 $E_1 - E_3 + E_3 + E_2 = E_1 + E_2$。在外电路接通时,两探极之间的电势差就不为零了,它等于两探极间溶液的电势降落。由此可知,只要基本保持两探极表面状况相同,不产生较大的极化电动势,电池内插入探极可以不影响实验的结果。为了防止探极产生较大的极化电动势,可以在外电路开路时,让两探极短接几分钟,或是将探极接上 4 V 交流电源,通电半分钟即可。

2. 实验时,电池的内电阻以调到 20 多欧姆为好,不要过小也不要过大。

思考题:

1. 为什么电池的内电阻不要调得过大?调得过大以后会出现什么现象?

2. 若给你一只电阻箱和一只电压表,怎样用最简便的方法测得电池的内电阻?

(二)用盐水电池演示

用铅蓄电池实验效果比较好,但必须事先充电,而且有腐蚀性的酸液存在。而用盐水电池实验虽然稳定性不及铅蓄电池,但却安全和方便得多。

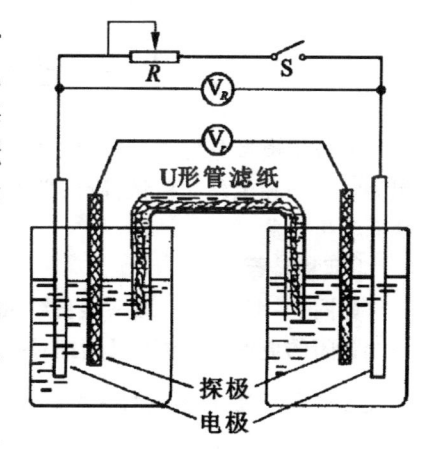

图 5-42

实验装置与图 5-42 相同,电液是密度为 1.02 g/cm³、浓度约 4% 的食盐水,最好用精盐溶于开水中制取。负极用锌板,正极用废旧电池中取出的碳棒,去极剂由二氧化锰和炭粉各一半配成,装在用双层纱布缝制的去极袋中,然后将碳棒放入袋中,用棉线裹好后浸入电液中。这样做成的电池的电动势约 1.1 V。演示电路中滑线变阻器用 1000 Ω,在没有二氧化锰的情况下也可以不用去极袋,但在演示过程中每测一、两个数据后,必须将电极从电解溶液中取出,休息 30~60 s 后继续实验,同样可以得到较好的效果,演示方法同前。

十一、磁分子模型的演示

磁分子模型是为了说明磁现象设想的,它能够帮助我们说明许多磁现象。正因为它是一种想象的模型,所以学生无法见到它。但是我们可以借助实验模型来帮助学生想象。

[实验装置]

如图 5-43 所示。取一根长约 30 cm、内径约 1 cm 一端封闭的玻璃管(也可以用细长一些的试管),内部装入细铁屑至整个容积的 $\frac{5}{6}$ 处。再配一只木塞,木塞的大小应正好能塞入管内,木塞中插一根小铜杆(或木棒),手持铜杆可使木塞在管内上下移动。另取一些铁质大头针和一只演示用的磁针,用来检验磁性的有无及磁极的方向。

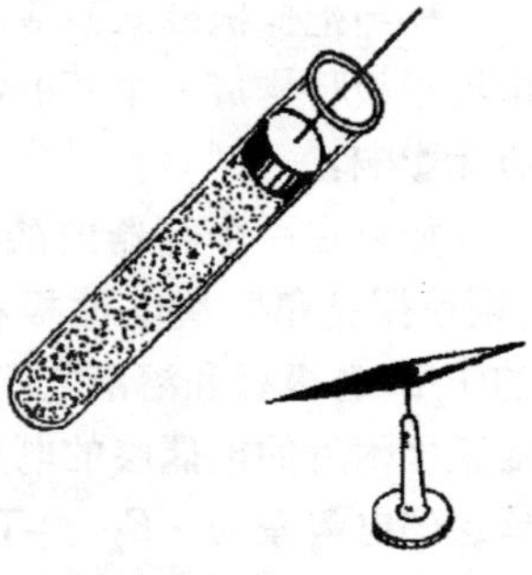

[演示方法]

演示时,将铁屑装入玻璃管后,塞入木塞,将铁屑

图 5-43

稍稍压住,使铁屑管在倾斜或翻转时,铁屑不致在管内分散。这根装有细铁屑的玻璃管相当于一根没有磁化的铁棒。将铁屑管移近大头针(或另外的一些铁屑)时,可以看出铁屑管对外不显磁性。

将铁屑磁化。磁化的方法有两种:一是自制一个内径比玻璃管外径略大的螺线管,线圈用略粗的漆包线密绕而成,长度与玻璃管相当。将玻璃管插至螺线管中后,在螺线管中通以 1~2 A 的直流电片刻,断电后轻轻地将铁屑管取出,磁化即告完成;二是用强的永磁体的一极沿玻璃管表面自一端向另一端滑动,重复进行 5~6 次以后,铁屑管也能很好地被磁化。将已磁化的铁屑管的下端接触大头针(或铁屑),大头针(或铁屑)即被吸起。如果将铁屑管两端分别靠近检验磁针,可以看到磁针急剧地向不同的方向偏转。说明磁化了的铁屑管相当于一根完整的磁棒,其内部的铁屑粒相当于一个个磁分子,在磁场的作用下做有规则的排列,从而对外显磁性。

手持小铜杆,将木塞拔到玻璃管的管口处,使管中留出空隙。然后堵住木塞,将管子用力摇动,以使铁屑混乱,这相当于把有规则排列的磁分子取向打乱。再将木塞推入管内,用它重新轻轻地压住铁屑,这相当于一根退了磁的铁棒。将这样的铁屑管靠近大头针,可以看到它已失去了磁性。

把铁屑管重新磁化,这次外磁场的方向与上次的相反,用磁针可以检验出铁屑管两端的磁性也与上一次相反。

[分析与研究]

1. 该实验也可以作为课堂内的学生实验,采取边教边实验的形式,使学生认识磁分子的模型。实验时还可以补充如下一个实验,促进学生由宏观到微观的形象思维过程。取一段旧的手工钢锯条,用永久磁铁的一极沿它的表面从一端向另一端推擦,使锯条磁化。接着用一根大头针接触这根锯条的两端和中央,发现它的两端显示磁性而中央不显示磁性。再用一只磁针判断出它两端的磁极极性。然后用手钳把这根磁化的锯条从中央分成两段,再分成四段,分别检验各段的磁性,可以从这些现象推知,继续分割磁棒时,每一截的部分都有北极和南极。

2. 做好上述演示的关键是选择合适的铁屑,如果铁屑的含碳量太低,如软铁屑,磁化以后剩磁太弱,效果就不好;如果颗粒太细,磁化以后的效果也不好,但颗粒太粗,要退磁时又不容易让铁屑重新排列。选择铸铁的铁屑比较合适,它的含碳量比较高,而且颗粒呈条状。只要用电磁铁或永久磁铁到工厂翻砂车间的砂堆里去吸取,并经过适当的筛选即可。

十二、安培分子电流磁场的模拟演示

[设计思想]

安培的分子电流假说揭示了物质磁性的起源。安培认为在有些磁性物质的内部存在着一种环形电流——分子电流,分子电流的磁场使它相当于一个小磁铁。未磁化时,各分子电流的取向非常紊乱,因而对外不显磁性;磁化时,各分子电流的取向变得大致相同,于是对外界显出磁性。要做好这一演示,关键是要模拟出小型分子环流并使其能自由排列,还要标志出它的取向方向。为此,可用自制的小型电流元(电池)在液体中的漂浮来实现。

[实验装置]

如图 5-44 所示。在一个直径为 15~20 cm 的平底玻璃缸中,倒入一些浓度为 5%~10% 的稀硫酸,然后将预先制好的一些小伏打电池漂浮在稀硫酸上。这些小伏打电池的制法是:取厚度为 0.2~0.3 mm、面积为 25×5 mm^2 的铜片和锌片各一片,相互平行地固定于小软木塞中,两片间的距离为 4~5 mm。另用一根略粗的铜丝,弯成圆弧形焊接在两块金属片上,并将焊接点埋入木塞的内部,使其不易脱落

（图5-45）。在铜丝上固定一纸制的短箭头，以指示圆电流磁场的方向。将它漂于稀硫酸溶液中，便成了一只被短路了的小电池。制作时需注意，上部的铜丝不要太重，使其能稳定的漂浮于溶液的表面，即使碰它一下也不会翻倒。同样地制作七八个这样的小电池。另备一块磁性较强的永磁体，用来产生磁场。

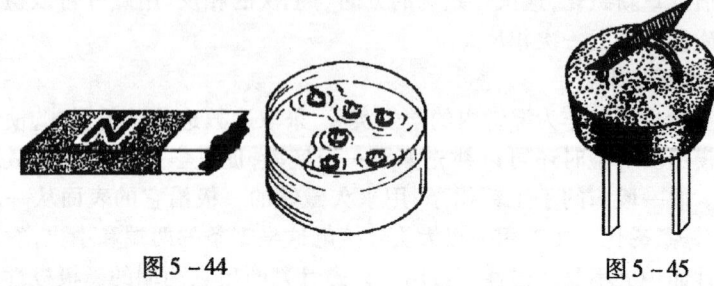

图 5-44　　　　　　　　　　图 5-45

[演示方法]

将盛有稀硫酸溶液的容器置于投影仪的平台上，再将一只伏打电池漂浮于溶液中，并把线圈上的箭头成像于幕面上。若将一永磁体移近电池，则见电池转动，转至线圈平面垂直于磁感应强度矢量的方向。说明电池线圈周围已产生自己的磁场。

将七八只同样的小伏打电池均匀分布地漂浮于玻璃缸中，由于每只电池线圈产生的磁场较弱，各电池线圈的取向是杂乱无章的，这相当于物质内部各分子电流的取向紊乱。然后把强永磁体的一极移近玻璃缸，即可看到在磁场的作用下，各漂浮电池就改变方向，直至各电池短路线圈互相平行排列，且各线圈平面与磁感应强度矢量方向垂直为止。这相当于磁化时，物质内部的各分子电流取向大致相同。把永磁体拿开，液面上各电池的取向可以保持一段时间，以后又逐渐恢复至杂乱的状态。这可以把它比拟成剩磁现象。

[注意事项]

（1）为减小电池的极化，应在溶液中加入少量的重铬酸钾结晶。

（2）漂浮的电池不仅会发生转动，而且向着磁体的方向移动，这是由于永磁体的外磁场不均匀的缘故。

（3）实验前，最好用细砂纸把铜片及锌片的两面擦干净，以去掉其表面的氧化层。实验后应将每一电池的金属片置于流水中冲洗一下，然后再置于流动的空气中晾干存放。

十三、自感现象的演示

[设计思想]

演示自感现象的目的不仅是为了引入自感的概念，而且要为揭示自感的实质提供感性依据。在一般课本上,多用两个灯泡显示的电路来演示自感现象,如图 5-46 所示。这里存在两个缺点:一是用两个线路分开显示,容易使学生产生通、断电自感现象会因电路而异的错觉;二是灯泡的亮度不能显示自感电动势的方向。

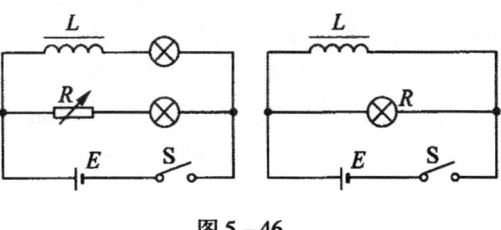

图 5-46

因此需要改进电路设计,使电路既能演示通电又能演示断电的自感现象,或者在这两个演示的基础上补充一定的实验,以弥补其不足。

为了在原有的基础上进行改进,首先应对原有的线路进行理论分析。这两个线路,都可以等效为图 5-47 所示的电路,图中 R_L 和 R 分别是两个支路的等效电阻。当开关接通时,在 E、L、R_L 的回路中,由于电流的变化,在电感中产生自感电动势 $\left(\varepsilon_L = -\dfrac{\mathrm{d}i_L}{\mathrm{d}t}\right)$,它阻碍原电流的增大,使电流按指数率增长;当开关切断时,L、R_L 和 R 组成回路,电感中也产生

图 5-47

自感电动势,它阻碍原电流的减小,使电流按指数率衰减。根据闭合电路的欧姆定律,解这两回路的微分方程,可以得到电感中电流的变化规律。现将通过电感和电阻支路的电流变化规律用波形图表示出来,如图 5-48 所示。由图可知,稳态时通过线圈的电流 $I_L = \dfrac{E}{R_L}$,通过电阻支路的电流 $I_R = \dfrac{E}{R}$。接通电路后,I_L 的暂态恢复时间常数 $\tau = \dfrac{L}{R_L}$。切断电路后,I_L 的暂态恢复时间常数 $\tau' = \dfrac{L}{R + R_L}$,通过 R 的电流由 I_R 反向跃变到 I_L,再逐渐衰减到零,时间常数也为 $\tau' = \dfrac{L}{R + R_L}$。可见要延长显示时间,须使 L 足够大。

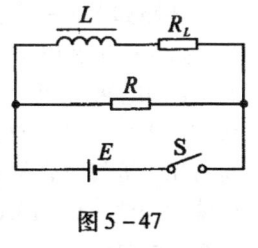

由上可知,如使 $I_L = I_R$,$R_L = R$,纵使 L 再大,也不可能看到断开电路时电阻支路的灯泡会突然一闪的现象。必须在足够大的 L 的前提下,满足 $I_L > I_R$,即在电感支路的电阻小于电阻支路电阻 ($R_L < R$) 的时候,才有可能演示断电自感现象。

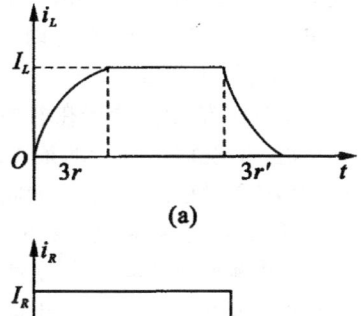

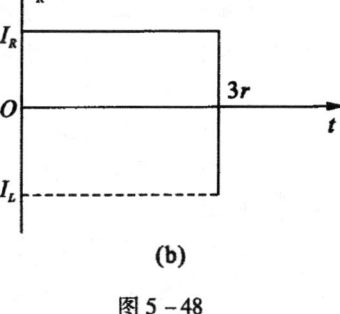

图 5-48

但满足上述条件时,相同规格的灯泡稳态亮度不一样。开关接通时,由于亮度的区

别可能淹没正常的时间差的显示,因此不能很好地演示通电时的自感现象。为了解决上述困难,可以按下述方向改进:

1. 在原有方案的基础上,改变电路形式,或者改用其他类型的灯泡(如发光二极管),使其既满足 $I_L > I_R$ 的条件,又保证两只比较用的灯泡稳态亮度基本相同。

2. 用电流计代替灯泡显示电流的变化,或者用惯性较小的电子示波器来显示电流的变化。

下面介绍其中的几种具体方案。

(一)在电感支路的灯泡两端并联低电阻的方法

[实验装置]

线路如图 5-49 所示,直流电源的电动势 $E = 6 \sim 8$ V,R_1 为 50 Ω 可变电阻,R_2 为 10 Ω 可变电阻,A_1、A_2 为 1.5 或 2.5 V 的电珠,L 可用教学仪器厂生产的通电自感演示器的线圈或者用 1 kVA 自耦变压器 0~220 V 线圈(0.4H、6Ω),也可用小五灯收音机电源变压器的铁芯和用直径为 0.6 mm 的漆包线绕 800~1000 匝制成的线圈,但铁芯的硅钢片不要对插,并在接缝处衬一张薄纸。

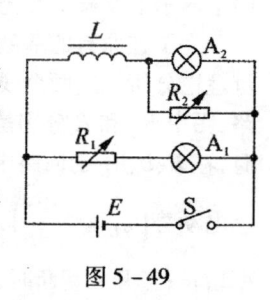

图 5-49

[演示方法]

演示前接通电路调节电阻 R_1 使灯泡 A_1 亮度适中(不要太亮),再调节电阻 R_2 使灯泡 A_2 的亮度与 A_1 相同,然后按照一般方法分别演示通电和断电的自感现象,通电时 A_1 较 A_2 先亮,断电时 A_1 突然出现耀眼的闪光。

[分析与研究]

在这个方案中,由于在电感支路的灯泡两端并联了一只低电阻,因此一定满足两灯泡一样亮时 $I_L > I_R$ 的条件,而使实验得到成功。同时,由于并联低电阻后,电感支路的等效电阻 R_L 减小,因此使接通电路时 I_L 的暂态恢复时间常数 τ 加大,这对演示通电的自感现象是有利的。另外,并联低电阻后,要使灯泡有一定的亮度,必须提高电源的电动势,这样就使电感 L 中可储存的能量增大,这对演示断电的自感现象也是有利的。不过,由于提高电源输出电压以后,要保证灯泡 A_1 和 A_2 的亮度一样,电阻 R_1 就必须加大。这对断电后回路电流的恢复时间常数 τ' 有减小的作用,所以调整电路时应兼顾几者之间的关系,使效果达到满意的程度。

(二)用电流表进行对比演示的方法

[实验装置]

电路如图 5-50 所示。图中 A_1 和 A_2 是两只量程为 500 μA 的大型示教电流计,指针零点居中;R_1 和 R_2 是两只 10 Ω 的滑线变阻器,分别作为 A_1 和 A_2 的量程调节附加电阻;R 是 50 Ω 的滑线变阻器;直流电源的电动势取 4~6 V;L 取(一)中介绍的电感线圈。

[演示方法]

首先调节两表的附加电阻 R_1 和 R_2，使 A_2 的量程大于 A_1 的量程。例如，使 A_2、A_1 的量程分别为 0.2 A 和 0.1 A 左右。再调节电源 E 和电阻 R 使两只电表指针偏转接近满刻度（偏转角度一样），然后进行演示。通电时可以看到 A_1 较 A_2 的指针先到稳定值。断电时，A_2 的指针逐渐恢复到零点，而 A_1 的指针先跳到反向区，再逐渐向零点偏转，并与 A_2 指针同时到达零点。

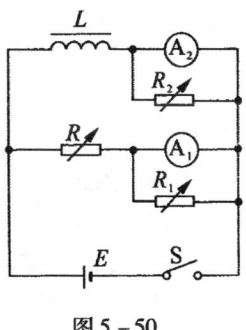

图 5-50

[分析与研究]

用电流计对比显示，可以使学生更接近本质地认识自感现象，而且比较直观，但必须考虑电表指针系统惯性的影响，在开关断开时，电阻支路的电流从正向跃变为反向，但由于指针系统惯性的影响，它需要滞后一段时间才能达到反向区，而且当它尚未达到反向区时，回路的电流已经消失，因此无法演示出应有的现象。为克服这一困难，有意识地使两只电表的量程不同（A_2 量程大于 A_1 量程），就可使稳态时通过电感的电流大于通过电阻支路的电流。这样，当切断开关后，电表 A_1 中就通过一个初始值较大的反向电流。因此，反向驱动的力矩比较大，从而使指针系统获得较大的角加速度。必须指出的是，并不是说电表量程相差越大越好，因为 A_1 量程减小以后，调到满量程时，电阻 R 的值就要调得比较大，从而又使回路电流恢复时间常数减小。所以应注意通过实践来选择合适的电表量程，以达到较好的效果。

（三）用含电感臂的惠斯通电桥电路的方法

[实验装置]

电路如图 5-51 所示，电感 L 可以用日光灯的镇流器，或者用实验用的原、副线圈，也可用直径为 0.5 mm 的漆包线在蜡纸筒上绕几十圈制成。R 为一阻值与 R_L 相当的电阻，R_0、R' 都为 50 Ω 的滑线变阻器，G 为示教电流计。

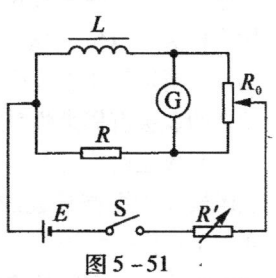

[演示方法]

先接通电源，调节 R_0 使电桥平衡，然后再引导学生观察通电和断电时电表指针的偏转情况，或者在稳定以后，快速地推动滑线变阻器 R' 的滑臂，使流过 L 中的电流迅速增大或减小，同样可以看到电流计指针向相反方向偏转的情况。

图 5-51

[分析与研究]

用惠斯通电桥电路演示自感现象的优点是对电感线圈的要求不高，自制起来比较方便，而且可以巩固学生对电桥电路原理的认识，提高学生分析问题的能力。但是由于这个电路比较复杂，作为建立自感概念的演示是不适合的，可以作为一种补充性的实验运用于教学中。

十四、电阻、电容、电感电路中电流和电压相位关系的演示

[设计思想]

电阻、电容、电感电路中电流和电压的相位差是不同的。为了使学生认识这种规律,并在直观的基础上发展思维能力,可以用下列不同方案进行演示:

1. 用大型电流计演示,通过电流表和电压表指针摆动的相位差来显示电流、电压的相位关系;

2. 用示波器显示相应电路中的电流、电压图像,通过图线来分析相位关系;

3. 将纯电阻电路和纯电容电路进行对比,将纯电容电路和电感电路(实际上是 RL 电路)进行对比,找出它们的区别;

4. 在 RC 电路和 RL 电路中,将电阻从很大的数值逐渐减小,观察相位差的变化,从而可以推出在理想的纯电容和纯电感电路中电流和电压的相位差。

(一)用大型示教电流计演示

[实验装置]

1. 超低频交流电源,用低频信号源中的超低频挡输出。如无此信号源,可以用滑线变阻器或者线绕电位器(50 Ω 左右)按图 5-52 所示电路连接,作为模拟超低频电源使用。将串联的两节 1.5 V 或 2 V 电池的中心抽头作为零电位,滑线变阻器的滑动触头作为另一输出端。当滑动触头在变阻器的中点左右来回滑动时,输出端之间就会有周期性变化的电压输出。

2. 大型电流计两只,一只在 G 输入端并联 10 Ω 的变阻器作为可调量程的电流表使用,一只用 G 表头串联 4.7 kΩ 电位器作为可调量程的电压表使用(用低频信号源的超低频输出时,附加电阻应根据实际输出幅度来选择)。两表的零点都居中。

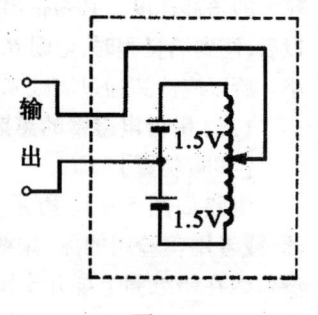

图 5-52

此外还备有 1 kΩ 的电阻(或电阻箱)一只,500~2000 μF 的电容器一只(最好用两只电解电容器反向串联成无极性电容),单刀双掷开关一只,做自感实验或 LC 阻尼振荡实验用的电感元件一只。

[演示方法]

1. 演示纯电阻电路、纯电容电路电流、电压的相位差。

(1)将两只电表前后放置,并使后面的电表表头部分高出前电表顶面。按图 5-53 所示电路连接好仪器,再适当调节电流表、电压表的附加电阻,使输入超低频

信号后两表的指针偏转幅度接近满刻度。

(2) 把开关倒向 1 端,输入超低频信号以后,可以看到电流表和电压表指针周期性摆动的步调完全一致。说明纯电阻电路中电流和电压相位差等于零。

(3) 把开关倒向 2 端,输入超低频信号以后,引导学生仔细观察,可以看到,电流表指针摆动超前于电压表约四分之一周期。由此可以说明,纯电容电路中电流超前电压接近 $\frac{\pi}{2}$。

2. 演示电感电路电流和电压的相位关系。

按图 5-54 电路进行演示。演示方法与上面纯电容电路类似。由于频率比较低,电感的直流电阻与其感抗相比不能忽略不计,因此电流与电压的相位差比较小,不过只要仔细观察,还是能够看出电流落后于电压变化的现象。本实验若在纯电容电路演示之后进行,应首先重新调节电流表的量程,使指针摆幅接近满标度。

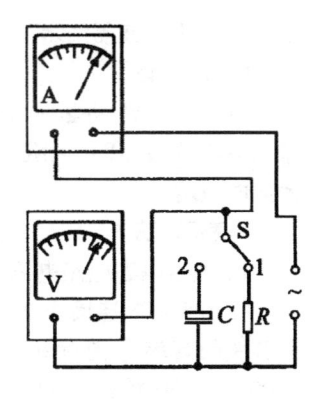

图 5-53

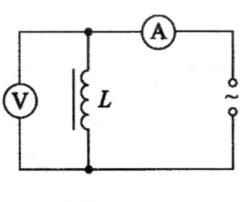

图 5-54

[分析与研究]

1. 用滑线变阻器做交变超低频电源装置简单,设计思想巧妙,在很多实验中都可使用。如果有条件,也可以按图 5-55 所示的结构制作一个环形电阻分压器。不难分析,只要转动手柄,输出端就可以得到交变的电压信号。

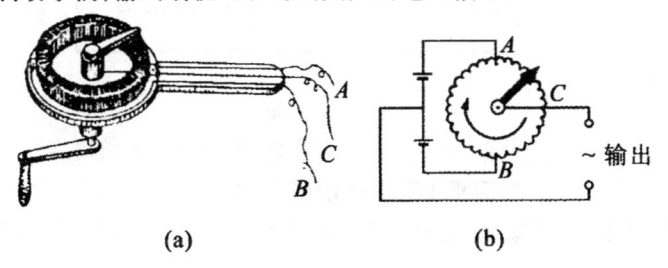

(a)   (b)

图 5-55

2. 由于观察的是动态现象,分辨相位差比较困难,因此在演示时应注意分层次引导观察。首先与纯电阻电路比较,观察与非纯电阻电路的显著区别在哪里,然后观察电流表和电压表指针摆动哪一个超前(领先通过平衡位置),最后观察超前的相位差大约是多少。如果用图 5-52 或图 5-55 的手动超低频电源演示纯电容电路电流与电压的相位关系,可以在电流表指针恰好从负方向过零时停止手动,此时电压表指针就正好停在负的最大值附近,由此即可说明电流超前电压接近 $\frac{\pi}{2}$。

135

(二)用示波器演示[1]

[实验装置]

教学信号源,教学示波器,电子开关,可拆变压器(或半导体收音机输出变压器),电容器(2 μF),电阻(15 Ω、100 Ω 各一只),滑线变阻器(200 Ω),4.7 kΩ 电位器或电阻箱。

[演示方法]

1. 演示电容电路电流和电压的相位差

按图 5-56 连接好电路。将教学信号源的输入频率旋钮置于"500"Hz 挡,把电子开关的频率范围旋钮置于"5k~50k"Hz 挡,把示波器的扫描范围旋钮置于"100~1k"Hz 挡,把它的 Y 衰减置于"1"挡,再把电路中变阻器 W 的阻值调到最大。接着打开电子开关的电源开关,从示波器屏上可以看到两条水平线,调节电子开关的相对位移旋钮,使两条水平线重合后,再接通信号源,此时示波器屏上就会出现两条正弦曲线。以后再调节有关旋钮使屏上的图线清晰、稳定和幅度适中,准备工作即告结束。

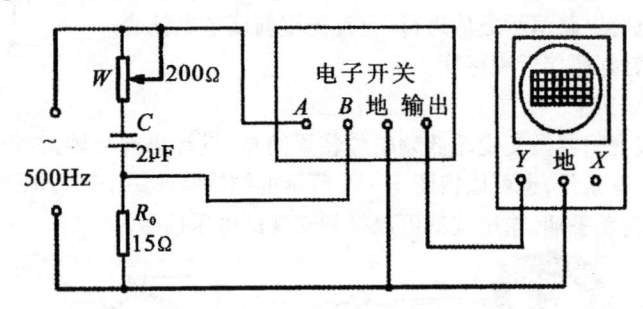

图 5-56

演示开始时,首先分别动一动电子开关的 B 增幅和 A 增幅旋钮,使学生认清表示电流和电压的图线,然后把 W 阻值逐渐减小,观察电流、电压之间相位差的变化。可以看到,随着 W 阻值减小,电流超前电压的相位角变大,当 W 阻值调至零点,相位差接近 $\frac{\pi}{2}$。

2. 演示电感电路电流和电压的相位差

电路如图 5-57 所示,取样电阻 R_0 取 100 Ω,电感取可拆变压器的 220 V 线圈(带铁芯),可变电阻 W 为 4.7 kΩ 电位器(或电阻箱)。演示方法与电容电路类似,在调节演示的过程中,从波形的变化可以看出,电流落后于电压变化,它们的相位

---

[1] 王兴乃.示波器在中学的应用[M].北京:人民教育出版社,1980.

差大于零而小于 $\frac{\pi}{2}$,将 W 调小时,相位差逐渐加大,当 W 阻值为零时,相位差接近 $\frac{\pi}{2}$。

[分析与研究]

用示波器演示电流、电压的相位关系成功的一个关键问题是合理地选择电路参数。由于各地具体的条件不同,能够找到的电容、电感的参数不一定与上面介绍的相同,因此有必要了解电路参数设计的方法。

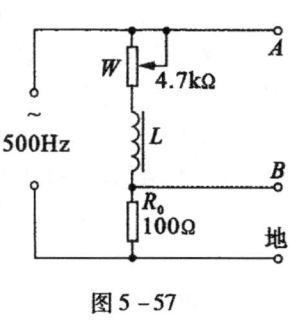

图 5-57

例如,现有 1 μF 的电容器,假定选信号源的频率为 500 Hz,要求电流、电压的相位差最大时 $\varphi = 85°$,最小时 $\varphi' = 10°$。

首先由最大相位差确定 R_0 的取值。由 $\tan\varphi = \frac{1}{\omega C R_0}$ 可得

$$R_0 = \frac{1}{\omega C \tan\varphi} = \frac{1}{6.28 \times 500 \times 1 \times 10^{-6} \times 11.43} = 27.9(\Omega)$$

取 $R_0 = 30\ \Omega$。

然后由小相位差确定 W 的取值。因为 $\tan\varphi' = \frac{1}{\omega C (R_0 + W)}$

所以 $W = \frac{1}{\omega C \tan\varphi'} - R_0 = \frac{1}{6.28 \times 500 \times 1 \times 10^{-6} \times 0.176} - 30 = 1776(\Omega)$,

取 $W = 2000\ \Omega$。

如果电容器的容量为 10 μF,算出的 R_0 只有 3 Ω,可能会使取样电压过低,因此,最好维持 R_0 为 30 Ω,将信号源的频率改为 50 Hz,这样用普通的低压电源就行了。

在演示 RL 电路中电流、电压的相位关系时,电路元件参数选择的方法与上面介绍的相似,由公式 $\tan\varphi = \frac{\omega L}{R}$ 来确定。通常在不知道 L 参数的情况下,可以通过观察波形来调整其他元件的参数。例如,在将 W 阻值从最大调至零的过程中,相位差变化不大,且都接近于零,则应适当减小 R_0 的阻值或提高信号源的频率;如果都接近 $\frac{\pi}{2}$,则应加大 W 的阻值。另外在调整中还应同时考虑波形幅度的要求。以选择合适的 R_0 值。(思考:上述过程调整的原理是什么?)

为提高演示效果,除选择合适的电路参数外,在操作中还应注意如下几个问题:

1. 电子开关的频率范围选择应使示波器屏上保持连续的图线,并不像示波器那样要求与信号频率相近。通常电子开关取较高的频率。

2. 有时,示波器屏上两条图线的幅度悬殊,而与幅度小的信号对应的电子开关上的增幅已调最大。这是由于输入的两个信号的幅度相差过大造成的。此时可以将与另一个信号对应的电子开关的增幅相应减小,再调大示波器的增幅或信号源的增幅,即可获得满意的波形。

3. 应当使各仪器共地(即将各仪器的接地接线柱连起来作为公共地端),以保证波形清晰。这是同时使用多种电工仪表时应当遵守的一条基本规则。

思考题:

在设计 RC 电路参数时,如果考虑电容器漏电的影响,R_0 和 W 阻值的参数应作怎样的变化?

十五、LC 振荡的演示

(一)用大型电流计演示

[设计思想]

LC 阻尼振荡的实验一直是教学中的难点。实验电路如图 5-58 所示,它实际上并不是一个理想的 LC 电路,可以等效为 RLC 电路,R 是回路的等效电阻。根据理论分析,当电容放电时,电流强度:

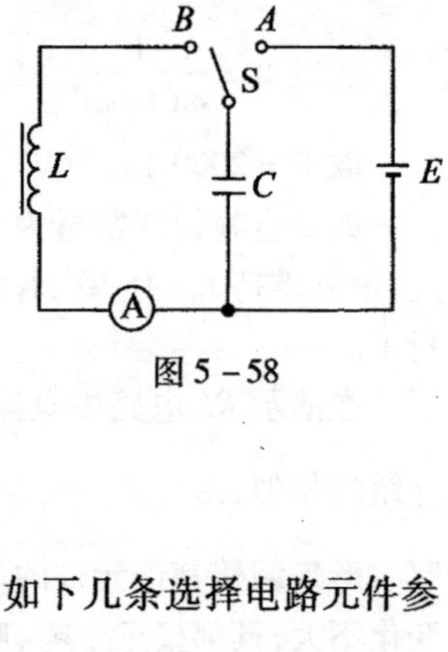

$$I(t) = I_0 e^{-(\frac{R}{2L})t} \cos\left(\sqrt{\frac{4\frac{L}{C} - R^2}{2L}} t + \varphi\right) \quad (1)$$

由此式可以推导出产生振荡的必要条件为

$$R < R_C = 2\sqrt{\frac{L}{C}} \quad (R_C \text{ 称为临界电阻}) \quad (2)$$

图 5-58

当 $R \ll R_C$ 时,振荡周期

$$T = 2\pi\sqrt{LC}$$

从上述分析出发,并根据演示的实际要求,可以提出如下几条选择电路元件参数的原则:

1. 由于电表指针阻尼振动系统的固有周期比较大(0.5~2 s),因此,选择振荡电路的固有周期不能太小,为使条件不过分苛刻,选 0.5~1 s 可以了。

2. 不能单纯从固有周期公式出发来选择 L、C 的值,还必须考虑振荡产生的条件式(2)。因此,选择电感元件的直流电阻应尽可能小一些,自感系数尽可能大一些。

3. 振荡电流幅度的衰减速度(取决于因子 $e^{-\frac{R}{2L}t}$)应小于指针本身惯性振动幅度

的衰减速度(取决于电表指针系统本身的机械特性),为此,要求 $\frac{R}{L}$ 的比值小到一定的程度。

4. 如果把电流计串联在 LC 电路中,则要求表头内阻尽可能小些。

[实验装置]

大型示教电流计,电感,电容,6 V 蓄电池,单刀双掷开关等。下表介绍几组电路参数。

电 感	电 容	电 表
沈阳教仪厂生产(66 年前)电感线圈, $R_L = 100\ \Omega, L = 30\ H, 100\ H$	100 μF	苏州产 ± 100 μA 大型示教多用电表 $r_g = 500\ \Omega$ 改装成电压表使用
100 W 电子管扩音机电源变压器初、次级高压线圈顺接 $L = 150\ H$, $R_L = 125\ \Omega$	100 μF	同 上
自制:用 $10 \times 12\ cm^2$ E 型铁心,叠厚 5 cm,并用 $\phi 0.2\ mm$ 漆包线密绕 13000 匝,$L = 1200\ H, R_L = 1220\ \Omega$	10 μF ~ 20 μF	苏州产 ± 100 μA 大型示教多用电表 $r_g = 500\ \Omega$①
自制:用 $12.6 \times 15.7\ cm^2$ 的"口"型铁心,截面积 $3.2 \times 5.6\ cm^2$,再用 $\phi 0.67\ mm$ 漆包线密绕 6000 匝,$L > 780\ H, R < 80\ \Omega$	100 μF ~ 200 μF	杭州产大型电表 500 μA,$r_g = 105\ \Omega$,其他大型电表也可②

[演示方法]

1. 连接好演示电路,调节电源电压,使放电时的最大电流比电表量程略大些。

2. 开始演示,首先把开关 S 倒向 A 端,随后倒向 B 端,可以看到电流表指针以零点为平衡位置摆动。

3. 再重复上述步骤,但在开关 S 刚倒向 B 端后立即切断电路,可以看到指针虽然也作阻尼振动,但振幅衰减的速度显然比步骤 2 中要大,由此即可说明 LC 电路中有振荡电流存在。

[分析与研究]

这个演示实验的关键是选择合适的电感元件和其他电路元件参数。当电感元件的直流电阻与自感系数比值略大一些时,为了减小电表内阻对电路的影响,可以

---

① 电路参数取自南京教育学院孙乐成的自制实验器具.
② 电路参数取自合肥娄燕翼、陈正文的自制实验器具.

采取两种方法：

1. 用内阻较小的电流计或加电流放大器的电表（减小电表的内阻）来检验振荡电流。

2. 把电表改装成电压表并联在电容（即并联在电感）两端使用。

3. 大型电流表量程开关应放在 G 挡，即不应使电表动圈两端并联分流电阻，否则将产生很大的阻尼，从而无法观察到振荡现象。电路参数的设计应满足前述要求。下举一例：

实验测知电流表指针在自由振荡时，经过 3～4 个周期后振幅衰减为起始的 $\frac{1}{10}$，为了使电流振荡现象与它区别，要求振荡电流经过 5 个周期衰减为起始值的 $\frac{1}{10}$，设取周期为 0.8 s。由公式（1）的振幅部分列方程

$$\frac{I_0}{10} = I_0 e^{-\frac{R}{2L} \cdot 5T}$$

化简，两边取对数后可得

$$\frac{R}{L} = \frac{2\ln 10}{5T} = \frac{2 \times 2.3}{5 \times 0.8} = 1.15$$

如果有一只电感线圈 $L = 150$ H，$R_L = 125$ Ω，考虑到现有大型电流表的内阻为几百欧，那么就不可能满足 $\frac{R}{L}$ 的上述条件。若减小周期可以使 $\frac{R}{L}$ 条件要求降低，但周期取得太小，指针的频率响应跟不上，效果也不理想。在这种情况下，若采用电压表来检测振荡电流即第二种方法，对电路的影响就可以小得多。为此再由周期公式求得电容值 C

$$C = \frac{T^2}{4\pi^2 L} = \frac{0.8^2}{4 \times 3.14^2 \times 150} = 108(\mu F)$$

暂取 C 值为 100 μF，再用公式（2）检验是否满足起振条件：

$$R_C = 2\sqrt{\frac{L}{C}} = 2 \times \sqrt{\frac{150}{100 \times 10^{-6}}} = 2449(\Omega)$$

即 $R \ll R_C$

所以，可以取上述电路参数。

（二）用示波器演示

[设计思想]

用电流计演示阻尼振荡，现象比较直观，但由于表针系统的转动惯量和内阻的影响，不得不对电感元件提出较高的要求，用示波器演示就可以克服这一弱点，而且还可以用它来定性验证周期公式。

用普通示波器演示时，振荡频率可以有两种选择：一种是使 LC 电路产生超低

频振荡,观察示波器屏上的光点振动情况。另一种是选用大于二十几赫兹的音频振荡,配合扫描使光屏上出现连续的波形。前者的优点是能够直观地看到振荡电流随时间的变化情况,可以不考虑扫描的配合选择问题,但它的缺点是光点的阻尼振动在短时间内很快消失,给分析现象带来困难。后者的优点是波形比较稳定,对电感的要求相对于前者可以更低一些,即在满足 L 与 R 的比值一定的条件下,电感量 L 可以小些。下面介绍相应的两种具体电路,供使用者根据实际情况进行选择。

1. 光点作超低频振动的演示[①]

[实验装置]

实验原理线路见图 5-59。C_1、C_2、C_3 为纸质电容器组,电容量分别为 1、2、3 μF。当它们依次接入电路时,振荡电路的总电容按照 1:4:9 关系变化,从而使振荡周期大至按 1:2:3 关系变化。

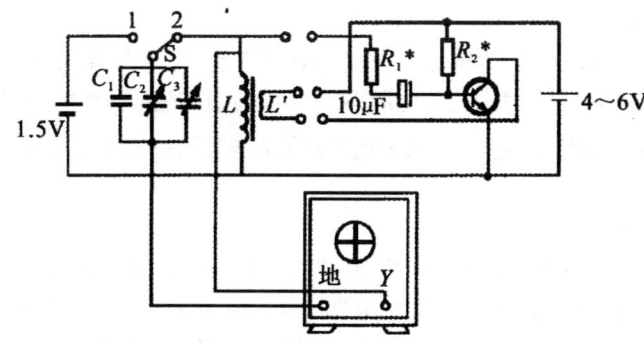

图 5-59

电感线圈可利用厂制示教变压器的铁心,在自制框架上用直径 0.5 mm 的漆包线绕 5000 匝,在适当位置也可引出一些抽头。反馈线圈 L' 可以利用示教变压器 220 V 的线圈。

图的右上方为放大单元,装在一小块线路板上,在演示等幅振荡时接入。放大单元中 R_2^* 用以调节三极管的工作电流,一般可调在 1 mA 左右。R_1^* 用以调节反馈的强弱,调节 R_1^* 到电路能产生稳定的等幅振荡且波形又不失真即可。若实验中不产生振荡,可调换 L' 的两个接头。整个装置装在示教板上。

[演示方法]

首先演示阻尼振荡。断开放大单元。用普通教学示波器演示时,将 X 扫描选择到外接位置,调节示波器的有关旋钮,使无信号时屏上出现一较大的光点。然后,将开关 S 接通"1"端使电容器充电,紧接着将 S 转到"2"端,即可观察到阻尼振

---

① 本节由杭州一中夏蒙森同志供稿.

荡的图形。改变接入电路的电容器或线圈的抽头,可以演示振荡电流的周期与振荡电路自感系数及电容的关系。

接上放大单元,开机后即可清楚地观察到光点上下作等幅振动。

2. 低频 LC 阻尼振荡波形的演示①

[实验装置]

电路如图 5-60 所示。在 LC 电路中,用调压变压器作电感线圈,电容器的电容量取 0.1 ~ 10 μF,充电电源用低压电源直流 8 ~ 12 V 挡,充放电的开关由继电器来控制,继电器的线圈接在低压电源交流 8 ~ 12 V 输出与二极管组成的半波整流电路中。另备示波器等。

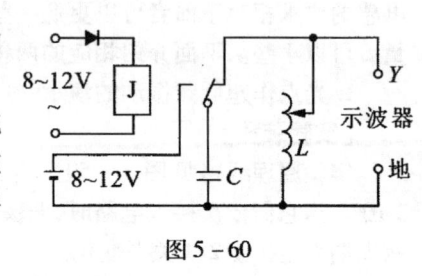

图 5-60

[演示方法]

按电路图接好仪器,并做好示波器的预调工作,把示波器的扫描频率旋钮置于 10 ~ 100 Hz 挡。再接通交直流电源,调节示波器扫描频率微调旋钮,即可在示波器屏上见到稳定的阻尼振荡波形。改变电容器的容量还可以定性地演示 $T=2\pi\sqrt{LC}$ 的关系。

[分析与研究]

该实验中,继电器的通断频率为 50 次/秒,因此可以利用视觉暂留效应使屏上显示出稳定的波形。但必须注意,继电器的常开和常闭触点不要接错,应该使断电时 LC 电路处于接通状态。因为继电器线圈中通过的是半波脉冲电流,吸合的时间比断开的时间要短,而电容充电需要的时间也很短,所以可以利用继电器吸合的时间来充电。LC 电路从开始起振到停振的时间应小于或等于继电器的释放时间,约 1/100 s。这样,在示波器的屏上就可以看到一个完整的阻尼振荡波形。

十六、变化的电场产生磁场的演示

[设计思想]

演示变化的磁场产生电场比较容易,一些电磁感应现象的实验都可以用来说明这一规律。然而要用实验来演示变化的电场产生磁场,就比较困难。这里介绍一种比较简单的演示方法。

当交流电接于电容器的两极板时,两极板间产生一变化的电场,电容器中有"位移电流"通过。这种位移电流也产生交变磁场,其磁感线为与平行板面平行的

---

① 饶立安. 对 LC 阻尼振荡实验的一点改进[J]. 物理教师,1984,6.

一系列同心圆。如果在此变化的磁场中插入一个装有指示氖泡的闭合线圈（拾电圈），并使线圈平面与磁力线垂直，即与平行板电容器的板面垂直，由于线圈所包围的面积中磁通量的交替变化，在线圈中便产生交变感应电动势。当交变电场变化足够快时，感应电动势足以使小氖泡发光。

[实验装置]

如图 5-61 所示。平行板电容器板面直径应在 20 cm 以上，底座必须绝缘良好。如果学校中没有现成的金属圆盘形的平行板电容器，可以用硬纸板或薄木板及铁丝自制、并垫蜡块绝缘。用 80 mm 火花距的感应圈。拾电圈为直径 7~8 cm 的圆环，可用直径为 1.5 mm 的塑料皮铜线或裸铜线绕几圈做成，线圈中串联焊接一只小氖泡。整

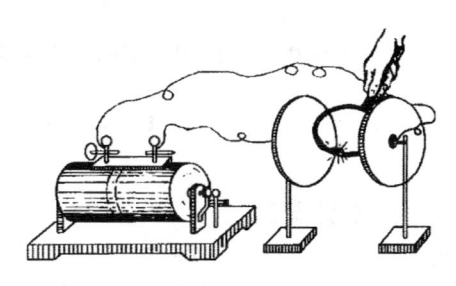

图 5-61

个拾电圈固定在一根胶木或塑料的手柄上，使柄在圆环的平面内并通过圆环的中心。

[演示方法]

1. 按图安装好平行板电容器，用导线将平行板电容器的两板分别连接于感应圈的两放电桩上，放电针间隙取 4 cm 左右。

2. 接通感应圈电源（用 12 V 交流电）调整断续器，使两放电针间产生连续的火花放电。此时如果平行板电容器两板间的距离不大也可能放电，增大两板间的距离，至两板间无火花为止。

3. 把拾电圈插入平行板电容器的两板间，插入深度不要超过板面的中心。使线圈平面与两板面垂直，与板面保持一定距离。如线圈与板面有火花放电时，可增大两板间的距离，使火花消失为止。此时可以看到氖泡发出辉光。从而证明了变化的电场产生变化的磁场这一规律。

4. 把拾电圈从电容器中逐渐拉出，可看到氖泡逐渐变暗，完全拉出时氖泡不再发光，说明变化的电场产生的磁场主要分布于平行板间的空间。

5. 重新插入拾线圈，并使线圈平面由与板面垂直位置绕柄慢慢旋转至与板面平行位置，可以看到氖泡辉光逐渐变暗，直至完全不亮，说明磁场矢量与电场矢量是相互垂直的关系。

[分析与研究]

1. 必须用较高频率的交变电场来进行实验，其目的在于获得一个大的变化率，只有这样，才能获得较强的位移电流，从而产生较强的磁场，而且磁通量的变化率大，感应电动势高，氖泡易于发光。用交流电源给感应线圈供电的目的也就在于此。调整断续器时应观察火花放电情况，在火花最细密时频率最高，效果最好。

2. 如氖泡发光较暗,可适当将拾电圈的圈数多绕几圈。

3. 若氖泡所发出的辉光不很明亮,为使每个同学都能看清,实验最好在半遮光的教室或实验室内进行,并在氖泡后衬以黑纸。

[思考题]
1. 如何用实验说明氖泡的闪光不是电容器两极间强电场直接作用的结果?
2. 如何用实验说明氖泡的闪光主要不是来源于周围导线中的传导电流?

十七、跨步电压的演示

[设计思想]

在"安全用电"的知识介绍中提出了跨步电压的概念,然而在日常生活中学生几乎是无法见到这种现象的(也不希望他们见到这类现象),但这种知识是重要的。因此,对这种触电方式可用生动的模拟实验,给学生提供感性认识的条件和向他们揭示由于跨步电压触电的机理。模拟的方法是用感应圈产生高压电场,用装在人体模型上的氖泡来显示跨步电压。

[实验装置]

如图5-62所示,实验装置由下列部分组成:

1. 电源、感应圈。

2. 人体模型:用胶木板按人体的轮廓制成,脚和腿可以活动,在胸部装一只测电笔氖泡,氖泡的两极用导线分别与两只脚上的金属"鞋"相连。

3. 一张纸、铁架、导线等。

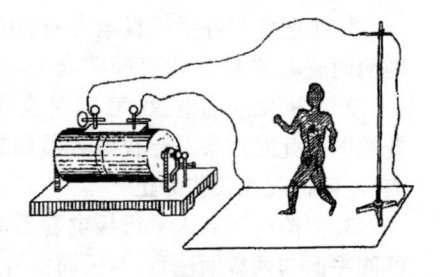

图 5-62

[演示方法]

1. 按图示把仪器在桌子上装好。

2. 用微湿抹布把纸的表面擦潮。

3. 用导线将感应圈的高压输出的一端接在纸的边缘上,将另一高压输出端接在铁架杆上端,并从杆上同一点挂下一根导线接纸的另一边缘。

4. 让人体模型双脚并拢立于纸上,然后接通电源,使感应圈工作,可以看到,人体上的氖泡并不发光。

5. 切断电源后,使人体跨出一步,站立在适当的位置,再接通电源使感应圈输出高压,可以看到,人体上氖泡闪烁发光,示意着人体因跨步间的高压而触电。

[注意事项]

当感应线圈输出端导线接在纸上时,接触点应保持接触良好,可以在导线夹处蘸上一点水,使演示效果比较可靠。

十八、用简易的装置演示光的干涉和衍射现象

目前,已有现成的仪器能够较好地演示光的干涉、衍射现象。关于这些仪器的使用,这里不再介绍,只介绍一些简单的自制实验器具进行的演示。

(一)双缝干涉的演示

[实验装置]

1. 双缝:制作精细的双缝是做好本实验的关键,下面介绍两种制法:

(1)用刀片划缝的方法

用墨汁涂在清洁透明的玻璃片上,或者取不透明的塑料薄膜,用黏合剂粘在载玻片上,作为双缝的底板。也可以用照相玻璃底板经完全曝光、显影、定影、冲洗、晾干后待用。不透明的薄膜,可以用透明的玻璃纸在黑色染料水溶液中煮数分钟,再用清水洗去余液,贴在平玻璃片上晾干制成。

划缝的方法是:用一根直尺压在待制双缝的底板上,再取两张双面保险刀片紧贴在一起,然后使两张刀片的刀刃与底板膜接触,沿直尺边缘向前推进,即可画出两条细缝。由于一张刀片的厚度约为 0.1 mm,因此划出的双缝间距也约为 0.1 mm。选用墨汁底板时,必须在墨汁将要干而未干透时进行划缝,这样划出的双缝整齐而且缝间的薄膜不易脱落。划好缝后,最后用另一块透明玻璃板覆盖在底板上,将两块板固定在一起,以保护双缝不致损坏。

(2)用照相的方法

在一张白纸上用鸭嘴笔蘸绘图墨水画两条平行线,每条墨线宽 0.6 mm,两条墨线的中心线间的距离为 2.5 mm,墨线长 25 cm 左右。把这样的底图放在阳光下或灯光下,再用 135 照相机拍照。胶卷用 8 DIN 黑白拷贝片。摄影时把缝长缩短到 1.5 cm 左右。摄得的底片应用高反差显影液显影,经清水彻底冲洗后再定影、清洗,晾干后夹在两载玻片之间即制成双缝。根据底片上的缝长 l,底图上的墨线长 L,墨线中心距 D,即可求得双缝的缝间距 d:

$$d = \frac{l}{L} \cdot D$$

一般选用 d 为 0.1~0.2 mm 的双缝进行实验。

2. 缝光源:单丝灯泡是较好的缝光源。如果没有这种灯泡,可以选用 220 V 60 W 或 220 V 100 W、灯丝呈圆弧状并在一个平面内的白炽灯,把灯泡侧置,代替单丝灯使用。

[演示方法]

把缝光源照亮后放在讲台上,让学生手持双缝片,放在眼前,通过双缝观察光

源,如图5-63所示。当双缝与线光源平行时,便能看到清晰的彩色干涉条纹。如果在缝光源前放置滤色片(可以用有色玻璃或玻璃纸代替),就能看到单色的干涉条纹。

(二)薄膜干涉的演示

[实验装置]

如图5-64所示。

1. 薄膜框架:用直径为2 mm左右的铜丝或自行车钢丝弯成一个圆形框架,圆的直径约50 mm,也可以制成方形或三角形框架。

2. 光源:用幻灯机或用100 W溴钨灯泡加会聚透镜自制的光源。

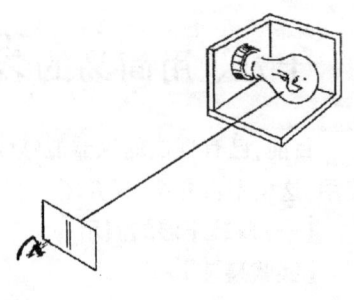

图5-63

3. 成像透镜:焦距为10~20 cm左右。

4. 光屏:用半透明的绘图纸或塑料薄膜作透视屏,也可用白纸作屏。

5. 肥皂液:用洗净剂或洗洁精,加1/3清水,搅拌静置后待用,也可以用洗衣粉泡成溶液,滴入几滴甘油。

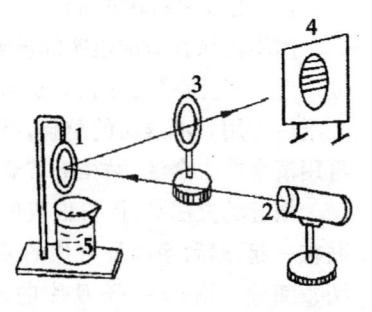

图5-64

[演示方法]

按图装置好仪器,手持烧杯使框架浸入肥皂液中,然后放下烧杯,框架上就形成了一层劈形薄膜。接着点亮光源,使光线对薄膜的入射角为45°左右,再调节成像透镜的位置,使屏上出现清晰的干涉条纹像。随着液膜厚度的变化,干涉条纹的间距也在变化。当液膜变得很薄时,由于表面张力和液体流动的影响,干涉图像在千变万化,这是十分生动的。

为了做好演示,溶液浓度必须调配适当,以较浓一点为宜,但浓度过大时,平行条纹的边缘不整齐;浓度过小时,液膜易破,干涉条纹的呈现时间很短。浓度调配合适时,薄膜可以持续几十分钟而不破。

(三)光栅的衍射现象

[实验装置]

1. 光栅:这里介绍几种制法。

(1)找一块薄胶木板,裁成带孔的矩形板,另用直径为0.1 mm的漆包线在板的中部密绕一层,将漆包线的一面用胶粘牢在板上,把另一面的线小心地拆去,最后用两块载玻片把板夹在正中固定起来。

(2)在一张60×85 cm^{2}的不反光白纸上用墨笔画150~160条平行线,黑线宽3 mm,间距2 mm。可用绘图鸭嘴笔画出黑线的两边,再用毛笔将两边之间的区域涂黑。然后再用 135 照相机反拍在 8 DIN 的胶卷上,将全长缩小到 1 cm 左右。冲洗仍用高反差显影(如用 D-11 显影液)。拍摄完成后夹在片框内即可。

(3)找一块尼龙绸(如尼龙伞的绸布)贴在框板上,就成了一个方格正交光栅。

2. 光源:缝光源,同观察双缝用的光源;点光源,用 2.5 V 小电珠。

[演示方法]

与双缝干涉的观察方法相同。如果用方格正交光栅观察衍射现象,必须对着点光源观察。

十九、声波干涉现象的演示

[设计思想]

为了使学生深刻理解波的重要特征之一是能够产生干涉现象,可以用不同种类的光波、水波、声波等进行演示。演示声波干涉现象时,和光波、水波的演示一样,必须使两列波满足相干条件。比较简便的方法是用一个振荡器产生音频电振荡信号,经放大后推动两只相隔一定距离的扬声器,使它们发出两列振动频率相同、相位差恒定的声波。这样,在一定的区域内就能够明显地察觉波的干涉现象或驻波现象。声波干涉实验的困难是不太直观,可对空气的振动情况采取不同的检测手段(人耳,示波器,示教电流计)加以对比。

(一)用示波器演示声驻波现象

[实验装置]

小型扬声器两只,信号发生器,扩音机,话筒,示波器,小型光具座等。两只扬声器面对面地在光具座上固定,如图 5-65 所示。

图 5-65

[演示方法]

1. 用信号发生器给扩音机输入等幅音频信号。

2. 接通扬声器 A,适当调节它发出的音量,并沿水平方向自 A 向 B 缓慢地移动两个扬声器中间的接受话筒,在示波器屏幕上即可看见各处空气振动的幅度逐渐衰弱的情况。

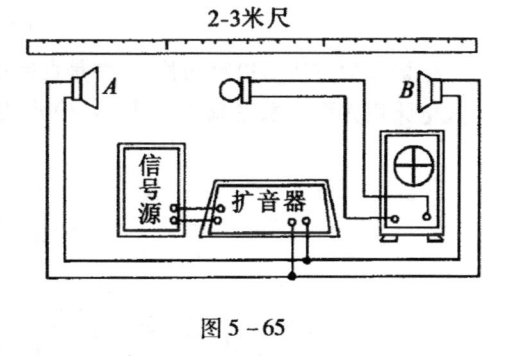

3. 再接通扬声器 B,这时将发生驻波现象。可用话筒在 A 与 B 之间缓慢移动,于是在示波器上可见到各处空气振动的幅度发生交替的变化,测出两个相邻的振动最强(或最弱)点之间的距离 s,则可知声波的波长 $\lambda = 2s$。若频率 f 已知,根据 $v = \lambda \cdot f$ 就可以求出声速。

(二) 用大型示教电流计演示声波干涉现象

[实验装置]

相干声源由音频振荡器、放大器和扬声器组成（如图 5-66 所示）。振荡器可以用 J2462 型低频信号发生器代替，用其第四频段的正弦波输出，频率可在 5~6 kHz 间调节。放大电路如图 5-67 所示，由三级电压放大和一级推挽功率放大电路组成。扬声器应选用小型的高音扬声器，而不要用普通的喇叭。将两只扬声器串联在一起接在放大器的输出端。

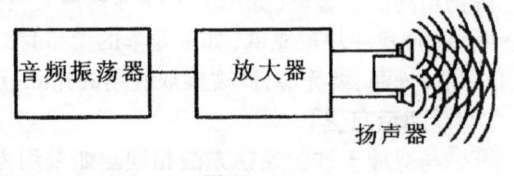

图 5-66

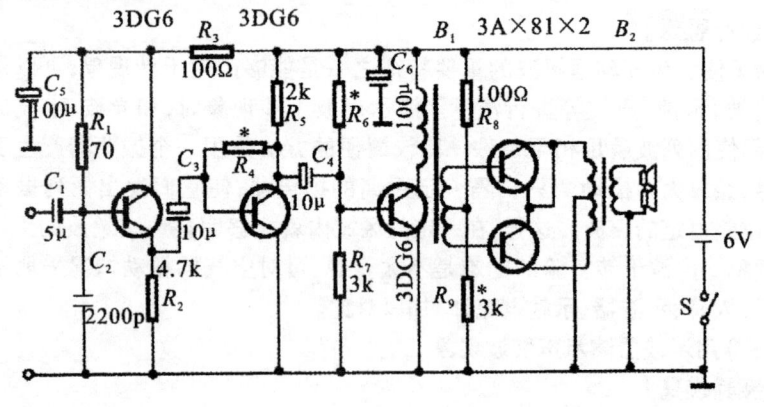

图 5-67

接收的方法可以有两种，一种是直接用耳朵监听；另一种是用拾音器加检波放大电路用大型灵敏电流计来显示。检波电路如图 5-68 所示。

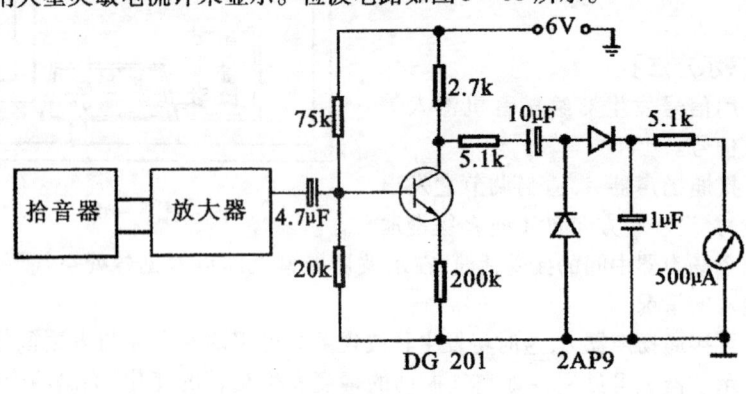

图 5-68

[演示方法]

使两只扬声器并排放置,彼此相距 40 cm,接通放大器、振荡器电源以后,调节振荡器使输出 5 kHz 左右的信号,然后在与两扬声器连线平行离声源约 2~5 m 的位置,用耳朵监听。向一个方向走动,可以感觉到声强相继出现极小和极大的现象。这就是声波干涉的现象。如果用检波器在距声源 1~2 m 远的不同位置通过大型示教电流计来测量,就可以大致验证声强最大或最小的间隔距离公式:$\Delta x = \lambda \dfrac{L}{a}$ (λ 是波长,a 是两声源的距离,L 是监测点到声源的距离)。

[分析与研究]

为什么选用频率比较高的声波,主要原因是它的波长比较短,在距声源同样远的检测线上,声强极值点的间距比较小。这样就容易感受到极大和极小的区别;利用短波长的声波,周围的反射干扰也比较小。

二十、光偏振的演示

[设计思想]

光偏振实验是证实光为横波的重要实验。用现成的偏振片进行演示并不困难,问题在于没有现成的偏振片时怎样让学生见到偏振现象。用自然光经过反射或折射获得偏振光是较为简便的方法,而且用这种方法还可以对学生起到扩大知识面的作用。

光源发出的自然光是在垂直于传播方向的平面上沿各个方向振动的。我们可以把它们分解为互相垂直的两组振动。例如在图 5-69 中,从 S 光源发出一束自然光,可以分解为在纸面内(即入射面内)的一组振动(用短横线表示)和垂直于纸面的一组振动(用小点表示)。当这束非偏振光从光疏媒质"1"(如空气)射向光密媒质"2"(如玻璃)时,反射光束中垂直纸面的振动将多于平行纸面的振动;而折射光束中,平行纸面的振动则多于垂直纸面的振动。

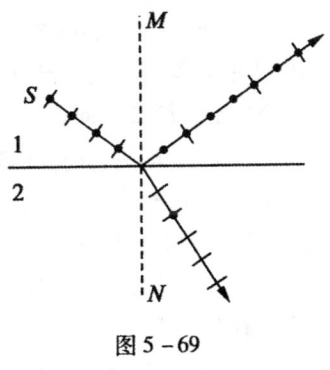

图 5-69

可见在一般情况下,反射光和折射光都将成为部分偏振光。如果使入射角 i_0 满足 $\tan i_0 = n_{21}$,反射光中就不再含有平行纸面的振动,成为完全偏振光。此时,称 i_0 为起偏振角(或布儒斯特角)。当光从空气射向玻璃媒质时,$i_0 = 56°18'$。

根据上述原理,用一束自然光经过两平面镜反射,保持入射角 $i_0 = 56°$ 左右,如

图 5-70 所示,就能够观察到偏振现象(请读者自己思考和分析)。

以上是反射偏振光形成的机理。自然光以布儒斯特角入射时,反射光虽是完全偏振光,但光强很弱,对一次反射来说,垂直于入射面的振动只有 15% 被反射,大部分都被折射入玻璃内。因而对于折射光来说,虽然光强较大,但它的偏振度却是很低的。为了利用折射的方法获得偏振度较高的偏振光,必须应用经过多次折射的方法。只要将许多平行的玻璃片叠在一起(称为玻璃堆),使光线按布儒斯特角入射,折射光则因逐次失去垂直入射面振动的部分而接近于完全偏振光。

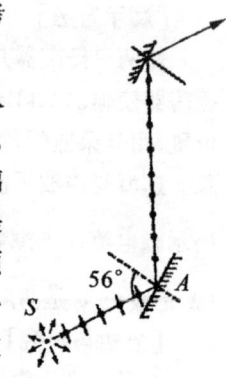

图 5-70

[实验装置]

1. 反射偏振演示装置

如图 5-71 所示,由光源、两块平面反射镜和投影屏等组成。

(1)光源:用 6.3 V 的小电珠装在镜筒内,镜筒前端装一只短焦距(约为 3 cm)的凸透镜,其前后位置可以适当调节。镜筒架固定在可以绕竖直轴转动的活动底座上。镜筒的俯仰角也可以调节。

(2)反射镜:取 6×8 cm^2 的平面玻璃两块,将黑板漆均匀地涂在玻璃板的一个面上。使漆面向里,把玻璃板固定

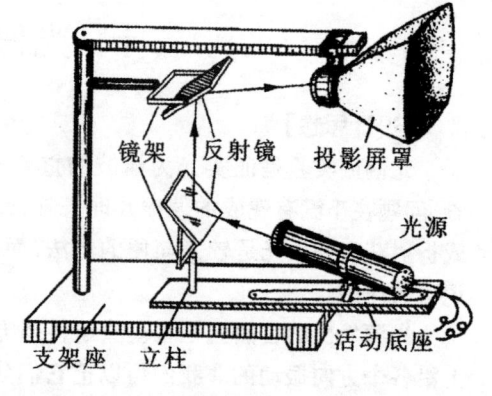

图 5-71

在薄底板上,再把它们分别装在上、下支架上。装配时应注意,上、下镜架的转轴必须水平,下镜架的立柱应竖直地固定在装有光源的活动底座的转轴上。

(3)投影屏:做一个喇叭形的遮光罩(可以用黑纸做成),在罩底正中开一个圆孔,并把一张半透明的塑料薄膜或描图纸贴在圆孔上,把这样的投影屏装在上反射镜的前方即可。

2. 折射偏振演示装置[①]

如图 5-72 所示,由玻璃堆、套筒、投影屏和光源等组成。用两端开口可以套在一起的两截纸筒或胶木筒作套筒,在每一截套筒中都装一个玻璃堆。玻璃堆是由

[①] 参考南京教育学院孙乐成自制实验器具.

20～30片盖玻片(生物显微镜上用的)叠在一起,边缘上用透明胶带粘牢制成的。玻璃堆应斜装在套筒内,使玻璃片的法线与套筒轴线的夹角约为56°。然后,用(1)中同样的方法制作一个带遮光罩的投影屏,把它装在套筒的一端,

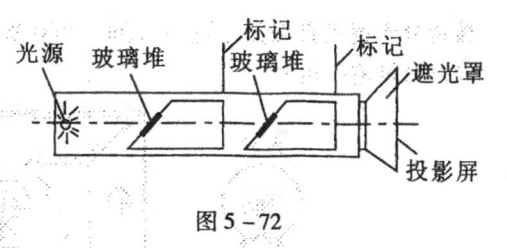

图 5-72

在另一端装一只小电珠作为光源。为便于学生观察两玻璃堆相对位置的变化,可以在每截套筒外固定一根标杆,标志各玻璃堆的偏振化方向。

[演示方法]

以反射偏振现象为例(透射的方法雷同,不再介绍)。

先使两平面镜镜架转轴平行,调节反射镜的角度及光源镜筒的俯仰角,使光线对两平面反射镜的入射角约为56°,并在投影屏上出现光斑。再调节光源前后位置或光源透镜位置,使光斑变为明亮的灯丝像。然后向一侧转动活动底座,使两平面镜的相对位置发生变化,屏上灯丝像的亮度也逐渐变化。当两平面镜的转轴相互平行时(偏振化方向相同),灯丝的像最亮,再转过90°时(偏振化方向垂直)灯丝的像就几乎见不到了。

二十一、吸收光谱的观察和投影

吸收光谱是研究原子内部电子运动理论的重要实验,对建立原子能级的概念具有重要意义。以往用酒精灯加热分解氯化钠产生钠蒸气来做实验,效果很不好,其原因主要是钠蒸气的浓度太低,改进这个实验的关键也在这里。克服这一困难一般可用下面两种方法。

(一)用无水醋酸钠分解和回火加热的方法[①]

[实验装置]

如图5-73所示。用铁皮做一个半圆柱面的罩子,在罩子的两侧下边各开一只进风缺口,在顶部开一个圆孔,再焊上一只锥形的小漏斗。用这样的罩子罩在普通的酒精灯上,在酒精灯内装入溶有无水醋酸钠的酒精,这种溶液是用4克粉末状的无水醋酸钠溶解在100克酒精中制成的。由于点燃酒精灯后,火焰能够在罩内反复回转,因此为提高钠蒸气的浓度创造了良好的条件。为了防止外部空气流动的干扰,可以在酒精灯的外围加一个防风罩,在罩子的相对两壁上开两个透光孔。另备

---

① 回火罩的方法由西南师院牟林西同志提供.

棱镜分光镜或直视分光镜一只,60~100 W 的白炽台灯一只(用小幻灯或 50 W 聚光反射灯泡也可)。

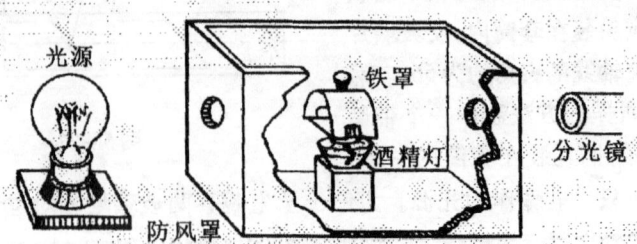

图 5-73

[演示方法]

1. 调节好棱镜分光镜,并用白炽光透过防风罩的侧面透光孔,把分光镜的狭缝照亮,从望远镜筒中可以看到连续光谱。

2. 把含醋酸钠的酒精灯放在白光光路中,在它的铁罩漏斗中加入少量的醋酸钠。关闭白炽灯后点燃酒精灯,从分光镜中可以看到钠的明线光谱,再调节分光镜使明线尽量细而清晰。

3. 点亮白炽灯泡,可以看到在连续光谱的黄色区域内,原来明线的位置出现暗线,这就是钠的吸收光谱。

[分析与研究]

用分光镜观察钠的吸收光谱时,影响效果的主要因素有三点:

1. 钠蒸气的浓度和温度

因为吸收光谱是由钠原子吸收了白光中相应频率的光子而产生的,如果没有一定浓度的钠蒸气,也就不可能有足够的钠原子来吸收足够多的光子,因此也就不可能观察到吸收暗线。此外,要求钠蒸气中的原子处于游离状态,它们之间几乎没有联系或联系很弱,这样才能因特定的原子能级跃迁而出现线状光谱,因此,对钠蒸气的温度也有一定的要求。上述钠蒸气源的装置就是为满足这些要求而设计的。

2. 白炽光源的温度

白炽光源的温度必须比钠焰的温度高,否则就不能使足够多的钠原子激发跃迁到高能级。如果由钠焰激发产生的相应谱线频率的光子数(指向分光镜方向的光子)比被钠原子吸收的相应频率的光子数要多,这样在连续光谱上就不会出现暗线;如果白炽光源的温度过高,白炽光发射出的相应频率的光子数比被吸收掉的要大得多,光谱中的暗线同样看不清楚。因此应当注意使白炽光源与酒精灯焰的温度配合好。有时,可以用调电压的装置改变白炽光源的温度,使白炽光源的温度略高一些。

3. 分光镜的调节

必须仔细调节分光镜(见本节附录)。特别是狭缝的宽度调节,对光谱观察影响很大。如果狭缝过宽,由于某一频率的光通过分光镜后成像宽度较大,相近频率的光通过分光镜成的像就会叠加在一起,因此降低了分光镜的分辨能力;如果宽度过小则光谱亮度不足,暗线也看不清楚。此外还应当注意,不要使狭缝上沾有钠盐。如观察时发现很多横线,则表明狭缝两边毛刺太多,应拆下用汽油擦洗,并用细磨石磨去毛刺。

由于各人的眼球差异,有时观察效果好坏不一,因此,观察时,可以前后调节望远镜的目镜,使暗线清晰。

(二) 用真空充钠玻璃泡的方法①

[实验装置]

用抗钠玻璃制一只圆柱形的玻璃泡,在泡中放入像绿豆那样大的金属钠,抽真空后把玻璃泡封闭起来,就制成了充钠泡。再用一根电炉丝绕在陶瓷管上制成加热筒,把加热筒固定在可以升降调节的底座上。另备 40～100 W 台灯一只,棱镜分光镜(或直视分光镜)一台,演示用低压电源(6 V)一台。

[演示方法]

按图 5-74 所示布置仪器,调节好分光镜,打开白炽灯的开关,可以见到连续光谱,然后,接通加热筒电炉丝的电源(20～24 V),几分钟以后,在连续光谱黄色区域内可以看到钠的吸收暗线。

[分析与研究]

由于采用抽真空的充钠泡,金属钠受热变为钠蒸气,且不易氧化,所以用这种方法观察钠的吸收光谱是很清晰和稳定的。

如果需要把吸收光谱线投影出来,可以采用图 5-75 所示的方法,A 为平行光源(用 12 V 100W 溴钨灯泡),B 为钠蒸气发生装置,C 为单缝(缝宽 0.2 mm),D 为成像透镜,E 为光栅(每毫米 400～600 条),F 为半透明的投影屏,G

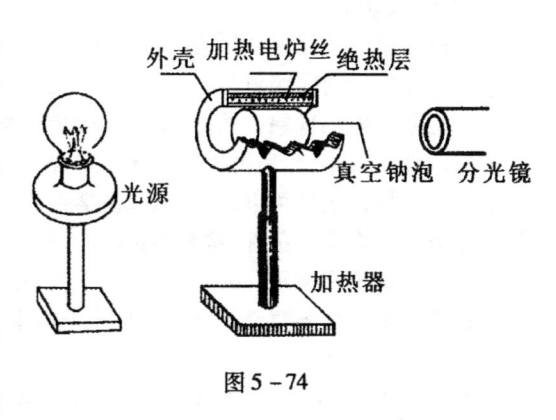

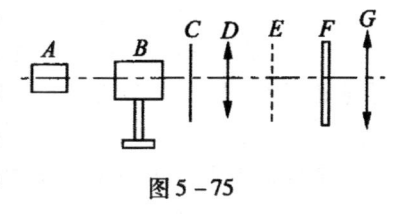

图 5-74

图 5-75

———————
① 该实验装置由南京师大朱凤德、孙杭嘉等设计。

是放大用凸透镜。实验时首先把各光具调到共轴,再调节成像透镜的位置,使屏上出现清晰的狭缝像,再调节光栅与狭缝平行,使屏上出现连续光谱,然后再加热充钠玻璃泡,适当调节放大透镜的位置,通过透镜即可见到吸收光谱的暗线。这个装置可供多人在 2 m 内同时观察。

[附]分光镜的调节

(1)先调节望远镜。从镜台上取下棱镜片,用望远镜观察窗外远处的物体,同时前后推拉目镜镜筒,直至看到最清晰的物像为止。

(2)把望远镜对准平行光管(两者成一条直线),用光源照亮狭缝,伸缩狭缝套筒,并尽可能调窄缝宽,直至从望远镜中能看到最清晰的狭缝的像,这时狭缝正位于透镜焦平面上,从平行光管射出来的为平行光。

(3)将棱镜片放在镜台上,盖起遮光罩,用光源照亮狭缝,转动望远镜,使能观察到由棱镜片折射产生的全部可见光光谱。

二十二、用验电器演示光电效应

[设计思想]

光电效应的实验是说明光的量子性的一个十分重要的实验。理想的方法是,用紫外光或伦琴射线照射与验电器导杆连接的锌板,由于锌板上的电子逸出,验电器显示出带正电的现象。然而,实际上很难观察到上述现象,所以通常演示时总是先给验电器带负电,然后再用紫外光照射锌板,从验电器指针闭合的现象来说明光电效应。这样做虽然可以成功,但会使学生产生误解,认为光电效应的产生必须以导体中有多余电子为条件,这是不正确的,所以需要改进这个演示。

为了改进这个演示,必须处理好如下的关系:

1. 选择照射的光源必须既要满足光子能量 $h\nu$ 大于逸出功 A 的条件,又不能使空气产生严重电离。

2. 既要满足产生光电效应的条件,又要考虑由于锌板带电所形成的库仑电场对光电子逸出后的影响。

当光电子逸出金属表面后,金属的电势要升高,无疑对电子要施加库仑力的作用,而光电子要依靠它的初始动能力图挣脱这个电场的束缚。设光电子从逸出金属表面后到"无穷远"处克服电场力所做的功为 eU(U 是金属板的电势),它的最大初动能是 E_m,因此,当 U 上升到 $eU = E_m$ 时,逸出金属板的电子与返回金属板的电子达到动态平衡,光电子就不能挣脱库仑电场的束缚了。从这里可以估算出金属板的电势为 $U_m = \dfrac{E_m}{e}$。显然,锌板所能上升的最高电势与入射光子的能量有关。如果验电器的灵敏度还达不到显示 U_m 的程度,实验就不能成功,必须另想办法。

下面介绍几种改进的实验方案。

(一) 用附加电场的方法

为了减弱锌板电场对光电子的束缚作用,在锌板的附近设置一带正电的物体。这样,当紫外光照射锌板时,逸出的光电子就可以在附加电场的作用下挣脱束缚,如图 5-76 所示,同时,由紫外线对空气电离产生的负离子也可以被清扫,锌板的电势就能够上升到使验电器指针张开的程度。

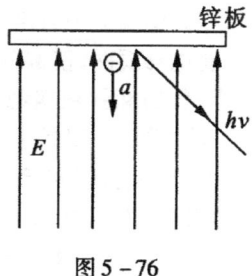

[实验装置]

如图 5-77,由电源、验电器、带绝缘座的锌板、带绝缘座的金属网(或有机玻璃棒)、起电盘等组成。光源应包括紫外光源和白炽光源两种。用 15~20 W 的紫外杀菌灯,按日光灯的线路安装在固定的架子上,同时装一只白炽灯泡。

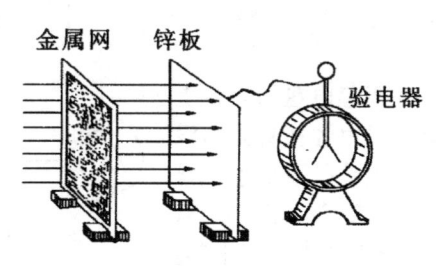

图 5-76

图 5-77

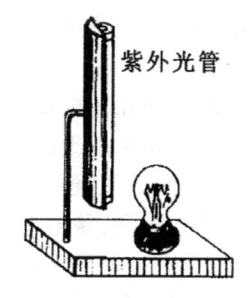

图 5-78

这种装置的结构如图 5-78 所示。如果有现成的弧光灯可以把聚光罩前的玻璃透镜拿去(不要把金属罩去掉)作为紫外光源使用。

[演示方法]

1. 使金属网先带正电荷。

2. 把与验电器相连的锌板放在金属网后面的适当距离处,使验电器的指针刚要偏转而又未偏转。

3. 打开紫外光灯开关,用紫外光照射锌板,可以看到验电器的指针很快就偏转张开。

4. 用白炽灯光照射锌板,尽管灯光的照度增大,照射时间变长,却不能使验电器指针偏转。由上述现象即可引入光量子的理论。

为简便起见,实验中还可以不用金属网,把锌板放在紫外灯前,再把带正电的有机玻璃棒放在验电器旁的适当距离处,由它来建立附加电场。点亮紫外灯后,验电器的指针同样能够偏转。

如果用两只验电器演示效果也很好。一只验电器上插锌板,一只验电器上加以铜网,如图 5-79 放置。首先给加铜网的验电器带正电,然后再用紫外光照射锌

155

板,可以看到,带正电的验电器指针张角减小,而带锌板的验电器指针张角变大,由此可以说明锌板中有电子逸出,并移向带正电的验电器铜网,使部分正电荷得到中和。

(二)用锌板接地的方法

如果用一张锌板和铜丝网组成电容器,把锌板接地,铜网接在验电器的导杆上,并使铜网带上正电荷,这样,当紫外线照射在锌板上时,电路中就会有瞬时电流产生(等效电路如图5-80所示),验电器的指针张角就会变化,因此,同样可以说明光电效应。

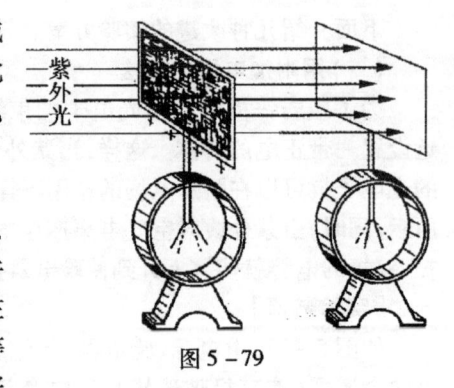

图5-79

[实验装置]

验电器、铜丝网板、锌板、起电盘、紫外光源和白炽光源。

[演示方法]

把铜丝网板插在验电器导杆上,并用起电盘给它带上正电荷。用紫外光照射铜网,可以看到验电器指针张角没有变化,然后手持锌板,移至铜网后方,使紫外线照射在锌板上。此时可以看到,验电器的指针逐渐闭合,如图5-81所示,说明锌板中有电子飞出,并与铜网上的正电荷中和。用白炽光照射就见不到上述现象。

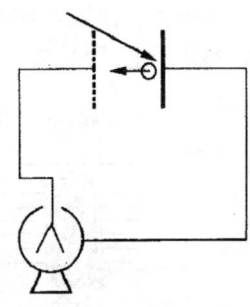

图5-80

[分析与研究]

按理讲用附加电场的方法,不需要对光源提出不使空气严重电离的要求,只要附加电场足够强,总能达到清扫负离子的目的。但从教学的角度来看,与教学目的无关的因素增加了,不容易向学生解释验电器带电的原因。因此,一般选紫外光源较好,而电离作用强的硬伦琴射线管,不宜使用。检验光源是否会使空气严重电离的方法如下:分别给装有锌板的验电器带正电、负电荷,再用光源照射锌板,如果两种情况下,验电器的指针都闭合,则说明空气的电离已产生严重影响。为使实验成功,还应当注意如下几点:

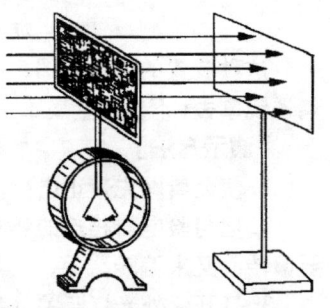

图5-81

1. 验电器和所有仪器绝缘支座部分都应保持良好的绝缘性。

2. 锌板使用前应用砂纸将表面打磨光洁,如果没有锌板,也可以用铝板代替,但也同样应打磨光洁。

3. 紫外光源应加防护罩,或让学生透过讲台上的平板玻璃观察现象,以防止紫外光伤害学生的眼睛。

[本章小结]

本章介绍了22个物理演示实验的典型案例,对每个演示实验的案例都介绍了其设计思想、采用的实验装置以及演示方法,同时对其进行了分析研究。

[思考练习]

1. 请针对某个演示实验方案进行评价,找出它的特点,分析其教学价值。
2. 运用创造技法,找出某项演示实验的"缺点"、"希望点",然后对其进行改进,提出设计方案。

第六章 学生分组物理实验的设计与研究[①]

[内容提要]

本章讨论分组实验的教学功能、基本过程以及教学要求。最后，列举了学生分组实验的研究案例。

[学习指导]

通过本章的学习，理解学生分组实验的特点、教学的基本过程和实验设计的基本要求，结合案例掌握学生分组实验教学的相关要素。

第一节 学生分组实验的教学功能

学生分组实验是学生在教师指导下，在实验室以小组合作形式进行的，或通过自主探究或通过验证规律获得知识以及动手操作获得实验技能的教学活动。它的最大特点是学生亲自动手操作仪器、控制实验过程、观察物理现象、测量数据，最后由小组共同分析误差、总结改进方法、得出结论。学生在该过程中完全处于一种主动学习的状态。因此，分组实验以无可辩驳的物理事实使学生对物理概念和物理规律的理解得到深化，对培养学生的实验技能和实事求是的科学态度，以及对培养学生学习物理的兴趣等方面都有重要作用。同时，分组实验对培养学生在基本仪器的使用技能技巧、对实验仪器及装置的认识、实验基本方法的了解等方面也有其独特优势。可以说，分组实验能使每个学生的手和脑、知识和能力、情感态度和创造经验等方面都获得综合性的基本训练，是其他任何教学方式和手段不可替代的。忽视对中学生进行亲自动手实验的基础训练，从根本上说就不可能真正完成中学物理教学的基本任务。目前，物理教学中广泛存在的"重视分数，忽视能力"的现象，主要原因之一就是许多教育工作者尚未充分认识对学生进行这种基础实验训练的重要性和必要性，缺乏对这种基础实验训练的认真组织与严格要求。近年来，随着课程改革向纵深发展，人们已越来越认识到这个问题，因而逐步加强了学生分组实验活动。

总结上面的分析，我们不难发现，学生分组实验有如下几点功能：

---

① 安忠，刘炳升.中学物理实验教学研究[M].北京:高等教育出版社，1986，167－178.

(1)加深学生对物理概念和规律的理解。分组实验过程虽然是以间接知识为对象的特殊认知过程,但仍然需要遵循从感性到理性,从实践到理论这一认识规律。

(2)分组实验有助于学生的能力发展。近代科学的发展进程表明,实验是科学发展的重要基础,没有实验所显示的现象,就很难突破传统观念的束缚。在教学中,让学生既动手、又动脑,自己去探索和验证规律,有利于发展学生的思维,开发智力,形成能力。

(3)学生分组实验有利于学生学习科学实验的方法。物理实验可以在一定程度上模仿物理学的研究过程,让学生主动学习和探索物理规律,学习科学研究的方法。比如探索物理规律的方法、验证物理规律的方法、理想化实验的方法等。

(4)学生分组实验有利于培养学生的科学态度,形成良好的习惯。学生实验可以加深学生对物理学的热爱,进一步激发对物理科学的兴趣。通过学生实验可以使学生树立尊重客观实际,严肃认真,一丝不苟的科学态度,可以形成按照基本仪器的使用方法和使用程序,并按照实验要求做实验的良好实验习惯。

由于学生实验的重要地位,应大力提倡开展中学物理学生分组实验的教学研究,它的主要课题可以设想以下几个方面。

(一)研究如何创造条件,完成中学物理课程中的学生分组实验

近年来,我国中学物理实验条件逐步得到改善,但发展还不平衡,有相当数量的学校还不能完成相应的学生分组实验项目。因此,有必要研究下列问题,例如:如何设计一些简易的替代性的学生实验,如何开展自制学生实验所需仪器的活动来达到实验教学的目的,检查与改进现有学生分组实验的设计思想、实验方案与实施效果等。

(二)找出一些实验困难的解决办法

课本上还有一些学生实验难度较大,如用干涉法测光波的波长等实验,需要分析困难的原因,找出解决困难的办法。

(三)开发和设计新的实验项目

开发与设计一些新的学生分组实验项目,以满足教学的需要。例如,设计或从演示实验中选取一些对学生锻炼意义较大的实验作为学生分组实验,以加强学生的技能训练;对一些在生产技术中有广泛应用的基本仪器,如游标尺、螺旋测微器、多用电表、示波器等,应设计一些新实验使学生有一定反复训练和提高的机会。课本内容的某些领域(如关于场的性质、原子物理)实验较少,也需要进一步开发。多设计一些测定重要物理常数的实验(如测普适气体恒量、测电子的荷质比和普朗克常量等)。对学生理解这些物理常数的意义,学习这些常数的科学测定方法是十分有益的。设计这些实验时,应考虑中学的条件、中学生的接受能力和心理特点,而不能照搬大学基础物理实验中的有关方法。

(四)研究学生分组实验教学方法

学生分组实验教学方法的研究也是一个极其重要的研究方面。例如,如何进行学生探究性实验,如何改进验证性学生实验教学方法,如何加强边教边实验的方法,对学生应有哪些要求等都是值得花大力气研究的课题。总之,要建立适应我国国情的中学物理实验教学的结构体系和提高学生实验教学质量,必须从理论和实践两方面的结合上深入进行探讨。

第二节 学生分组实验的基本过程

为了充分发挥学生分组实验在物理教学中的作用,必须首先了解学生分组实验的基本过程。这个过程大致可分为如下三个阶段。

(一)准备阶段

本阶段的主要任务是使学生弄清实验目的、内容及有关的原理,认识仪器,了解仪器使用方法,做好实验记录的准备工作。对于探究性实验,准备过程即根据问题、猜想或假设进行实验方案设计,包括实验原理、器材、方法的选定,实验步骤的设计等。

(二)实验操作阶段

在这个阶段中教师的主要活动是指导学生调整仪器,控制实验条件的变化,进行观察和测量,还要注意避免和协助学生排除实验中出现的故障。概括起来主要就是教会学生使用仪器和掌握实验基本方法。一般可以分为三步:

1. 预备性调节

各个仪器的位置安装要满足一定的条件,有的要求底座处于水平,有的要求垂直。各仪器之间的联系也应满足一定要求,如:在电学实验中,电路连接要正确,还要考虑到观察、操作、检查的方便;在光具座上的仪器应保持共轴。测量仪表必须进行零点调节,当某些条件变化影响到零点时,必须重新调节零点。例如,遇有天平位置变动、弹簧秤拉力方向改变、多用电表电阻挡量程变化等,都必须重调零点。某些热电子仪器必须预热和进行辉度、聚焦调节等。

2. 正式操作、观察

对各类仪器必须按一定的操作规范行事。特别要提出明确的禁令,如温度计不能当搅拌器用,不允许用导线短接电源,不允许用手摸光学镜头等。操作要有一定的顺序,例如应在检查电路后再接上电源的另一个接线柱,然后再合上开关。观测时,通过观测点的视线应与刻度平面垂直,读数应根据仪表的精密度、准确度和被测对象来确定有效数位,一般应估读到最小刻度的下一位。当实验中发生故障的时候,应当学会手脑并用,逐步缩小探寻的范围。

3. 拆除、整理仪器

拆除仪器要有一定的顺序,要养成实验结束清理仪器的良好习惯。

(三) 处理数据、分析结果及完成报告阶段

在做实验时,仅仅记录下某些物理量的大小是不够的,还必须将测得的数据整理归纳,去粗取精,去伪存真,实事求是地分析实验结果,完成实验报告。

实验报告一般应包括如下部分:

[实验目的]、[装置与器材]、[实验原理]、[步骤]、[数据记录及计算]、[问题讨论]。报告应力求图表正确,文理通顺。

表格设计应做到:

(1) 说明实验条件;

(2) 要有原始数据记录栏;

(3) 数据表示要完整,栏目中要说明物理量的符号和单位,如 I/A;

(4) 要简明,便于总结出物理规律。

例如,探究串联电路的实验时学生开始可能设计成表 6-1 的形式:

表 6-1

R_1	R_2	U_1	U_2	I_1	I_2	I	U	R
4 Ω	8 Ω	2 V	4 V	0.5 A	0.5 A	0.5 A	6 V	

这种形式既不简明,也不便于数据处理,如果改为表 6-2 的形式,把数据按纵横分组,不仅意义明确,而且规律也很明显。

表 6-2

路段 \ 测量值	R/Ω	U/V	I/A
1	4	2	0.5
2	8	4	0.5
总路段		6	0.5

图示法是处理数据常用的一种方法。它的主要优点有两个:一是用图线表示某物理量与另一物理量之间的关系,具有简明、直观、便于比较的特点,特别对探索物理规律是很有用的方法;二是利用实验中的有限数据作出图线后,可以从中找到那些无法通过实验来得到的数据,还可以求出相关的第三个物理量。

用图示法表述物理量之间的关系时,应注意以下的要求:

(1) 在中学物理教学中,主要介绍直角坐标系。直角坐标一般以横轴代表自变量,纵轴代表因变量。在轴的末端旁边注明所代表的物理量及其单位。

(2) 坐标的原点,不一定取为变量的零点。坐标轴上的标度值应能恰当地反映出测量值的有效数字。

(3) 应尽量使图线占据图纸的大部分,不致偏于一角或一边。横轴和纵轴的标度可以不同,但大小要注意配合。如果数据特别大或特别小,可提出乘积因子,例

如提出×10³、×10⁻²放在坐标轴最大值的右侧。

(4)描点和连线。依据实验数据用笔在图上描点。为清楚、准确起见,常以该点为中心,用×、·等符号中的一种标明。同一图线上的观测点要用同一种符号,如果图上有两条图线,则应用两种不同符号以示区别。

描绘出的直线或曲线应为光滑曲线。曲线不通过全部测定点是正常现象,因为测定值有一定的误差。一般情况下,连线时应尽量使曲线通过或靠近所有的观测点(但对个别严重偏离曲线的点应舍弃),并使观测点比较均匀地分布于曲线的两侧。

教学中所做的实验大多是前人做过的实验,而且多数的物理常数都已有准确的结果。当学生们重做这些实验时,绝不能简单地以数据接近与否为目标。当结果不甚满意时,改凑一下数据是极为错误的,必须坚决制止。把测量中的失误简单地归结为仪器粗糙也没什么补益。应当要求学生仔细地分析实验条件和全部经过,找出失误的原因,必要时重做实验,从中积累经验、锻炼技巧和机智,养成实事求是的科学态度。这样做就能变失误为一次有益的教育。

第三节 设计学生分组实验的基本要求

为了加强学生实验,需要大力提倡与开展学生实验的设计工作,为教学提供更多的符合我国各种具体条件的实验方案。要做好这项工作,应当注意如下四方面的要求。

(一)要突出学生实验的设计思想和探索方法

一个好的学生实验,首先在于它的巧妙构思,能够突出研究课题的关键。科学研究的实验方法中,常用的有实验归纳法和实验验证法,在教学中,对这两种方法也都应当加强基本训练。例如,为了探究串联电路和并联电路中的总电阻,就可以采用如下边讲边实验的方式。为了从串联电路实验中学习探究过程,首先,由教师向学生提出要求,根据欧姆定律,设计一个电路,测定各段电阻的值;然后由学生进行实验,并从实验数据中归纳出 $R_{串} = R_1 + R_2$ 的经验规律,最后,再由教师根据串联电路中电流、电压的特点和欧姆定律,从理论上加以推导,也得出同样的结果。由此,在获得或巩固关于串联总电阻与分电阻关系的知识的同时,学生学习到自己设计电路,总结经验规律并从理论上论证的初步方法。对于并联电阻的探索,又可以用另一种方法进行,先由教师从理论上推导出 $\dfrac{1}{R_{并}} = \dfrac{1}{R_1} + \dfrac{1}{R_2}$ 的关系,然后,由学生自己设计电路操作实验,验证这一关系。最后,由教师总结,并且联系电阻与导体横截面积的关系,对于并联后总电阻减小作出解释。这样,在获得或巩固了关于并联电阻的知识的同时,学习了实验验证法。

(二)要有利于实验技能的培养

学生从分组实验中要得到培养的主要有实验技能、研究方法和实验素养三个方面。我们在设计学生实验时,就应该考虑有哪些训练的因素,教学时该如何进行培养。

从培养动手能力来说,虽然实验仪器是简单的,但操作却要有一定的难度,操作次数要尽可能多一些,促使学生多动手动脑。如,用圆锥摆来研究向心力的公式的实验,对提高学生分析能力和动手能力都很有益。如要保持小摆球在一定半径的水平圆周上运动,必须进行一定的技巧训练;为减小测量周期的误差,需要累计多圈,但又不能计过多的圈数,否则半径将有明显的减小。多设计一些这类有意义的实验,将是开拓学生实验的一个重要方面。

(三)要有一定的计量要求

物理学是一门实验科学,它必须对各种物理现象进行定量的研究,因此,计量对物理学的研究具有重要意义。在中学物理实验教学中也必须有计量的要求。英国著名物理学家开尔文(William Thomson, Lord Kelvin, 1824—1907)说过:"假如你能够量度你所谈的东西,并能用数表示它,你就对它有些了解了,假如你不能用数表示它,你对它的知识就是贫乏而不能令人满意的,这也许只是知识的入门,但不管怎样,你的知识还没有提到科学的程度。"

为了在中学分组实验中达到一定的计量要求即测量误差要求,教师应注意如下几个问题:

1. 应使学生认识研究误差的意义

在中学阶段,不要求讲过多过深的误差理论,但必须使学生明白研究误差的重要意义。当物理学家发现物理规律时,必须判断实验的结果是否在误差范围内。在历史上常常有这样的事例,往往只是由于某一位有效数字上的差异的发现,就打开了通往新科学世界的大门。例如,开普勒在长期艰苦的整理和计算火星观测资料过程中,发现第谷的准确观测数据一般不超过2分的误差,然而根据圆形轨道计算却与实际观测相差8分,他在后来发现了椭圆定律以后说:"正是凭着这8分的差异,便引起了天文学的全部革新。"由此可见,在教学实验中应当树立重视误差的基本理念。

2. 指导学生测读数据

一般在测读数据时,只要求学生估读到仪表最小刻度的下一位,而对教师来说,却应该了解为什么要这样要求。

由于测量总有误差,所以实验结果只能用近似数来表示。带有一位不可靠数字的近似数字称为有效数字。在直接测量中,表示测量值的有效数位不仅与仪器的精密度和准确度有关,而且与被测对象和测量者的分辨能力有关。由于涉及的问题比较复杂,这里只讲两种较为简单的情况。

一种情况是,当测量的系统误差很小,可以忽略不计时,测量的有效数字主要由仪表的精确度(即最小刻度)来决定,如米尺、游标卡尺、温度计等。究竟有效数字应当估读到多少,应视具体情况而定。如果用的是十分度的游标尺,游标尺上可以精确到 0.1 mm。当主尺上的一条刻线与游标尺上的某一刻线正对时,其两边的线是对称分布的。如果刻线不正对,游标尺上必有一个跟上尺的刻度更为接近,我们就采用这个更接近的刻度来读数。例如,待测的某长度在 10.1~10.2 mm 之间,则根据游标尺上第一条刻线与主尺上某刻线的距离大于、等于或小于 0.05 mm 的不同情况,可估读为 10.10,10.15 或 10.20 mm。由此可知,这种情况下的读数误差为 0.05 mm。其有效数字的最低位为毫米的百分位。

另一种情况是,当仪器的偶然误差相对于系统误差可以忽略不计时,则有效数字应根据仪表的准确度级别来决定。例如电表、停表的测量结果的有效数位就应以其准确度来决定。例如用 0.6 A 量程的电流表(2.5 级)测量电流,根据表的准确度可知,最大绝对误差可达 $\Delta I = 0.6 \times 2.5\% = 0.015$(A),即误差出现在安培的百分位。表的最小刻度为 0.02 A,可以估读半小格,即 0.01 A。如果按表的精密度来测读,还可能估读到安培的千分位,说明这时偶然误差可以略去,而按准确度来读数。然而在实际测量时,常常就按仪表的最小刻度读数,这样比较方便。虽然它可能比按准确度规定的位数多一位,但为求准确多保留一位也是合理的。

3. 研究减小实验误差的方法

虽然在中学阶段对学生不必提出过高的误差要求,但教师必须掌握减小误差的途径和方法并适当向学生说明,引起注意。如所测的量很小,可以用累积平均的方法减小相对误差(如测单摆的振动周期);当偶然误差较大时,可以用多次测量求平均值的方法来减小偶然误差(如测滑动摩擦力);当实验存在有较大的系统误差时,可以用修正的方法(如温度计的零点修正)、替代的方法(如替代法测电表内阻)、交换的方法(如天平不等臂影响的消除)等来减小误差。

4. 控制实验误差范围

一个实验方案不仅要理论上正确,而且要实践上可行,如果误差太大就达不到实验的目的。这就需要设计者用误差的理论对实验加以分析。为控制误差范围,必须合理地选择仪器。在中学物理学生分组实验中,一般选择仪器的指导原则是在仪器精确度满足要求的条件下,尽可能使用精确度低的仪器。在间接测量中,各种函数的间接误差形式如表 6-3 所示。利用这些关系,算出各直接量对间接量误差的贡献,就可以检验选用的仪器是否合理。这里举一个例子:

在初中测量固体物质的密度时,若使用的天平感量为 0.01 g,量筒的精密度为 1 cm³。求实验允许的误差范围。

若测得物质的质量为:$m = (57.260 \pm 0.005)$ g,体积 $V = (21.0 \pm 1.0)$ cm³,则物

质密度为：$\rho = \dfrac{m}{V} = \dfrac{57.260 \text{ g}}{21.0 \text{ cm}^3} = 2.73 \text{ g/cm}^3$。

表 6-3

函数形式	绝对误差	相对误差
$R = A + B + C + \cdots$	$\pm(\Delta A + \Delta B + \Delta C + \cdots)$	$\pm \dfrac{\Delta A + \Delta B + \Delta C + \cdots}{A + B + C}$
$R = A - B$	$\pm(\Delta A + \Delta B)$	$\pm \dfrac{\Delta A + \Delta B}{A - B}$
$R = A \cdot B$	$\pm(B \cdot \Delta A + A \cdot \Delta B)$	$\pm \left(\dfrac{\Delta A}{A} + \dfrac{\Delta B}{B}\right)$
$R = A \cdot B \cdot C$	$\pm(A \cdot B \cdot \Delta C + C \cdot A \cdot \Delta B + B \cdot C \cdot \Delta A)$	$\pm \left(\dfrac{\Delta A}{A} + \dfrac{\Delta B}{B} + \dfrac{\Delta C}{C}\right)$
$R = \dfrac{A}{B}$	$\pm \dfrac{B \cdot \Delta A + A \cdot \Delta B}{B^2}$	$\pm \left(\dfrac{\Delta A}{A} + \dfrac{\Delta B}{B}\right)$
$R = A^n$	$\pm n A^{n-1} \cdot \Delta A$	$\pm n \dfrac{\Delta A}{A}$
$R = \sin A$	$\pm \cos A \cdot \Delta A$	$\pm \dfrac{\Delta A}{\tan A}$
$R = \cos A$	$\pm \sin A \cdot \Delta A$	$\pm \tan A \cdot \Delta A$

根据上表列出的函数误差的求法，这个实验的最大相对误差为

$$\dfrac{\Delta \rho}{\rho} = \dfrac{\Delta m}{m} + \dfrac{\Delta V}{V} = \dfrac{0.005}{57.260} + \dfrac{1}{21.0} = 5\%$$

从这个实验中还可以看出，用精密度为 1 cm³ 的量筒时，对天平的精密度的要求就不必过高了。因为，由体积测量引起的相对误差为 5%，而由质量测量引起的相对误差仅有 0.01%，它相对于 5% 来说，已无实际意义。同时，再从两个直接测量值的有效数字位数来看，体积为三位，而质量为五位，按照有效数字的运算规则，表示质量的后面两位数已无意义。可见，在考虑间接测量的实验时，要注意对量具的合理选择。

实验条件的选择也是控制误差范围的一个重要因素。例如用斜面、小车验证机械能守恒，可以得到实验误差 $\rho = -\mu \cot \alpha$，由此可见，减小摩擦系数和增大斜面的倾角，可以减小实验误差。又如，用半偏法测表头的内电阻（串联电阻箱的实验电路），有时误差到 100% 以上，究其原因是实验条件选择不当。可以发现，当电源电压较高时，即使电阻箱的阻值变化很大，也不能引起电表指针有明显的变化，即电表指示的灵敏度受输入电压的影响。经过理论分析，往往能使我们找到较为理想的实验条件。

(四)要符合安全要求

学生实验是在教师指导下由学生独立操作的。在他们还不善于把握实验条件的情况下,要特别注意保证学生不受伤害,仪器和国家财产不受损失,这一点非常重要,教师和实验室工作人员对此负有主要责任。例如,当实验中有高电压、有毒物品(如水银、藤黄)、易爆过程等时,一般避免安排为中学生实验,更不宜让学生独立操作。又如:安装变压器实验所用的电源不能直接使用交流 220 V。而只能用低压电源上的交流输出。对于有一定危险,而又不得不让学生做的实验,必须采用一定的防护措施和进行安全教育。例如,凡容易漏电的仪器,外壳应接地,仪器中的高压部分不要暴露在外面等。

同时,学生用的仪器应有较大的安全系数。例如,学生电源要能经得起较大的电流;仪表的可动部分能经得起较大的冲击;整机能经得起一定的震动等。因为学生的操作技能和实验素养有限,难免不慎出现过失,如果仪器的安全系数小,仪器"太娇",不仅容易带来经济或其他损失,而且影响教学进度甚至人身安全。

需要指出的是,为了达到物理分组实验的要求,除了必要的物资设备条件外,教师也是一个关键因素。每位物理教师都应该明确实验教学的重要作用,不断提高自己的实验教学水平。实验教学水平包括教师本人对实验内容的理解,教师的实验技术水平以及教师对分组实验的内容安排、组织指导、分析总结等。当前加强分组实验的教学,一方面要提高教师的实验水平,另一方面应该加强实验教学的研究。

第四节 学生分组实验专题研究示例

依据实验教学目的侧重点的不同和新课程的要求,可以把中学物理学生分组实验分为三种类型:基本操作性实验;实践、验证性实验;研究、设计性实验。

一、基本操作性实验

基本操作性实验是指掌握常规仪器的操作使用方法,或是掌握某种装配技能为基本目标的实验。如,天平的使用,打点计时器的使用,电压表和电流表的使用等。通过一定基本技能的训练为后续更高要求的实验打下基础。

另外基本操作性实验也包括测量性实验,其是指利用测量工具、仪器仪表对某物理量进行直接或间接测量为基本目标的实验。如,用电流表测电流,用电压表测电压等为直接测量;而速度和加速度的测量,密度的测量等是通过测定相关物理量,再运用其间关系求的,称为间接测量。测量性实验在定量分析、数据处理、误差分析方面都有一定的要求,因此比基本操作实验要更进一步。

分组实验教学过程中不仅要注意程序,而且要注意动作的规范要求,切忌随意动作。例如,在使用游标卡尺的过程中,一般用左手拿被测物体,右手拿卡尺来进行测量。如图 6-1 所示。

测量宽度　　　　　测量内径

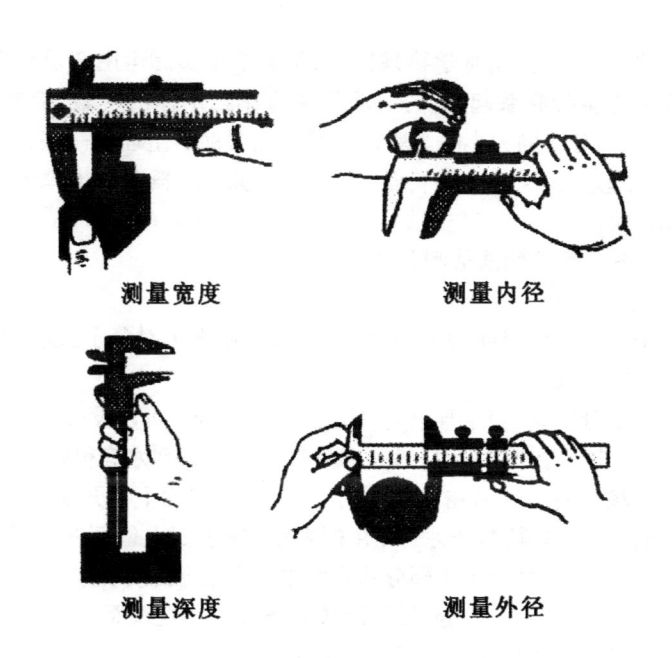

测量深度　　　　　测量外径

图 6-1

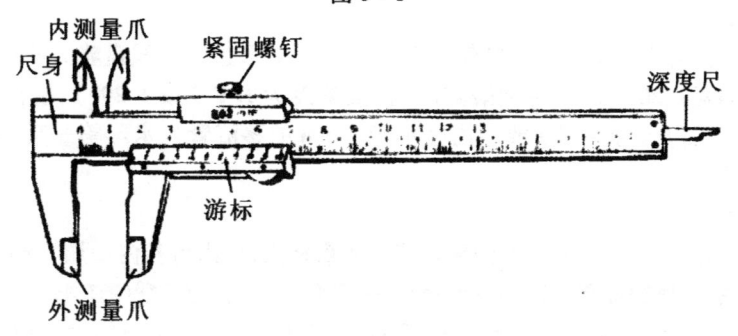

内测量爪　紧固螺钉　　　　　　　深度尺
尺身
游标
外测量爪

图 6-2

基本测量方法是在中学物理教学中占有相当重要地位的实验教学内容。如长度、时间、质量、速度、加速度、电阻、电压、电流、折射率、焦距等。围绕这些物理量的测量的相关实验，应对学生进行一些基本的测量方法的训练。另外基本实验仪器的使用也在这一过程中得到训练，学会这些仪器的使用，不仅是进一步学习和深造的需要，也是工作和生活的需要。如上述游标卡尺、螺旋测微器、停表、天平、打点计时器、电阻箱、滑线变阻器、光具座等。

二、验证、实践性实验

验证、实践性实验是以验证已知常数或规律以及学习实验检验方法和技能为基本目标的,同时为了巩固所学物理知识,培养学生实际运用知识和操作的能力,让学生把理论与实践联系起来。如,验证牛顿第二定律的实验,验证动量守恒定律,用油膜法估测分子的大小等。验证性实验能帮助学生理解一些重要的物理量、物理常数的物理意义,了解一些科学测定方法,巩固对概念和规律的运用,是十分重要的一类实验。

实验示例一　用油膜法估测分子的大小

[设计思想]

实验采用油膜法估测油酸分子的大小,从而使学生对分子大小的数量级有一个比较具体的初步认识。

油酸的化学分子式是 $C_{17}H_{33}COOH$。它的一个分子可以设想由两部分组成:一部分是 $C_{17}H_{33}$,它不受水的吸引;另一部分是 COOH,它对水有很强的亲和力。当把一滴经过酒精稀释的油酸滴在水面上时,油酸就在水面上散开而形成一个近似圆形的油膜(溶液中的酒精溶于水中,并挥发后,在水面上留下一层纯油酸),其中 $C_{17}H_{33}$ 部分冒出水面,而 COOH 部分却在水中。实验已经发现这层油膜是一个分子的厚度,即这层油膜是一个单分子层,油酸分子是直立在水面上的。因此估算油酸分子的最大长度只要求出这层油膜的厚度即可。

[实验器材]

浅盘(直径为 40 cm 的圆盘或 50×45 cm² 矩形盘)、比浅盘略大的有机玻璃板(或玻璃板)、200 mL 稀释油酸溶液(油酸浓度为 1/100 或 1/200)、量杯(10 mL)、2 mL 注射器及针头一支(或用内径小于 1 mm 的移液管)、水彩笔一支、坐标纸、铅笔、痱子粉。

[实验方法]

1. 用注射器或移液管把油酸溶液滴入量杯内,数出量杯内增加 1 mL 所需要的滴数。然后根据油酸溶液的浓度算出一滴溶液中所含纯油酸的体积。

2. 在浅盘中注入清水,水深 1~2 cm。待水面平静之后,通过纱网把痱子粉薄而均匀地撒在水面上。注意不要触动浅盘。

3. 用注射器或移液管在浅盘中央水面上方约 1 cm 高处,滴一滴稀释油酸溶液。稍待片刻之后,将有机玻璃板轻轻盖放到浅盘上。注意不要振动水面。用水彩笔在有机玻璃板上描绘出油酸薄膜的轮廓图,如图 6-3 所示。

4. 把有机玻璃板覆盖在坐标纸上,求出油酸薄膜的面积 S。即以 1 cm² 为单位计算轮廓图内正方形格数(不完整的格子可用互补的方法计算)。

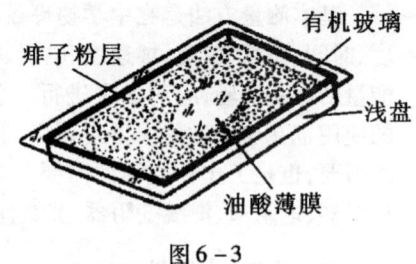

图 6-3

5. 由每一液滴中油酸的体积 V 以及它的薄膜面积 S,即可计算出油酸分子的大小(长度): $L = \dfrac{V}{S}$。

为了做好这个实验,向水面撒粉、滴液滴、描轮廓等动作一定要轻、稳。尤其是滴液滴有两个问题要注意:一是滴液时离水面 1 cm 的高度不易控制,二是滴数不易控制,甚至会连续滴下几滴。因此在正式实验之前要进行一定的训练以掌握实验要领。

[实验数据表格示例]

次数	S/cm²	$L = \dfrac{V}{S}$/10⁻⁷ cm	L 平均值/10⁻⁷ cm
1			
2			
3			

[分析与研究]

1. 这个实验的方法是很巧妙的,体现为如下几点:(1) 它利用油酸分子的特性使在水面上形成单分子层的油膜,这是本实验的理论依据。(2) 用液滴和稀释的方法控制油膜的大小,使实验有了可能性。假如用 0.1 mL 纯油酸在水面上形成油膜,展开的面积将达到 60~70 m²,这是行不通的。(3) 用漂浮的粉粒(除痱子粉外,滑石粉,细粉笔灰都可代用)来显示油膜的边界线。为什么粉粒会被油膜"排开",这是由于水的表面张力系数大于油酸的缘故。为了使油膜形成的轮廓近似为一圆形,应保持容器器壁的清洁。

2. 还可以用如下的方法来估测油滴的体积和油膜面积:把直径为 0.05~0.09 mm,长为 5 cm 的细铜丝弯成 V 形(角度在 30°左右)用胶纸固定在小棒上,使其带上一小滴纯油酸,用钢尺和放大镜测出其直径 d,则该油滴体积 $V = \dfrac{4}{3}\pi\left(\dfrac{d}{2}\right)^3$;然后把带有小油滴的铜丝轻轻浸入浅盘中央的水面,随即拿出,待油滴在水面布成稳定的油膜后,用直尺估测出计算油膜面积所需要的数据,(如直径或长、宽等),计算出油膜面积 S。这种估测方法比较简便,但误差较大,所以在测量中要仔细、认真,以使测量结果在数量级上与公认值比较接近。

实验示例二　滑动摩擦力和滑动摩擦系数的测定

[设计思想]

这个实验比较难做。因为摩擦力的大小不可能直接测出,所以只能通过二力平衡的方法来间接测量。课本上是用动平衡的方法,它要求滑块在粗糙程度不同的表面做匀速直线运动(同时改变被牵引物体的重力),这就是造成实验困难的主要原因(用手牵引很难保持匀速)。如果让支撑物运动,而保持滑块静止,那么滑块所受支撑面的动摩擦力必然与拉力平衡,此时,对支撑物的运动没有严格的匀速的要求,因此,读数比较容易稳定。变滑块的动平衡为静平衡,这就是本实验设计的出发点。

[实验器材]

弹簧秤(称量250 g)、力学小车(2个)、长木板(50×8×1 cm³)、木块(10×6×4 cm³)、细线绳(2根)、定滑轮、砝码、棉布、毛巾等。

[实验方法]

1. 实验装置如图6-4所示,把两力学小车固定在长木板的两端,成为一架长台车。将木块放在台车上并将其一端用细线绳与水平放置的弹簧秤相连。台车的一端用细线绳跨过定滑轮与砝码相连。

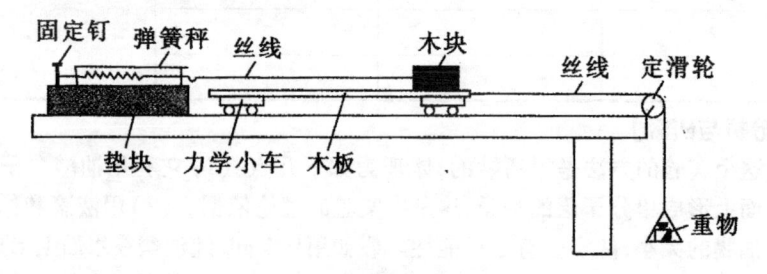

图6-4

2. 在砝码盘中加适量的砝码(或重物)。稍微推动一下,台车就会运动起来。由于台车与木块之间的相对运动,在其接触表面上就会发生摩擦,而产生的摩擦力的大小可以用弹簧秤测出。

3. 用弹簧秤或天平测出木块重力,然后,测出木块与台车面板间的滑动摩擦力。

4. 依次将20、40、60、80 g的砝码放在木块上,用同样的方法分别测出其滑动摩擦力的值。

5. 根据上述测定数据,就可在坐标纸上描绘出滑动摩擦力与正压力间的关系图线,并可计算出滑动摩擦系数μ,计算式为$\mu=\dfrac{f}{N}$。

6. 分别将棉布或毛巾铺在台车面板上进行测量。从而找出滑动摩擦力与接触面的材料性质及光滑程度的关系。

7. 将木块侧放、立放来考查滑动摩擦力的大小与接触面积的关系。

[实验结果示例]

滑动摩擦系数的测定记录(g 取 10 m/s²)

物理量 \ 实验条件 \ 测量值	木块	木块加砝码	木块加砝码	木块加砝码
压力/10⁻² N				
摩擦力 /10⁻² N 第1次				
第2次				
第3次				
第4次				
第5次				
平均值				
滑动摩擦系数				

[分析与研究]

1. 这里介绍的实验方案比中学课本上的实验误差要小,但需要有相对运动的准备知识。通过让学生判断实验中的摩擦力方向还可以加深学生对相对运动的理解。从锻炼学生的动手能力来看,它不及中学课本上的实验。为弥补这一不足,可以把图 6-4 的装置简化,例如按图 6-5 所示的装置,用手直接拉动支撑板,使之与木块发生相对运动。只要注意一定的操作技巧,就能获得稳定的读数,这样有利于锻炼学生的动手能力。

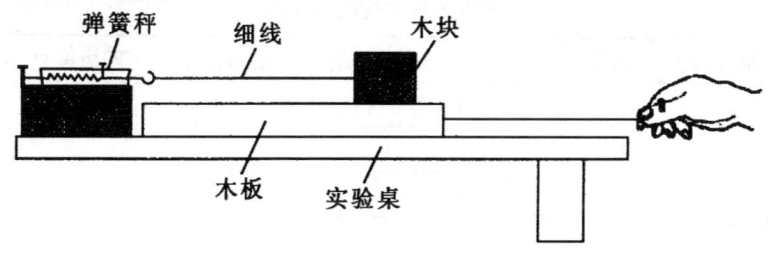

图 6-5

2. 在实验中为了获得稳定的读数,支撑板(台车上的长木板)上可以贴一张绘图纸,使摩擦表面更加均匀;操作时应尽可能使支撑板的加速度小一些,因为当速度变化很大时滑动摩擦系数也要改变,所以最好使支撑板以较小的速度匀速运动。

实验示例三　用斜杯溢水法测固体物质的密度

[设计思想]

用溢水法测固体的体积是人们所熟悉的一种方法,它不仅可以测量形状规则固体的体积,也可测量形状不规则的固体的体积;包括密度小于水的固体在内。如用天平直接测出固体的质量和间接测出固体排开水的体积,就可以间接测出固体的密度。没有溢水杯时,可用倾斜的烧杯来代替。

[实验器材]

大烧杯(500 mL),小烧杯(50 mL),天平,待测固体(石块)等。

[实验方法]

将质量为 M、密度为 ρ、体积为 V 的待测固体放入盛满水(或已知密度的其他液体)的容器中,溢出的水收集在另一质量为 m_0 的容器内,测定溢出的水的质量为 $m - m_0$ (m 是接水容器与溢出的水的总质量)。

待测固体的密度为: $\rho = \dfrac{M}{V}$

溢出的水的体积(亦即待测固体的体积)为:

$$V = \dfrac{(m - m_0)}{\rho_0}$$ (ρ_0 为水的密度)

故待测固体的密度为: $\rho = \dfrac{M}{m - m_0}\rho_0$

实验用如图 6-6 所示的装置进行。在倾斜放置的大烧杯中倒满水,再把待测的固体放入水中,用小烧杯收集溢出的水,用天平测出 M、m、m_0,即可求得待测固体的密度。

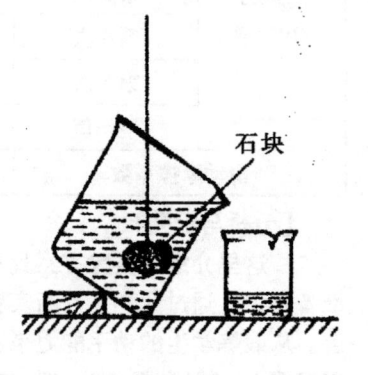

图 6-6

[实验数据表格示例]

测定石块密度的记录表

石块质量 M(g)	小烧杯质量 m_0(g)	小烧杯与水的质量 m(g)		水的质量 $m - m_0$(g)
		测量次数	测量值	
16.88	21.50	1		
		2		
		3		
		4		
		平均值		

计算 $\rho = \dfrac{M}{m - m_0}\rho_0 = $ _____。

[分析与研究]

为了使学生在实验中获得更大的收益,可以启发学生边实践边研究一些问题:

1. 有大小不同的石块,应如何选择石块的大小以减小实验测量的误差?

2. 溢出的水会沿大烧杯的外壁流出,该怎么办?(适当调整大烧杯的倾斜度;另外可以告诉学生让他们在杯口外侧涂上一层薄薄的石蜡)。

3. 如果物质的密度小于水的密度(如石蜡块),怎样才能用溢水法测它的密度?

当待测固体密度小于水时,实验装置及方法基本不变,只需在该固体上先用细线系一重物(该重物应能使待测固体全部沉入水中)如图6-7 将重物全部浸入大烧杯内,并使水刚好满到杯口处。而后再开始实验,将待测固体小心平稳地浸入水中,同时将从大烧杯溢出的水用小烧杯接住,就可求出待测固体的密度。

实验示例四　用橡皮筋牵引小车研究牛顿第二定律
[设计思想]

通常用连接体的方法来研究牛顿第二定律,在原理上比较复杂,如果采用近似的方法,以砝码受的重力作

图6-7

为小车受到的拉力,那么在以后教学的适当时机,还必须用隔离法对这种近似作出交代和解释,否则容易使学生形成错误的概念。下面介绍的实验方案,要求学生以恒力通过橡皮筋牵引小车,就可以避免出现以上问题。同时,本实验中的操作技巧较高,有助于培养学生的操作技能。

[实验方法]

在水平桌面上放一力学小车,把橡皮筋的一端挂在小车的前面,橡皮筋的另一端挂在木尺的小钉上。实验时两手执尺,沿小车前进方向移动手中的木尺(如图6-8),利用橡皮筋伸长时所具有的弹力拉动小车。这正是该实验方法的主要特点,这种方法既直观又简单易懂。

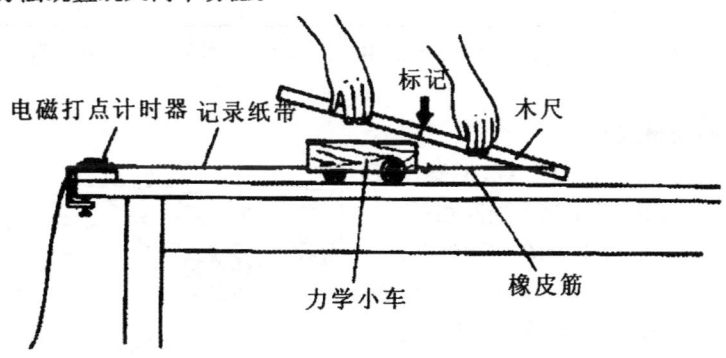

图6-8

为了使拉动小车行进的力是恒力,就必须使牵引小车行进的橡皮筋的伸长量保持不变。这可以在木尺的适当位置上预先画一标记,拉动小车行进过程中让这个标记始终对准小车上的某一个位置。如果改变牵引小车的橡皮筋的条数(长度

173

相同),而保持伸长不变,就可使外力按一定的倍数变化。

然后参照课本实验,利用电磁打点计时器分别研究加速度和力,加速度和质量的关系,从实验中总结出牛顿第二定律。

[实验结果示例]

以一根橡皮筋伸长某一确定值所需的力的大小为力的单位,以空小车的质量为质量单位"1",分别做[$F=1,M=1$],[$F=2,M=1$]和[$F=2,M=2$]的三次实验得到三条纸带,以10点的时间作为计数周期,测出三组数据,计算出各区间的平均速度$\bar{v}$,填入下表中,并作出$\bar{v}-t$图像。

分别比较[$F=2,M=1$]直线和[$F=1,M=1$]直线

可得出前者的斜率(加速度)是后者的2倍,即可以得出在质量一定时,加速度和外力成正比。

实验条件		$M=1$ $F=1$		$M=1$ $F=2$		$M=2$ $F=2$	
计数点号码n	时间 $t=nT$/s	位移 $s\times 10^{-2}$/m	计数周期里的平均速度 $v/\text{m}\cdot\text{s}^{-1}$	位移 $s\times 10^{-2}$/m	计数周期里的平均速度 $v/\text{m}\cdot\text{s}^{-1}$	位移 $s\times 10^{-2}$/m	计数周期里的平均速度 $v/\text{m}\cdot\text{s}^{-1}$
0	0						
1	0.2						
2	0.4						
3	0.6						
4	0.8						
5	1.0						
6	1.2						

另外,[$F=1$ $M=1$]直线和[$F=2,M=2$]直线基本平行,说明二者具有相同的加速度。

[分析与研究]

这个实验方案比较直观,但操作难度比较大,为此应当注意下列问题:

1. 为了减小操作者的实验难度,采取两项措施:一是小车的质量应尽可能大一些,车轮转动要灵活。例如,用长25 cm,宽6 cm,厚4 cm的木块做车体,

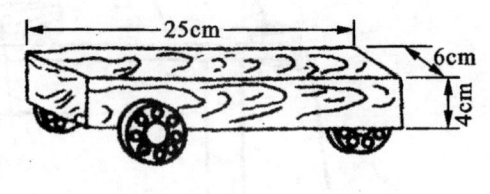

图6-9

安装3~4个201型滚珠轴承作车轮制成一个质量为500 g的力学小车,如图6-9所示,再加一个500 g的砂袋以改变小车质量;二是橡皮筋的长度宜长一些,如用40~50 cm长左右的航空模型细橡皮筋。

2. 要做到实验时以恒力拉动小车,实验前必须让学生反复进行练习,直到能够掌握为止,这是做好本实验的关键。

3. 拉动小车时,木尺不能挨靠在小车上,橡皮筋也不能挨靠在木尺上。

4. 记录纸带的开始部分和终了部分,由于多种因素的影响不能保证是匀加速运动,因而应避开使用这两段。

实验示例五　验证机械能守恒定律

机械能守恒定律不仅在物理学中占有十分重要的地位,而且在中学物理实验中也是基本课题之一。通过不同的途径,利用不同的方法来验证机械能守恒定律,这对于开阔学生思路、巩固学得的知识,深刻理解其物理意义是非常必要的。

(一)斜面小车加电磁打点计时器方法的分析研究

由于实验的误差比较大,这里只着重对实验误差的根源进行分析、寻找减小误差的途径。

在实验中减小误差的关键,在于实验条件的选择。

我们知道,在只有重力做功的情况下,才能满足重力势能与动能之间的守恒关系,但在本实验中,由于不可避免地有阻力存在,使物体动能的增加 ΔE_k 小于势能的减小 ΔE_p,实验相对误差为 $\dfrac{\Delta E_k - \Delta E_p}{\Delta E_p}$,

$$\Delta E_k - \Delta E_p = -f \cdot s$$

$$\dfrac{\Delta E_k - \Delta E_p}{\Delta E_p} = \dfrac{-f \cdot s}{Mgh}$$

若略去打点计时器对纸带的阻力,则 $f = \mu Mg\cos\alpha$,因此,实验相对误差为 $-\mu\cot\alpha$,由此可知,减小摩擦系数 μ 和增大斜面的倾角,可以减小实验的误差。通常小车与斜面间的摩擦系数为 0.03 左右,如果把误差控制在 5% 以内,按照上述公式可以求得斜面的倾角至少为 30°,即应使斜面的高 H 等于或大于斜面长 L 的一半。实际上,因为打点器对纸带有阻力作用,实验误差还会略大一些。

(二)用电磁打点计时器和单摆的实验方法

[设计思想]

利用单摆验证机械能守恒的实验中,如何测定摆锤通过平衡位置时的速度是关键。利用打点计时器的方法,就能较好地解决这一问题。同时,由于摆锤是沿弧线运动,它可以使学生加深对重力做功与物体的运动路径无关这一特点的认识。

[实验方法]

1. 实验装置如图 6 – 10。用物理支架、摆线、摆锤做一摆长约 50～60 cm 的单摆装置,测量摆锤静止时离开桌面的高度 h_1。

2. 用一段短的细线拴在摆锤上,把线的另一端用胶带粘在纸带的一端,将纸带的另一端穿过电磁打点计时器。如图 6 – 10,将摆锤先向右拉到离桌面 20～30 cm

处。用夹子将另一小段拴摆锤的细线夹住,测量摆锤距离桌面的高度为 h_2。

3. 接通电源使电磁打点计时器工作,用火柴将夹住的短线烧断,单摆在振动时带动纸带运动,纸带上就留下了一系列的点迹。

4. 在记录纸带上找出记录点之间间隔最大的地方,用刻度尺测量出包括这两点在内的 2～3 个计数点之间的距离。由此计算出摆球在通过最低点时的速度。

5. 将上述实验重复三次。求出摆球在最高点时的势能和最低点时的动能的平均值,从而验证机械能守恒。

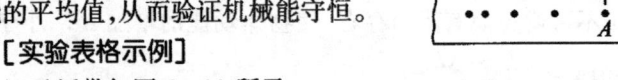

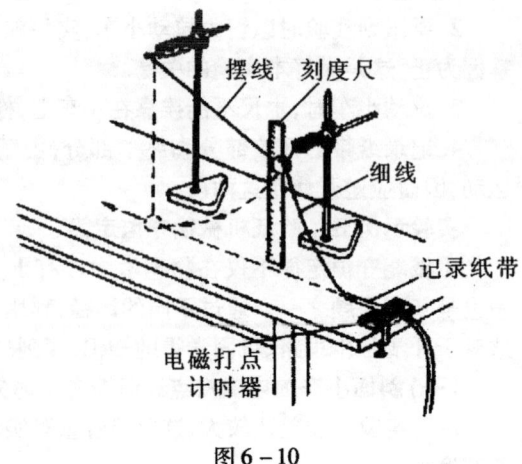

图 6-10

图 6-11

[实验表格示例]

记录纸带如图 6-11 所示。

$T = 0.02$ s

设 $m = M$ kg

次数	h_1	h_1	Δh	ΔE_p/J	AB 间隔/m	v_c/m·s^{-1}	ΔE_k/J
1							
2							
3							
平均							

(三)摆球飞出法实验

[设计思想]

在研究单摆运动中重力势能和动能的转换时,为测知单摆小球在某一时刻的动能,除用上述打点器测瞬时速度的方法外,也可以让小球从某点以后做其他形式的运动(如抛体运动),求出物体的动能。这种通过间接手段获得所需物理量的方法,也是物理学中常用的一种方法。它对开阔学生思路是有益的。

[实验装置]

有两种实验装置,图 6-12 所示的是用很细的线(约 30 cm 长)悬挂摆球,在小球的平衡位置上方挡杆处固定一双面刀片;图 6-13 所示的是另一种方法,即用 L 型的金属丝,下端的小钩穿过球上的小环,上端带一小圈以悬挂在支轴上。当释放单摆后,在小球的平衡位置上方遇到附近的固定挡杆时,小球将被抛出。

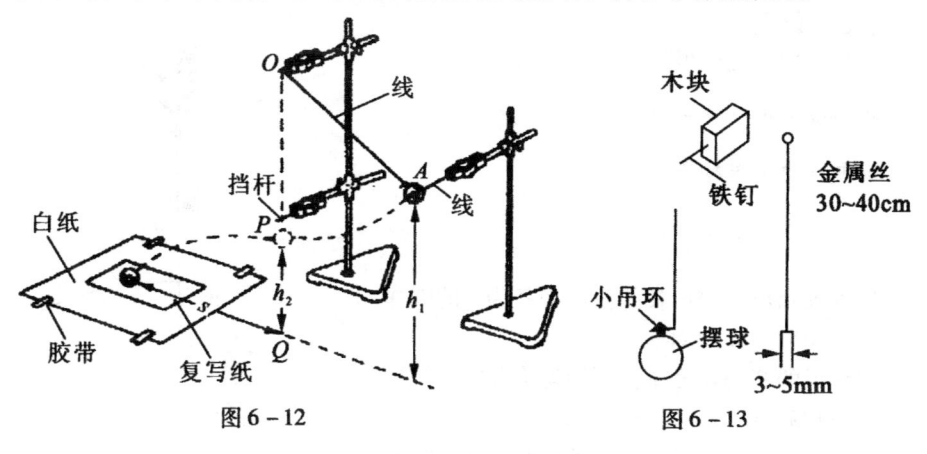

图 6-12

图 6-13

[实验方法]

让小球从图 6-12 中的 A 点释放,在通过平衡位置 P 时,由于刀片切断摆线(或者挡杆阻挡悬挂的金属丝)使小球开始做平抛运动,最终在低于 P 点高度为 h_2 的平面上着落,并在复印纸下的白纸上面打出痕迹,测出高度 h_1、h_2 和射程 s。改变 h_1 或改变摆长重复进行数次实验。

根据平抛运动在竖直和水平方向上的运动方程不难推出小球在飞出时的动能

$$E_k = \frac{1}{2}mv_0^2 = \frac{mgs^2}{4h_2}$$

$$\frac{E_k}{E_p} = \frac{s^2}{4h_1h_2}$$

如果在误差范围内,$E_k = E_p$

即 $s = 2\sqrt{h_1h_2}$,也就验证了机械能守恒定律。

[实验数据表格示例]

测得 L 型金属丝长度为_____cm,摆球质量 m = _____g。

h_2/cm	h_1/cm	s/cm				$2\sqrt{h_1h_2}$ 误差(%)
		一次	二次	三次	平均	

实验示例六　用圆锥摆验证向心力公式

[设计思想]

在圆锥摆运动(如图 6-14)中,由向心力

$$F = mg\tan\theta \text{ 及 } F = m\left(\frac{2\pi}{T}\right)^2 r,$$

可推导出圆锥摆周期

$$T = 2\pi\sqrt{\frac{\sqrt{l^2 - r^2}}{g}}.$$

用秒表测出一定摆长的摆沿半径为 r 的圆作水平匀速圆周运动的周期 T。

将测得的 T 与用圆锥摆周期理论公式计算出的 T 进行比较,即可粗略地验证向心力公式。

该实验一方面可以使学生了解对物理规律进行验证的方法,另一方面该实验须凭操作者的自我感觉,手、眼配合控制实验过程。因此,开设这类实验对学生技能的培养和训练都是很有益的。

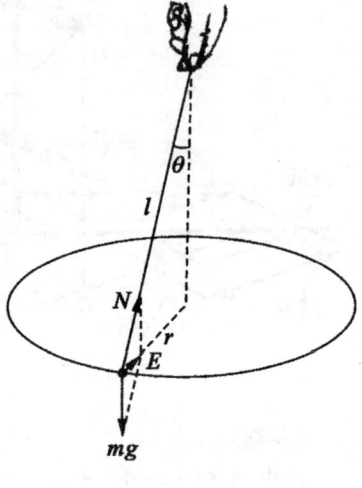

图 6-14

[实验器材]

圆锥摆、秒表、直尺、支架等。

[实验方法]

1. 首先在地面作一个大小适当的圆,测出其半径 r。

2. 把长为 l 的摆线悬挂在铁架上,使摆球重力作用线在静止时通过所作圆的圆心。然后,用手执摆线端,策动摆球做水平匀速圆周运动。并且控制摆球的运动轨迹使其尽可能与地面上划的圆重合。待认为满意后放开手,再按动秒表,数出摆球做若干次圆周运动所需的时间,然后求出圆锥摆的周期。

3. 还可以改变摆长及半径 r 再测几次。对测得的周期 T 与算得的理论值进行比较,讨论其误差范围。

[注意事项]

(1)手握摆线端点运动的幅度要尽可能小,以免影响实验结果。

(2)由于摆球在运动过程中受到阻力的作用,运动的半径将越来越小,因此小球做圆运动的计数次数不要太多,以其半径 r 不出现明显变化为宜。

[实验数据表格示例]

实验次数	1	2	3	4	5	6
10T/s						
平均/s						

实验次数	1	2	3	4	5	6
T/s						
摆长 l/cm						
半径 r/cm						

实验示例七　用描迹法画静电场中的等势线

[设计思想]

本实验用稳恒电场模拟静电场,研究平面上电场等势线的分布情况。由于在中学不要求测出各条等势线的电势值,实验可用通过检流计的电流为零的方法找出电场中的等势点。这种方法对仪器要求不高,便于实施,测试的灵敏度也较高,画出的等势线较准确。用此法还可以研究多种形式的静电场(如:点电荷的电场如图6-15所示、平行板间的电场等),在教学中,若把学生分成若干小组,分别研究不同形式的静电场中的等势线,然后,交流实验结果,有利于学生扩大知识面,激发学习兴趣。

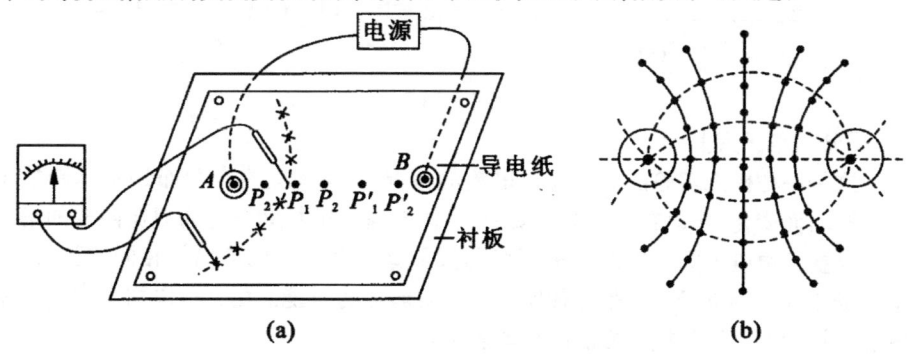

图 6-15

[实验器材]

直流电源(4~6节1号干电池,或6伏蓄电池,或学生电源)、灵敏电流计(零点居中)、直流电压表(或用多用电表直流电压挡)、导电纸、电极(直径为1 cm 的磨平铜柱两只、长为 10~15 cm、厚为 2~3 mm 扁平铜条两只;扁铜条围成直径为 15 cm 的圆环一只)、金属探针两根(或多用电表表笔)、导线。

[实验方法]

这里以两个无限长直导线电荷的电场为例。

1. 在衬板上固定好导电纸,装好电极,并使两点电极 A、B 相距 10 cm 左右,接通电源。

2. 使用电压表,在电极 A、B 连线的中点 P_0 处放一金属探针,让另一探针在 P_0 点两侧的导电纸上移动,标出具有相等电势差的点 P_1、P_1'、P_2、P_2'。

3. 把灵敏电流计的一个金属探针固定在 P_1 点,让另一探针在导电纸上移动,当找到电流为零的点时,作一个标记。继续寻找这样的电流为零的点,可以标出若干个通过这些点描出圆滑的曲线,即得到一条等势线,如图6-16(a)所示。

4. 再分别把探针固定在 P_1、P_1'、P_2、P_2'等各点,用上述方法,可同样描绘出许多条等势线[图6-16(b)]。

5. 取下导电纸,绘出与各条等势线分别垂直的电场线。

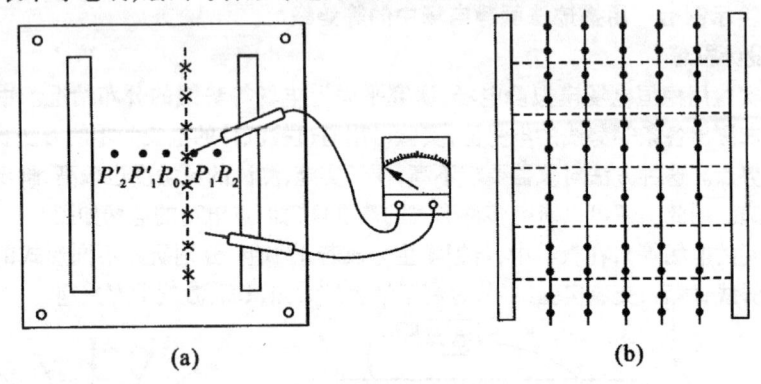

图6-16

[分析与研究]

这是一种模拟实验法。在稳恒电流的情况下,无论是电荷分布还是电磁场都不随时间而变化,所以在均匀电介质中,稳恒电流的电场和静电场遵循同样的场方程。只要稳恒电流场的空间电极形状与边界条件和产生的静电场相同,就可以用电流场来代替静电场。正是这种模拟法使实验成为可能。而且可以用来求解复杂的静电场问题。这是模拟方法的重要意义。

在本实验中利用的是薄导电纸,应当认识到,当导电电极垂直地压紧在导电纸面上时,在均匀介质中产生的是柱面电场。对两个小圆电极的情况,它相当于无限长平行直导线在介质中的柱面对称电场,而不是点电荷的电场;对于中央圆电极和同心金属环电极的情况,模拟的是同轴柱面对称电场。

该实验产生误差的主要因素:

(1) 所使用的电流表的精度。在条件允许的情况下,要尽可能使用精度较高的电流表。

(2) 各种形状的电极与导电纸是否接触良好。对此,安装电极时要加以注意,可以在导电纸与衬板之间垫3~5张白纸。条件较差时,如没有石墨导电纸可以用食盐水自制导电纸代替。如果没有夹板电极,可使用较大的铁质夹子平行夹住导电纸,以夹子作为两个平行的电极,见图6-17。

图6-17

实验示例八　测量导体的电阻

[设计思想]

初中开设伏安法测电阻的实验目的是使学生掌握部分电路欧姆定律及其应用,学习使用电流表,电压表等。对高中的学生来说,实验的目的则是进一步了解电流表、电压表内阻对实验误差的影响,从而认识系统误差的意义。

在高中,可以把伏安法测电阻开成探究性的实验,教师根据电表的内电阻值选择适当的待测电阻2只。让学生思考:使用图6-18中哪一种电路测量误差较小?为什么?然后让学生进行对比实验。

[实验装置]

电路如图6-18(a),(b)所示。

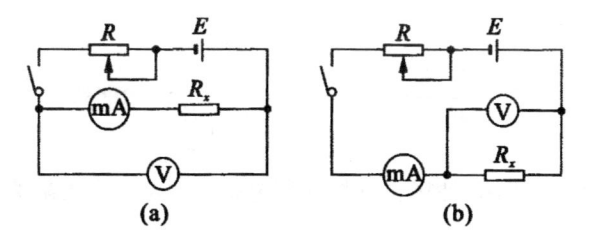

图6-18

R:2000 Ω 滑线变阻器或电阻箱;
R_x:50 Ω 和1000 Ω 定值电阻各一只;
mA:量程为5 mA、内阻约10 Ω 的电流表;
V:量程为3 V、内阻大于1000 Ω 的电压表;
E:2 节干电池。

[实验数据表格示例]

R_x/Ω	测量电路	U/V	I/A	$\dfrac{U}{I}/\Omega$	相对误差
50	(a)	0.28	4.80×10^{-3}	58.3	16%
	(b)	0.25	4.95×10^{-3}	50.5	1%
1000	(a)	3.0	2.90×10^{-3}	1034	3.4%
	(b)	3.0	5.00×10^{-3}	600	40%

[分析与研究]

这里着重分析一下两种电路系统误差及电路选择的依据。

设流过待测电阻的电流为 I_x。

对于图6-18(a)的电路(称之为电流表"内接法")。

真实值
$$R_x = \frac{U}{I} - R_A$$

181

测量值 $$R_x' = \frac{U}{I}$$

相对误差 $$\frac{|R_x' - R_x|}{R_x} = \frac{R_A}{R_x} \times 100\%$$

由此式可以看出,采用"内接法"时,待测电阻的阻值比电流表内阻值大得越多,误差越小。

对于图6-18(b)的电路(称为电流表"外接法"),

真实值 $$R_x = \frac{U}{I_x}$$

测量值 $$R_x' = \frac{U}{I} = \frac{U}{I_x + I_V}$$

又 $$I_V R_V = I_x R_x$$

相对误差 $$\frac{|R_x' - R_x|}{R_x} = \frac{R_x}{R_x + R_V} = \frac{1}{\left(1 + \dfrac{R_V}{R_x}\right)} \times 100\%$$

由此可以看出,采用"外接法"时,待测电阻值比电压表内阻值小得越多,误差就越小。

在选择本学生实验用的电表和待测电阻参数时,应使两种电路的误差有显著区别。根据上述误差公式可推出,对于小的待测电阻 R_x 应力求满足接近几倍的 R_A [例如,$R_x = 2R_A$,图6-18(a)电路的相对误差可达50%]和远小于 R_V [如 $R_x = R_V$,图6-18(b)电路的误差约为2%];对于大的待测电阻 R_x 应力求接近 R_V [如 $R_x = R_V$,图6-18(b)电路误差达50%],且远大于 R_A [如 $R_x = 100R_A$ 图6-18(a)电路的误差约为1%]。由此可知,应使电压表和电流表的内阻相差大一些,待测电阻不要选在靠近采用两种电路误差相等的临界值附近。这个临界值 R_0 由下式导出。

$$\frac{R_0}{R_0 + R_V} = \frac{R_A}{R_0}$$

即 $$R_0^2 - R_A R_0 - R_A R_V = 0$$

解方程得

$$R_0 = \frac{R_A + \sqrt{R_A^2 + 4R_A R_V}}{2}$$

实验示例十 测量表头的内电阻

通过实验,使学生掌握测量表头内电阻的原理和方法。在所介绍的三种测量方法中,教师可根据现有器材等条件,灵活选择,或进行比较性实验。在实验过程中使学生更深入地掌握电表的结构和工作原理,为以后电表的改装打好基础。

[实验器材]

待测表头,作指示电表用的直流电流计,电阻箱,滑线变阻器,学生电源或蓄电池,单刀双掷开关一个或单刀单掷开关两个,导线。

(一)替代法

[实验方法]

1. 按图6-19所示线路接好电路,线路中G为待测表头,G_0为指示电表,R为电阻箱,R_0为滑线变阻器。

2. 首先使R_0取最大值,然后使开关S接通"2",调节R_0,使G_0指示某一适当数值I_0(一般可使I_0为接近满刻度的某一整数值)。

3. 将开关S换接"1",调节电阻箱R,使电表G_0仍指向原来数值I_0。由电路的等效性可知,此时电阻箱的电阻值R即为待测表头G的内电阻R_g。

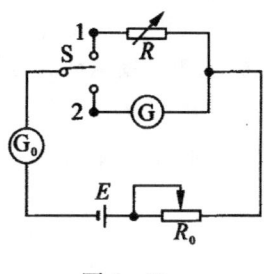

图6-19

[分析与研究]

用已知量代替待测量,使事物的状态不发生改变,就可以认为待测量与已知量等同。这就是替代法的含意。实验中常常用这种方法来消除某些系统误差的影响,但并不能消除偶然误差的影响。为了减小偶然误差,应当注意选择合适的实验条件,以提高实验的灵敏度。这里以本实验为例,对误差作一定性的分析。

设标准表内阻为r_0,待测表内阻为R_g,电源内阻可忽略不计。

当开关S扳向"2"端时,流过指示表的电流

$$I_0 = \frac{E}{R_0 + r_0 + R_g}$$

当开关S扳向"1"端时,流过指示表的电流

$$I_0' = \frac{E}{R_0 + r_0 + R}$$

由于电表读数有一定误差,当观察者认为I_0'等于I_0时,R并不等于R_g。如果串联电路中E越大,达到满刻度的电流I_0时需要的R_0就越大。在R_0很大的情况下,整个串联电路的电阻很大,这时调整中即使替代电阻R改变较大时,通过G_0的电流仍无明显的变化,这就使实验的偶然误差变大。由此可知,应当选电源电动势E小一些,使R_0值尽可能小到使G_0指示满刻度即可。

(二)半偏法(一)

[实验方法]

电路如图6-20所示。首先断开开关S_2,接通开关S_1,调节电阻箱电阻R,使电表指针偏转至满刻度。再合上开关S_2,调节电阻箱电阻R'(注意:此时调节R'过程中,一定不允许再调节R,即不能再改变R值),使电表指针指示为原来值的一半,

183

当 $R \geq 100 R'$ 时,即认为 $r_g = R'$。

[分析与研究]

为什么要提出 $R \geq 100 R'$ 的条件,又怎样来实现这个条件呢?这些问题的回答是以该实验系统误差的分析为基础的。

设开关 S_2 闭合前后的电流符号下角分别用 1 和 2 来表示,并略去蓄电池的内阻。

在 S_2 未合上时,流过电表的电流 $I_{g1} = I_{gm}$,流过 R 的电流 $I_{R1} = I_{gm}$,

S_2 合上后,调节到使流过电表的电流 $I_{g2} = \frac{1}{2}I_{gm}$,流过 R 的电流

$$I_{R_2} = \frac{E - I_{g2} \cdot r_g}{R} = \frac{I_{gm}(r_g + R) - \frac{1}{2}I_{gm} \cdot r_g}{R} = \frac{I_{gm} r_g}{2R} + I_{gm}$$

由此式可以看出,由于电路总电阻的变化,干路的总电流不再等于原来的电流,这是系统误差产生的原因。流过 R' 的电流

$$I_{R'} = I_{R_2} - I_{g2} = \frac{I_{gm}}{2}\left(\frac{r_g}{R} + 1\right) = \frac{I_{gm}}{2} \cdot \frac{r_g + R}{R}$$

由并联电路原理可知:$\dfrac{r_g}{R'} = \dfrac{I_{R'}}{I_{g2}}$

由此可得 $R' = \dfrac{R \cdot r_g}{R + r_g}$

相对误差 $\dfrac{r_g - R'}{r_g} = \dfrac{r_g}{R + r_g}$

由这个结果可以看出,使 $R \geq 100 r_g$ 时,由并联 R' 而产生的系统误差将小于 1%。由于表头的满刻度电流是恒定的,所以只有加大电源电压才能使 R 值增大,从而减小实验误差。

如果在干路中增加一只毫安表(如图 6-21),在实验中反复调整 R 和 R' 的阻值,使毫安表读数维持不变,并使待测电表指示半偏,那么就可以不需要满足上述 $R \gg r_g$ 的条件。

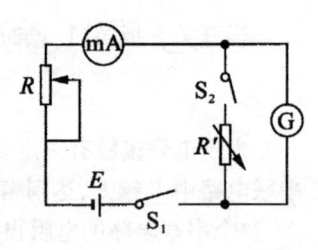

(三)半偏法(二)

[实验方法]

图 6-22 是另一种半偏法的电路,实验时接通开关 S,调节电阻箱 R 阻值,记下电表指针指示满量程时的电阻 R 和半量程时的电阻 R',若略去电源内阻,可得 $r_g = R' - 2R$。

[分析与研究]

通常,这个实验的误差较大,有时误差可能大到100%,甚至出现电表内阻为负值的结果。按理讲,如果选用毫安表或微安表来做实验,电源的内阻完全可以做到忽略不计,电阻箱本身的误差一般也不会超过5%,为什么会出现惊人的误差呢?这主要和实验条件的选择有关。

因为在这个实验中,我们是通过调节电阻来观测电表指示数值的,实验的精确程度取决于电流随电阻变化的比率,如果电阻变化同样的数值时,电流变化大,那么读出电阻值的精确度就高。而这个变化率是随实验条件而变的,由电路分析可知 $I_g = \dfrac{E}{R+r_g}$,设电源电动势为恒定值,那么,

$$\frac{\Delta I_g}{I_g} = \frac{\Delta(R+r_g)}{R+r_g} = \frac{\Delta R}{R+r_g}(不考虑 \Delta R 的符号)$$

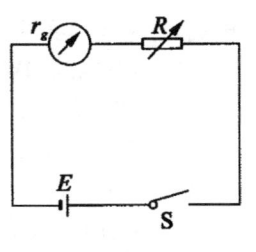

图6-22

因此

$$\frac{\Delta I_g}{\Delta R} = \frac{I_g}{R+r_g}$$

即

$$\frac{\Delta I_g}{\Delta R} = \frac{I_g^2}{E}$$

由此可见,电源电动势 E 越小,$\dfrac{\Delta I_g}{\Delta R}$ 就越大,即意味着,R 有很小的变化,I_g 就有很大的变化,这样灵敏度高,测读的 R 值就准确;反之,误差就可能很大。例如,$I_g = 1$ mA,$\Delta I_g = 10^{-2}$ mA,$E = 6$ V,算得 $\Delta R = 60$ Ω,半偏时 $\Delta R' = 240$ Ω,则 r_g 的最大绝对误差 $\Delta r_g = \Delta R + \Delta R' = 300$ Ω。可见误差是十分惊人的。为了减小实验误差,可以用分压器将电源电压分压输入,并尽量调小输入电压,但不得低于电表满量程的电压降。

如果待测电表的内阻比较小,电源内阻就不能忽略,此时可以采取如图6-23所示电路,调节 R_1 使毫伏表读数不变(调整半偏时,应对 R_1 和 R 协同调整)。

实验示例十一 测电源的电动势和内电阻

应用全电路欧姆定律测电源的电动势和内电阻,高中课本中用的是测路端电压和电路电流的方法。通过实验可以加深理解电源路端电压随电流变化的规律,并领会用图线法处理实验数据的特点。

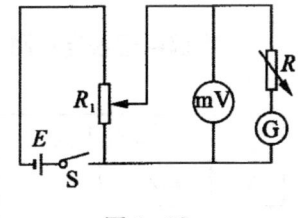

图6-23

在课本的这个实验基础上,还可让学生设计实验,探究串并联电池组的电动势和内电阻。为避免方法上的重复,可以要求学生用电阻箱和电压表(或用电阻箱和

电流表)来设计实验。这样可以使学生得到更多的锻炼。

(一)测电源的电动势和内电阻

选两节内阻不同的旧干电池(内阻约为 0.5~1.5 Ω)按图 6-24 所示电路进行实验。安排这个实验时应注意如下两点：

1. 不应用普通蓄电池和内阻小的新干电池。
2. 实验时不应选取使电源短路和接近短路的条件，为此在电路中应串联定值保护电阻 R_0，这不仅是操作规程的需要，而且可以使学生认识如何用图线法得到实验中不允许测量的(或测不到)的数据。

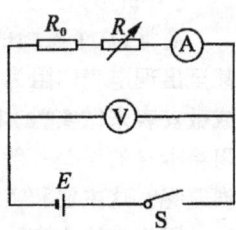

图 6-24

[实验数据表格示例]

新、旧电池的电流和电压都可分别填入以下样式的表格，根据表[Ⅰ]绘制的 U—I 图线，再从图线中可以求得新、旧电池Ⅰ、Ⅱ的电动势 $E_Ⅰ$、$E_Ⅱ$，内电阻 $r_Ⅰ$、$r_Ⅱ$。

表[Ⅰ] 电源为 1 号旧干电池

电流 I/mA										
电压 U/V										

(二)研究串并联电池组的规律

用三只可调内阻电池按图 6-25 电路实验，电池内阻可以用"半电动势法"测得。三只可调内阻电池的内电阻分别调节在 8 Ω、12 Ω、24 Ω。

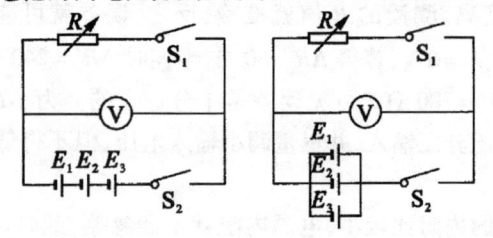

图 6-25

[实验数据表格示例]

表 Ⅲ

电池参数			电池组连接方式	实验结果	
E_n	E_n/V	r_n/Ω		E 组/V	r 组/Ω
E_1					
E_2					
E_3					

三、研究、设计性实验

研究、设计性实验是以探究物理规律及学习探究方法为基本目标的实验,学生在实验过程中自己去分析问题、解决问题并归纳总结出规律,这类实验体现出很强的探索性,有利于培养学生的创造性,提高学生分析问题的能力和实验综合能力。

它不用现成的实验方案,在一些特点的要求和条件下自行设计新的实验方案和步骤,完成实验要求。设计性实验需要学生具有相当的探索能力和创造性,在研究性实验中也包含了设计实验的思想。因此开展设计性实验是培养学生创造性思维的一条重要途径。如设计并制作交流发电机模型,验证阿基米德定律的实验,研究闭合电路的欧姆定律等。

实验示例十二　测定重力加速度

测定重力加速度的实验方法很多。如果能够在实验教学的过程中,让学生设计和了解这些方法,对加深概念的理解,灵活运用所学的知识,学习实验研究的方法和训练实验的技能都是很有益的。

(一)利用电磁打点计时器测定 g 值

[设计思想]

这是一种利用自由落体运动规律测定 g 值的方法,具有装置简单、原理易懂、现象直观的特点。通过对打点记录纸带进行数据分析,可以更好地理解瞬时速度和加速度的概念。另外该实验在数据处理上还有一个特点,就是让学生将打点记录纸带按单位时间间隔剪断并依次贴在坐标纸上,从而做出 $v-t$ 图线用以研究运动规律和测定 g 值。这样可以激发学生探究的兴趣。

[实验装置]

电磁打点计时器,低压学生电源,记录纸带,重锤,物理支架,剪刀,直尺等。电磁打点计时器固定在一直角形的木支架上,再用弓形夹把它们固定在实验桌的边缘处,使打点计时器处于竖立状态,这样可以使装置稳定,不易发生松动的现象。

[实验方法]

按图 6-26 所示装置好仪器,纸带选用 40~50 cm长即可,接通电源使电磁打点计时器工作,放开纸带,重锤带着纸带自由落下,纸带上便可打出一系列的点,如此重复实验 2~3 次。

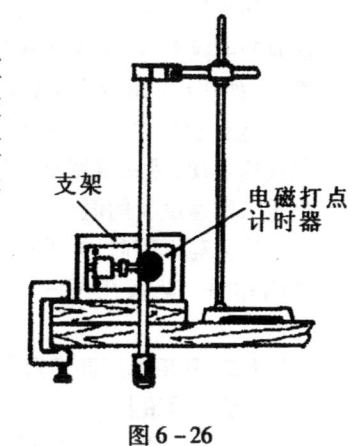

图 6-26

[实验数据表格示例]

时刻	位置	x/cm	v/cm·s^{-1}
0	x_0		
1	x_1		
2	x_2		
3	x_3		
4	x_4		
5	x_5		

图 6－27 为一次实验的打点记录。在整理数据之前，应选择一定的单位时间（称计数周期），再标出计数点。一般所取的计数周期应保证纸带上有 5～7 个计数点。由于自由落体的加速度比较大，记录点稀少，通常就以打点周期（0.02 s）为计数周期。

数据整理：计数周期 $T=0.02$ s

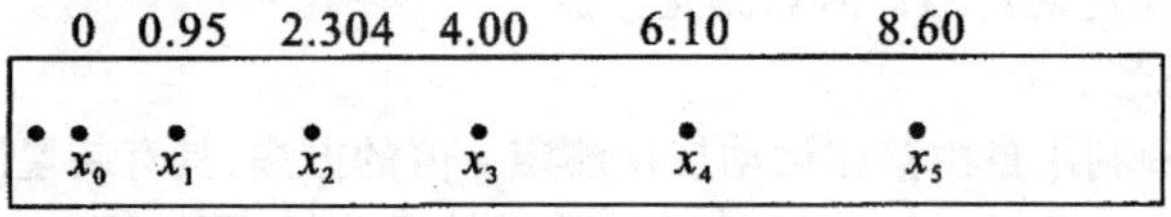
0 0.95 2.304 4.00 6.10 8.60
x_0 x_1 x_2 x_3 x_4 x_5

图 6－27

根据以上数据描绘 $\bar{v}-t$ 图线，由 $\bar{v}-t$ 图线即可求出重力加速度 g 的值。

[分析与研究]

如果让学生把剩余的记录纸带，按相等的时间间隔剪开，再按顺序把它们贴在坐标纸上（如图 6－28 所示）作 $v-t$ 曲线，看看这些点是否能连接成一条直线。看其是否是匀加速运动，然后根据该直线的斜率即可求出重力加速度 g 的值。

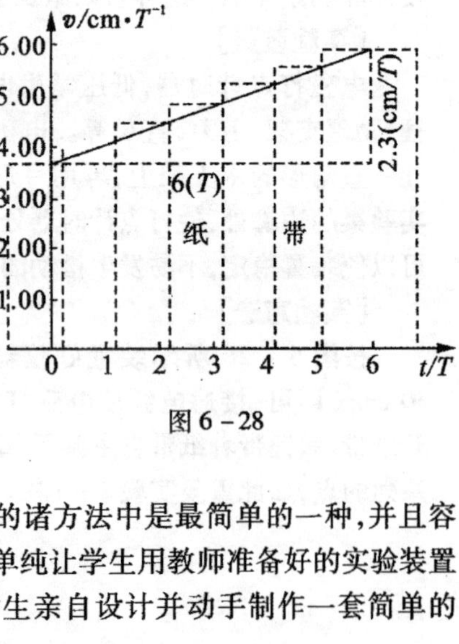
v/cm·T⁻¹
6.00
5.00
4.00
3.00
2.00
1.00
0 1 2 3 4 5 6 t/T
6(T)
纸
带
2.3(cm/T)

图 6－28

注意剪纸带时，为了保证每一段的时间间隔相等，应该在某一计数点的中心处剪开。

（二）利用单摆测定重力加速度

[设计思想]

这是物理学中一个传统的实验，在测 g 值的诸方法中是最简单的一种，并且容易测得较精确的 g 值。在开设本实验时，如果单纯让学生用教师准备好的实验装置去做，往往会使学生感到枯燥乏味。但如让学生亲自设计并动手制作一套简单的单摆装置,然后再用它去实际测一测当地的重力加速度,就可启发学生开动脑筋思索问题,又可培养学生的动手能力和解决问题的能力。

[**实验方法**]

1. 让学生根据单摆的周期公式设计实验方案(如图6-29)。

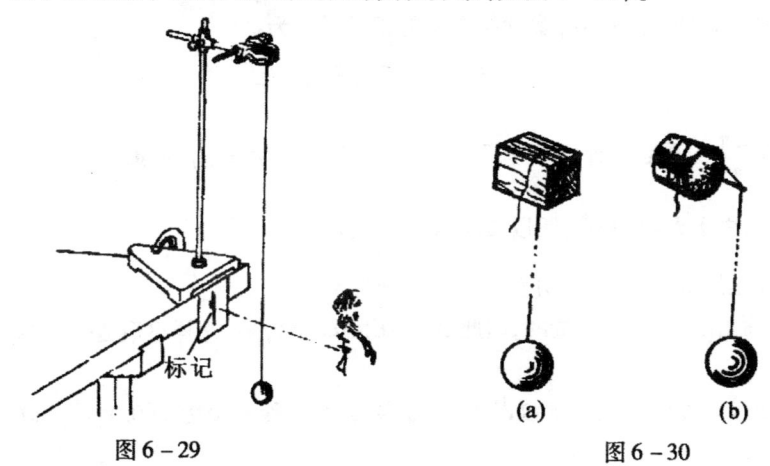

图6-29

图6-30

2. 让学生动手制作单摆装置,提出下列要求:

(1)单摆悬线上端必须以悬挂点的方式固定;

(2)在摆动过程中悬挂点不能移动或晃动,摆长不能改变;

(3)应尽量选用质量小、伸长小,不扭转的线作为摆线;

(4)要便于测量和调节摆长。

图6-30是学生设计制作的两种装置举例:

(a)两块木板、金属板或塑料板夹持摆线。(b)在橡皮塞或木板上钉一根大号针,摆线穿过针眼。

3. 进行实验,测出 g 值。

[**实验数据表格示例**]

测量次数	物理量 测量值	摆线长度 l_0/cm	摆锤直径 d/cm	摆长 l/cm	$50/T$	T/s
1						
2						
3						
4						
5						
平均						

根据公式 $g=4\pi^2\dfrac{l}{T^2}$ 计算 $g=$ _____。

[分析与研究]

1. 实验误差分析

由测 g 的公式可知，实验结果 g 的相对误差为：

$$\dfrac{\Delta g}{g}=2\dfrac{\Delta \pi}{\pi}+\dfrac{\Delta l}{l}+2\dfrac{\Delta T}{T}$$

上式中 $\dfrac{\Delta \pi}{\pi}$ 一项是由计算时选取值的位数多少来决定的，如取 $\pi=3.14$，则 $\dfrac{\Delta \pi}{\pi}=0.0004$，由于 $l=l_0+\dfrac{d}{2}$，所以 $\Delta l=\Delta l_0+\dfrac{1}{2}\Delta d$.

l_0 是用直尺测量的，并且 Δl_0 不大于 0.5 mm。

d 是用游标卡尺测量的，因此 Δd 要比 Δl_0 小得多，这样可取 Δl 近似等于 $\Delta l_0=0.05$ cm。

如果只考虑仪表的读数误差，测量周期用的秒表精度为 0.1 s，共测 50 周期，所以

$$\Delta T=\dfrac{0.1}{50}=0.002 \text{ s}$$

$$\dfrac{\Delta g}{g}=0.3\%$$

如果不用累积的方法，计时引起的相对误差约为 10%，由此可知，在本实验中采取累积法对减小误差有重要意义。使学生学习这种实验方法是本实验的一项重要任务。

2. 可以用图线法处理数据，由单摆周期公式不难推出，$l=\dfrac{g}{4\pi^2}\cdot T^2$，因此，分别测出一系列摆长 l 对应的周期 T，所作图像（图 6-31）应是一条通过原点的直线。求出图线的斜率 k，即可求得 g 值，

$$g=4\pi^2\cdot k$$

$$k=\dfrac{\Delta l}{\Delta (T)^2}$$

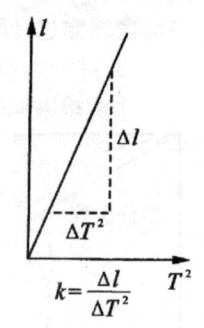

图 6-31

3. 可以不测摆长，而通过测摆长长度变化量来计算 g 值，这样就可以免去对摆球中心位置的测定。由周期公式不难推出，两次实验的周期平方的差为：

$$T_2^2 - T_1^2 = 4\pi^2 \frac{l_2 - l_1}{g}$$

因此
$$g = 4\pi^2 \frac{l_2 - l_1}{T_2^2 - T_1^2}$$

实验示例十三　碰撞的研究

在气垫导轨上研究物体的碰撞规律是一种实验手段,由于它可以忽略摩擦力的影响,因此能获得较好的实验效果。有条件的学校,让学生进行本实验,可加深对弹性碰撞、非弹性碰撞的特点及动量守恒定律的理解,并学习气垫导轨和数字毫秒计的使用方法。

[实验装置]

气垫导轨,滑块,光电门,数字毫秒计,天平等。

[实验方法]

实验前应将气垫导轨仔细调成水平状态,并使光电计时系统正常工作。

(一)研究弹性碰撞时的动量守恒

1. 最简便的方法是取二质量相等的滑块 $m_1 = m_2$,在其相碰端装有弹性极佳的缓冲弹簧,碰撞时系统的机械能可近似看做守恒。在滑块上分别装遮光片(如图6-32),接通气源。为了解决同时测量几个时间的困难,可令其中一个滑块(如滑块 m_2)静止

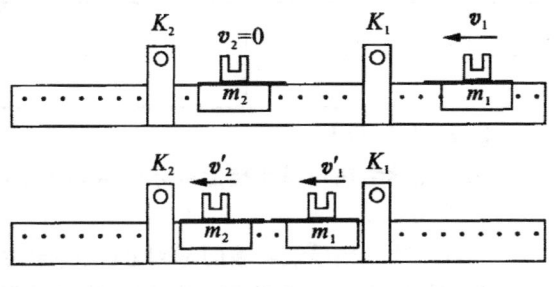

图6-32

地放在两光电门之间,即 $v_2 = 0$;滑块 m_1 置于导轨的一端,受导轨端部的弹射器(用橡皮筋制成)作用而弹向滑块 m_2,相碰后 m_1 静止,m_2 前进。把两个光电门置于导轨中部一定距离处,以便能顺利读出滑块碰撞前后的两个时间(取两遮光片宽度相同)。

2. 记下滑块 m_1 经过光电门 K_1 的时间,二滑块相碰后,记下滑块 m_2 经过光电门 K_2 的时间。

3. 按上述方法重复数次,从两光电门所测数据可以看出碰撞过程中动量守恒。

4. 如果两滑块质量不同,即 $m_1 \neq m_2$,令 $v_2 = 0$,重复上述实验,记下滑块 m_1 经光电门 K_1、K_2(或往返经过 K_1)的时间和滑块 m_2 经过光电门 K_2 的时间,从挡光片宽度和挡光时间求 v_1、v_2、v_3。

(二)研究完全非弹性碰撞时的动量守恒

如果两滑块碰撞后连在一起以同一速度运动,即是完全非弹性碰撞,使两滑块连在一起方法较多,例如在相碰端粘尼龙搭扣、安装连接叉或用粗针刺入橡皮泥等。

1. 若取两滑块质量相等 $m_1 = m_2$，令 $v_2 = 0$，

则碰撞后两滑块共同速度 $v = v'_1 = v'_2 = \dfrac{1}{2}v_1$

2. 若两滑块质量不等，即 $m_1 \neq m_2$，（令 $v_2 = 0$）

则碰撞后的速度 $v = \dfrac{m_1 v_1}{m_1 + m_2}$

3. 重复上述实验数次，整理数据，验证动量是否守恒。

[实验数据表格示例]

$v_2 = $ _____ ，$m_1 = $ _____ ，$m_2 = $ _____ ，遮光片宽度 _____ cm

实验次数	碰撞前			碰撞后			碰撞前后动量比
	$\Delta t_1/\text{s}$	$v_1/\text{cm}\cdot\text{s}^{-1}$	$m_1 v_1/\text{g}\cdot\text{cm}\cdot\text{s}^{-1}$	$\Delta t_2/\text{s}$	$v/\text{cm}\cdot\text{s}^{-1}$	$(m_1+m_2)v/\text{g}\cdot\text{cm}\cdot\text{s}^{-1}$	
1							
2							
3							

[分析与研究]

为了使学生在知识和技能两方面得到更多的训练，实验教学中可以作如下的安排：

1. 在上述气垫导轨实验的基础上，安排学生在粗糙的平面上用两只质量相等的木块来做完全非弹性碰撞实验，可以得到动量不守恒的结论。由此即可使学生更深地理解动量守恒定律的适用条件。

2. 在气垫导轨的实验中，一次碰撞过程往往就需要在同一计时器上读数二至三次，可以引导学生在实践中研究一下什么情况下才能保证有足够多的时间来进行读数，例如：

(1) 两光电门间的距离应适当放大一些。

(2) 在 $m_1 \neq m_2$ 的情况下，两滑块的质量最好取 1~2 倍的关系（两滑块的质量可以由教师事先选择好）。当 $m_1 > m_2$ 时，两滑块碰撞的位置应靠近第一个光电门，当 $m_1 < m_2$ 时，碰撞位置应靠近第二个光电门。

(3) 碰撞滑块的初速度不宜过大。

实验示例十四　抛体运动轨迹的研究

这个实验要指出物体运动的轨迹，并求出平抛物体的初速度。过去是用铅笔和平抛小球相碰的方法寻点来描出运动轨迹的，这种方法比较简便，有利于学生观察和动手的训练（判断位置的准确性），但难度较大，容易产生大的误差。

[分析与研究]

1. 在进行中学课本上介绍的实验时,应当注意如下几个问题:

(1)坐标原点要标绘准确,即标在小球质心恰好处在轨道出口边缘的位置[图6-33(b)],并依靠重锤线的帮助画出坐标轴。

(2)每次小球释放的位置应当相同,释放动作也应一致,可以参考[图6-33(a)]那样释放小球,使重复实验的初速度接近相等。

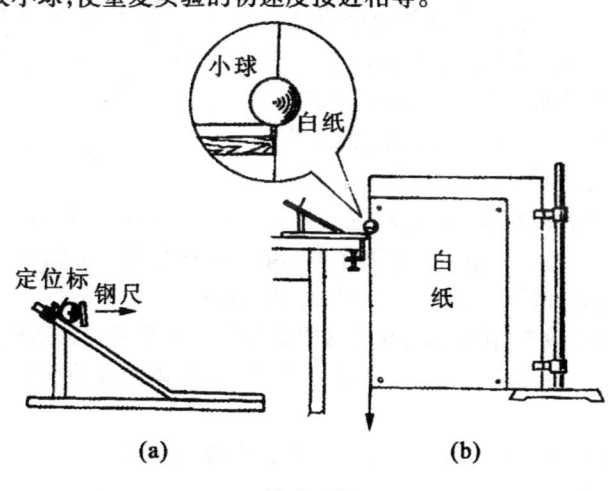

图6-33

(3)计算初速度的公式 $v = \dfrac{x}{\sqrt{\dfrac{2y}{g}}}$,由误差理论可知,初速度的相对误差近似为:

$$\frac{\Delta v}{v} = \frac{|\Delta x|}{x} + \frac{1}{2}\frac{|\Delta y|}{y}$$

由此可知,为减小实验误差,宜选离原点较远的几个点,根据它们的坐标分别求出小球在各点的水平速度,最后算出平均值。

2. 除用上述实验中带孔的卡片方法外,用碰撞打点寻迹的方法也是简单可行的。找一个小木块代替带孔卡片,在它表面上贴张白纸,再覆盖一张复写纸,用手拿着放在小球将要经过的途中,再将小球从轨道上释放抛出,即可在白纸上打出一点,然后把这一点对应地描在图板的坐标系中,如图6-34所示。如此即可描出整个运动的轨迹。该实验对于培养学生实验能力,可以起到很好的作用。

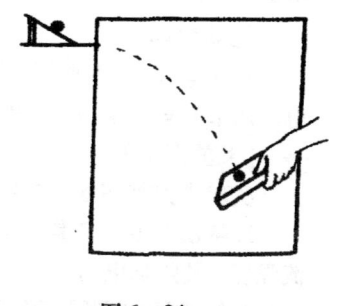

图6-34

3. 如果采用图 6-35 所示的装置，不但可以描出平抛运动的轨迹，求出平抛物体的初速度，而且还可以代替闪光照相的方法，让学生探索或验证平抛运动的规律。

在正方形木板上粘一张坐标纸，在正方形木板前装一挡板，使其既可以竖直地左右平移，又可以水平地上下平移。

实验时，在挡板上粘一条白纸和复写纸。把挡板竖直放在靠近平抛轨道出口处，放下小球，就可在白纸上打印出一个痕迹，把它的位置描在坐标纸的相应位置上。把挡板依次等距离向右平移，重复上述实验。把打印出的一系列痕迹描在坐标纸的相应位置上。挡板上白纸条上的痕迹显示了平抛运动的竖直分运动是自由落体运动。

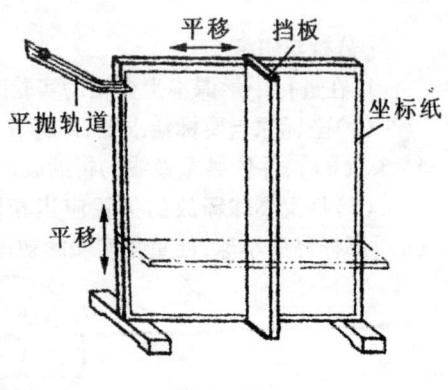

图 6-35

把挡板水平放置，按类似方法依次得出挡板向下平移时的落体轨迹，并可打印出沿水平方向上的匀速直线运动迹点。这样平抛物体的运动规律就很直观地展现在学生面前。

实验示例十五　研究电源输出功率与外负载的关系

[设计思想]

1. 本实验的目的是：通过实验验证，当外负载电阻等于电源内电阻时，电源的输出功率最大；当电源的输出功率最大时，电源的效率为 50%。加深对电源输出功率与外负载关系的理解。

2. 该实验可以用两种方法组合：

(1) 用可调内阻电池作为待研究电源。由于该电池内阻较大，不必再串接假内电阻，使学生易于理解。

(2) 用学生电源或干电池、蓄电池作为待研究电源，串接假内电阻，可让学生了解电路的等效性。

[实验器材]

直流电源（学生电源，蓄电池，可调内阻电池或 1 号干电池两节），电流表，电压表，电阻箱，单刀开关，导线。

[实验方法]

实验电路如图 6-37 所示。图中虚线框为电源。

1. 依次改变外负载电阻 R 的电阻值，测量出相应的电流强度 I 及路端电压 U。

2. 绘制 $U-I$ 图线，根据图线求出电源电动势 E、内电阻 r。

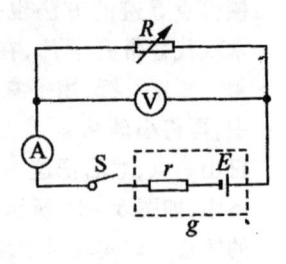

图 6-36

3. 根据测量数据,依次计算出电源的输出功率 $P_{出}$,绘制 $P_{出}-R$ 图线。在图线上找出与电源输出功率最大值对应的外负载 R 的电阻值。与前面求出的电源内电阻 r 值比较。

4. 根据 $\eta = \dfrac{P_{出}}{P_{总}}$,计算出外负载电阻 R 改变时所对应的电源效率,绘制 $\eta-R$ 图线。从图线上求出 $\eta=50\%$ 时,所对应的 R 值。比较一下是否与 r 值相等。

表 [I]

R/Ω							
U/V							
I/A							
$P_{出}=IU/W$							
$P_{总}=IE/W$							
$\eta=\dfrac{P_{出}}{P_{总}}\times 100\%$							

根据测量数据可绘制 $U-I$ 图线,也可绘制 $P_{出}-R$、$\eta-R$ 的图线。

[分析与研究]

这里讨论一下如何选择本实验的器材。在实验方案已确定的前提下,选择器材的依据是:从中学仪器配备的条件出发,正确、合理地选择器材规格,尽量减小实验的误差。

例如,采用学生电源和串接假内阻的实验方案时,如何选择电源电压,电流表和电压表的量程,假内阻的电阻值和电阻箱的规格。

这是一种综合性的考虑过程。可以首先从电源电压和电表的量程开始考虑。中学配备的学生电源,直流输出是 2~14 V,每 2 V 一挡,输出最大电流 2 A;稳压输出是 6 V,输出最大电流为 0.2 A。电流表分两挡:0~0.6 A 和 0~3 A。电压表测量范围也是两挡:0~3 V 和 0~15 V。从上述参数考虑,用稳压输出是不合适的。因为根据它的规格,电流和电压都不能限制在电表的三分之一满刻度的范围内调节,这对减小读数误差是不利的。根据电压表的量程(0~15 V)选 14 V 直流电压输出较好。为使电流小一些,选 0~0.6 A 挡的电流表,然后由此出发来估算电源的假内阻。负载电阻最小时,电路中的电流最大,设取 $I_{max}=0.5$ A,

$$r=\dfrac{E}{I_{max}}=\dfrac{14}{0.5}\approx 28(\Omega)$$

可取 30 Ω 的定值电阻。这种电阻的最大允许电流是 0.5 A,正好可以使用。用 9999 Ω 的电阻箱即可满足需要。

实验示例十六 对载流直导线周围磁场的研究

[设计思想]

无限长直导线周围的磁感应强度 $B=k\dfrac{I}{r}$，r 为测定点距导线的距离。要想验证这个公式，就必须测量在不同条件下磁感应强度的值，从中找出变化规律。然而，从磁感应强度的定义式 $B=\dfrac{F}{Il}$ 出发，测出单位电流元在磁场中受到的力是比较困难的。但如果借用与地磁场水平分量相比较的方法，就会使实验大大简化。即将小磁针放在直线电流的磁场和地磁场中，使安放导线的位置满足电流的磁场中某点的磁感应强度 B 与地磁场水平分量 B_e 互相垂直，且在同一个平面内，则有 $\tan\theta=\dfrac{B}{B_e}$ 的关系（见图6-37），由于 B_e 是个常数，所以 $\tan\theta$ 与 B 成正比，也就是说，通过研究 $\tan\theta$ 随 I、r 的变化就可以研究 B 随 I、r 的变化规律。

由于实验中小磁针的两极所处位置的磁感应强度不等，所以带来较大的实验误差。如果采用竖直布线法进行实验，即将被研究的直导线按地磁场南北方位水平放置，再把磁针放在导线的正下方进行实验，就可以较好地解决上述问题。

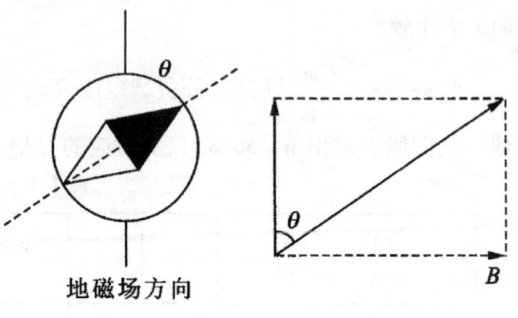

图6-37

[实验器材]

$100\times 40\ \text{cm}^2$ 绕有 10~20 匝的长方线圈、木支架、直流电源、带刻度盘的磁针、电流表（0~0.6~3 A）、滑线变阻器、开关、托物台（可升降并有刻度）、坐标纸、导线等。

[实验方法]

1. 按照图6-38所示连接好线路。

2. 用磁针定好南北方位，并调整线圈的取向，使通电直导线、磁针均处在南北方位一个竖直平面上（这里南北方位线为"0"刻度线），量出磁针到直导线间的距离 r。

3. 让磁针到通电直导线间的距离

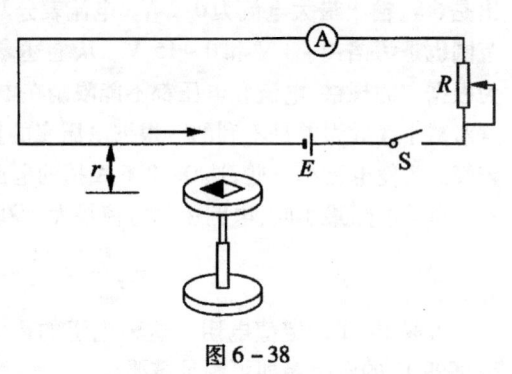

图6-38

r保持不变,按下开关 S,调节滑线变阻器 R,使电流表指一定的读数 I_0,记下电流强度值 $I(I=nI_0$,n 为线圈匝数)和小磁针这时所偏转的角度 θ 值,分别调节几次滑线变阻器 R,将每次的 I 和 θ 值记录下来。

4. 保持直导线中电流强度 I 值不变,逐步改变磁针与导线间的距离 r,记下每次的值和相应的磁针偏转角度值。

为了做好实验,实验装置的周围要尽量排除其他电流或铁磁性物质的干扰,要使其他磁体、磁化物或实验用的导线等远离磁针。不能用铁皮罩罩住导线的方法来取得屏蔽效果。

[实验数据表格示例]

1. r 不变、验证 $\tan\theta \propto I$

次数 \ 项目 数据	电流强度 I/A	磁针偏转角 θ	$\tan\theta$
1			
2			
3			
4			
5			
6			

2. I 不变、验证 $\tan\theta \propto \dfrac{1}{r}$

次数 \ 项目 数据	距离 r/cm	$\dfrac{1}{r}$	θ	$\tan\theta$
1				
2				
3				
4				
5				
6				

然后按照数据画出 $\tan\theta - I$ 和 $\tan\theta - \dfrac{1}{r}$ 关系图线。

实验示例十七 验证折射定律和测定折射率

[设计思想]

通常为验证折射定律和测定某种媒质的折射率,需要描绘光线从空气进入这种媒质时的入射线和折射线。用插针观察的方法能够巧妙地解决这一问题,它对培养学生观察、动手能力比直接用光束显示要好得多。

[实验器材]

矩形玻璃砖一块、刻度尺一把、量角器一个、圆规一个、纸四张、铅笔一支、坐标纸一张、大头针数根和画图尺。

[实验方法]

1. 用图钉把白纸钉在图板上,把玻璃砖放在白纸中央。

2. 在玻璃砖的后方插一根大头针 A,在砖前的某一处把视线朝着与砖的前界面夹一定角度的方向望去,同时看到玻璃砖中有大头针下部的像和大方针在玻璃砖上方露出的部分。这两部分相连续。

3. 在 A 针的前面插 B 针,再在玻璃砖的前方插 C 针和 D 针,使得从玻璃砖中看到 A、B 和下部的像 C、D 在同一条直线上。

4. 用铅笔画出玻璃砖轮廓,然后拔出大头针,移开玻璃砖。

5. 作 AB,CD 直线,分别与玻璃砖前后面相交于点 O、E,连接 OE 线,并通过 O 点作前界面的法线 MN,就可进行分析了(见图 6-39)。

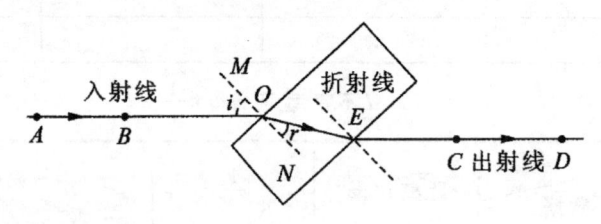

图 6-39

6. 用同样的方法,改变入射角,再做 3 次实验。

[实验数据表格示例]

实验结果分析可以有两种方法:

1. 用量角器量出入射角 i 和折射角 r,(可以用放大镜助视)研究它们的正弦函数之比。对高年级同学可以用图示法。

入射角 i(空气)				
折射角 r(玻璃)				
$\sin i$				
$\sin r$				

按数据作出图像,由图像中可求得直线斜率,即该玻璃块的折射率。

2. 用如图 6-40 所示的方法以 O 点为圆心,以任意长度为半径做圆,分别与 AO 交于 a 点,与 OC 交于 b 点。从 a、b 两点分别向 NN' 做垂线,交点为 c、d。用直尺测量 ac 与 bd 的长度。

因为 $\sin i = \dfrac{ac}{aO}, \sin r = \dfrac{bd}{bO}$,而 $aO = bO$,

所以折射率 $n = \dfrac{\sin i}{\sin r} = \dfrac{ac}{bd}$

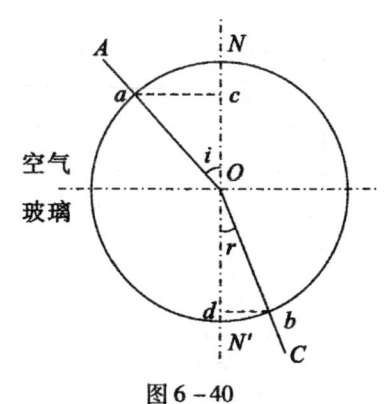

图 6-40

实验次数	ac/cm	bd/cm	$n = \dfrac{ac}{bd}$	$\bar{n}$
1	2.50	1.69	1.48	
2	3.54	2.93	1.48	1.49
3	4.33	2.90	1.50	

实验示例十八　测凸透镜的焦距

(一) 图像法

通过实验逐次测出凸透镜成像时的物距 u 与像距 v;根据 u、v 值绘制 uv 与 $u+v$ 的关系,

由成像公式 $\dfrac{1}{f} = \dfrac{1}{u} + \dfrac{1}{v}$ 可以推导出 $f = \dfrac{uv}{u+v}$。

由此可知,图像中图线的斜率即为凸透镜的焦距 f。

[实验器材]

光具座(包括附件),凸透镜,光屏,蜡烛,坐标纸。

[实验方法]

1. 把蜡烛和光屏放在光具座的两端,把待测焦距的凸透镜放在蜡烛和光屏之间。调整各光具与光源共轴。

2. 将蜡烛和光屏固定,在它们之间移动透镜,找出在光屏上能够清晰成像的位置。测量物距 u 和像距 v。

3. 逐次缩小光屏和蜡烛之间的距离(每次可减小约 5 cm),进行上述同样的测量。

4. 根据测量数据用公式算出 f,或者绘制 uv 与 $(u+v)$ 关系图线。求出图线中直线的斜率即为所测量的凸透镜的焦距 f 值。

[实验数据表格示例]

次数	$(u+v)$/cm	u/cm	v/cm	$u \cdot v$/cm²	$f = \dfrac{u \cdot v}{u+v}$/cm
1					
2					
3					

$$\bar{f} = \frac{f_1 + f_2 + f_3}{3}$$

[分析与研究]

1. 在指导本实验的操作时，应当使学生掌握逐步缩小清晰范围，从而确定成像位置的方法，即在某一范围内无法确定哪一点最清晰时，首先从不清晰的区域双向趋近，找出前后两个可以判断的临界点，然后以这个区域的中点作为成像点。这种类似阻尼振荡的趋近方法在很多实验仪器调节中（如电桥平衡点的寻找，天平平衡的调节，显微镜调节）是非常有用的方法。

2. 实验数据的处理，除了用 uv 与 $(u+v)$ 关系图线法外，还可以作 $\dfrac{1}{u}$ 与 $\dfrac{1}{v}$ 关系的图像，从有限的测量数据中画出图线，找出图线与坐标轴的截距，即为 $\dfrac{1}{f}$。它的含意是，当 u（或 v）等于焦距 f 时，v（或 u）一定趋近无穷远，其倒数等于零。从某种意义来说，这种处理方法的物理意义更强。

3. 为解决实验仪器不足的困难，可采用如图 6–41 所示的简易方法。将凸透镜放在橡皮泥上，用小电珠作"物"，用白纸板作屏，物距和像距从直尺上读出。用这样的装置也能达到实验目的。

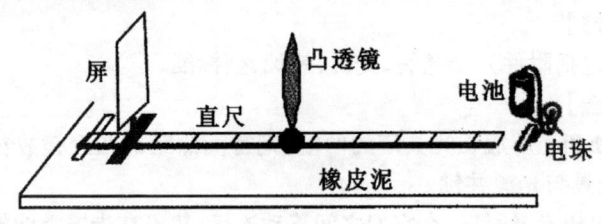

图 6–41

（二）平面镜辅助法

物体处在透镜的焦平面上，则通过透镜后其像成在无穷远处（发出平行光）。若在凸透镜后面垂直透镜光轴、靠近透镜放置一个平面镜（如图 6–42），则 F 处的物体发出的光经过透镜遇到平面镜反射后将沿原路返回 F 处，其像与物体重合。测出物体至透镜之间的距离即为该透镜的焦距。

[实验器材]

光具座(包括附件)、凸透镜、平面镜、光屏(物)、小电珠。

[实验方法]

将光屏(物)、凸透镜、平面镜装在光具座上,调节平面镜使与凸透镜光轴垂直。

点亮光屏(物)上的小电珠并使屏做前后移动。眼睛注意观察光屏,寻找平面镜反射回来的清晰的灯丝像。(如果反射回来的像不在光屏上,可根据情况略为调整平面镜的角度)。

测量出物体(灯丝)到透镜的距离即为该透镜的焦距f。

图6-42

(三)视差法

[设计思想]

视差法是确定像位置的一种简单而方便的方法:如图6-43(a)所示,距离眼睛远近不同的两个物体A和B,当眼睛向左或向右移动时,会发现A和B有相对位移,这种现象叫做有视差;当A与B重合时就没有相对位移,见图6-43(b),即称为无视差。利用视差的道理确定像(或物)的位置的方法叫做视差法。

[实验器材]

光具座(包括附件),凸透镜,尖头棒A、B。

[实验方法]

将透镜、尖头棒A安放在光具座上,用目视法调节A使像A'的尖顶与B的顶端等高,如图6-44所示。

将尖头棒A作物体,放在小于焦距处,则从透镜另一侧可见其虚像在A'的位置,用尖头棒B依照视差法确定A'的位置(图6-44所示)。则B的位置即为像A'的位置。测量出A至L的距离即为物距u,L到B的距离为像距v,代入成像公式即可求得透镜焦距f。

图6-43

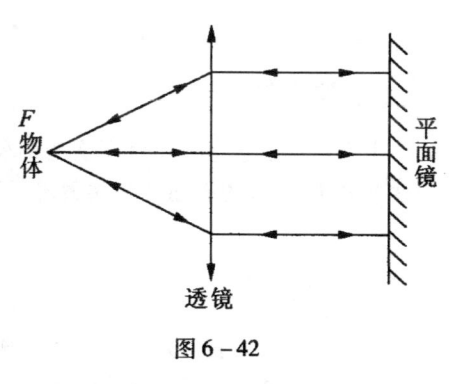

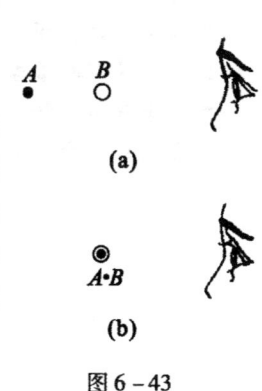

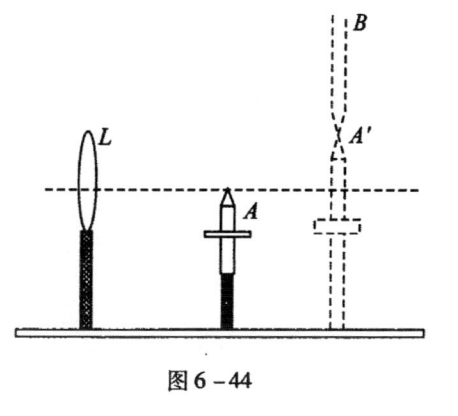

图6-44

[本章小结]

本章讨论了学生分组物理实验的特点、教学功能、基本过程以及教学要求,对中学物理18个典型分组实验案例进行了分析研究。

[思考练习]

1. 简述分组实验的定义及其重要性。
2. 分组实验的教学过程有哪些?在这些过程中你认为哪些在实际教学过程中是比较困难的?
3. 学生分组实验的基本要求有哪些?举例论证。
4. 设计验证牛顿第二定律的学生分组实验,并分析整个实验过程。
5. 你认为实验报告应该包括哪些内容。
6. 误差分析过程中,如何引导学生进行恰当的误差分析。
7. 如何结合分组实验的设计要求来实施探究实验教学。

第七章　中学物理课外实验研究

[内容提要]

本章阐述了中学物理课外实验活动的意义、类型及要求,同时针对观察性实验、课内教学的补充性实验、探究性实验、小制作、趣味性实验等进行了专题研究。

[学习指导]

中学物理课外实验活动是培养学生学习科学的志趣、发展智力、培养创造性人才的迫切需要和不可缺少的重要途径。然而,受"应试教育"的影响,物理课外实验开展的状况并不尽如人意。"课堂打基础,课外出人才"已经被实践证明是人才培养的规律,因此对本章的学习,首先要掌握中学物理课外实验活动的意义、类型及要求,然后对本章提供的观察性实验、补充性实验、探究性实验、小制作以及趣味性实验等进行研究并进行动手实践,以提高指导中学生开展物理课外实验活动的专业能力。

第一节　中学物理课外实验活动的意义、类型及要求

一、中学物理课外实验活动的重要意义和作用

为了有效地完成中学物理教学任务,发展学生的学习兴趣、智力、创造能力、健康个性与健全人格,必须把课内的教学活动和课外活动(第二课堂)有机地结合起来。中学生生活在丰富多彩的物理世界之中,有许多可供观察的自然现象,有不少可供探索的物理技术问题,有各种各样日常生活提供的训练课题和创造活动等等。报纸、广播、电视、计算机网络等等每天都以丰富多彩的信息丰富着学生们获取知识的第二渠道,它们构成了组织中学生课外活动的重要部分。积极开辟中学物理教学的第二课堂,是培养学生学习科学的志趣、发展青少年智力、培养新世纪创造性人才的迫切需要和不可缺少的重要途径。第二课堂的重要意义和作用将越来越清楚地展现在人们面前。以我们今天已有的实践经验和认识水平来说,中学物理课外实验活动至少能起到如下一些具体作用。

1. 学生经常有意识地对自然界、实际生活和生产中物理现象进行观察,可以大大地丰富感性认识,为接受与巩固课内学习的知识打下较好的基础。在老师指导下学生还可以把学到的物理知识主动应用于课外实践,从而深化与活化已掌握的

知识；从课外教学与课堂教学的密切联系来看，课外实验活动是课堂教学必要的补充和重要的延伸。

2. 课外实验活动可以不受教学大纲教学要求的限制和教学进度的约束，它既能面向全体学生，又不要求每个学生都进行同样的活动。只要认真加以组织，学生可以根据自己的兴趣和能力进行选择，而这些活动又以其小型、灵活、生动、多样的特点吸引着不同的学生。也就是说，它能够满足不同程度、不同个性、不同兴趣的学生的需要，有利于因材施教，调动全体学生学习的积极性和自觉性，有利于学生的个性发展和智力开发，可以较早地发现人才和培养人才。

3. 课外实验活动是以学生独立为主的实验活动，在选题、取材、时间、空间上都比课堂教学有更大的灵活性，可以在相当大的程度上让学生独立操作、独立思考和独立解决问题，因此有利于学生施展聪明才智，培养能力，发挥创造力。学生从独立实践中，能够不断获得正反两方面的经验和教训，因而也有利于培养和锻炼独立工作能力。

4. 学生课外实验获得的内容不少都与生活联系得比较紧密，它所涉及的知识比课内知识广泛得多，有些内容还涉及多种学科，综合要求较高，因此，它不仅能使学生认识科学与生活有密切的联系，而且有利于开阔学生的知识面及培养理论联系实际、综合运用知识的能力。不仅如此，在课外实验活动中，往往还能较迅速地反映科学技术中的新成就和进展，因此有利于学生接受新的信息，开阔视野，活跃思想。

5. 在课外实践活动中，在教师的积极引导下，学生可以受到更多的社会主义精神文明的教育和新思想的熏陶，培养劳动观点和手脑并用的习惯，发扬集体主义精神与协作精神，培养开拓进取与实事求是的作风，对于有些涉及经济效益和经营管理的问题，学生将在正确对待中受到教育。

总之，努力开辟中学物理教学的第二课堂，积极开展课外物理实验活动，对培养 21 世纪所需要的新一代创造性人才，具有深远的意义。

二、课外物理实验的类型及要求

中学生课外实验活动按组织形式分为三种基本方式：一种是为了配合教学，把实验的内容、要求、方法等由教师布置给学生，由学生自己创造实验条件，包括选取日常生活中的一些物品当做实验器材，自制一些简单的仪器或零件，自己动手完成一些小实验等。这些实验一般都比较简单，学生大多可在家中完成，因此也称家庭物理实验；第二种是充分利用实验室的仪器设备条件，采用课外时间开放实验室的办法，在教师指导下，让学生自己设计实验方案，安装仪器，完成实验；第三种是利用课外活动小组的形式进行的实验活动，这些活动相对来说比较大型和复杂一些。

课外实验活动按内容来分，可以有如下一些不同的类型。

1. 观察性实验

大自然、日常生活和生产技术是学习物理的广阔课堂。有意识地引导学生观察,对培养学生兴趣、提高观察能力、培养洞察事物的思维能力是很有益的。例如布置学生在静止的火车上观察窗外另一辆启动的火车,体验一下运动参照物的作用,将给学生留下非常深刻的印象。雨后的彩虹,湖面的涟漪,五彩晶莹的薄膜……在师生的相互启发下,都将有新奇的发现。对这类活动的指导,重点应放在扩大观察范围和培养兴趣上,可以采用如下的方法:经常布置观察课题,鼓励学生写观察周记;定期举办观察发现汇报会,配合实验复制观察到的自然现象等等。

2. 课内教学的补充性实验(小实验)

它包括家庭进行的小实验和实验室开放的小实验,目的在于帮助学生进一步理解物理概念和规律,灵活运用所学的知识,训练实验技能。可以根据教材各单元的教学要求,补充一些实验,例如:在初中补充一些国际单位感性化的小实验和联系生活和生产的应用性小实验;在高中电学中补充伏安法测电阻的系统误差的研究性实验,测导线的电阻率,研究电池组的电动势和内电阻的实验,用电阻箱和电流表(或电压表)测电源电动势和内阻的设计性实验。还可以补充一些综合运用各单元知识的实验,例如:用各种不同的方法测重力加速度 g,用各种不同的方法测声速,用各种不同的方法验证机械能守恒的实验等。

3. 课外小制作

让学生制作一些简单的仪器,如弹簧秤、杠杆、天平、显微镜、小电动机、简易多用电表等。在开展这类活动时,应注意调动学生如何把动手和动脑结合起来,不应当仅仅局限在一种单纯的制作活动中。例如制作弹簧秤的时候,要让学生通过实验,研究弹簧的伸长和外力之间的关系,找出最大测量范围,确定最小分度;选择秤盘的重量,确定零点;换算不同的单位,进一步理解胡克定律和牛顿第三定律的意义等。此外,还应当注意鼓励学生在制作中大胆尝试、勇于创造或突破。例如:在自制没有底座的天平中,如何更可观地判断横梁平衡;在没有整流环的模型电动机中,如何使转子能不断地转动等。

4. 探究性实验

这类实验开设的目的在于使学生获得物理实验研究方法的训练,培养学生科学探索精神和创造能力。教师可以列出一些研究课题或由学生提出课题,让学生自行设计方案,独立自主地去实施(初始阶段,学生可以把自己的设计方案与教师商定后再进行实验)。需要指出的是,所谓探究性实验,并不一定要求内容复杂或难度较高,应当努力开发一些小型的、含有某些巧妙设计思想的实验。例如,让学生研究自制量杯的刻度,可以用已知量直接测液体体积的方法,可以用称质量的方法,也可以用数液滴的方法,还可以用计时测流量的方法,这里包含着间接测量的思想。用数液滴和称质量结合的方法可以进一步减少实验的误差。用计时测流量的方法,还必须研究流量和时间的关系曲线或者采取控制流量的方法等。又如用摆长为3.5 m左右的单摆测重力加速度g,可以学习到一些大数量统计测量及减少误差提高精度的实验方法,甚至观察到与地球自转因素有关的傅克摆现象,这里包含有许多科研实验的基本方法,对未来学习将是很好的锻炼和准备。

5. 游艺用的趣味性实验

为了培养学生对物理学的兴趣,活跃学生的文化生活,可以采用一些游艺性的实验,在课外进行或者在游艺会上表演。对这类实验要求利用物理原理,加上适当的艺术夸张,使之新奇、有趣。例如,沸水煮鱼、纸锅烧水、一纸托千斤、上滚圆锥等实验。

6. 联系现代科技成就的科技活动

为使学生了解现代科技成就的发展和应用,可以组织一些能力较强、兴趣较浓的学生组成课外科技活动小组。例如,电脑小组、无线电小组、航模小组等,让学生通过这些小组活动得到更深入和全面的训练。

为了组织好上述各类型的课外实验活动,我们必须根据具体情况妥善安排。在选题上要考虑到科学性强、趣味性浓、取材容易、制作简便、效果明显、安全可靠;在指导上,应抓住关键重点进行"点拨",要大胆放手,切忌包办代替。可以通过展览会、表演会、小论文报告会、物理竞赛等形式推动教学第二课堂的发展。随着教育体制改革和教学改革的深入,物理教学第二课堂的内容和形式必将不断地得到丰富和发展。

第二节 中学物理课外实验专题研究

一、观察性实验

(一)频闪观察

"频闪观察"指的是在按一定频率闪烁的"频闪光"照射下,对运动物体进行观察研究的一种实验方法。它能帮助我们认识运动的特点,了解运动的细节,因此,在物理实验中有着广泛的应用。下面我们介绍几个简单的频闪观察实验。

1. 在日光灯下观察

频闪观察需要在频闪光源下进行,照明用的日光灯就是一种最方便的频闪光源(白炽灯由于灯丝的热惰性,没有闪烁效果)。

我们在日光灯下进行几项观察:

(1)伸开手掌,让手指分开,在灯前左右晃动,能看到很多手指,改变晃动速度,手指的数目也好像在改变。

(2)用一根线和一颗纽扣做一个单摆(摆长约20 cm)。在灯下摆动,能看见好几个影子(如图7-1)。好像有几个摆在同时摆动一样。只是摆线显得较粗、较为模糊。

(3)捏住摆线的一端,令纽扣做圆周运动,在圆内能看见很多纽扣和很多呈辐射状的线。改变圆周运动的速度,射线的数目也随之改变。

以上三项观察,也可要求同学们在看电影或电视时迎着银幕或屏幕的亮光重做,并比较一下所见现象有什么不同,能否解释。

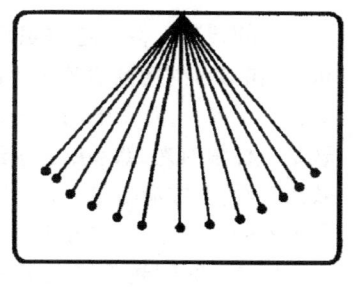

图7-1

2. 电视机前的陀螺

剪一张直径约5 cm的圆形纸片,用笔在白纸上画线,将圆作十六等分,在圆心处挖一个适宜大小的孔,再把纸片贴在一个铜钱(或铁片)上,然后紧紧地嵌在一截短铅笔上,这样就做成了一个陀螺(图7-2)。

打开电视机,并调大亮度,调小对比度,在屏幕前的台面上将陀螺转起来,就能观察到一种非常奇怪的现象:纸片上所画的辐条有时朝反方向转动,有时停止不动,有时又缓慢地向前转动,这是什么原因?

原来电视机发出来的光是不连续的(频闪光),每隔

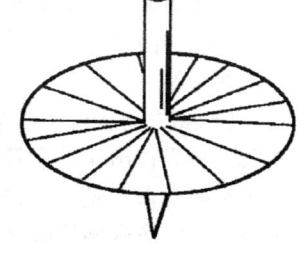

图7-2

一定的时间闪亮一次,如果这时陀螺正好转过十六分之一圆周或者它的整数倍,陀螺上辐条的位置几乎没有改变,于是看起来陀螺就像静止的一样;如果此时陀螺所转过的角度比十六分之一圆周或其整数倍略多,则见陀螺缓慢地向前转动;如果是略少,则见陀螺向相反方向转动。利用这一原理,有意将闪光频率调整得和陀螺旋转的频率基本一致,这时尽管陀螺在快速旋转,我们却看到它仿佛静止一般,或者只以极缓慢的速度转动着。

思考题

(1)你看过电影中有时车在前进而轮向后转的情形吗?这是怎样造成的?

(2)有一转盘上画一条线,在亮着的电视机屏幕前旋转,当出现一条不动的线条时,它的转动频率最低是多少?出现两条线、四条线时转动频率又如何?已知电视机的闪光频率为50次/秒。

3. 自制频闪光源

日光灯、电视机、电影机都可作为频闪光源,但是它们的闪光频率都是确定不变的,观察起来有时不便,为此,我们可自制一个频率可调的频闪光源。找一个小的直流电动机(玩具商店可以买到),设法在它的转轴上固定一硬纸圆盘,盘的直径约20~30 cm。在盘面上沿不同的半径方向对称地挖出2~3个窗口(图7-3),窗口宽度约1 cm。电动机经一个10 Ω的可变电阻连接至电池上,改变电阻可以调节

电动机的转速。将普通白炽灯发出的光会聚以后（如幻灯机射出的光）射向圆盘的一个窗口，或者将灯光经光阑遮光后投射至窗口，开动电动机使圆盘旋转，则透过窗口射出的就是一种频闪光，如果用它来进行前述频闪观察时，从观察效果来看，影像清晰得多，可让同学将它与日光灯下及电视屏幕前的结果比较，并分析其原因。

图 7-3

用这个频闪光源试观察一细束水流：将一只茶水桶放在高处，打开龙头，把水调成很细的一束，（也可以将橡皮管接至水龙头上来实验），这束水流很快就散成许多小水滴。用频闪光源对它照明，同时细心地调整电动机的转速，改变闪光频率，当转速适宜时，可看到水柱中的许多小水滴缓慢地落下直至完全停住不动。这时若再稍许提高转速，便能看到水滴向上运动，并自行进入水管等有趣现象。

思考题

(1)将在日光灯下观察的三个实验用自制频闪光源重做一遍，并对几种光源下的观察效果作出比较和评价。改变转速，看什么情况下观察较适宜。更换一个窗口很宽的圆盘重做实验，看观察效果有何变化？从这当中你大概能找到在日光灯下观察时影像模糊的解释。

(2)用自制频闪光源观察乒乓球的自由落体运动、平抛运动、斜抛运动，单摆的振动等，并把观察结果画出来。从观察中你能看出这些运动的特点吗？

(3)用一根长橡皮筋，一端固定，一端用手拉着，用手指拨弄它，使它振动，同时用频闪光源观察。可改变拉橡皮筋的松紧程度多拨弄几次，有可能看见较稳定的或缓慢行进的正弦波形，并解释这种现象。

(4)将转动着的圆盘放在眼前，通过窗口观察在自然光照射下的物体的运动情况(如水流、落体、单摆振动等)，能否看到频闪效果？为什么？

4. 观察发光二极管的运动

发光二极管具有单向导电发光的特性，将它接在交流电路中，只在某半周期内发光，因此可作为频闪光源。只是这种光源发光很弱，不能用来照亮物体。因此，我们可以将它安装在运动物体上，物体运动时，显现出一亮一暗的虚线光迹，由此来了解物体的运动情况。也可以将红、蓝两种颜色的二极管反向并联后接至交流电源上(图7-4)，这时看到的是红、蓝两种颜色的光迹。

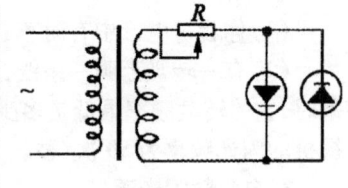

图 7-4

实验时，按图7-4连接好电路，逐渐减小可变电阻 R 至二极管正常发光。然后用细长导线将发光二极管连接至运动物体(如落体重物或摆球)上进行观察。

这一组观察性实验，可因地制宜地选用，以启发学生观察兴趣，培养思考习惯、联想能力，鼓励自己动手寻求答案。

(二)漫反射现象的观察

漫反射的作用往往不被同学们认识,他们似乎觉得镜面反射是不可少的,而漫反射只是附带的现象,没有什么作用,其实不然。有意识地安排一些对漫反射现象的观察实验,对帮助同学搞清漫反射的作用是极为有益的。

1. 野外观察

选择一个雨后的夜晚,在黑暗的野地里进行观察。

把手电筒的光会成一束,最好再用一张黑纸卷成筒状,套在手电筒头上。将电筒光照向各个方向,这时站在边上的人很不容易发现电筒的光束,电筒光不为周围空间增添明亮,好像电筒不亮一样,如果在光线行进的途中设法在空气中扬起灰尘,则一道光束清晰可见。

将手电筒的光束射向池塘的水面(或射向一块大的平面镜),只能在水面(或镜面)上留下一个不太亮的光斑,周围仍旧黑洞洞的,也看不见手电筒的光柱。若将手电筒光束投射在白色的物体(如白纸或白布)上,则无论从哪个方向看去,都显得非常明亮,整个空间也好像亮了许多。

2. 室内观察

没有室外观察条件的,可在空气清新的夜晚,在室内进行上述观察,结论将基本相同。只是当光束投射在白墙上时,由于几面墙壁的多次漫反射而使整个室内一片通明,比室外观察时要亮得多。在指导学生进行观察后,可引导学生结合日常生活现象展开讨论,使学生搞清漫反射使我们看清物体的道理:我们之所以能看清各式各样的物体,绝大多数是因为这些物体发生了漫反射的结果。

这类观察性实验不仅有助于掌握知识,且能帮助同学们提高观察力。

(三)光的色散现象的观察

光的色散现象说明白光是由各种颜色的光组成的,引导学生对色散现象的观察不仅能使学生搞清白光的组成,注意各种色光的排列顺序,而且还能学到用多种方式观察同种现象的观察方法。

1. 美丽的彩虹

夏天,雨后的晴空经常会出现一道美丽的彩虹,它是太阳光经空气中的许多小水珠折射、反射而形成的。观察彩虹,看它里面的各种色光排列顺序,是红的或紫的在下?彩虹的位置与太阳的位置间有什么关系?

在斜射的阳光下,背向太阳,用喷雾器喷雾,或者将一口水喷成雾状,即能看到雾中出现的人造彩虹与天空中观察到的彩虹一样。

在房间里也能造一条虹,只要把一杯水放在窗台上,在地上铺一张大白纸,太阳光通过水发生折射,于是在纸上形成一道非常美丽的虹。

2. 自制水棱镜片

白光通过三棱镜分解后,形成绚丽多彩的光带(光谱)。可以自制一个水三棱镜来观察光谱。

找三块长方形的玻璃片和一个小塑料袋,就可以自制一个水三棱镜,如图7-5。三块玻璃片围成一个三棱柱,用细线或橡皮筋扎紧,塑料袋内充满水,两端用细线扎紧。也可以用三块长玻璃和两块三角形铁皮用油灰或医用胶布胶粘,先留出上面的一块三角形,待装满水后再用胶粘住,这种水三棱镜的分光效果与玻璃三棱镜差不多。寒冷的冬天还可以将一块冰加工成冰三棱镜,加工时需注意使表面尽可能平滑,否则分光的效果很差。

观察时,把三棱镜横放在阳光下,太阳光通过三棱镜后,在地面上形成一条彩色的光带。注意太阳光在通过三棱镜后向什么方向偏折的?什么色光偏折得最多?

在室内用白炽灯来观察光的色散,需将光源放置得离棱镜较远,并在棱镜前放一狭缝。

图7-5

不用三棱镜,用图7-6所示的简单方法也能观察到光谱。在水盘里斜靠一面小镜子,然后让阳光投射至水里的镜面上,经镜面反射再折射至天花板上,由于阳光进入水和由水射出两次折射(这与三棱镜的情形相似),投射在天花板上的也是一条彩色的光带。

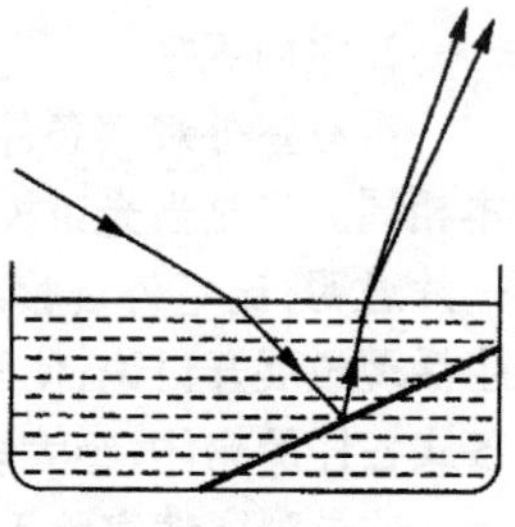

(四)对物体颜色的观察

方法(一)

图7-6

在一杯清水里滴入几滴红汞(也可以用红墨水,但不是所有的红墨水都行),然后举起杯子,朝着灯光,透过杯子观察,发现水是红的。如果让灯光从侧面照亮杯子,并观察经杯子外壁反射来的光线,水就成了绿的了。

或者在一块玻璃片上滴几滴红药水,待干后透过玻璃片观察,就能看到红色,如果用玻璃片把光反射到眼睛里,就看到了绿色。

方法(二)

低压钠灯目前已比较普遍用于城市街道照明,这种灯发出的是一种柔和的黄光。我们可以拿各种颜色的物体在这种灯光下观察,结果发现不论是红、绿、蓝哪种颜色,都失去了它原有艳丽的色彩,变成了一致的暗灰色。由于低压钠灯所发出的并不是纯净的钠光(黄光),因此,有色物体放在离钠灯较近处观察时,还能看出一些本来的颜色。最好是自己制作一个钠灯用来观察,制作方法很简单:在一个小碟子或一块铁片上,放一些硼砂($Na_2B_4O_7 \cdot 10H_2O$,药房可以买到),然后倒入一点酒精,在黑暗处将酒精点着,开始冒一种黄色的火焰,很快就出现明亮的黄光,这就是钠光。在这种钠光下观察各种彩色画页,除了黄的和白的显现出黄色以外,其他红、绿、蓝各种颜色都成了统一的暗黑色。

210

方法(三)

用两只手电筒,分别贴上黄色和蓝色的玻璃纸,使射出的光分别是黄光和蓝光。把两种光一起照到白墙上,并使两束光逐渐重叠,可以看到,重叠部分不是绿色而是白色。若用三只手电筒,分别罩上红、绿、蓝色的玻璃纸来做实验,先将红、绿光重叠,得到黄光,再将蓝光叠加上去,也得到白光(想想看这是为什么?)。

有时由于各手电筒射出的光强弱不一,而使重叠部分略显某种颜色,这时将该色光的手电筒移远些即可。

物体之所以有各种不同的颜色,是由于太阳光本身包含有不同的色光和各种物体能透过或反射不同的色光所造成的。这里介绍的几个实验效果强烈,能给人留下深刻的印象,对帮助学生理解物体的颜色,培养细致的观察习惯是非常有益的。

二、课内教学的补充性实验

(一) 天平的妙用

天平在通常情况下是用来称量物体的质量的,但是为了开拓同学们的思路,扩大天平的应用范围,可以向同学提出问题:如何利用天平来称出物体的面积和体积? 必要时适当地加以引导和启示。让同学们实地去称一下,可以锻炼他们应用天平的能力。下面是"称"面积和"称"体积的方法。

1. "称"面积

例如一张地图上已标有绘制比例,但由于地图的边界很不规则,我们很难从地图上估算出某一国家的实际面积。

可找一张纸片,纸片的厚薄一定要均匀,用复写纸将地图的边界印在纸片上,然后沿边界剪下。再用同样的纸片剪一个边长 1 cm(或 10 cm)的正方形。

用天平分别称出正方形纸片和"地图"的质量,并计算出"地图"质量是方纸片质量的多少倍,就可算出面积。

同样的方法可以求出一曲线与一直角坐标所围成的图形的面积,因此即可间接"称"出相应的物理量的大小。

2. "称"体积

形状不规则的体积一般是用量筒来测量的,但是如果物体的体积不太大(如一把钥匙),用量筒来测量,读数误差就很大。为了准确地测出体积,我们可以采用天平"称"的方法。

从阿基米德定律知道。物体浸在水中要受到水的浮力而减轻重量,所减轻的重量与排开的同体积的水的重量相等,因此要测出比重较大的不规则物体的体积,只要先把物体在空气里称一下,再浸没在水中称一下,两次称得的重量之差,就是与物体同体积的水的重量,因为水的密度是已知的,因此不难算出水的体积,也就是物体的体积。

211

为了测出物体在水中的重量,可以采用图7-7或图7-8的装置方法。其中图7-7中天平横梁是用细线悬挂的。而图7-8中的横梁则是穿过一根光滑的钉子固定在较高的木质竖架上。

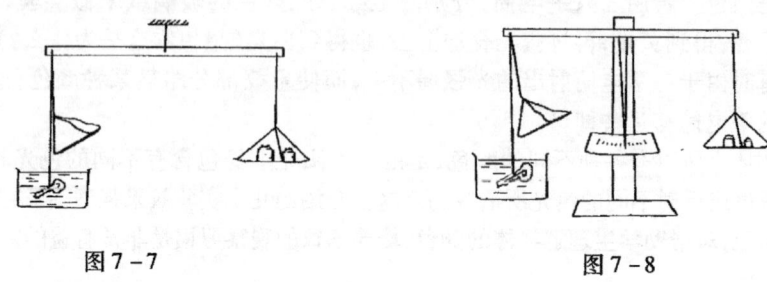

图7-7　　　　　图7-8

(二)"筷子提米"实验的研究

"筷子提米"的实验在初二课本的小实验中已有介绍,为帮助学生搞清这个实验原理是由于摩擦力将米提起的,可要求学生除采用课本上的方法外,再按下列步骤进行实验:

1. 杯中的米装紧(严实)后,用左手紧捂住米,右手拿一只竹筷从左手指缝中正对杯子中部插入和不用手捂住米而将竹筷插入,并进行比较。
2. 杯中米装紧和未装紧两种情况下,用手紧捂住米插入筷子进行比较。
3. 用竹筷子和用光滑的玻璃筷或象牙筷做实验,并进行比较。
4. 用粗糙的米和用精白的大米分别实验进行比较。
5. 分别用塑料水杯和玻璃杯实验进行比较。

从以上的实验对比中总结出摩擦力的规律。

[分析与研究]

让同学在实验中分别变换某项实验条件,观察实验结果的变化,这种对比实验的方法,对于帮助同学搞清实验原理,加深对物理现象的本质认识是极为有益的。同学们像科学家探索自然奥秘一样在实验中探索物理规律,将产生浓厚的兴趣和强烈的求知欲。因此,教学中应多安排一些这样的训练。

给初二学生解释实验现象时,应当注意,这里涉及的是静摩擦问题,不能从这个实验现象得出摩擦力与正压力、摩擦系数有关的结论,由于学生没有最大静摩擦力的概念,因此只能定性地说明,例如用"能够产生的摩擦力不足以支持杯子和米的重量"来解释提不起来的原因。

(三)用算盘研究摩擦力

为加深对高中力学内容的理解,可以让同学找一个算盘来做实验,通过实验找出影响摩擦力的因素,从而研究其初步规律。

用一个算盘和一段粗一些的橡皮筋,在橡皮筋的一端用细线拴一个铁丝钩。

1. 用铁丝钩钩住算盘的一端,分别拉算盘在桌面上滑动和滚动,从两次实验中橡皮筋的不同伸长比较滑动摩擦和滚动摩擦的大小。

2. 依次在算盘上放一、二、三本书重新实验,从每次橡皮筋的不同伸长看摩擦力与正压力的关系。

3. 将算盘先后移至不同粗糙程度的台面(如垫纸板或垫布)上重新做滑动摩擦实验,看摩擦力与接触面粗糙程度的关系。

4. 重新做滑动摩擦实验,慢慢地逐渐加大拉橡皮筋的力,开始橡皮筋逐渐伸长,但算盘并没有被拉动,这个过程说明了什么?(说明静摩擦力是一个变量)然后继续增大拉橡皮筋的力,注意观察算盘刚被拉动时和做匀速运动时橡皮筋伸长的不同,从中得到什么规律?(最大静摩擦大于滑动摩擦)

[分析研究]

用算盘研究摩擦力是一个简单易行的实验,它不仅能帮助同学搞清有关摩擦力的一些概念,而且能从比较各种情况下摩擦力的大小认识摩擦力的初步规律。

这个实验有几点需要注意,必要时应向学生讲清楚。

1. 实验中用橡皮筋的伸长来测量力,严格说来,橡皮筋受力伸长一般是不遵循胡克定律(伸长与力呈线性关系)的,但在一定范围内其伸长量随拉力的增大而增大的关系是存在的,这一点可用来粗略地比较力的大小。

2. 橡皮筋上示出的是拉橡皮筋的力或橡皮筋拉物体(算盘)的力,当物体静止或做匀速运动时,此力与摩擦力相平衡,因此橡皮筋的伸长只是间接显示了摩擦力的大小。

(四)研究汽车为什么会行驶的实验

对于汽车为什么会行驶?人在路面上为什么能前进这样一类问题,初学者往往不易搞清,常常错误地认为只要车轮转动,车子就能前进。为帮助同学搞清问题的实质,可安排下列程序的实验,观察在每一程序中汽车的运动情况,并认真分析,找出其原因。

[实验程序]

1. 用细绳将一辆玩具汽车(装有发条的汽车或电动汽车均可)从中部吊起,如图7-9,然后使车轮转动起来,观察此时车身能否前进?

2. 把一块薄木板移至车轮下面,让它与正在转动的车轮接触,这时车子的运动情况怎样?

为什么?(车子前进:因为受到了木板给予的前进的作用力)

图7-9

3. 将木板改换成玻璃板,为使板面更光滑,在

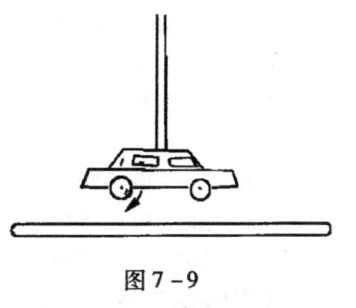

板面上涂油或涂抹肥皂水,并有意将板面靠车头的一端略抬高一些重新实验,观察此时车子又怎样运动?从中能得到什么结论?(车轮在板面上打滑,车身前进很少;从中可以看出使车子前进的是摩擦力)

4. 将一块长的薄木板(长约 80 cm、宽约 10 cm),用几支圆铅笔垫起来平放在桌子上,把已经转动起来的玩具小汽车放在木板上,并用手抓住或挡住小车(图 7-10),这时能观察到什么现象?说明了什么?(木板向后运动;说明木板也受到了车子给予的向后的作用力)

图 7-10

5. 放开小车,这时又能观察到什么现象?说明了什么问题?(木板向后运动的同时)车子向前运动;说明由于小车对木板的作用力而引起了木板对小车的反作用,这一对力分别使木板和小车向相反方向运动。

6. 将薄木板改换成表面涂油的玻璃做同样实验,观察此时的运动情况有什么变化,从中能总结出什么结论?(车轮和玻璃板间打滑,车身和玻璃板向相反方向运动得很少;进一步说明车子和板面之间相互作用的是一对摩擦力,板面给予车子的摩擦力使车子向前行驶)

(五)超重和失重

1. 用杠杆做超重实验

用长橡皮筋将一个重物(如砂袋)悬挂于杠杆的一端(图 7-11),重物下端的细线拴在粗铁丝上,用铁丝的目的是将橡皮筋绷长,使杠杆平衡。

用火柴烧断重物下端的细线,由于橡皮筋的弹力而将重物提起一定高度,使重物瞬时处于超重状态,与此同时可以看到杠杆平衡被破坏,重物端下沉。重物静止后,杠杆重新恢复平衡。

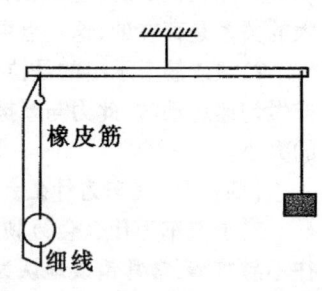

图 7-11

2. 用手电筒做超重、失重实验

图 7-12 是手电筒构造示意图,电池的正极直接顶在小电珠上,电池后盖弹簧、铜片、开关与小电珠的另一极相连(图中开关已接通,未画聚光杯),把电池作为待研究的物体,它在加速运动时的超重和失重情况可用小电珠来显示。

超重 将手电筒竖立向上旋松后盖,使小电珠刚刚能燃亮,此时电池正极刚刚能与电珠接触。手持电筒,保持电筒在竖直方向,猛地向上运动,小电珠熄灭,说明物体(电池)在加速上升时处于超重状态,弹簧受到更大压缩,电池正极与小电珠脱离接触。

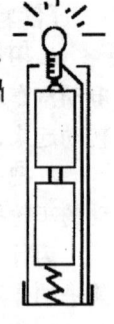

失重 再稍许旋松后盖,使小电珠刚刚熄灭。然后手持电筒突然向

图 7-12

下运动,小电珠燃亮。说明电池在向下做加速运动时处于失重状态,弹簧受到电池的压力减小而伸长,小电珠与电池接通。

完全失重 将手电筒倒立过来,稍松后盖,使小电珠刚能燃亮(如做不到这一点可去掉一节电池,换以金属填充物或一节小一号的电池)。此时弹簧未受压力,处于原长状态。然后重新将手电筒竖立过来,手拿着向下做加速运动,小电珠不会燃亮。再放开手让电筒自由下落(下面须有缓冲物),则见小电珠燃亮。说明自由下落时,物体(电池)处于完全失重状态(对弹簧的压力为零)。

3. 用塑料管做失重实验①

取一根硬塑料管,长约60 cm,直径2~2.5 cm,两端都配有橡皮塞,上下各开有两个小孔(上端小孔作进气用),如图7-13所示。实验时,在管内装满水,并将两端的橡皮塞塞紧,此时,由管下端的小孔有两细束水流喷出。然后将管子提高到2 m左右,让管子竖直自由下落,可看到在下落过程中,小孔中不再有水流喷出。说明此时管内的水已处于失重状态。

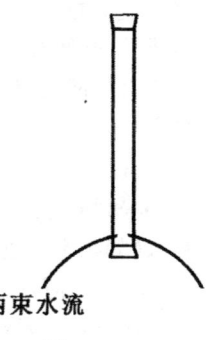

两束水流

图7-13

[分析与研究]

超重和失重是物体在做加速运动时发生的一种现象。在人造卫星、宇宙飞船上很常见,就是在日常生活中,如乘电梯上、下也能感知,但毕竟不是每一个同学都有这类感性认识。特别是在什么情况下超重,什么情况下失重,一般同学更易于混淆。如果能让每一个同学都来做一做实验,对进一步了解和掌握超重和失重现象是大有好处的。由于实验条件的限制,一般只能使物体在很短的时间内做加速运动,因此,给超重和失重现象的观察带来了很大的困难。杠杆实验中,采用长橡皮筋悬挂物体,目的就在于延长物体加速运动的时间;用手电筒做的实验中,可将手电筒用细绳悬挂起来,像阿特武德机那样跨过一个高的滑轮,配重让它做加速度运动;用塑料管做的实验中,让塑料管从更高的地方自由落下,这些做法都可以延长物体做加速运动的时间,使超、失重现象更易看清。

用杠杆做超重演示时,开始表现为超重现象,但紧接着重物向上做减速运动,又可表现失重。手持手电筒做加速运动时也有类似情况。这一点可提请学生注意:把握观察时机,正确进行观察,对观察到的两种截然相反的现象加以分析。这对同学们的观察与分析能力是一个很好的锻炼。

(六)关于表面张力的几个实验

1. 不漏水的网子

找一个滤中药的过滤器(或用铜丝网、窗纱制成的过滤器),把少许植物油倒入

---

① 吴金福.介绍两个简易的失重实验[J].物理教学,1982,6:39.

并不断晃动,使油涂抹在所有的网眼上。在过滤器下边放一个空盆再小心地用杯子或水勺向过滤器里倒水,这时水可以装满过滤器而不致漏出(图7-14)。

如果用手指摸一下过滤器的底部,水立即从小孔中流出。

2. 会前进的铅笔"船"

将一支用剩约一寸长的铅笔剖开,取出笔芯,这样每一半就是一支铅笔"船"。再将一支圆珠笔芯的笔头拔出,用嘴从另一端吹气,把一滴油墨滴在铅笔"船"尾部的凹槽端。将铅笔"船"置于盆中静止的水面上,则在油墨向水中化开的同时,"船"向前行进了,好像有动力一样。

图7-14

直接把用完的圆珠笔芯拔出笔头后漂浮于水面,也能看到笔芯向前行进的现象。

有兴趣的同学还可以用纸折一个小船(或用木片做一个小船),在船尾处嵌进一小块肥皂,然后把小船放入水中,则见小船像有动力一样向前航行。如果水面足够大(如在水塘里),小船能航行很长的时间。

3. 浮在何处?

在一只玻璃杯(或碗)里盛水近满,把一只小的塑料瓶盖漂浮于水面,观察瓶盖静止时所停的位置,拨动瓶盖重新观察,可以看到瓶盖每次都停在靠杯壁的地方,即使我们把瓶盖拨向水面中央也是如此。

小心地把杯子倾斜,使水面高过杯口,但还没有水流出来,观察这时瓶盖停留的位置。

把杯子重新放平后,慢慢地向杯内注入清水,由于表面张力水面能高出瓶口很多也不至溢出。观察这时瓶盖所在的位置,可以看到,不管怎样拨动,瓶盖每次都停在水面正中的位置,即使把它拨到边上也还是要浮到中间来,就好像有力在拉着一样。

[分析与研究]

"不漏水的网子"中,网子经涂油处理后与水不能直接接触,由于和油接触的水的表面薄层产生了比较大的表面张力,从而托住了水,使水不致通过过滤器的小孔流出。当手指破坏了水的表面层后,水就失掉了支持。

下面的小实验对学生弄清铅笔"船"等前进的道理是有益的:在水面上把火柴杆摆成如图7-15所示的一个圆圈,用一小块肥皂或圆珠笔油墨轻轻接触圆圈中心处的水面,则见火柴杆被驱散开,逐渐漂向远处。这是由于肥皂溶于水后使水的表面张力大为降低(水上油膜

图7-15

的表面张力也较小),水面各处表面张力的不一致造成肥皂水表面或油膜的逐渐扩大,以致带动火柴杆向外散开。铅笔"船"和"肥皂船"就是靠这种表面张力不一造成的力推动的,这种运动一直要到整个水面的表面张力趋向一致才会停止。因此,在大的水面中做这个实验能使"船"行进很长时间。

"浮在何处"实验中,当杯内水未装满时,由于杯口不大,整个杯内水面实际上略呈凹形,由于浮体和水面是浸润的,浮体偏离液面中心时,靠近凹液面中心一边的表面曲率半径比靠近外侧一边的要大(如图7-16),靠外侧的液体压强比较小($p = p_0 - \frac{2\alpha}{R}$,$\alpha$ 为表面张力系数,R 为曲率半径,)以致浮体向杯壁移动。当水装满并漫过杯口时,由于表面张力,整个水面呈凸形,同理可以说明,靠近凸面中心一边的表面曲率半径比靠近外侧一边的要小,因此靠中心一侧的液体压强小,因此浮体向压强小的方向(杯子中心)移动,最终在最高点处于稳定平衡。

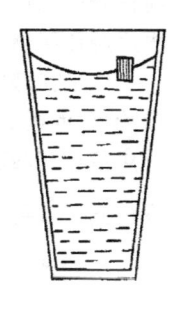

图7-16

"浮在何处"实验可作为智力游戏的问题提出,例如:谁能将物体浮在杯内液面的中间? 能进一步激发兴趣,训练思维。

思考题

如果在凹形和凸形的水面上分别放一只小石蜡块,它们将稳定在哪里?

(七)测声音在空气中的速度

由三个人站在较平直的公路上进行实验。一个人为发令者站在起点用竞赛信号枪(或者点燃一只爆竹)发送信号,另二人在离发令者尽可能远一些的地方(如300 m左右)接收信号。两人各带一只经过校准的秒表,把其中一人的眼睛蒙起来,把另一人的耳朵堵塞起来。当发令者开枪后,两人分别根据光信号和声音信号启动秒表,然后再把秒表交到一人手中。同时揿停秒表。两只秒表的读数差即近似为枪声从发令处到接收处传播的时间。

距离可以用数步法测出,或者在自行车轮上作一记号,数出自行车从起点到终点的车轮转数,再根据车轮半径求得,还可以根据人行道边的电线杆的数目求得。这样即可算出声音在空气中的传播速度。

[分析与研究]

这个实验是测量长距离和短时间的综合训练,对初中学生是很适宜的。为了发挥学生的主动性,可让他们自己提出测试的方法,并在实践中修正和改进。由于各人动作反应的灵敏程度不一样,会出现一定的系统误差,可以用交换测量的方法来减小。如果两只秒表的时标差异可以察觉,则应当以一个表为标准,测出修正值加以修正。对于偶然误差可以用多次测量求平均值的方法来减小。在这个过程中,学生可以学到一些减小误差的方法。至于测量结果,只要能达到数量级的要求就可以了。

如果在远处看不清发射时的烟光,可以让一个接收者到发令人身边去启动秒表。这个实验也可以利用收听广播的方法来进行。例如,实验者带着秒表和收音机到离开某高音广播喇叭很远的地方(如1 km远),根据自己身边收音机发出的报时信号启动秒表,再根据听到远处喇叭传来的报时信号揿停秒表,由此测出时间,再运用几何测量的方法测出距离,即可测出声速。

如果在郊外能找到一个回声明显的地方,实验可以做得更为巧妙。在回声墙前约50 m远的地方,实验者连续均匀地击掌,调整两次击掌的间隔时间,使听到的回声恰巧在两次击掌的中间时刻。测出听到 n 次掌声所经历的时间 t,那么,声音从发出到接收到的时间即为 $\dfrac{t}{2(n-1)}$,由此同样可以求得声音在空气中的传播速度。

(八)水为什么烧不开?

烧开水的时候,可以做一个有趣的实验:在锅里的水烧开以后,放入铝勺或牛奶锅,使其内保有一些开水继续在锅里加热(如图7-17)。这时,尽管锅里的水还在不停地沸腾翻滚,勺里的水却怎么也烧不开(没有沸腾现象)。如果找一只温度计来测量一下,会发现锅里和勺里的水都是100 ℃。

[分析与研究]

沸腾需要吸收热量这一概念在初三的课本中就已提到,但是不少同学对这一概念没有真正的理

图7-17

解,他们认为水只要加热到100 ℃就沸腾。因此,安排这个实验让同学们自己做一做,观察勺子里的水能不能沸腾?(一定会有同学试图用加大火的办法来使勺里的水沸腾,当然,他们只能是徒劳。)要求学生回答不能沸腾的原因。通过实验观察和讨论,可以搞清楚以下两点:(1)水即使烧到了100 ℃,也还要继续吸收热量(汽化热)才能沸腾,锅里的水就是因能不断吸收热量而沸腾的。(2)水在沸腾时温度不再上升,锅里和勺里的水温度相同(都是100 ℃),它们之间没有热的传递,因此勺里的水不会沸腾。

(九)测定水的折射率

方法(一)

找一个扁形的墨汁瓶,在它的一面糊上一张黑纸,相对的另一面糊上一张薄白纸,黑纸上事先划有一道宽约2 mm的竖缝(黑纸在图7-18上瓶的背面)。

在瓶内装一半清水。用手电筒从较远处照射黑纸上的狭缝(也可以将瓶对着较远处的灯光),就可以在白纸屏上看到一道亮条在水面处分成上下两截,如图7-18所示。改变入射光的角度,使两截亮条尽量错开远一些,并用铅笔记下两亮条的

位置。再改变入射光的角度，使两截亮条在一条直线上，并记下此时该亮条所在位置，此刻光线是垂直入射到水中的。图 7-19 是自瓶口俯看的光路，图中 O 为狭缝，A、B 为错开的两亮条的位置，C 为两亮条重合的位置。量出 AC、BC 和 OC（OC 是瓶上两个纸面的宽度，可以测量瓶子的外部宽度。），就可以利用下面的公式粗略地测出水的折射率。

$$n = \frac{\sin i}{\sin r} = \frac{AC/OA}{BC/OB} = \frac{AC}{BC} \cdot \frac{OB}{OA}$$

$$n = \frac{AC\sqrt{OC^2 + BC^2}}{BC\sqrt{OC^2 + AC^2}}$$

图 7-18

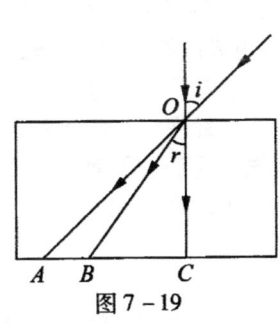

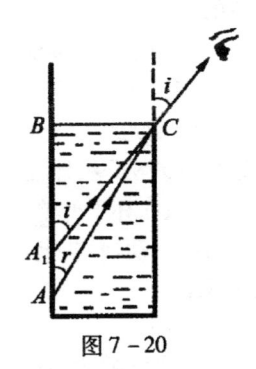

图 7-19

图 7-20

方法（二）

用一只空的搪瓷口杯，将一把尺子靠杯的内壁站立，把杯子放在身前的桌子上，移动杯子的位置，所能看到尺子的最低刻度为图 7-20 中 A_1，例如为距杯底 3 cm 的刻线，保持观察角度不变，缓缓向杯内注入清水，直至与杯口平齐，记下此时所能看到的最低刻度线 A 和水面到达的刻度 B，从这些数据就能求出水的折射率。

$$n = \frac{\sin i}{\sin r} = \frac{AC}{A_1C} = \frac{\sqrt{AB^2 + BC^2}}{\sqrt{A_1B^2 + BC^2}}$$

或者用一只深水杯，在杯里装满水以后，从上往下看，同时用手拿一支铅笔在杯外比试看杯底所在的位置，自水面至此处位置的距离称为视深度，从水的实际深度和视深度可以求出水的折射率。

$$n \approx \frac{实际深度}{视深度} \tag{1}$$

思考题

1. 在图 7-20 中，A 的像点是否在竖直线 AB 上？
2. 试推导竖直向下看时的折射公式(1)。

方法（三）

找一块三合板或硬纸板，剪成上大下小的形式，正好能插放至玻璃杯或搪瓷盆里（图 7-21），事先在板上画互相垂直的两条直线 MM' 和 NN'，交点为 O。在 O 点和板下部任意一点 A 处各插一枚大头针，然后把板竖直地插入玻璃杯中。

慢慢向杯内倒入清水，使水面与 MM' 平齐。从上部沿板面看 A、O 两处的两枚大头针，移动观察位置，使视线与两大头针成一直线，并在纸片尽可能上方插入另一根大头针B，正好挡住A、O。此时沿B看去，B、O、A三者成一直线。取出三合板，用铅笔连接AO和BO，可看出它们不在一条直线上。用量角器量出入射角和折射角，就能粗略地测出水的折射率。

[分析与研究]

在布置给学生的时候，可以告诉实验方法，至于如何去测水的折射率、利用什么公式，可由学生自己去考虑，并应向学生提出怎样做才能减小测量误差？这对培养学生独立操作能力，锻炼实验素养是极为有益的。

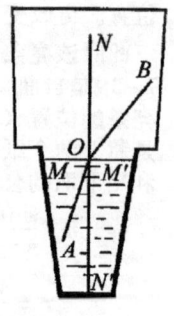

图7-21

这里特别提一下利用测量视深度的方法求液体的折射率。它与其他的几种方法不同，不能只用一束光线进行理论分析，必须运用成像的原理画出光路图，即必须至少从物点引出两条光线找出成像点，再推导出近似公式。为了减小测视深度的误差，可以采用"视差法"①，即在水杯的底部放一根针使它与底面上的某一直径重合，然后用铅笔尖顶在杯子外壁上，沿着通过这根针的竖直平面与杯壁的交线移动，从杯顶俯视，前后移动视线，直到铅笔尖与针尖"无视差"为止。

(十) 全反射现象

1. 水面如同镜面

在玻璃杯中装大半杯清水，把杯子静置于高处，从杯壁仰视杯里的水面，看到水面如同镜面一样明亮，还能照出近处的物体（如图7-22）。利用养鱼用的方玻璃水槽观察则效果更好。改变观察的角度（改变视线与水面间的夹角），看"镜面"的亮度有何变化？

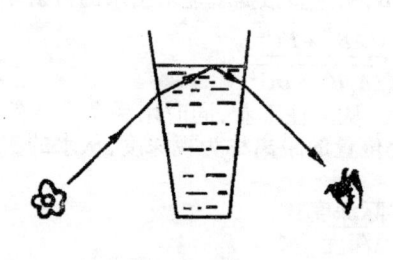

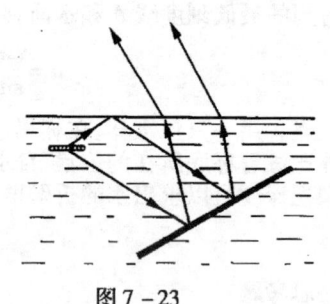

图7-22 图7-23

在水里斜放入一面镜子，能使我们很方便地从水面上通过镜子观察到水面如同镜面的情况。若将一只手轻轻地插入水中，便能看到经"镜面"反射而生成的上下倒立的两只手。若将一片正反面画有不同图案的圆片放至水面下，则能从镜中看到一正一反的两个圆片，其原理从图7-23中便可清楚地看出。

---

① 安忠，刘炳升.中学物理实验教学研究[M].北京:高等教育出版社,1986:263.

2. 水中的物体不见了

把水倒入一只深的搪瓷盆里，在盆的中间投入一枚硬币，在硬币上罩一只分量重一些的玻璃杯（图7-24）。注意让玻璃杯直放下去，不可让杯内的空气逸出。然后透过玻璃杯的侧面观察，发现杯内的硬币不见了，不管从哪个方向看，就是找不见。

下面是另一种实验方法：用三合板或硬纸片剪一个直径为10 cm的圆片，在圆片的中心处锥一个小孔穿过一根细线，线的下端挂一只黑色的小纽扣，纽扣至圆片中心的距离不大于4 cm。将圆片水平地拿在手中，从圆片的侧上方观察，能很容易看到纽扣。然后将圆片连同纽扣一起漂浮在盆中的水面上，这时在水面上不管从什么角度看，都无法再看见纽扣，纽扣正好被纸片挡住了。

图7-24

[分析与研究]

产生全反射现象有两个条件，一是光线必须从光密媒质射向光疏媒质，二是入射角必须大于临界角。这几个实验，第一条无疑都是满足的，关键就在于第二条。因此，在"水面如同镜面"实验中，要引导学生改变观察角度，或改变水中镜子的位置、倾角，进行观察比较，只有在发生全反射时水面才亮似镜面，才能看清圆片两面的图案。

在"硬币不见了"实验中，盆内水量的多少是能否造成全反射的关键，只有在水足够深时，才能造成如图7-25所示的情况，这时看见水中的杯壁如同毛玻璃一样，当然也就看不见硬币了（不过从杯子的正上方看还是能看见硬币的）。这个实验要求用深搪瓷盆来做的道理也就在此。可布置给学生变换水的深浅来做这个实验，从实验的观察中进行分析，找到看不见硬币的原因，加深对全反射现象的理解。

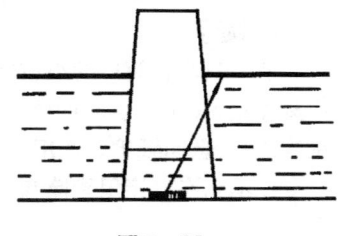

图7-25

"纽扣看不见了"实验，可让学生改变纽扣悬线长度来观察，找出纽扣刚刚消失时的悬线长度，计算出临界角，从而求得水的折射率，比单独让学生观察一下全反射现象收益要大得多。

（十一）自制水果电池

初三物理课本习题中介绍了自制苹果电池，所产生的电流能使耳机发出喀拉声，能使舌头产生发麻的感觉。这里介绍的一种"土豆电池"，能点亮一个1.5 V的小电珠。实验需要用到12个土豆（最好是新鲜一些的），另外还需要一些铜片、锌片和连接导线。

锌片比较容易得到，可以从旧电池中取出锌皮，然后剪成0.5~1 cm宽的长条，擦净锌皮的表面即可。铜片比较难以得到,用粗铜丝甚至将铜芯电线剥去外皮后缠绕在小木片或竹片上也行。

实验时,将12个土豆排成一排,在每个土豆上刻两道刀痕,刀痕间相距约1 cm。然后分别插入铜片和锌片,并用铜导线将每个土豆上的铜片和相邻的一个土豆上的锌片连接起来,形成电路上的串联。连接时需要注意尽量将铜线缠得紧些,以减小连接处的电阻。最后将两头的两根导线接到一只1.5 V的小电珠上,小电珠就亮了。当然,由于电池的能量很小,它不是一直亮着,而是微微地亮了一下就熄灭了。如果将电路断开,过一段时间再接通,它又会重新亮一下。如果能找到一只旧电子表上的微型灯泡,就能亮很长的时间。

当然用别的水果也可以,如将一块大的锌皮弯成弧状插入一只大西红柿的一侧,在另一侧插入一根从旧电池中取出的碳棒,在插碳棒的孔中放入一些从旧电池中取出的黑粉(起去极作用),用导线将一只微型灯泡接在碳棒和锌片之间,就能点亮。将几只这样的电池串联起来,就可以做半导体收音机的电源。

感兴趣的同学还可以找一些其他的水果(只要水分多都行,如柠檬、萝卜等)来试试。

三、探究性实验

(一)自制量杯的刻度问题

[课题]

有一只非直筒形的小玻璃瓶,总容量是100 cm³,请用它做一个小量杯,要求最小刻度是5 cm³。实验的器材有:量筒(最小刻度5 cm³),天平,秒表,粗试管,一段细橡皮管,坐标纸等。选用器材时有下列要求:

1. 不允许直接用量筒和天平来标定刻度,但可以用量筒来检验刻度是否符合要求。

2. 可以用粗试管和细橡皮管组成放水的容器,配合使用天平,或者配合使用秒表、量筒。

[实验方法]

1. 滴水法

用试管和细橡皮管组成放水容器,调节细橡皮管出水口的高度,使水一滴一滴地流到小玻璃瓶中。同时进行计数,大约流入20~30 cm³水时停止放水。在天平上称出水的质量,就可以算出5 cm³的水共有多少滴。以后就按照这个标准把水滴入小玻璃瓶中,每5 cm³作一刻度,直到满刻度为止。

2. 计时法

用上面的放水容器装满水,使水连续地流到量筒中,同时用秒表测出量筒中的水达到5、10、20、40、60、100 cm³的时间,再作出体积-时间的实验图线。根据图线查出需要刻度的体积所对应的时间,再分别按照这些时间往小玻璃瓶内放水,并标出刻度。

[分析与研究]

本课题要求的方法并不是测液体体积的常用方法,安排这个实验的目的主要是给学生一些实验方法的训练。例如,用计时法测量体积时是一种间接测量的方法,要能用间接量表示测量结果,必须弄清直接量与间接量在一定条件下的关系,当这种关系不明确的时候,通过理论的方法或者通过实验的方法求得。在实验中常用图线来表示这种关系,然后应用内插法就可以方便地求得需要测量的结果。在滴水法中体现了一种减小误差的训练。即当一种仪器的精度达不到要求时,可以借用一种"中间量"。液滴就是这样的一种"中间量",先用加大总数的方法减小测量"单一量"的相对误差,再用测得的更为精密的"单一量"去测量待定量。这些方法都具有普遍的意义。

在应用计时法的实验中,学生常常把流出的水量与时间的关系看成线性关系,采用截面积较小的容器(试管)能使学生的错误暴露出来。当他们发现误差很大时,就会去寻找原因,找到正确的方法。这里介绍的通过实验发现规律性现象是一种方法,控制条件,使流量与时间满足线性规律(如加大容器的截面积,提高液面到出水口的距离)也是一种可取的方法。

关于流量与时间的关系,教师可以用高等数学方法求得。现列出供参考。

设容器截面积为 S_0,液面下降的高度为 h,总高度为 H,出水口的面积为 S_1,见图 7-26。由伯努利方程可求得出水口的速度:

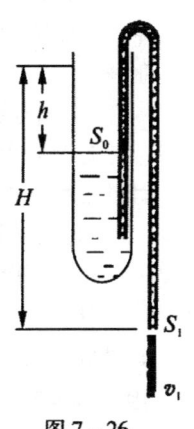

$$v_1 = A\sqrt{2g(H-h)} \quad (A \text{ 为流量系数})$$

图 7-26

所以在 dt 时间内水的流出量为

$$v_1 S_1 \mathrm{d}t = A\sqrt{2g(H-h)} \cdot S_1 \mathrm{d}t$$

容器中水的减少量等于水的流出量,

$$S_0 \mathrm{d}h = A\sqrt{2g(H-h)} \cdot S_1 \mathrm{d}t$$

选取一定的参量,可以把上式简化为

$$\mathrm{d}h = \frac{-K}{\sqrt{H-h}}\mathrm{d}(H-h)$$

解此方程可得

$$t = t_0 - K'\sqrt{H-h} \quad [t_0 \text{、} K' \text{ 为常数}]$$

由此可见 $(H-h)$ 与 (t_0-t) 的关系是二次曲线关系。利用一些坐标变换,可以看到 h 与 t 的关系(流出水量 $S_1 h$ 与 t 的关系)仍为二次曲线关系,如图 7-27 所示。

虽然这些理论的分析对中学生是不适宜的,但教师可让学生描出实验图线,从而学到基本的实验研究方法。

(二)你能跳多远?

[课题]

你准备参加一次立定跳远的比赛。在比赛之前,请你用实验的方法估测一下自己能跳多远。给你的器材只有一把皮尺,除了不允许实地进行试跳外,其他方法都可以考虑。

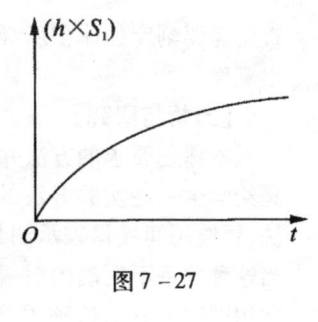

图7-27

[实验方法]

首先在靠墙壁附近进行多次立定跳高,伸出手碰墙壁记下最高点的位置,由此测出所能达到的平均高度 $\overline{H}$,再根据竖直上抛运动公式求出所能达到的起跳速度 v_0。然后按 $45°$ 角分解 v_0 为 v_{x0} 和 v_{y0},再根据斜抛运动的两个分运动的规律估测出射程。

[分析与研究]

这是一个设计性的实验课题,用跳远来激发学生设计的兴趣,并使学生学习设计的思路。可以从设计目标出发发散考虑,再集中思索找出可行的方案。

目标:射程 $s = v_{x0}t$,$\{v_{x0}|$直接测量 $\Delta x, \Delta t$ 不可行,$v_{x0} = v_0\cos\theta\}$。

t $\{$直接测量 t 不可行。$t = 2v_{y0}/g, v_{y0} = v_0\sin\theta$ $\}$

从上述的思维过程可以看出,估测的关键在于测出起跳者可能达到的起跳初速度和角度。考虑能达到理想的状态,取 $\theta = 45°$。v_0 则用竖直起跳的方法来估测,因为 $v_0^2 = 2gH$,测出高度 H,也就测出了 v_0。最后推导出的结果是:$s = 2H$。

(三)用单摆法测定重力加速度的研究[①]

[课题]

用一只质量约 1 kg 的铁球做一个摆长约 3.6 m 的单摆,把摆线的上端悬挂在天花板上,用它来测定所在地点的重力加速度 g,要求达到 4~5 位有效数字。

1. 选择器材,制作并安装好单摆。
2. 如何测量摆长? 选用什么量具?
3. 如何测量周期?
4. 测出重力加速度 g。
5. 研究摆幅对周期的影响。

---

① 段天煜. 组织中学生测量当地重力加速度[J]. 物理实验,1983,5.

[实验方法]

1. 选用有毫米刻度的卷尺从悬挂点量起,测出摆长的长度,再用游标卡尺测出摆球的直径,由此测得摆长 l。

2. 用秒表测出单摆振动 10 次所经历的时间 t_{10},由此测出单摆振动的周期,$T_{10} = \dfrac{t_{10}}{10}$。

3. 重做实验,从单摆经过平衡位置时启动秒表,以后不要计数,等到经历 300 倍 T_{10} 左右的时间后(如 1100 秒左右),在摆球仍从原来方向经过平衡位置时揿停秒表,读出时间 t。

4. 用 t 除以 T_{10},所得整数部分 n 为单摆经历 t 时间的全振动次数,于是可以得单摆的振动周期:$T_n = \dfrac{t}{n}$。

5. 由测得的 l 和 T_n,计算出重力加速度 g。

6. 将单摆从偏离平衡位置不同的摆角处释放,用测 10 次全振动的方法求出周期,研究一下实验的结果。

[分析与研究]

这个实验是一种研究性的训练,在测周期的方案中突出了统计性的估计方法,对培养学生的能力是很有益的。由于难度较大,教师应注意引导和提示,使学生明确设计的思路。

1. 根据单摆振动规律,$g = 4\pi^2 \dfrac{l}{T^2}$,为提高实验精度,首先可以从加大摆长方面考虑。当摆长为 3 m 多时,用最小刻度为毫米的直尺测量 l,有效数位就可以达到 5 位。如果不直接测量 l,可否有其他间接的方法呢?例如可行的是,用量角器自制一个测高仪,利用几何测量的方法来测量。还可以提出下述方法供学生讨论:测出摆球偏离平衡位置的弦长 s 和上升高度 h,由图 7-28 分析可知:

$$\dfrac{s}{2} : l = h : s, \quad l = \dfrac{s^2}{2h}$$

用这种方法,可以不必爬到很高的地方去测量,但是由于 s、h 的值比 l 要小得多,因此不能满足精度的要求。

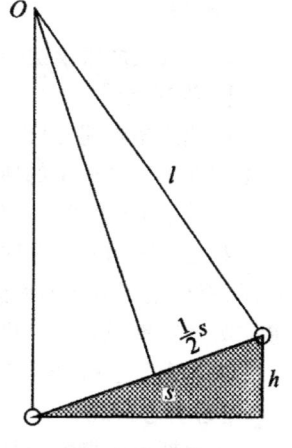

图 7-28

此外,还可以应用周期与摆长的平方根成正比的规律来求摆长。设测得摆长为 l 时摆的周期为 T_1,将摆长缩短 Δl 以后,测得周期为 T_2,则

$$\frac{T_1^2}{T_2^2} = \frac{l}{l - \Delta l} \quad \text{由此可得,} l = \frac{T_1^2}{T_1^2 - T_2^2} \cdot \Delta l$$

这种方法的误差也比较大,不能满足本课题的要求。

2. 测摆长的方法确定以后,就必须考虑测周期的问题。若摆长约为 3.6 m,则周期约为 3.7~3.8 s,用精度为 0.2 s 的秒表,只可能测到 2 位有效数字。若秒表本身计时的绝对误差为 0.1 s,用测 10 次全振动的方法,测得周期的绝对误差就变为 0.01 s,仍不能满足要求。当然可以增加测量全振动的次数,但不停地数大量的次数是单调和麻烦的。能否测得相隔较长的从同一方向两次经过平衡位置的时间,再根据前面用较少的次数测得周期来算出振动的次数?这种想法显然也是可行的,但必须确定一个误差不超过一次全振动的总时间。例如,上述测周期的绝对误差为 0.01 s,300 次的累积误差也只有 3 s,不超过一个周期,因此,用 300 次左右的总时间 t 来除以周期 T_{10}(由于 T_{10} 存在一定的误差,结果是除不尽的),所得的整数 n 一定是准确次数。由此测得周期 $T_n = \frac{t}{n}$,其绝对误差约为 $\frac{0.1}{n}$ s。这样,也就可以使测得的 g 值的有效数位提高到 4 到 5 位。教师可以按误差传递公式算出误差范围,这里不再赘述。

3. 为减小实验误差,还必须注意悬挂点的装置和摆线的选择。摆线的质量应远小于摆球质量,并且伸长形变要小,例如用 0.2 mm 左右的钢丝作为悬线。

(四)研究麦克斯韦滚摆的运动过程中的超重、失重现象

[课题]

观察麦克斯韦滚摆的运动情况和超重、失重现象,并做定性的解释。

[实验方法]

1. 把滚摆卷起,提高到适当的位置后释放,仔细观察滚摆在运动过程中的转动情况(角速度的变化)、质心的运动情况(速度的变化)。

2. 把滚摆用两根橡皮筋悬挂在支架上,如图 7 - 29 所示,释放滚摆后仔细观察橡皮绳的伸长情况,从而判断它处于超重还是失重状态。

3. 对现象进行分析和解释。

[分析与研究]

麦克斯韦滚摆实验是说明机械能转换与守恒的重要实验。在这个实验研究课题中,主要目的是培养学生的观察和分析能力。由于涉及的理论较深,不要求学生作定量研究。

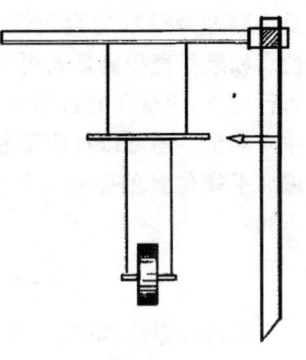

图 7 - 29

对于滚摆的运动,可以分为三个阶段:

1. 在滚摆由最高点下降的过程中,如图 7 - 30(a)所示,滚摆向顺时针方向转

动,角速度越来越大,质心向下的速度也越来越大,因此质心的加速度 a 的方向向下。由 $mg - T = ma$ 可知,$T < mg$,物体处于失重状态,因此橡皮绳比滚摆静止时要短。

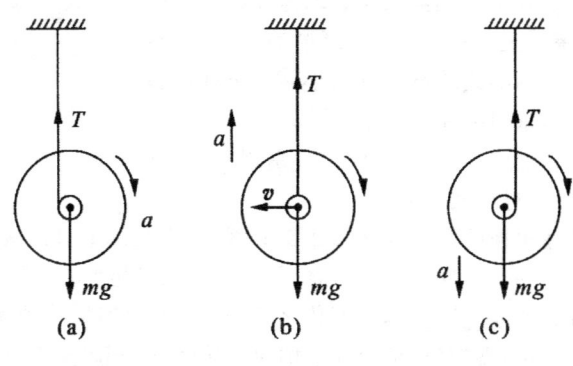

图 7 - 30

2. 当滚摆达到最低点时,摆的悬线通过摆的轴心,如图 7 - 30(b)所示,此时摆仍按顺时针方向转动,质心的速度水平向左,因此必存在向上的向心加速度。由 $T - mg = ma$ 可知,$T > mg$,物体处于超重状态,因此,可以看到橡皮绳比静止时要长。

3. 当滚摆向上运动时,摆仍然按顺时针方向转动,如图 7 - 30(c)所示,转动的角速度越来越小,质心速度也越来越小,即加速度是负的,因此加速度方向向下。不难分析,$T < mg$,物体处于失重状态,橡皮绳比静止时要短。在上升过程中,随着滚摆的转动,摆线按与开始时相反的方向卷绕起来。直到转动停止,质心速度为零,在重力矩的作用下,滚摆又按逆时针方向转动,进入下降过程。

(五)用抛体法研究动量守恒定律

[课题]

现有已知质量的金属小球(或玻璃球)三个,其中有两个质量相等,要求设计一个很简单的实验来研究动量守恒定律。还需要哪些实验器材?

[实验方法]

要研究两个物体在相互作用过程中动量守恒,就要设法求出物体在相互作用前后的总动量,看它们是否相等。在物体质量已知的情况,问题归结为如何测出相互作用前、后物体的运动速度。这一点学生很自然地会联想到做过的学生分组实验"研究弹性碰撞",令两小球在碰撞后做平抛运动,并以抛射时间作时间单位,就可用水平射程来代替速度,这样就使速度的测量大为简化。如果两物体在同一水平面上,相互作用前总动量为零(静止的),令其相互作用后都做平抛运动,则实验更为简单。

1. 找一块 7×14 cm^2 的小木板,板面一定要平整光滑。将一只圆铅笔小心地剖成两半,除去笔芯,均截取 14 厘米长的一段并把它们平行地钉在小木板上,作为小球的滚槽。也可用劈开的竹子做滚槽。将木块放在凳子的角上,使木板两端露出凳外(图7-31)。

2. 将一块弯成U形并用丝线绷紧的弹片(薄钢片、薄竹片、甚至包装箱上的铁片)置于滚槽的中部,紧挨弹片放置两个质量相等或质量不等的小球。再在木板两头的地面上铺两张白纸并盖上复写纸。

3. 用火柴烧断丝线,两小球被弹片弹射出去,落在复写纸上,在白纸上打出两印痕。

4. 使小球紧贴木板两端的滚槽口处自由落下,也在纸上打出两个印痕,将此两印痕向板端各推进一个小球半径的距离,即为小球抛射起点的投影。

5. 量出两小球的射程,以其量值代替速度,即可得到两球动量之和为零的结论,改变小球的质量重做实验,结论基本相同。从而总结出动量守恒的规律。

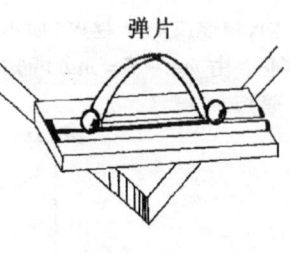

图7-31

[分析与研究]

这是一个设计性的研究课题,因为只提出了研究目标,只要求用简单的实验方法,而对实验的具体设计没有提供任何可供参考的思路,这对学生综合运用知识的能力是一个很好的锻炼。这个实验安排在"研究弹性碰撞"实验之后作为补充性研究较为合适。实验中用平抛运动的射程来代替速度的设计思想是很巧妙的。

这个实验对弹片的动量没有考虑在内,采取了间接"碰撞"的办法,第三者的介入可以解释为两小球所受的瞬时作用力相等而反向,以此来模拟瞬时碰撞,但因此将给实验带来一定的误差,特别是当弹片弹开后抛向一边时误差更大,因此应尽量选用轻一些的弹片,且使弹片弹开后位移不大时的实验数据较好。

(六)"覆杯"实验的研究

[课题]

在一只玻璃杯里装一些水,用硬纸片或玻璃片将杯口盖严,用手托住纸片将杯子翻过来,然后小心地将手抽走,纸片或玻璃片会不会掉下?做这个实验,仔细观察实验现象,并寻求理论解释。

[实验和观察]

先用硬纸片覆盖做实验,发现纸片不会掉下,不管杯内水多水少,情况都是如此。仔细观察,发现纸片发生了形变,杯口部分向外凸出(图7-32a)。改用玻璃片覆盖重作实验,只要玻璃片保持水平,也不会掉下来。仔细观察,看不出玻璃片有形变发生,但玻璃片与杯口四周之间拉开一个间隙,被水充满(图7-32b)。

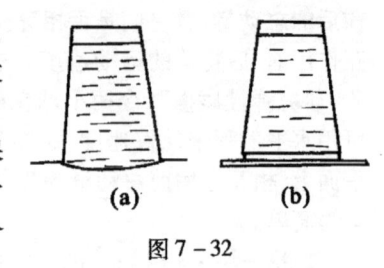

(a) (b)

图7-32

从两种实验的结果看来,有一点是相同的,即杯内的空间增大了,这一点很可能就是造成纸片或玻璃片掉不下来的主要原因。

[分析与研究]

这是一个很好的探究性的研究课题,要求学生通过对实验的观察去寻求答案,特别是实验结果与他们的估计相反,这会激起学生的学习热情。同时,这对培养学生尊重实验事实的科学态度和综合运用知识解释实际物理问题的能力是有益的。

杯内水未装满,当托纸片的手刚抽开时,纸片将由于上面的压强($p_0 + \rho g h_1$,p_0 为大气压强,h_1 为杯内水的深度)大于下面的压强(p_0)而使纸片的中间部分向下凸出,纸片凸出后,杯内气体的体积增大,压强随之减小,气压减小量只要与杯内水柱产生的压强($\rho g h_1$)相等,两者相互抵消,纸片就能达到新的平衡而不再掉下来。

设杯内气体原来体积为 V_0,纸片向外凸出时体积增加为 ΔV,相应压强减小 Δp,根据玻－马定律可写出方程

$$(p_0 - \Delta p)(V_0 + \Delta V) = p_0 \cdot V_0$$

即

$$p_0 \cdot V_0 + p_0 \cdot \Delta V - \Delta p \cdot V_0 - \Delta p \cdot \Delta V = p_0 \cdot V_0$$

略去二阶无穷小项 $\Delta p \cdot \Delta V$,

$$p_0 \cdot \Delta V = \Delta p \cdot V_0$$

即

$$\frac{\Delta V}{V_0} = \frac{\Delta p}{p_0}$$

这里,$\Delta p = \rho g h_1$,设 $h_1 = 5$ cm 来进行估算

$$\frac{\Delta p}{p_0} = \frac{1 \times 5}{13.6 \times 76} \approx \frac{1}{200}$$

所以

$$\frac{\Delta V}{V_0} = \frac{\Delta p}{p_0} \approx \frac{1}{200}$$

即当杯内水深 5 cm 时,水柱产生的压强约为大气压强的 1/200,只要杯内气体的体积增大 1/200,其压强的减小量就可以与此相当。再假设杯内空气柱的高度也为 5 cm,且假定杯子上下一样粗,则水面只需下降 $5 \times 1/200 = 0.25$ mm,此值是很小的,因此,只要纸片略微向外凸出,或者玻璃片与杯口之间稍微拉开一点间隙即可。如果在杯子倒过来的过程中,杯子里有少量水渗出,或者有意用吸水纸贴近杯口将水吸出一些,这时杯内空气体积增大,压强更为减小,则可看到纸片向内凹进或玻璃片紧贴杯口的情况。

图 7－33

下面的实验对引导学生从玻—马定律考虑上述问题也许是有益的,在纸片上锥出一些小孔,当杯子直立不会有水流出,而当杯子斜过来时(图 7－33),水就会从小孔流出,纸片落下。

(七) 开尔文滴水起电机一般原理的探讨

[课题]

观察滴水起电机的起电现象,分析起电的一般原理。

[实验方法]

用两只铝盆(或搪瓷盆)、两个金属圆筒、两块石蜡块、两只大号注射针头、贮水器、三通管、橡皮管、铁丝、导线和验电羽等,按照图7-34所示装置。装配前先仔细检查石蜡块和验电羽座的绝缘性能,装配时应注意不要使支撑金属圆筒的两根铁丝靠得太近。

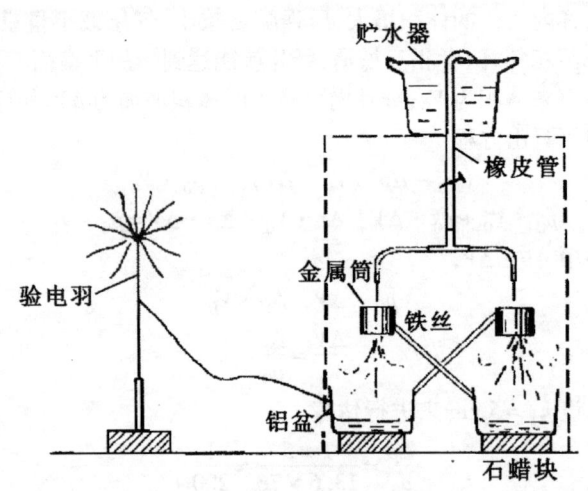

图7-34

实验时打开橡皮管夹,贮水器中的水即从注射针头流出,不一会就可以看到验电羽因带电而张开。水流经过圆筒以后,变成了细小的水滴,并形成向四周发散和向上卷曲的水花。这时用手指拿住电笔氖管的一端,用另一端分别接触各金属筒和水盆,可以发现氖管闪光。由闪光发生在氖管的哪一极上可以判断所带电荷的正、负极性(闪光出现在与手接触的一端,带电体带正电,反之带负电)。实验表明,接水的盆和它上方的金属筒带电种类相反,即两个接水盆带相反的电荷。

[分析与研究]

这是物理学史中的一个很有趣的实验,让学生动手实验后,他们就非常想弄懂起电的原理。由于产生初始电荷的机理比较复杂,不要求学生去探讨,重点应让学生了解如何通过感应过程使电荷越来越多。这对提高学生分析能力是很有益的。为了使学生认识起电的过程,可以引导学生做如下的实验。

1. 如图7-35(a)把带电体 A 放在导体 B 旁,用手指接触 B 导体,B 导体上的电荷将会发生什么变化?

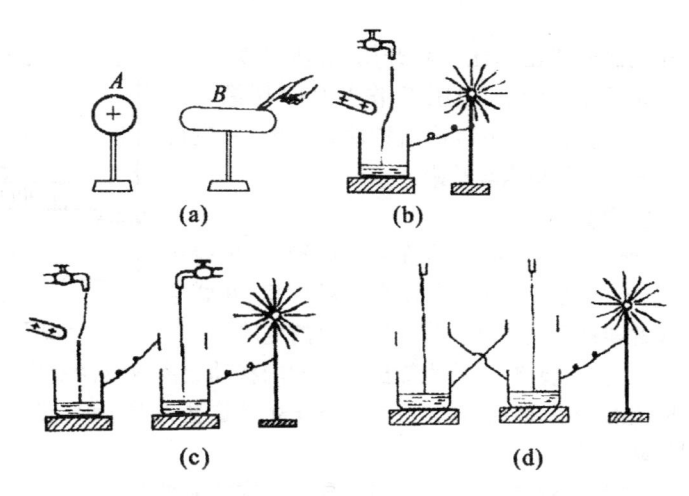

图 7-35

2. 如图 7-35(b)，把验电羽与对地绝缘的铝盆相连，让水滴入盆中，用一带电棒靠近接地的出水口，为什么验电羽会张开？

3. 如图 7-35(c)，把左边的铝盆与右边的圆筒相连，用导线把右边的铝盆与验电羽相连，让水从两边的出水口流下，带电棒靠近左边的出水口。为什么验电羽会张开？

4. 如图 7-35(d)，使左右两边的铝盆与金属圆筒分别交叉相连，开始用带电棒给左边的接水盆带上极微量的电荷，以后将出现什么样的变化过程？

(八) 用滑线变阻器作限流器和分压器使用时输出特性的研究

[课题]

滑线变阻器在电路中可以作限流器用，也可以作分压器用，一般应如何选用这两种不同形式？在实验中，有时需要输出电压（或电流）做微小的变化，但变阻器的滑动臂才稍微移一点，输出已经发生很显著的变化；反之，有时需要输出作较大的变化，但滑臂移动很大的距离，输出的变化仍非常微小。因此需要我们用实验的方法来研究限流器和分压器的输出特性。

[实验方法]

1. 限流器电路的研究

用 200 Ω 0.5 A 的滑线变阻器、直流电流表、开关、6 V 电源（内阻可略的）和负载电阻组成串联电路，分别取负载电阻 R 为 2 Ω、200 Ω、2000 Ω 进行实验。实验时将滑线变阻器的电阻从最大值开始逐渐减小，记录滑臂移动的距离 l 和电流强度 I，作出 I-l 图像。

2. 分压器电路的研究

按图 7-36 所示的分压电路接线，分别取负载电阻 R 为 2 Ω、200 Ω、2000 Ω 进行实验,使分压器的输出电压从零开始,逐步移动滑臂,记录滑臂移动的距离 l 和输出电压 U,作出 $U-l$ 图像。

根据图像描述负载电阻对输出特性的影响,并应用串、并联电路的理论分析实验结果。

[分析与研究]

这个实验研究有实际应用的价值,也是对学生应用所学知识和技能的训练。它可以使学生巩固串、并联电路的知识,理解和熟悉限流器和分压器电路的应用。

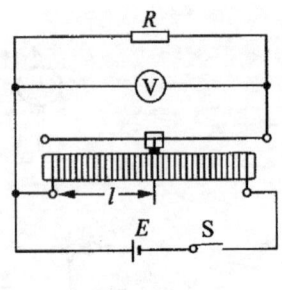

图 7-36

一般的学生在实验前,总认为输出与滑臂的移动距离成线性变化的关系,或者是成正比、反比的关系,因此,首先应当揭露学生的这些错误认识,使他们懂得实验时需要控制哪些变量。

为了能使学生得到更大收益,应当引导学生在实验的基础上,作一些定性的理论分析,最后再帮助学生归纳出这两种电路的特点。

	限流器	分压器
等效电路	$r = kl$	$r_0 = kl_0, r = kl;$
输出电流（电压）	$I = \dfrac{E}{R+r}$	$U = \dfrac{R_{AB}}{R_{AB}+r_0-r} \cdot E$
最小电流（电压）	$I = \dfrac{E}{R+r_0}$	$U = 0$
最大电流（电压）	$I = \dfrac{E}{R}$	$U = E$
不同负载时的输出特性	当 $R \gg r_0$ 时 $I \approx \dfrac{E}{R}$ 当 $R \ll r_0$ 时 $I \approx \dfrac{E}{r}$	当 $R \gg r_0$ 时,$R_{AB} \approx r$, $U = \dfrac{r}{r_0} \cdot E$ 当 $R \ll r_0$ 时:(1) $r < R$ 时,$R_{AB} \leqslant r$ $U \approx \dfrac{r}{r_0} \cdot E$ (2) $r \gg R$ 时,$R_{AB} \approx R$ $U = \dfrac{R}{R+r_0-r} \cdot E$

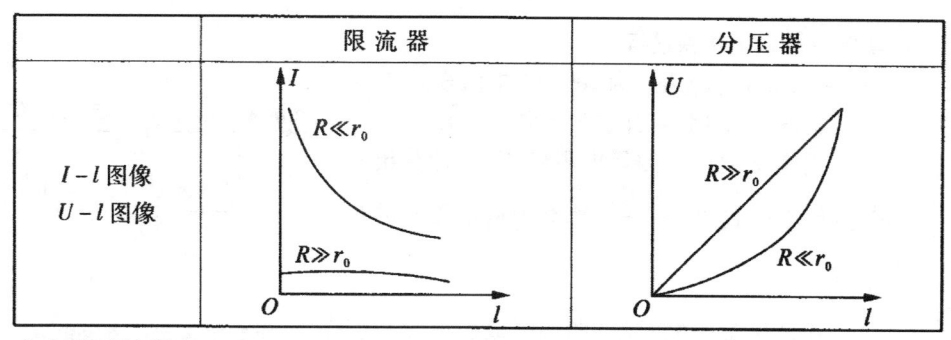

	限流器	分压器
$I-l$ 图像 $U-l$ 图像	I 图：$R \ll r_0$，$R \gg r_0$	U 图：$R \gg r_0$，$R \ll r_0$

由上表可以看出：

1. 使用分压器有较大的输出调节范围：$0 \sim E$，采用限流器的输出电压范围是：$\frac{R}{r_0+R} \cdot E \sim E$，$r_0$ 越小，调节范围越小。

2. 当负载电阻 R 较大时，采用分压器输出的线性较好。

3. 当负载电阻 R 较大时，无论采用限流器还是分压器，随滑臂距离的变化，小电流(电压)范围的变化率较小，而大电流(电压)范围的变化率较大，因此在小电流范围易实现微调。

(九) 研究小灯泡的伏安特性

[课题]

给定一只小灯泡(额定电压 6.3 V，功率约 1 W)，要求研究它的伏安特性。可供利用的实验器材有：电压表($0 \sim 3 \sim 15$ V)，电流表(10 mA)，滑线变阻器(50 Ω，2000 Ω)，米尺，游标卡尺，螺旋测微器，学生电源，电阻丝($\rho = 4.35 \times 10^{-7}$ Ω/m)，多用电表(只能用作检查电路和校准)，开关，导线。

[实验方法]

要研究小灯泡的伏安特性，就是要给小灯泡分别接上不同的电压，测出对应的电流数值，然后描绘出电压-电流曲线(即伏安曲线)。因此，实验电路应采取伏安法测电阻的电路。

根据小灯泡的额定电压和额定功率值，可以估算出小灯泡在额定电压下使用时的灯泡电阻($R = \frac{U^2}{P}$)约为 40 Ω，额定电流($I = \frac{P}{U}$)约 150 mA。因此，实验应选用伏安法测低值电阻的电路(图 7-37)。应将 10 mA 的电流表改装成 200(或 150) mA 的电流表。滑线变阻器用 50 Ω，电源电压取 6~8 V。

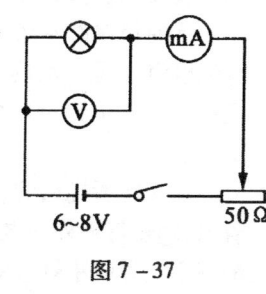

图 7-37

改装电流表需并联低值电阻，因无现成的电阻好用，只能从电阻丝中截取。因

233

此,实验可按以下步骤进行。

1. 将 10 mA 电流表改为 200 mA 电流表。

(1) 由图 7-38 计算并联分流电阻阻值。

(2) 用螺旋测微器测量电阻丝直径,计算出截面积,然后由公式 $R = \rho \dfrac{l}{S}$ 计算需截取电阻丝的长度：$l = \dfrac{R \cdot S}{\rho}$。

图 7-38

(3) 用米尺量取电阻丝(两端需放出一定长度作固定用),并将电阻丝缠绕在小硬片上,然后紧固于电表接线柱上。

(4) 对改装的电流表进行校准(图 7-39)。

标准表用多用电表毫安挡,测出满量程百分误差。以后用此来修正测量值。

图 7-39

2. 按图 7-37 连成实验电路,调节滑线变阻器,测出多组电压和电流数值,列表并绘出伏安曲线。下面是一次实验的示例:

U/V	0.5	1	1.5	2	2.5	3	3.5	4	4.5	5	5.5	6	6.3
I/mA	33.8	47.6	58.8	67.0	82.0	86.5	94.5	101.5	108.5	115.1	121.7	128.0	130.0

[分析与研究]

这是一个有很强综合性训练的研究课题,它涉及的面较广,学生既要进行实验设计,又要有较熟练的操作技能。

在实验原理上,它要求学生能从对小灯泡电阻的估算中正确选取伏安法测低值电阻的电路,这一点很多学生很容易忽视,要注意引导。有关电表改装的计算,同学们不会有多大的困难,但究竟要改装成多大的量程为好,则应引导他们从减小测量的相对误差来考虑。截取电阻丝来做并联分流电阻也是一般同学不易想到的,他们往往会把注意力集中到运用滑线变阻器上去,这显然是不行的。

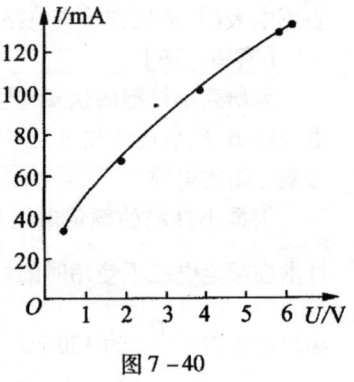

从实验所描绘的伏安曲线(如图 7-40)可以看出,随着灯泡外加电压的增加,流过小灯泡的电流不是线性增加的,增加比率逐渐减小。说明小灯泡的灯丝电阻不是一个定值,它随流过灯丝电流的加大,灯丝温度的升高而逐渐增大。

图 7-40

四、小制作

(一) 制作简易喷灯

同学们自己在进行课外小实验和课外小制作时,有时需要对玻璃管进行拉细、弯曲等加工,简易喷灯就是一种很好的加热灯具。

简易喷灯分储液罐和灯罩两部分(图 7-41)。

储液罐可用胶水筒、磁漆筒或其他可以盖严的小铁罐,罐的上盖中心处用锥子锥一个直径约 1 mm 的小孔。

罩子可用薄铁皮卷成,高约 70~80 mm,上口直径约 20 mm,下口直径约 40~50 mm,先剪成图示的扇形,接近下端部位钻 5~7 个直径约 6 mm 的圆孔作气体对流用。把铁皮两边画有斜线的部分弯折起来,一边朝里,一边朝外,再把弯折处互相嵌接,用锤打平即可。如无钻孔条件,罩子近底部的圆孔也可以不要,而在剪铁皮时有意留出三个支脚(图中虚线处)将整个灯罩架空使空气从底部缝隙进入。

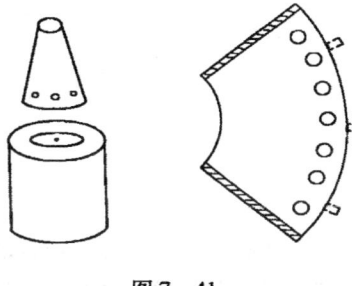

图 7-41

再用粗铁丝弯制一个三脚架将喷灯架起来。

使用时在储液罐内装约三分之一的酒精,将盖子盖严,不使漏气,并检查一下盖上的小孔是否通畅。将储液罐放置在三脚架上,装上灯罩,然后点燃酒精灯(或蜡烛)对喷灯底部加热,罐内酒精受热后汽化,生成的热酒精蒸气从盖子上的小孔喷出,在罩子的上口点火,就有蓝色火焰喷射。火焰温度最高可达 1200 ℃。移动酒精灯,改变加热位置,可调节火焰温度。不用时,可把酒精灯熄掉,喷灯火焰也就会自动熄灭。

注意:每次使用前必须检查盖上小孔是否通畅;加热时酒精灯火焰不可太大。以免汽化过速,发生爆炸。

(二) 音笛的制作和研究

我们所要制作的音笛与普通的笛子不同,它的管壁上没有开音孔,而是在管内装了一个活塞,通过对活塞的推拉来改变音调,就像乐队里的拉管号一样。

找一截长 20~25 cm 的竹管(或硬塑料管),管子内径约 1 cm。要尽量选截面圆一些的。将管子的一端锯成略斜的形状(图 7-42),作为吹口。在离

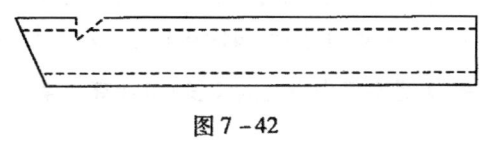

图 7-42

吹口端约 1.5 cm 的地方,沿垂直管子的切面锯一个口子,然后非常小心地向着切口斜着削一个大的斜口子,这样,管子就做好了。

再找一截与管子内径相仿的圆木棒来做活塞。用细砂纸将木棒表面打磨圆滑以后,截取约 2 cm 的一段。将一根自行车的钢丝(或铁丝)从端面的中心处插入,并用榔头敲紧作为活塞拉杆,拉杆的另一端弯一个圆环,这样手拿着方便一些(如图 7-43)。活塞的大小应能正好装入管内,与管壁间隙很小,但又能拉动自如。

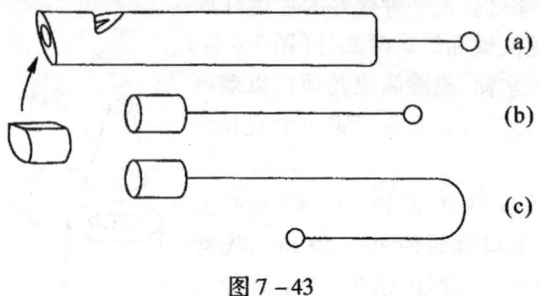

图 7-43

再从圆木上截取约 1.5 cm 的一段,沿纵方向锉去一小块(小于圆截面的二分之一,如图 7-43),然后从吹口端紧紧插入,插时需注意缺口与管子上的斜切口对正,端面与垂直切口对齐,再将露在吹口外的部分削成与斜口平齐。用手指堵住管子的另一端开口处,往里吹气,就能发出哨子的声音。装入活塞,拉动活塞杆,就能吹出不同的音调。如果努力练上一段时间,还能吹出动听的乐曲。

[分析与研究]

自制音笛取材容易,制作工艺简单,但制成的音笛却能演奏出动听的乐曲和模仿各种鸟发出的优美的叫声,这对初中学生来说十分有吸引力。教师如果只满足于让学生制作后吹吹玩玩那就很不够了。应该进一步引导学生探求音笛发音的规律。为此,在制成音笛以后,可向同学们提出思考问题。如音笛中没有口哨,为什么能吹出声音来? 同学们制作的音笛取材不一,吹出来的声音的音色是否一样等。并要求学生继续做下面的实验:慢慢拉动活塞,使吹出来的声音与琴键上的 C、D、E、F、G、A、B 调等一致,并分别测量出与各音调对应的空气柱的长度(从垂直切口到活塞端面间的距离)。要求将每个同学测得的数据进行比较,看是否相同? 从这些数据中可以看出,尽管每只音笛的管径不一,但音调相同时空气柱的长度是相同的,因此,可以得到音调只与振动空气柱长度有关的结论。还可引导他们寻找理论资料,求出各音调对应的空气柱长度,并与实验所测得的数值进行比较。

计算的方法是:由公式 $v = f \cdot \lambda$(v 是声音在空气中的传播速度,f 是声音的频率,λ 是空气中声波的波长)可计算出某一频率声波在空气中的波长 $\lambda = \dfrac{v}{f}$。当空气柱的长度为波长的四分之一时,就能引起强烈的振动效果,即 $l = \dfrac{v}{4f}$。

中音各音调所对应的频率如下表:(平均音阶)

音调	C	D	E	F	G	A	B	C
频率(Hz)	256	287	322.6	341.8	383	430.7	483	512

高音各音调的频率较中音相同音调的频率高一倍,如高音 C̊ 的频率(512 Hz)比中音 C 的频率(256 Hz)高一倍。同样,低音各音调的频率较中音相同音调的频率低一半。根据这一规律可以推知高音 Ḋ 的频率为 574 Hz,低音 G̣ 的频率为 191.5 Hz 等等。

由计算可知,管长为 20~25 cm 的音笛所吹出来的音调基本在高音区,且各音调对应空气柱长度差别不大,实验测量较为困难,为此,若条件允许应尽量将音笛做得长些,如取管长 40 cm(用硬塑料管),为吹奏方便,活塞拉杆弯成图 7-43(c)所示的形式。

(三)制作铅笔变阻器

将铅笔剖成两半,留下附着铅笔芯的那一半,就可以做成一个滑线变阻器。根据电路的要求不同,这种简易的变阻器在电路中既可用于限流,又可用于分压。

为使用方便,可将变阻器固定在一块比铅笔略长的狭长木板上,铅笔的两头垫高,并分别用螺钉将两块铜片紧紧地压在铅笔芯上,整个铅笔的中间部分架空,以便滑动触头来回滑动,滑动触头可用一小段铜丝在铅笔上绕几圈做成。整支铅笔能很方便地从木板架上取下更换。

由于各种电路对滑线变阻器的总电阻要求不同,因此需要选用不同型号的铅笔来做变阻器。下表中列出了各种型号铅笔的大致阻值,供制作铅笔变阻器时参考。

型号	阻值/Ω	型号	阻值/Ω	型号	阻值/Ω
中华 6B	3	中华 H	22	中华 HB	16
中华 5B	3.5	中华 2H	40	长城 103	80
中华 4B	4.5	中华 3H	47	东方红(硬)	20
中华 3B	6	中华 4H	59	好学生	11~15
中华 2B	9	中华 5H	76		
中华 B	13	中华 6H	145		

(四)制作最简单的电动机

图 7-44 所示的是一种最简单的电动机,下面我们来介绍它的制作方法。

找一块面积比书略小一些的长方形木块作为电动机的底座。在底座上放置一小磁铁(如舌簧喇叭上或永磁式喇叭上的圆形磁铁)。磁铁的两侧用较粗的裸铜线或铝线($\phi 1.5\sim 2$ mm)做一个线圈支架,支架上端弯成圆环状,以便搁置线圈。线圈用较细的漆包线($\phi 0.2\sim 0.3$ mm)在火柴盒上绕 8~10 圈做成,绕后用细线扎紧,以免取下时散脱。两头的两根引出线应从线圈的正中引出,并使两引出线的连线基本上通过线圈的重心,这样,将它做转轴时,能保证线圈平稳转动。两引出线各留 10~20 mm,一端的引出线漆全部刮去,另一端按图中位置放置时,只刮去导线截面上表面(或下表面)半个圆周的漆。剪两块铜片(或铁片),弯成"L"形做夹,钉在底座的一端,并用细导线分别与两线圈支架相连。卡入电池后,电动圈就能不停地转动,改变电池(或小磁铁)的极性,线圈的转动方向也随着改变。

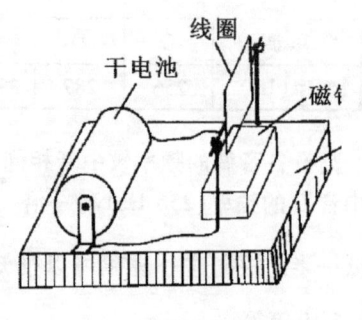

图 7-44

下面我们用这个小电动机来做几个实验,这些实验有助于理解电动机的原理。

1. 研究通电线圈的磁场

为检验通电线圈的磁场,需自制一个小磁针。先将两根缝衣针磁化,磁化的方法是用永磁铁的一极按照一定的方向在钢针上反复摩擦即可。然后把两根钢针平行地穿过揿钮的穿线孔,使同极性朝一方。并分别用红白纸剪个小旗贴在两个针尖上,示出磁针的极性。再用另一根针插在瓶塞上做支座,将装好磁针的揿钮放在支座上,就成了一个很灵活的小磁针(图7-45)。

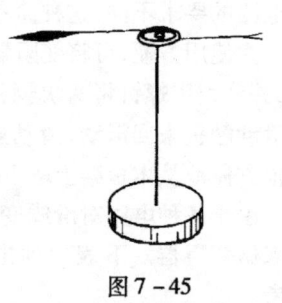

图 7-45

取下小磁铁,在木底座上线圈的一侧装置小磁针,改变木底座的方向,使针在地磁场中静止时与线圈平面平行。接通电池,小磁针立即偏转,说明通电周围产生了磁场。将小磁针放在线圈的不同位置重复实验,可以总结出通电磁场的方向。

2. 研究通电导线受磁场的作用力

放回小磁铁,恢复电动机装置,短暂接通电源,观察线圈转动方向,说明通线受到了磁场的作用力,改变电流方向或磁场方向重新实验,可以看出电流、运动方向三者之间的关系符合左手定则。

3. 研究线圈旋转一周过程中的物理现象

由于线圈的引出线有一半未刮去漆,当这一半与支架接触时没有电流进圈,因此,当线圈在这一半周位置时通电是不会转动的,只在另外的半周才受动力矩,且此转动力矩在图示位置时最大,这时最容易启动,在线圈平面水平小,电动机能连续转动主要是依靠惯性。

(五) 自制简易平行光源

光学实验中,为了清晰地显示出光路(如光的直线传播、光的反射、光的折射等),需要用到平行光源。这里介绍的一种小型光源,取材方便、制作简单、效果好。每个学生可以自己制作一个用来进行实验。

找一个直径十几毫米的玻璃小药瓶,尽量选瓶壁略薄、透明度较好的。在瓶子里装满水,不要有气泡(可将瓶子放在水里装满、盖严)。再找一只手电筒的小电珠,点亮后放在充水药瓶的一侧,从小药瓶的另一侧就有一束扁平光束射出。将整个装置移近光屏,并使扁平光束与光屏垂直,就能在光屏上看到明亮的光带。调节小电珠的位置和灯丝的方向,可将光带调成很窄细的一条。在这里,充水小药瓶相当于一个柱面透镜,起了会聚光线的作用。

再用薄铁皮制作一个小盒,将小药瓶和小电珠都装置在里边,这样使用起来就很方便了(图7-46)。盒子也可用硬纸板拼成,并用胶布粘牢。盒的前端应留出一狭缝(缝宽3 mm),光束从这儿射出。盒的后端可以敞着,再买一只带铁皮卡夹的小灯座(无线电商店有售),以便将小电珠夹固在盒的一面上。这就成了一个简易平行光管。

用这种小光源可以做许多几何光学的实验。例如验证光的反射定律和测量水的折射率的实验,分别如图7-47和图7-48,这里不再赘述。

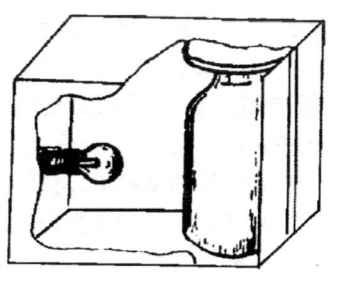

图7-46

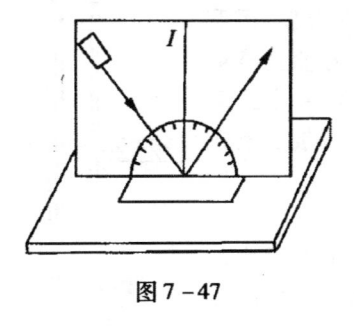

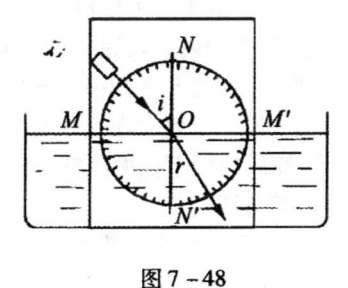

图7-47   图7-48

五、趣味性实验

(一) 吹气断铁丝

找一只橡胶热水袋(也可以用厚实一些的不漏气的塑料袋),配一只橡皮塞子,塞中插入一截玻璃管或其他细管子,玻璃管上再接一根橡皮管或塑料软管,橡皮塞紧紧地塞入热水袋的口中(如用塑料袋可将袋口紧紧地绑在橡皮塞上)。再把一段长约 10 cm 的细钢筋,一端砸扁并磨成小铲状,另一端钉入一块厚实木板(书本大小)的中部。再找一根细铁丝就可以做实验了。

把一只小方凳翻过来,在凳里放入热水袋,在袋上搁置小木板(如图 7-49),把一段细铁丝拴在对角的两凳腿上,可在凳腿上包一层铁皮,并尽可能地将铁丝绷紧,且使铁丝正好压在自制小铲子上。然后用嘴吹气,小木板徐徐上升,不要用很大的力气,就能将铁丝铲断。

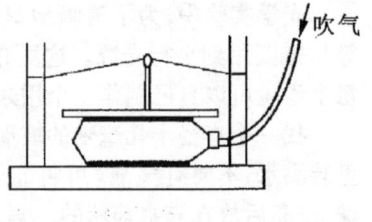

图 7-49

[分析与研究]

同学们在学习过帕斯卡原理以后,水压机能产生巨大的力比较容易接受,而对于帕斯卡原理应用于气体的情况(我们不妨把这种装置称为气压机)却很生疏,安排这样的实验不仅能激起学生的兴趣,而且有助于他们对帕斯卡原理的理解。

这个实验还可以变换一下形式来表演:将热水袋放在凳面上,上搁一块小平板,再让一位小同学站在上面。往里吹气,小同学就能被顶起来。若能找到充气枕头来做这个实验,小同学能被顶起很高,效果更好。

在实验的基础上,再联系到汽车上的气刹,同学们对帕斯卡原理就更清楚了。

在学过液体的压强与深度的关系以后,可让同学改用充水来实验,1~2 m 高的水柱就能将人举起来,效果相当有趣。

(二) 一纸托千斤

实验装置如图 7-50 所示,一截长约 40 cm、直径约 6 cm 的竹筒(最好是铁管子),利用中间的节子竖直搁放在木板架的孔中。筒子的下口平整地蒙上一层纸,并用细绳扎紧,用手托住纸缓缓向筒内装入细砂约一半略多。插入一根直径略粗的圆木棍,在木棍上横搁一块长木板(板上可钉 3~4 个三角支撑,使木板平稳地嵌在圆木棍上),此时可在长木板上坐好几个人,筒底的纸不会被压破。

[分析与研究]

这是一个很好的游艺实验,用在晚会上表演能获得惊人的效果。木板架须很结实,不要做得太高,长木板的高度以人

图 7-50

能骑坐为宜,板长 1.5 m 左右,这样能坐 8~10 人,重量几乎千斤。表演时当众蒙纸装砂,表演完将砂倒出,并将圆木棍插至筒内离纸不高处放下,纸当即被捣破,以解除观众对纸的怀疑。

这个实验的原理是这样的:相互接触的两个物体间有力(机械力)的作用而无相对运动的时候,力发生在接触点(或面)处,并垂直于两个接触处的公切面。当细砂上面一层受到垂直向下的压力时,由于细砂呈颗粒状,这个压力将沿着与它接触

的砂粒的公切面的法线方向作用到其他砂粒上,以致最后在管壁和底面上几乎均匀地受到砂粒的压力。这如同在铁路的枕木下铺设石碴能将火车的压力均匀地分散在整个路基上一样。由于管壁的面积比底面积大得多,因而管壁所受的力将比管壁底纸所受的力大得多。又由于细砂受压有向下运动的趋势,因而管壁对砂粒有一个向上的摩擦力,正由于这个摩擦力阻碍了细砂的向下运动,支撑了压力的绝大部分,从而减少了纸实际承受的压力。

根据以上分析,需要注意以下几个问题:(1)为增大摩擦力,砂柱应尽量装得长一些;管内壁不宜光滑,可适当打毛一些。(2)砂粒中不宜混有黏土,以免影响到压力的均匀分散。

(三)会上滚的圆锥

用木材削制两只同样的圆锥(底面直径15~20 cm,高 15 cm),然后用胶将两底面胶合在一起,使成一双锥体(图 7-51)。也可以用硬纸卷两个锥体黏合而成,只是需要在锥体内填满锯屑等物,以增加锥体重量,使之容易滚动。

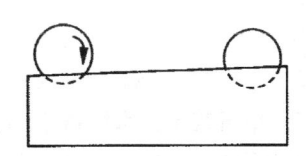

图 7-51

滚架用两根竖立的梯形木板搭成;使高端比低端约高出 5 cm,且两竖立梯形板间的距离也不等,高端为 25 cm,低端为 5 cm。梯形板的上侧作为滚道的表面需用砂纸打磨光滑。此外,滚道也可以用两根光滑的圆棍搭在两个不等高的架上做成。

将双锥体搁放在滚架的低端,一放手,它就能顺滚道向高端滚去。

[分析与研究]

双锥体在滚道上自低端向高端滚动,实际上由于滚道逐渐变宽,锥体的重心还是逐渐降低的,整个锥体还是由高向低滚动,只不过是给人以错觉罢了。

因此,在滚道处应示出醒目的红色,让人造成一种由低向高滚动的鲜明的印象。

滚架的制作一方面要尽量使两端的高差大些(此高差一定要小于圆锥底面的半径),另一方面又必须使圆锥放置在高端时重心(或锥尖)的位置低于在低端时重心的位置,可通过调整滚道两端的间距来达到。

(四)有趣的平衡

这里介绍几个有趣的静力平衡实验,可以作为游艺会上的表演节目。

用一根带子把一个榔头和一把尺子如图 7-52 那样套在一起,然后把尺的一端搁在桌边,它就能平衡住,即使你拨动一下榔头,它也不会掉下,而是绕支点

图 7-52

摆动几次就又停下来(尺和桌子间不应打滑)。

图7-53是用一个瓶和一把雨伞来做这个实验,将伞柄紧紧插在瓶口里,而将瓶子搁在一根拉得不太紧的细绳上,瓶子和伞在绳子上晃动几下后就能平衡住。为了不使瓶子从绳子上滑脱,可事先在绳子上涂抹一些石膏粉或松香粉末。

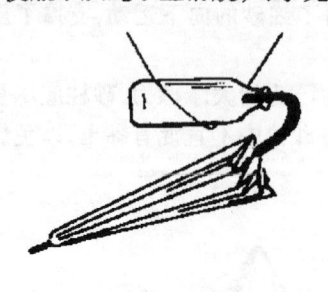

图7-53

图7-54

图7-54是钢丝上的平衡。走钢丝的"小人"可用包装用的泡沫塑料制成,再用折弯了的木棒做手和脚,站在钢丝上的一只脚用直木棒做,并在棒端挖一小槽,好骑在钢丝上。最后在"小人"的身上斜插两把叉子,"小人"就可以平稳地立在钢丝上了。即使用手将"小人"略微倒向一边,放手后,"小人"又能重新竖立在钢丝上。如果有意将钢丝略拉成斜坡,用嘴对"小人"吹气,"小人"就能摇摇晃晃地沿斜坡滑行。

图7-55中,软木塞(或泡沫塑料)的正中插进一根钢针(或铁钉),两边对称地斜插两把叉子,然后把钢针支放在酒瓶的盖子上(盖子上事先用钉子敲了个凹陷),就能平稳地立在上面,碰一碰它也不会翻倒。再在两边的叉柄上各挂一个一头打了孔的空蛋壳,蛋壳用细铁丝做的圆环套住。每个蛋壳里装有三分之一的水,蛋壳下吊一个金属盒盖,里边放有酒精棉花。点燃酒精,当蛋壳里的水沸腾后,一股蒸

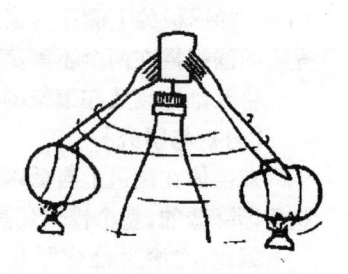

图7-55

气分别从两个蛋壳的小孔里喷射出来,整个装置就以钢针为支轴旋转起来。

(五)鸡蛋开砖

找两块包装仪器用的泡沫塑料板,在其四个角处略挖一点凹陷,以便夹放四只鸡蛋(也可以用木板而在鸡蛋处垫手帕的办法)。在塑料板上搁放一块木板,木板上再叠放三块砖头,如图7-56所示。

用一个铁榔头对准砖头的中部用力很快地敲去,砖头被砸得粉碎,而下面的鸡蛋却完好无损。

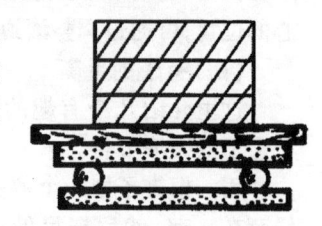

图7-56

242

[分析与研究]

这个实验现象是很精彩的,但学生不容易理解它的道理,如果能引导学生正确地解释这个现象,那将对动量定理有更深的理解。

应当从两部分来加以分析:

1. 分析榔头敲击砖块的情况。

由于榔头在敲击砖块前的速度 v_1 很大,又十分迅速地变为静止状态,根据动量定理,榔头 m 受到的冲击力是很大的, $F = \dfrac{m\Delta v_1}{\Delta t}$,忽略榔头自身的重量,这个冲力即等于敲击砖块的力 F ,它足以使上层的砖块破裂。如暂不考虑支撑力和重力对砖块的作用,碰撞后砖块 M 获得的动量增量应为 $M\Delta v_2 = m\Delta v_1$ 。

2. 分析砖块与鸡蛋间的相互作用

在上述的分析中没有考虑鸡蛋对砖块支撑力 N 产生的影响,实际上正是这个作用使砖块恢复到静止状态。如不考虑重力的影响,支撑力 $N = \dfrac{M\Delta v_2}{\Delta t'} = \dfrac{m \cdot \Delta v_1}{\Delta t'}$,即 $N = \dfrac{\Delta t}{\Delta t'} \cdot F$,由此可见,要使鸡蛋受到的压力小,必须延长砖块与鸡蛋间的作用时间 $\Delta t'$ 。使鸡蛋和砖块间为软性接触就可以延长作用时间 $\Delta t'$;在软接触的前提下,增大砖块的质量 M 也是为了这个目的。

思考题

1. 为什么在上述实验中要加大砖块的质量?
2. 如果单纯加大砖块的质量(即在刚性接触的情况下)实验能不能成功?

(六)幻杯

取一个高型的罐头筒,在侧壁下端近底处开一个直径 15~20 mm 的孔,再找一根细玻璃管,在酒精灯上弯成图 7-57 左方所示的形状,一端插入橡皮塞,然后如图紧紧地装入罐头筒的小孔中。

向筒内注水,在水面到达 A 处前,小孔中都不会有水流出来,若再加少量水,使水漫过管顶,则小孔中将有水源源不断地流出,一直要到水面降低到与出水口平齐为止。这是一个虹吸现象的实验。由于设计的巧妙,可用于游艺表演。表演前先在杯内装水至 A 处,表演时当众向"杯"内倒入很少的一点水,而淌出来的却是一大杯水,宛如一只神奇的杯子,相当有趣。

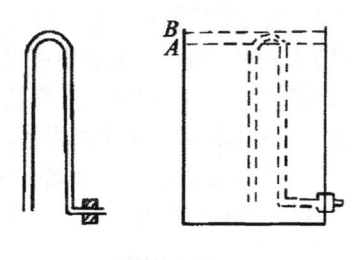

图 7-57

(七)纸锅烧水

找一个不漏水的小纸盒或用牛皮纸糊一个纸盒,在盒里装一些水,搁在用铁丝做成的架子上,用酒精灯从底部加热,能将盒内的水烧开而纸盒完好无损。

水是热的不良导体,它靠对流将纸上的热量传走而使全部的水温度逐渐上升,直至沸腾,因此,加热应在"锅"底进行。还有一点必须注意,纸盒必须是不渗水的,否则由于不断有水渗出,水吸收了大量的热而汽化,以至于使得盒内的水温度升不上去,一直不能沸腾。另外,加热不能太快。否则散热不及,纸盒还是可能被烧着的。

(八)带电的人

用细长的竹衣条(或电容器的极间绝缘纸条)制作一个验电羽,验电羽的支柱也用导体材料来做。用一张大塑料唱片配上一个金属圆盘(或铝锅盖)作为起电盘,起电盘的手柄用绝缘很好的有机玻璃或塑料做成,再用几块干净的泡沫塑料做一个绝缘台就可以做实验了。

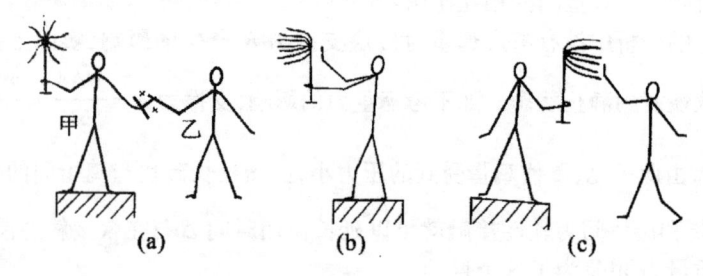

图 7-58

表演时,一人(甲)手持验电羽站在绝缘台上,另一人(乙)用丝绸摩擦塑料起电盘后,用感应的方法起电并不断地将电荷移给甲(乙手持绝缘柄把金属圆盘压在带电的塑料唱片上,用手接触一下金属盘后将盘提起,这时盘已带电,然后将盘与甲接触,把电荷传给甲,如此重复多次),就可看到甲手中的验电羽逐渐张开呈辐射状[图7-58(a)]。表演者甲可将另一只手移近验电羽,验电羽受到手的静电斥力而张成图7-58(b)的形状。将验电羽与站在地上的乙靠近,张成图7-58(c)的形状。如果乙接触一下甲的身体,验电羽很快合拢,说明甲已不带电。

如用感应起电机来做这个实验将更为精彩。表演者用手接触感应起电机的一极,摇动起电机就可使人体带电达到很高的电位,验电羽很快张开。如果表演者事前将头发洗净吹干,而且头发又比较柔软的话,则能看到头发也竖起来,像验电羽一样。表演者(甲)将手从起电机的电极收回后,用手指向乙手上用细铁丝挑着的一团棉花(棉花上洒有少量乙醚),由于手指和棉花之间有很细的火花跳过而能将棉花点着。

(九)有趣的肥皂泡

做这个实验时首先需要练习,以便吹出大的肥皂泡。把一根粗铜丝在瓶子上绕一圈,把两头拧在一起,做成一个圆环。再向肥皂水里溶进一些白糖,这样吹出的肥皂泡更结实些。把圆环放进肥皂水里再小心地拿出来,圆环上就有一层肥皂薄膜。把圆环拿到嘴边,朝薄膜中央轻微地缓慢吹气,薄膜逐渐向一边鼓出来,而且愈鼓愈大,成为一个口袋形。最后,口袋的口部逐渐与圆环脱离成了一个很大的五彩缤纷的肥皂泡。

将吹肥皂泡的铜丝圆环装一个塑料的绝缘柄,并用导线连接于起电机的一极上,在吹肥皂泡的同时缓慢地摇动起电机,这时吹出来的将是一个带电的肥皂泡。

再用金属网做一个像羽毛球拍差不多大小的网球拍,并装上绝缘手柄,金属网也与起电机的同一极相连。当肥皂泡吹成后,立即用网球拍从下面靠近肥皂泡,由于它们带同种电荷,肥皂泡受球拍的电斥力而飘浮在空气中。移动球拍或改变球拍的角度,可以驱使肥皂泡在空中来回运动,相当有趣。

如果将网球拍改接至起电机的另一极,并将球拍竖放在肥皂泡下落途中的一侧,则可看到肥皂泡下落时沿曲线路径飞向球拍,且运动速度愈来愈快(肥皂泡在空气中下落近乎是匀速的)。

(十)神奇的笔

将碘化钾(药房有售)和淀粉混合在一起,用水调和成米汤样,再把一张白纸放在这种混合液中浸湿后,平铺在一块金属板(如铁皮)上。用导线将金属板与电池的负极相连,再用一根长导线将一支"笔"(实际上是一只铝筷子或一截粗钢丝)连接在电池的正极上(如图7-59)。"笔"端应打磨光滑,以便在纸上书写。当我们用手握"笔"在蘸湿的纸上写字的时候,纸上便能显现出鲜明的蓝色字迹,如同用蓝墨水写的一样(若不接电池或电池接反,纸上都不会出现字迹)。

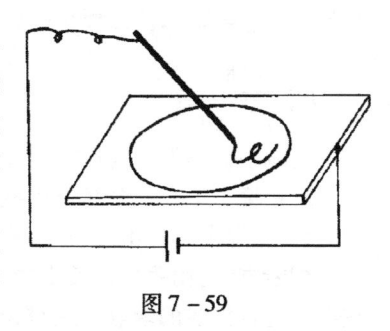

图7-59

如果碘化钾溶液中没有淀粉,则显现出来的字迹为棕褐色。

如将电池改换成低压交流电,则画出来的是断断续续的虚线。(利用这一点,可以判断直流电和交流电)

[分析与研究]

这个实验是用来说明电流的化学效应的,碘化钾在水溶液里发生了电离,当接上电源以后,碘离子(I^-)趋向电源正极,并在那里中和而成碘,碘再与淀粉作用而显现出蓝色来。因此当溶液中没有淀粉时,只能显现出碘自身的棕褐色。这个实验因为有着神奇的显现字迹的效果,因此可作为游艺节目在晚会上表演。

表演时,可在一块金属板上贴两张白纸,其中一张有淀粉而另一张没有。先不通电表演者用"笔"分别在两张纸上书写,都显不出字来;通电后再写,一张显蓝色字而另一张显棕褐色字。改用交流电(这过程要很快,让人不易觉察,可用双刀双掷开关)后又能显现出虚线字体。

(十一)黑箱实验

黑箱实验是一种智力游戏和竞赛型的实验。它的做法是,不允许打开箱子,可以用其他任意的方法或按规定的条件,探测出箱子里面的东西及其性质。在实验中,学生好像做侦探工作,兴趣是很浓的,它有利于培养学生的探索能力。下面介绍几个黑箱实验的示例。

Ⅰ.力学黑箱实验示例

1. 在一只箱子里装了一个物体,请你判断一下,它是球形的、圆柱形的、圆锥形的、还是长方体形的?

判断方法:把箱子用手拿着,向各个方向倾斜实验,凭手的感觉和听觉来判断。

2. 在箱子里有一只长方体,请你设法估测出它与箱子底板之间的滑动摩擦系数。

估测方法:把箱子的一端逐渐抬高,直到感觉出长方体在里面开始滑动为止,根据 $\mu = \dfrac{f}{N} = \tan\theta$,测出黑箱的边长 l 和一端提起的高度 h,则可得:

$$\mu = \dfrac{h}{\sqrt{l^2 - h^2}}。$$

为减小估测误差,应选用表面较为粗糙的长方体。

3. 在箱子里有一个简单机械,它可能是定滑轮、动滑轮、滑轮组、杠杆、轮轴中的一种,箱里向外伸出两根线,请设法判断一下,它属于哪一种简单机械?

判断方法:用手拉住其中的一根线头,必引起另一根线端的位置变化,用一只砝码挂在这根线的端点,分别测出手拉动的距离 s_1 和砝码被提升的距离 s_2,即可作出判断。各种情况如表中所示。

黑箱外观	探测情况	结论
	$s_1 = s_2\ (>1)$	定滑轮
	$s_1 : s_2 = n$ n 为整数 2,3,…	滑轮组
	$s_2 < 1$ n 为整数	轮轴
	s_1、s_2 可大于 1	
	$s_1 : s_2 = 2$	动滑轮
	$s_2 < 1$	
	$s_1 : s_2$ 可为分数	杠杆
	s_1、$s_2 < 1$	

Ⅱ.电学黑箱实验示例

1. 在箱面上有两只小电珠和两只单刀开关,请判断一下箱内电路是怎样连接的。

（电源内阻很小）

（1）接通开关S_1,断开S_2,两只灯泡都不太亮;（两只灯泡串联）

（2）接通开关S_1,接通开关S_2,乙灯泡很亮,甲灯泡不亮;断开开关S_1,两只灯泡都不亮。（电路如图7-60所示）

2. 箱面上有两只接线柱,与箱内的一只元件相连,请设法判断一下,这只元件是电阻、电容、电感、还是二极管？（利用电阻、电容、电感在交直流电路中的不同特性和二极管的正反特性来判断）。

3. 箱面上有三只接线柱,请用多用电表判断出内部的电路结构。

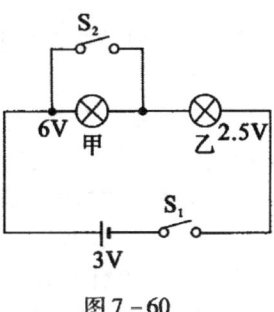

图7-60

Ⅲ. 光学黑箱实验示例

1. 在黑箱中分别放一光具,从箱子左侧孔射入平行光,用光屏接收,判断箱内光具是什么？如图7-61所示。

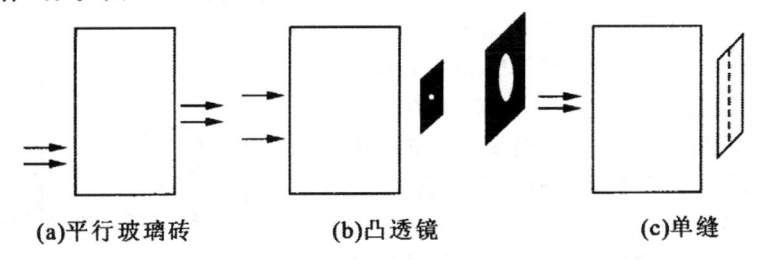

(a)平行玻璃砖　　(b)凸透镜　　(c)单缝

图7-61

2. 在烧杯里放一只圆底烧瓶,盖上盖子,从外表上看都是透明的,不知是烧杯还是烧瓶里装了水,如图7-62所示,请你设法在不打开盖子的情况下作出判断。（例如,用平行光从一侧入射,在对面的烧杯壁上贴上半透明纸观察,如果光线是发散的,则说明烧杯里有水）。

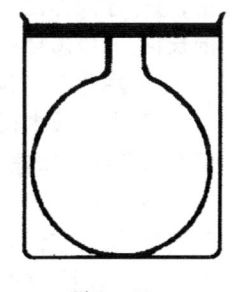

图7-62

附：课外观察与实验参考题示例

1. 车子在笔直的路面上快速前进的时候,车厢里的人从侧面的窗口向外观察,发现近处的物体向后退,而远处的物体却好像是向前转,这是什么原因？

2. 车子在平缓的路面上急转弯时,在车里观察,杯子里的水面是否还是水平的？向什么方向倾斜？为什么？

3. 在烧杯里放大半杯水,用筷子搅动,使水快速旋转起来,这时水面呈什么形状？如果在水里撒进一些砂子和锯屑,它们又将怎样运动？观察这个实验并说明原因。

4. 在广口瓶中装一只乒乓球,分别在装水和不装水的情况下绕轴旋转(图 7 - 63),会出现什么现象？为什么？如果在直线上加速,又会出现什么现象？为什么？

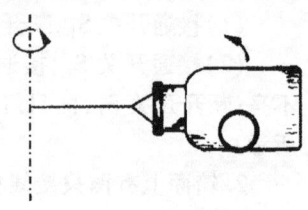

图 7 - 63

5. 观察一个善于打秋千的人在摆动过程中,什么时候蹲下,什么时候站起？用能量守恒定律解释为什么这样做能维持等幅摆动？

6. 有一根均匀的长木条,两人用手各托住木条的一端,设木条表面的粗糙程度是一样的,有什么方法能使木条向自己的方向运动？

7. 有一根长木条,用两只手指平托住木条,然后两手指向木条中部滑动,不管怎样移动手指,只要木条不掉下,两只手指最后都移向木条的重心处,做这个实验并说明为什么？

8. 有一根米尺和一只砝码,还有细线,怎样测出尺的重量？如果直尺不均匀又该怎么办？(不允许找尺的重心)

9. 有一个两端开口的圆管和一个直径相同的有底圆桶。将两只小球(其直径相同且大于圆桶的半径)分别放在竖立的圆管或圆桶内,放手后各有什么现象发生,为什么？(图 7 - 64)

图 7 - 64

10. 有一个重物,其重量大于秤的称量值,怎样才能称出其重量？如果是一不均匀的长棍,又该怎么称？实地称一下证明你的想法是正确的。

11. 用什么实验可以证明地球是在自转的？

12. 有一长木板和一木块,用什么办法可以很简单地测出它们之间的最大静摩擦系数和滑动摩擦系数。做一做这个实验,看你测出的与表中查出的是否一致？

13. 一张纸和一枚硬币自同一高度落下,硬币要快得多;如果将纸搓成小团重新实验,发现它们差不多能同时落地;如果将一张平整的纸略卷曲后从竖直位置与硬币同时落下,这时纸片直插而下,则见它们同时落地。做这个实验,你能从中总结出什么规律？

14. 给你一个重 10 N 的铁球和一把尺子,怎样测出细线所能承受的最大拉力(大于 10 N)？

15. 在水平线上有两个滑轮,跨挂着两只等重的砝码,在滑轮间两砝码连线的中点挂另一只等重的砝码(如图 7 - 65)。问把托住中间砝码的手撤去后,连线上的

O点最低将达到哪里？用闪光照相来检验你的判断。

16. 微微打开自来水龙头，观察流下的水束的截面有什么变化，说明其原因。请利用这个现象设计一个测重力加速度的实验。

17. 有两只鸡蛋，一只是生的，一只是熟的，将它们在桌子上旋转一下就能加以区别，你能区别吗？做这个实验并说明道理。

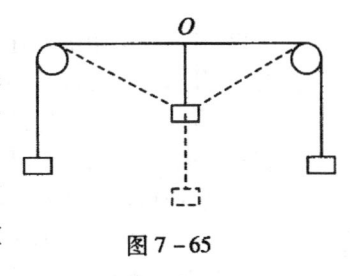

图 7-65

18. 站在台秤上称体重时，突然蹲下和突然站起时，台秤示数怎样变化？做这个实验并说明其道理。

19. 一只空水瓶，将瓶口靠近耳朵听，白天能听见嗡嗡声，夜深人静时再听，情况又怎样？你能说出其中的道理吗？

20. 一只酒瓶，装水和没有装水时吹出来的声音音调一样吗？吹吹看，找出其中的规律。

21. 一辆响着喇叭的汽车或火车，从你身边急速驶过时，你听到的喇叭声有什么变化？能说明其中的道理吗？

22. 图 7-66 中，用力向漏斗中吹气，乒乓球不但不会掉下，反而向上吸得更紧，发出与漏斗连续撞击的声音，这是为什么？

23. 桌上一张折成屋脊形的纸片，对着纸片下面的空隙吹气，不但吹不走，纸片反而紧紧贴在桌面上，这是为什么？

24. 用胶布把一根线粘贴在乒乓球上，使乒乓球悬挂在线端。拧开水龙头，让乒乓球吊在线端淋水。如果你慢慢地把线拉向旁边，会发生什么情况？做这个实验并回答为什么？

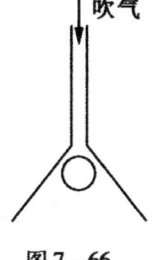

图 7-66

25. 将一张纸条紧紧地缠在一根表面光洁的铜棒（或其他金属棒）上，只缠一层，然后将铜棒放在火焰上烧，纸条烧不着，这是为什么？

26. 在夏天，揭开冰棒纸后观察是否有"气"冒出的现象？说明是什么原因引起的？

27. 观察是干净的雪容易融化还是弄脏了的雪（如撒上黑灰）容易融化？为什么？

28. 一只长方形玻璃水槽，在水里倒进一点牛奶，在暗室里用手电筒的光射向水槽，在水槽的另一面和侧面观察，各看到什么颜色？加大牛奶的浓度，颜色有什么变化？解释你观察到的现象。

29. 怎样测出嵌在大柜门上的平面镜玻璃的厚度？

30. 透过尼龙伞的布观察远处的灯光，你能看到什么现象？

31. 在黑暗处，一只手握住一根荧光灯管（坏的也行），另一只手握着塑料袋或一块毛皮，反复地在灯管上摩擦，能看见灯管发光，这是什么道理？

249

32. 有一只灵敏电流计,怀疑它已损坏,没有其他的检查仪器,用什么方法可以检验?

33. 有一只失灵的电流表,图7-67是它的电路图,手边仅有多用电表一只,不打开后盖,你能判断出故障在哪里吗?

34. 怎样可以证明地球有电场,电势随高度而变化?

35. 为了区别电池的正、负极,将与电池连接的两根铜线插入一杯溶有食用碱(或食盐、醋等)的水中。你能区别吗?依据是什么?

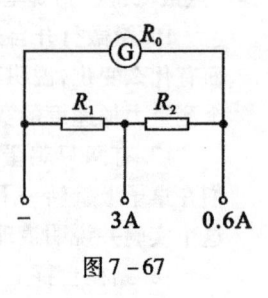

图7-67

[本章小结]

　　中学物理课外实验活动是培养学生学习科学的志趣、发展智力、培养创造型人才的迫切需要和不可缺少的重要途径。本章阐述了中学物理课外实验活动的意义、类型及要求,对观察性实验、课内教学的补充性实验、探究性实验、小制作、趣味性实验等进行了专题研究。

[思考练习]

1. 结合你个人的体会,谈谈对中学物理课外实验活动意义的认识。
2. 编写一个学生物理课外实验活动方案。
3. 请用生活中易得材料制作弹簧秤、杠杆、天平、显微镜、小电动机、简易多用电表。
4. 将"滴水起电机"作为探究性实验,请你设计一个学生探究活动方案。

第八章 中学物理实验教学基本技能训练

实验一 运用电磁打点计时器的力学实验训练

[实验目的]

1. 掌握电磁打点计时器的原理、使用方法及记录纸带的分析处理方法；
2. 利用电磁打点计时器和力学小车，验证牛顿第二定律；
3. 测量重力加速度。

[课前预习]

1. 电磁打点计时器的工作原理是什么？
2. 接入几伏电压？是交流电还是直流电？
3. 打在纸带上的一系列点，每两点间的时间间隔是多少秒？
4. 如何减小实验误差？

[知识链接]

根据牛顿第二定律，作为与物体的加速度有关的物理量，一是物体所受的外力，二是物体的质量。因此，我们可以通过下面两步来验证这三个物理量之间的关系：

运动物体质量一定的时候，加速度与力的关系；

运动物体受力一定的时候，加速度和质量的关系。

[实验内容与过程指导]

一、验证牛顿第二定律

所用器材：力学小车，斜面板(附滑轮)，砂桶(有一定质量的砂子)，电磁打点计时器，学生电源，砝码(与小车质量相同)，记录纸带，直尺，坐标纸，胶带。

1. 实验装置如图8-1所示。将小车放在光滑的木板(斜面板)或玻璃板上，前端拴细绳，细绳跨过滑轮，细绳下端吊一个砂桶。用天平或弹簧秤测出砂桶的总质量，就求出了小车所受的外力。

小车后面固定一条穿过打点计时器限位孔的纸带，随着小车的运动，打点计时

251

器在纸带上打下一系列小点,就把小车的运动情况记录下来。

注意:当砂桶和砂的总质量远小于小车的总质量时,小车的受力可认为与砂和砂桶受到的总重力相等。

2. 利用图 8-1 所示的装置,调整装置,使小车做匀变速运动,即小车在恒力的作用下运动。加速度的大小可利用速度图像来求,也可用纸带上的不同部位分别选取几段距离来求,用公式 $a = \dfrac{s_{n+3} - s_n}{3T^2}$ 来求各段的加速度,以平均值表示小车在整个运动中的加速度。

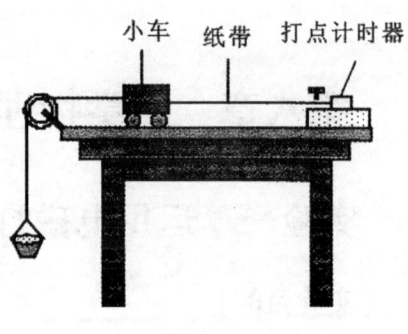

图 8-1

想一想:为什么用 s_n 和 s_{n+3} 来计算?

3. 保持小车的质量不变,改变砂桶的砂量,重复做几次实验。根据记录纸带,把各次实验中的加速度(图像法求得)和作用力(砂和砂桶受到的总重力)的各数据列表记录下来,用横坐标表示作用力 F,用纵坐标表示加速度 a,把实验结果逐点标在坐标平面上。如能看到这些点在一条直线上,就足以证明:质量一定时,加速度与作用力成正比。

4. 保持砂桶的质量不变,在小车上加砝码,重做几次实验。要求:每次都要使小车上的砝码重量有所改变。把各次实验中小车及所加砝码的总质量和相应的加速度列表记录下来,用横坐标表示小车质量的倒数 $\left(\dfrac{1}{m}\right)$,用纵坐标表示加速度 a,并在图线上画出相应的点,如能看出这些点确实在一条直线上,就足以证明:作用力一定时,加速度与质量成反比。

总结以上实验结果,就验证了牛顿第二定律。

记录处理提示:

1. 记录纸带的开始部分和终点部分,多数情况下不能保证做匀加速运动,所以应避开使用这两段。

2. 测量位移时,要测量 10 个打点间的距离,而不是测每两个打点间的距离。为什么?

3. 时间单位,在本实验中选定了适当的打点个数作为单位时间(t = 打点个数),可不用打点计时器的频率倒数 $\left(\dfrac{1}{50}\mathrm{s}\right)$。

4. 质量的确定,以一台小车的质量为 m,加上与小车质量相同的砝码,则认为是 $2m$。

二、测量重力加速度

实验器材：电磁打点计时器,学生电源,铁架台,重锤,剪刀,直尺,记录纸带,坐标纸等。

1. 按图 8-2 所示安装实验仪器,纸带长度选用 30~50 cm左右。将记录纸带穿过打点计时器的限位孔,将其一端夹在重锤上,纸带的另一端固定在铁架台的夹子上。

注意：安放好的纸带应尽量做到与水平方向垂直,并且不使纸带产生偏扭,以便减小纸带随重锤自由下落时所受的摩擦阻力,从而提高测量精度。

2. 接通电源,使打点计时器工作,用剪刀在靠近纸带上端铁夹处迅速剪断纸带,让重锤携同纸带做自由落体运动。

3. 重复以上实验 2~3 次。

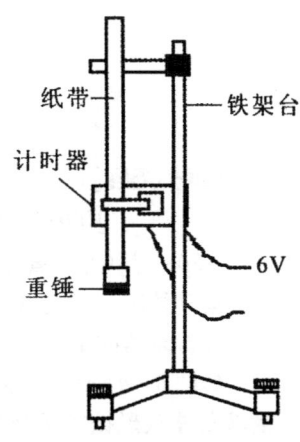

4. 处理纸带。处理时所取相邻位置的时间间隔要根据纸带的长度来确定,原则上应保证纸带上取 5~7 个位置点。一般情况下由于纸带下落速度快,纸带上记录点稀少,这样可直接以每两点间隔为相邻位置点时间。

图 8-2

想一想：误差产生的原因是什么？

[纸带处理示例]

相邻两位置的时间间隔为[1 打点]

时刻	位置	x/cm	$\bar{v}$/cm·s^{-1}
0	x_0	0	
1	x_1	0.95	0.95×50
2	x_2	2.30	1.35×50
3	x_3	4.00	1.70×50
4	x_4	6.10	2.10×50
5	x_5	8.60	2.50×50

图 8-3

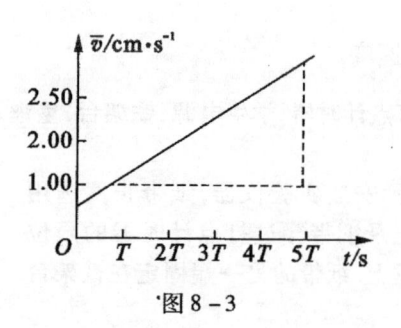

[课外拓展]

J0203 型电磁打点计时器的构造和使用方法

J0203 型电磁打点计时器(以下简称打点器)是一种磁电式计时仪器,它可以把物体运动情况记录在纸带上,然后对纸带进行分析就可以研究物体的运动规律。

1. 打点器的结构

如图 8-4 所示,在胶木底座上有线圈 1,线圈的两个头与电源接线柱 8 相连接,2 是永久磁铁的两个极片,3 是振动片,其一端穿过线圈由螺钉 9 固定在底座上,另一端穿过磁铁的两个极片而悬着,悬端装有打点针 4,5 是金属的打点基板,6 是纸带限位孔,记录纸带就穿过它夹在打点基板与复写纸 10 之间,压纸框架 7 轻轻地压在复写纸上。

当仪器接通电源后,线圈 1 相当于一个通电螺线管,振动片被磁化成为一个薄片条形磁铁,并受到永久磁铁磁场的作用而运动,当永久磁铁的上极片为 N 极,下极片为 S 极,振动片悬端为 N 极时,振动片向下运动,打点针在纸带上打下一个点,如果改变线圈中电流方向,振动片悬端的极性也随之改变并向相反方向运动,纸带

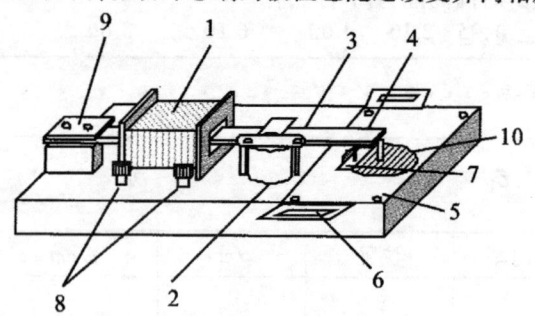

图 8-4

上就不会打出点来。当线圈通以 50 Hz 的交流电时,振动片悬端的极性周期变换,振动片就按一定的周期上下振动,并且振动频率为 50 Hz。这样打点的周期就为 $\frac{1}{50}$ s。当物体拖着纸带运动时,打点计时器在移动着的纸带上打下一系列点,记录了

这一物体的运动情况。每相邻两个点间的时间间隔为$\frac{1}{50}$s(即0.02s),纸带上任意两点间的距离,就是这一运动物体在相应的时间里通过的位移。

2. 使用方法

打点计时器装上复写纸,纸带穿过限位孔夹在复写纸和金属打点基板之间。调节压纸框架上的螺钉,用手抽动纸带时,复写纸能随纸带的移动而微微移动。把纸带的一端固定在运动物体上,打点计时器接6 V交流电源(一般用J1202学生电源),打点器工作几秒后,待振动片的振动频率稳定后即可使用。

[思考练习]

1. 如何用此实验来验证机械能守恒?
2. 在进行实验教学时应着重注意哪几个步骤的操作?

实验二　晶体的熔化与凝固实验训练

[实验目的]

1. 研究如何指导学生做好实验记录和绘制实验曲线;
2. 研究本实验成败的关键;
3. 研究分组实验的指导设计。

[课前预习]

1. 分析初中物理"物态变化"的教材特点,明确教学内容的地位和作用;
2. 使用"水浴法"有何优点?怎样正确利用这种方法?
3. 影响本实验的主要因素有哪些?

[知识链接]

萘是一种晶体,根据晶体物态变化的特性,萘在加热熔解和冷却凝固时保持温度不变,即有固定的熔点和凝固点,并且熔点温度与凝固点温度相同。

这个实验是初中生学习物理第一次结合实验用图线法研究物理规律,涉及实验记录表格的设计和分析萘的物态变化特点。为防止升温过快和失衡,采取水浴加热法,在操作过程中,要准确定时观察记录,抽象出物态变化的绘制曲线,研究它所表达的物理意义。加上实验过程比较缓慢,把握不好又难以成功,所以这个实验是初中实验教学中的一个难点。

"熔解与凝固"是研究物态变化规律的突破口,因为物质常见的三态中,固态和

255

液态比较直观,看得见,摸得着,先研究固态和液态之间的相变规律,抽象出的熔解、熔点、熔解热等概念,又可在后面的液、气相变和固、气相变的教学中作借喻。因此,教材一般既安排演示实验,又编排学生实验,其目的是用来突破对"物态变化"规律的认识。有了"熔解和凝固"的实验基础,在以后的"汽化"和"液化"、"升华"和"凝华"全章教学中,对相变过程规律的揭示,只需加以演示,进行对比归纳即可迎刃而解,所以这个实验又是一个重点。

[实验内容与过程指导]

所用器材:温度计(100 ℃)一只,烧杯(400~500 mL)一只,试管(内径25~30 mm)一只,酒精灯一只,石棉网,铁架台,秒表(也可用带秒针的手表或闹钟代替),萘粉(化学纯)。

注意:温度计插入萘粉中的位置应靠近管壁,但不要碰到管壁。

1. 将萘粉放入试管中,萘粉的量约占试管的 $\frac{1}{2}$ ~ $\frac{2}{3}$ 左右,插入温度计。研究一下萘粉放入的多少对实验效果的影响,温度计怎样放置为宜?

2. 在烧杯中倒入预先加热温度在 70 ℃ ~ 75 ℃ 的热水,水量以能够浸没试管中的萘粉为准。

3. 按图8-5所示装置,点燃酒精灯,待萘的温度稳定上升至70 ℃~75 ℃时开始记录,每隔一分钟读取一次温度(接近80 ℃时可以每半分钟读取一次),读到85 ℃为止。

在实验中用搅拌器进行搅拌是十分必要的,其作用是使萘粉受热均匀,尽快达到热平衡;在固液共存的阶段,应搅拌使其成为糊状,达到固、液均匀混合逐步熔解成清澈透明的液体;在凝固过程中应沿试管管壁搅拌,用以破坏首先沿试管管壁形成的妨碍热交换顺利进行的凝固层,使冷却均匀。搅拌器最好做成螺旋状,这种搅拌器比棒式的搅拌器效果更好。

4. 将酒精灯盖灭撤去,使熔解的萘和烧杯中的水一起在空气中冷却(为什么要这样做?为了减少实验时间,考虑有无切实可行的办法?),在降温的同时,每隔一分钟记录一次温度变化,读到70℃左右。

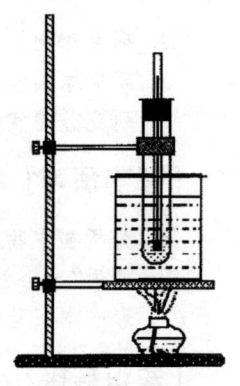

图8-5

5. 再将试管放入水浴中加热到85 ℃,取出温度计,擦拭干净,将萘倒出,整理所有仪器用品。

6. 完成升温和降温的记录列表,并在方格坐标纸上画出温度随时间变化的曲线(如图8-6所示),从中确定萘的熔点。

7. 如果有时间,用不同数量的水和萘再做一次,比较哪次效果好。

8. 实验结束后,将凝固在试管中的萘块再行加热,使其熔解,取出温度计,擦拭干净,整理好仪器用品,将液态萘倒出,分散在碾槽中,以便回收加工备用。

[相关链接]

实验成败分析

这个实验成功的标志就是萘在熔解过程中,温度计的读数要保持不变,要求熔点温度有一个较稳定的可测时间间隔,使曲线上对应熔解的那一段能保持在熔点上经历较长时间(8 min 以上)。在"水浴法"实验中经常遇到的情况却是温度计读数未达到熔点,萘已经开始熔解,在熔解过程中,温度计的读数继续上升,直至超过熔点,导致实验失败。分析失败的主要原因有二:其一,萘是热的不良导体,当浴温已达到萘的熔点,使得与管壁接触的萘开始熔解时,温度计接触的试管中心的萘温还低于熔点;其二,液态萘的比热较小(0.4 卡/克·度),升温敏捷,熔解后的液态萘又使热传递方式除传导外加上了对流,传热本领增强;熔解热较大的固态萘又处在缓慢地吸热溶解过程中,如果温度计玻璃泡浸在液态萘中,即使固态萘没有熔解完,温度计显示的则是超过熔点的液态萘温。

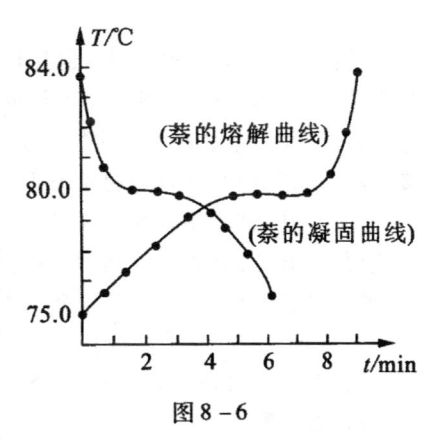

图8-6

实验成败关键

上述分析和实验都证明,做好这个实验的关键,就是要缓慢地对萘加热,加快萘中热传递的速度,让试管中的萘均匀受热,尽快达到热平衡,同时选定温度计测温泡的最佳测温点,使熔解过程保持在熔点进行。而要达到上述要求,可选用的方案是多种多样的,水浴法是其中的一种。

水浴法

为了避免供热过快,使萘缓慢、均匀地加热,在这个实验中可采用酒精灯小火头隔石棉垫网的水浴加热法,并适当加大浴液用量。控制熔解的升温速度为每分钟1℃左右。

1. "萘粉法" 为使萘受热均匀、熔解迅速,萘粉颗粒要细要匀,但粉粒之间隔有比萘的导热性能更差的空气,必须不停地搅拌,促使受热均匀。这种方法实施工作量大,耗萘量也较多,要谨慎操作。

用"萘粉法"做学生实验有下列好处:第一,实验装置、操作要求与课本一致,利于学生预习、复习、自觉独立地完成实验,利于学生手脑并用,详细观察研究;第二,需要两人一组,分工合作,有利于培养学生协作精神。

2. "型块法"

把温度计固定在试管中适当的位置,熔灌适量的液态萘,使其凝固成型,这样凝固后的萘块内外表面分别跟温度计测温泡和试管管壁紧密接触,连成一体,包裹测温泡的筒形萘块导热性能比萘粉增强,只要有效地控制浴温缓慢升高,萘块的筒壁又很薄,筒形萘块内外表面的温差就在一极小值下持续稳定,使得熔解过程的温度(略低于熔点)较长时间稳定不变。

用"型块法"做演示实验有以下好处:第一,不用搅拌,可与松香并列加热,方便对比观察;第二,教师可以腾出手来,讲解指导,定时记数,记录填表;第三,操作简便,稳妥可靠,易于成功。但也有不足,由于事先要熔灌冷却成型、周期长,用来作为学生分组实验因免除了搅拌操作,不利于实验操作技能的培养。

思考:为了提高实验效果,你还能设计出什么有效的实验方法?

开放选题

1. 双温度计控制温差的"型块法"

实验器材:温度计(100 ℃)两只,烧杯(250 mL)一只,试管(内径 13 mm、长 100 mm)一只,中心有孔的橡皮塞一只,酒精灯一只,石棉网,铁架台,秒表(也可用带秒针的手表或闹钟代替),萘粉(化学纯)。

实验方法:

①熔灌小试管 $\frac{1}{3}$ 高度的液态萘,通过橡皮塞把温度计按图 8-7(a)尺寸要求固定在试管中,使其凝固成型。

②在烧杯中装入 $\frac{2}{3}$ 的水,为了有效地控制浴温对萘均匀加热,在水中另加一只温度计,用以观察和控制萘和水的温差。器材装置如图 8-7(b)。

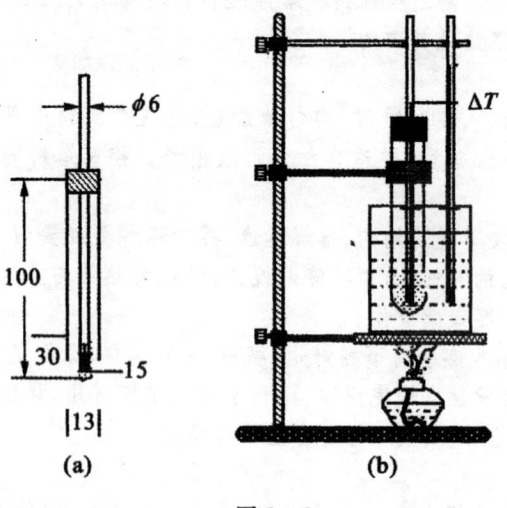

图 8-7

③为了保证教学任务按时完成,应尽量缩短固态萘的升温时间。实验观察和水浴加热的起始温度选在 70 ℃为宜,获得的方法要视室温环境而定,在温和的季节可用 80 ℃的热水 180 mL,倒入烧杯中,待两只温度计的差值达 5 ℃左右时,萘温应接近 70 ℃,如过低,可缓慢地加热。

④为使供热缓慢,萘温达 75 ℃前,差值可控制在 5 ℃左右,此后应移出酒精灯暂停加热,减小差值;当萘温达熔点后的全部过程中,尽量使浴温接近萘温,不要超过 3 ℃以上。这一过程时间短暂,难于掌握,要反复摸索才能得心应手。

⑤完成升温和降温的记录列表,并在坐标纸上画出温度随时间而变化的曲线,从中确定萘的熔点并与前面的实验结果进行比较。

2. 用高型烧杯加搅拌器实验

"萘粉法"装置的改进方案:用萘粉做实验的关键措施就是要不停地搅拌。一般试管细又长,放入温度计后,不便再插入搅拌棒,因而改用 50 mL 的高型烧杯代替试管,并加一个挖孔的盖子嵌合在浴锅中,以便于操作搅拌。浴锅可用 500 mL 的烧杯,加水 380 mL。为防止温度计与高型烧杯壁接触,可在测温泡上方 1 cm 处缠上橡皮筋细绳,以免搅动时与管壁碰击。有关实验的后续操作要点,与上面的实验相仿,请自行试之。

[思考练习]

1. 你所得出的熔点和凝固点是否相同?如果不相同,是什么原因造成的?
2. 你所绘制的曲线与初中课本中的曲线有何区别?为什么?

实验三　验证玻意耳—马略特定律与理想气体状态方程实验训练

[实验目的]

1. 通过实验验证玻意耳—马略特定律;
2. 通过实验验证理想气体状态方程。

[课前预习]

1. 什么是等温变化?
2. 什么是理想气体?
3. 什么是气体普适恒量和克拉珀龙方程?

[实验内容与过程指导]

所用器材:带有刻度的注射器一个,刻度尺一个,橡皮帽,框架,钩码,润滑油,弹簧秤,烧杯等。

一、验证玻意耳—马略特定律

1. 先用刻度尺测出注射器的全部刻度之长,用这个长度去除它的容积即得活塞的横截面积 S。记下气压计(全体共用一个气压计)指示的大气压强 p_0。

2. 称出活塞和框架的质量,算出它们所受的重力。

3. 把适量的润滑油抹在注射器的活塞上,再上下拖动活塞,使活塞与器壁的间隙内均匀地涂上润滑油。活塞插入注射器内一部分,然后将注射器的小孔用橡皮帽堵住,封入一定质量的空气,计下空气柱的体积。

4. 框架安装在活塞上后,把注射器固定在支架上。在框架两侧挂上钩码(图8-8)。

5. 计下挂在框架上的钩码的质量,算出加在空气柱上的合力 F 的数值,并计下相应的空气柱的体积。

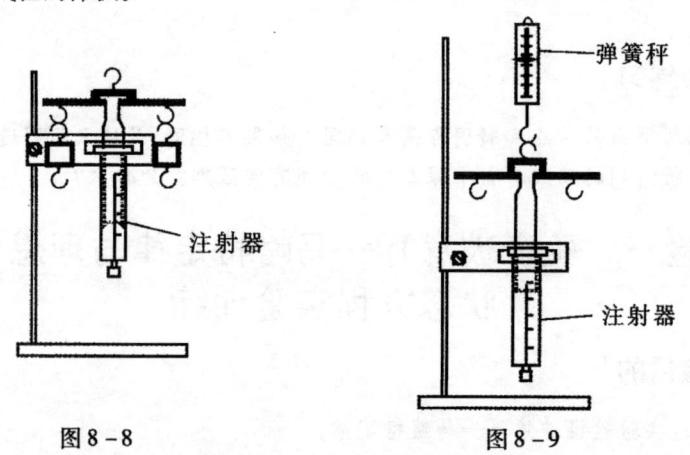

图 8-8　　　　图 8-9

6. 改变钩码的个数,再做几次实验,计下相应的压力和空气柱的体积。

7. 取下挂在框架上的钩码,用弹簧秤勾住框架上的挂钩竖直向上拉(图8-9),使空气柱的体积增大,计下每拉到一定高度时弹簧秤的读数,算出加在空气柱上的合力 F 的数值,计下相应的空气柱的体积。

8. 把记录的数据填入自己设计的表格里,求出各个压强 p 跟相应的体积 V 的乘积,比较这些乘积,能得出什么结论?

9. 能用几种方式来描述玻意耳—马略特定律?

[知识链接]

玻意耳(1627—1691年),生于英国。1635年进伦敦西郊的伊顿公学去学习,1638年后,他到法国、瑞典、意大利去念书,1644年学成回国,开始了物理和化学的实验研究。对于气体的压强和体积的关系,尽管前人已经有一定的研究,但都没有什么有价值的结论。玻意耳是第一个总结出气体的压强与体积关系的人。1662年,他用一根容积为12立方英寸的长短不同的U形玻璃管,短的那端是封闭的,将水银从长的那端口中灌进去,让原来的管内的空气被压缩。玻意耳观察到二个大气压时,空气的体积是6立方英寸,三个大气压时,空气的体积是4立方英寸,这就得出了"一定质量的气体,在温度保持不变时,它的体积与压强成反比"的玻意耳—马略特定律。用玻意耳的话来说:"是空气随压缩力的增加而成比例的收缩"。

由于玻意耳的卓越的成就,被人们称为是"英国科学界的明星",1661年被任命为东印度公司经理。1663年被选为伦敦皇家学会会员,1680年被选为该会主席。玻意耳的主要著作有:《各种形态和性质的起源》、《关于颜色的实验和考虑》、《关于空气的弹性及其物理力学的新实验》、《流体静力学奇谈》等。

马略特(1620—1684年)生于法国,他曾当过牧师、但酷爱科学,喜欢进行各种物理实验,研究热、光、视觉、颜色、气等的性质。他是法国科学院第一批院士中的一位。马略特和玻意耳各自独立地发现,一定质量的气体,在温度不变时,其体积跟压强成反比的关系。马略特的《试论空气的本性》一文是在1767年发表的,比玻意耳迟了16年,但人们还是把这一定律称为"玻意耳—马略特"定律。马略特和玻意耳一样,也做了一端封闭、一端开口的U形管试验,根据灌入的水银柱的高度和封闭的空气柱体积,研究出气体的压强和体积的关系。他还做了另一个实验来验证这一定律:他用一端封闭的40英寸长的一根直玻璃管,放入27.5英寸长(约76厘米长)的一段水银柱,然后用手指将管口按住,将12.5英寸长的一段空气柱封在里面,把管子倒过来插入水银槽中,并把按管口的手指松开,轻轻敲打管子,水银就从管顶慢慢落下,管内的空气则升到管子的上部。这时会看到:当管内的水银面比槽内的水银面高出14英寸(约38厘米)时,管内的空气柱的长度恰好为12.5英寸。不难算出:实验开始时管内的空气柱长12.5英寸,压强是一个大气压;后来空气柱长25英寸,压强是半个大气压,由此证实了"玻意耳—马略特"定律的结论。

马略特的主要著作有:《空气性质的实验》、《热与冷的实验》、《颜色性质的实验》、《水和其他液体的运动》等。

二、验证理想气体状态方程

1. 同前一个实验一样,先把一定质量的空气封闭在注射器里,通过在框架上挂不同质量的钩码来改变注射器内气体的压强。

2. 按照图8-10那样使注射器的下半部分位于烧杯之中,记下此时气体的温度(室温)和它的体积。

3. 往烧杯中加入适量的热水,使注射器内的空气柱位于水面之下,加热水3 min后再测量水的温度,可以认为这个温度就是气体的温度,测量这时气体的体积。在这个温度下,改变气体的压强,再测量气体的体积。

4. 改变烧杯中水的温度,重复上面的实验。

5. 把每种情况下的实验数据填入设计好的表格内。

6. 把实验中测得的温度 t 换算成热力学温度 T 后,再把每次实验的气体的压强、体积和温度的数值带入 $\frac{pV}{T}$ 中去,看看它们是否相等?

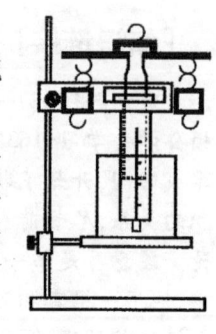

图8-10

开放选题

验证玻意耳—马略特定律的一种实验方法

1. 材料

(1) 容积为500 mL的无色空酒瓶一个,与之配套的瓶盖应为塑料插入式的。

(2) 内径均匀的透明无色长塑料管(可用圆珠笔的外杆,去掉前端的一小部分来代替)。

(3) 容积为10 mL的小玻璃瓶(各种口服液小瓶均可)。

(4) 有毫米刻度的量程大于25 cm的刻度尺。

(5) 水(可适当加入红墨水),附加容器等。

2. 装置改造方法

(1) 先把瓶盖在瓶上盖好,用一粗细合适的钉子(直径约为塑料管的一半),将其加热到200 ℃左右略要发红时,把钉子在瓶盖的中央迅速插入后再迅速拔出,趁热把塑料管插入瓶盖中,待到它们的温度降到室温时,塑料管与瓶盖封闭紧密并能上下移动。

(2) 在空瓶中装满水(把水染成红色更好),从瓶中取出一定量的水,用小玻璃瓶测量被取出水的体积。

(3) 测量长塑料管装满水的体积。方法是:测几管水能装满10 mL的小瓶。

(4) 把瓶盖盖到瓶子上,调整塑料管伸入瓶中的长度,使其下端刚刚接触到瓶中的水面(图8-11)。

3. 实验方法及数据

(1) 如图8-11所示,此时的被封空气的体积是 V_1,压强为 p_1,大

图8-11

气压强为p_0。

(2)将整个装置在竖直面上缓慢转动180°,直到口向下竖直,这个过程中可以观察到一部分水逐渐进到塑料管中,进入塑料管中的水柱长为L,此时上下两个液面的高度差为H,被封气体的体积为V_2,压强为p_2。

(3)实验数据:塑料管长$L=11$ cm,吸水体积为1.4 mL,管中水柱h的体积为$\frac{1.4}{11}h$。H高的水柱相当于0.073 5 H高的水银柱产生的压强。$p_0 = 75.0$ cmHg,$p_1 = p_0$,$V_2 = V_1 + \frac{1.4h}{11} = V_1 + 0.13\ h(\text{mL})$,$p_2 = p_0 - 0.0735\ H = (75 - 0.0735H)$ cmHg。

[实验结果示例]

实验数据表

次数	1	2	3	4	5
V_1/mL	10	20	30	40	50
h/cm	1.5	3.7	5.8	7.5	9.5
H/cm	20.0	20.5	21.0	21.5	22.3
p_H/cmHg	1.47	1.51	1.54	1.58	1.64
V_2/mL	10.21	20.47	30.74	40.95	51.21
p_2/cmHg	73.53	73.49	73.46	73.42	73.36
p_2V_2/cmHg·mL	750.7	1504	2258	3006	3750
p_1V_1/cmHg·mL	750	1500	2250	3000	3750
$(p_1V_1 - p_2V_2)$/cmHg·mL	0.7	4	8	6	0

结论:$p_1V_1 = p_2V_2$,证得玻意耳—马略特定律成立。

扩展实验——用这套装置演示超重现象

在图8-12的情况下,管口虽然向下,但水流不出。当整个装置竖直向上加速时,可以看到有一小股水流出来。因为此时,被封气体的压强$p_2 = p_0 - p_H$。当向上加速时,水柱处于超重状态,p_H变大。被封气体的压强p_2减小,气体膨胀,所以有一小股水流出来。

(选自中国物理教育网,实验设计者:石家庄第十七中学杨建生、石家庄教育科学研究所谷丽雅)

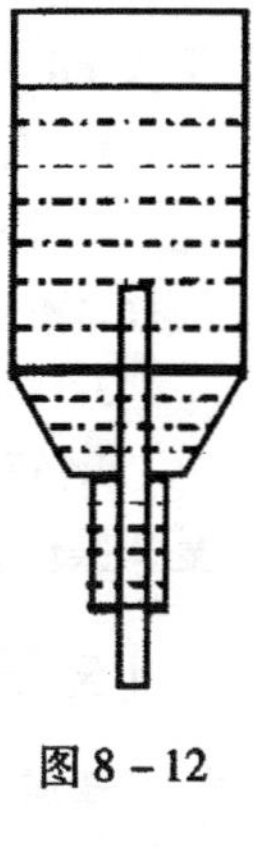

图8-12

[思考练习]

1. 除了上述方法之外你还能想到几种验证玻意耳—马略特定律

的方法？

2. 你能用分子运动论对玻意耳—马略特定律做定性解释吗？

实验四　油膜法估测分子大小实验训练

[实验目的]

1. 掌握估测一个油酸分子大小的实验方法；
2. 通过实验估测一个油酸分子的大小(长度)；
3. 分析产生实验误差的主要因素以及做好实验的关键因素。

[课前预习]

1. 分子大小的数量级是多少？

2. 油酸的化学分子式是怎样的？油酸溶于水吗？用注射器将一滴纯油酸滴在平静的水面上，将会出现什么情况？肉眼能看到油膜的边界吗？

3. 将痱子粉(或爽身粉)均匀而薄薄地撒在水面上之后，再用注射器将一滴纯油酸滴在平静的水面上，将会出现什么情况？肉眼能看到油膜的边界吗？

4. 在直径为 40 cm 的圆形浅盘或 50×45 cm^2 矩形浅盘中，滴一滴纯油酸，能否得到单分子层油膜？若想获得面积小于浅盘水面的单分子层油膜，你有何办法？单分子层的面积如何测量？

[实验内容与过程指导]

一、观察一滴油酸滴在水面的现象

所用器材：直径为 40 cm 的圆形浅盘或 50×45 cm^2 矩形浅盘一个，纯油酸若干，2 mL 注射器及针头一支(或用内径小于 1 mm 的移液管)，痱子粉，金属筛网。

1. 在浅盘中注入清水，水深 1~2 cm；
2. 待浅盘中的水面平静之后，用注射器或移液管在浅盘中央水面上方约 1 cm 高处，滴一滴纯油酸，观察水面油酸薄膜。你看到油膜的边界了吗？
3. 将浅盘中的水倒入水池，冲洗几遍浅盘，然后重复 1；
4. 待浅盘中的水面平静之后，用金属筛网将痱子粉均匀地撒在水面上，然后重复 2 操作，你又看到什么？请想一想：你看到的情况，是单分子层吗？

[知识链接]

油酸呈淡黄色，它的化学分子式是 $C_{17}H_{33}COOH$。它的一个分子可以设想是由两部分组成：一部分是 $C_{17}H_{33}$，它不受水的吸引；另一部分是 COOH，它对水有很强的亲和力。当把一滴油酸滴在平静的水面上时，油酸就在水面上散开而形成一个近似圆形的油膜，其中 $C_{17}H_{33}$ 部分冒出水面，而 COOH 部分却在水中。不过，在上面的实验里，形成的油膜不是单分子层。你知道为什么吗？原因是一滴纯油酸分子数量非常多，在平静的水面上，如果周围没有阻挡，一散布开来，就布满大约 60～70 m^2 的平面。而上面实验中用到的浅盘，由于面积小，油酸在水面散布受阻，薄膜将会有几层甚至几十层分子厚度。

如果水面上的油膜得以充分的散布，实验已经发现，这层油膜是一个分子的厚度，即这层油膜是一个单分子层，即油酸分子是直立在水面上的。要在给定浅盘中面积限定的平静水面上得到一滴油酸形成的单层分子油膜，办法之一是对油酸进行稀释，使纯油酸变成 $\frac{1}{100}$ 或 $\frac{1}{200}$ 浓度的油酸溶液。

二、估测油酸分子大小（长度）

所用器材：直径为 40 cm 的圆形浅盘或 50×45 cm^2 矩形浅盘一个，比浅盘略大的有机玻璃板（或玻璃板）1 块；浓度为 $\frac{1}{100}$ 的油酸溶液若干，2 mL 注射器及针头一支（或用内径小于 1 mm 的移液管），10 mL 量杯一个，水彩笔一支，比有机玻璃板略小的坐标纸一张，痱子粉若干，铅笔一支，金属筛网一个。

浓度为 $\frac{1}{100}$ 的油酸溶液的配制：

由于实验中对油酸溶液的用量不多，不需大量配制溶液。实验中取 0.2 mL 油酸，19.8 mL 无水酒精配置出油酸溶液就足够了。

注意：配制溶液过程中所使用的各种器皿必须保持清洁，吸取油酸、酒精以及溶液的注射器必须分别专用，切勿混用，否则实验误差会增大。另外，在使用注射器时，不要使液体内存有气泡，读取数据要正确。

1. 用注射器或移液管把油酸溶液滴入量杯内，记数 1 mL 溶液的滴数，然后根据油酸的浓度算出一滴溶液中所含纯油酸的体积。

2. 在浅盘中注入清水，水深 1～2 cm。待水面平静后，通过金属筛网把痱子粉薄而均匀地撒在水面上。注意不要触动浅盘。

3. 用注射器或移液管在浅盘中央水面上方约 1 cm 高处，滴一滴稀释油酸溶液。稍待片刻之后，将有机玻璃板轻轻盖放到浅盘上。注意不要振动水面。用水彩笔在有机玻璃板上描绘出油酸薄膜的轮廓，如图 8-13 所示。

4. 把有机玻璃板覆盖在坐标纸上，求出油酸薄膜面积 S。即以平方厘米为单位计算轮廓图内正方形格数（不完整的格子可以用互补的方法计算）。

5. 由每一滴中油酸的体积 V，以及它的薄膜面积 S，即可计算出油酸分子的大小（长度）。$L = \dfrac{V}{S}$。

实验结果示例

一滴油酸溶液的体积 V

配制的油酸溶液，油酸与溶液之比为 1:100。

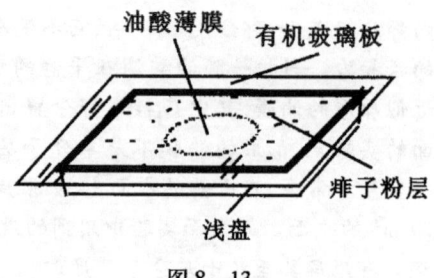

图 8-13

1 mL 溶液滴数为 222 滴。

1 滴溶液体积为 $\dfrac{1}{222}$(mL)

所以，一滴溶液中油酸体积 $V = \dfrac{1}{100} \times \dfrac{1}{222} = 4.5 \times 10^{-5} [\text{cm}^3]$

次数	$S(\text{cm}^2)$	$L = \dfrac{V}{S}(10^{-7}\text{cm})$	L 平均值(10^{-7}cm)
1	299.7	1.50	
2	254.4	1.77	1.56
3	317.3	1.42	

油酸分子长度的公认值 $L_0 = 1.12 \times 10^{-7}(\text{cm})$，实验结果符合数量级要求。

[思考练习]

1. 请你分析一下产生实验误差的主要因素有哪些？
2. 做好实验的关键因素有哪些？

实验五　示教电流计及相关演示实验的训练

[实验目的]

1. 了解示教电表的基本结构和工作原理；
2. 掌握示教电表的使用和改装方法；
3. 掌握测量电表内阻的实验原理与方法。

[课前预习]

1. 比较一下演示右手定则不同方法的优缺点。
2. 掌握测量电表内阻的实验原理与方法。

266

[知识链接]

一、了解示教电表的基本结构和工作原理

1. 实验原理

示教电表是做电学实验常用的仪器。在实验过程中,经常碰到原有电表量程太小或太大的问题,这就要求物理老师掌握改装电表的方法。改装电表前,应首先知道表头内阻,然后根据串联电路的分压原理和并联电路的分流原理,采取合适的电阻连接来完成。

2. 构造原理

该电表的表头部分主要由永久磁铁、磁极块、铁芯、线圈、线圈轴、游丝和指针等构成。测量机构装于木质壳内,面板上有机械零旋钮,有两个接线柱,分别注有标记"+"和"-",用来和待测量的电路相联。木壳顶部有两条开口,用来插入分度面板,分度面板共有两块四面,可以根据需要选用。表的正面如图8-14所示。在电表木壳下部有一个小抽屉,里面装有六个附件,其中两个叫分流器,上面分别刻有"1.5 A ="和"5 A ="的标记;一个叫变流器,上面标有"2 A ~"的标记。另外三个叫倍压器,上面分别标有"5 V =","15 V ="和"15 V ~"的标记。

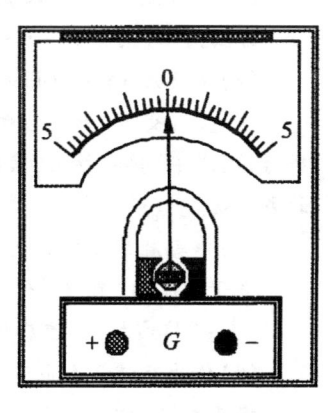

图 8-14

通过电表线圈的待测电流与永久磁铁的磁场相互作用而产生的磁力矩,使与线圈相连的指针偏转,直到转动力矩与游丝的反作用力相平衡时为止。电表线圈的转角大小与通过的待测量的值有一定的比例关系。电表按着一定的比例关系在面板上标出不同的刻度。因此,根据指针在面板上所指位置可以直接读出被测量值的大小。

二、测量范围和使用方法

电表本身若不配附件,只能测试强度极小的电流,作灵敏电流计使用。由于其测量范围已经扩大,所以电表本身配以相应的附件就可作直流5 V电压表、直流15 V电压表、交流15 V电压表,直流5 A电流表、直流1.5 A电流表、交流2 A电流表之用。

使用前,先调整指针正对零点位。在电表后面有两项选择开关,一是变动指针左右偏转方向的,另一个是"直流交流"开关,两个开关根据需要自行选择。具体方法介绍如下:

267

(1)作灵敏电流计用

将"直流交流"开关拨向"直流"挡。插上 5~0~5 V/A 刻度板,这时不加附件但注意待测的电流必须很小,以不超过 2 mA 为限。因为指针达到最大刻度时,电流值恰好为 2 mA,否则损坏电表。

(2)作直流 5 V 电压表用

将"直流交流"开关拨向"直流"挡,插上 5~0~5 V/A 刻度板,并将 5 V 的倍压器插在"+"接线柱上,然后将测量的两个接线头一根接在原接线柱上,一根接在倍压器的另一端。

(3)做直流 15 V 电压表用

方法同上,插上 15~0~15 V 刻度板,将 15 V 的倍压器插在"+"接线柱上。

(4)做交流 15 V 电压表用

将"直流交流"开关拨向"交流"位置,插上 15~0~15 V 刻度板,并将 15 V~倍压器插在"+"接线柱上,然后将测量的接线一根接在原接线柱上,一根接在倍压器的另一端。

(5)作直流 5 A 电流表用

将开关拨向"直流"位置,插上 5~0~5 A 刻度板,并将 5 A 分流器跨接在"+"、"-"接线柱上,然后将所需要测量的二接线头接在分流器的两个接线柱上。

(6)作为交流 2 A 电流表用

将开关拨向"交流"位置,插上 2~0~2 A 刻度板,并将 2 A~ 分流器跨接在"+"、"-"接线柱上,然后将所需要测量的二接线头接在附件上。

三、注意事项

(1)正确选择附件,正确连接电路,以免损坏电表。

(2)测量电压或电流时,应在电路中串联一个开关。先断开线路,待电路全部接好后,用瞬时接触来观察指针偏转的角度,以检查电流是否过量。若发现指针偏转过大,应另换范围较大的附件。

(3)调整零点时,应轻轻转动旋钮,不要用力过大。

(4)使用或搬动电表时,保持竖立,不要过大振动。

(5)不要随意拆开附件,更不要与其他电表的附件调换,以免影响测量的准确性。

[实验内容与过程指导]

所用器材:示教电表两台,电阻箱,滑线变阻器,学生电源,单刀双掷开关或单刀单掷开关两个,导线,U形磁铁,条形磁铁,矩形多匝线框,粗铜线,螺线管。

一、教学电表的改装

示教电表的改装主要从两方面入手,一是从教学的直观性方面,加长指针,更换刻度板面或通过投影手段增加可见度就行了;二是根据待测量的量程(所用电表量程过小或不合适)制备所需要的分流电阻和分压电阻通路板,这就首先要测量电表表头内阻,测量的方法有以下几种:①电桥法;②替代法;③半值法等。

(1)电桥法

在有条件的情况下,用电桥测量表头内阻是比较理想的方法,用这种方法测量的阻值比较准确。

用一节干电池作为电桥电源,串入可变电阻 $R(30\ \text{k}\Omega)$,调至最大阻值 $30\ \text{k}\Omega$ 处,此时线路电流最大不超过 $50\ \mu\text{A}$。若表头灵敏度较低时,R 的阻值可用得小一些。具体数值按下式计算:

$$R \approx \frac{\text{电源电压}}{\text{表头大概灵敏度}}$$

旋转电桥倍率旋钮至 1 处,即 $\frac{R_a}{R_b}=1$,接入被测表头,其内阻为 R_m。

调节电桥读数旋钮,使电桥的检流计接近平衡("0"位);调节可变电阻 R,使电桥被测表头接近满标度(不必注意数值,因为它与内阻的计算无关,这样做是为了提高电流计的灵敏度);再调节电桥读数旋钮,直至电桥平衡。这时读数旋钮所指的数值就是表头内阻。

若电桥所用的电源电压较高而又不串入 R 来限制电流,就不能用来测量表头内阻,以免通过表头的电流过大而损坏。

(2)替代法

测试电路如图 8-15 所示,线路中 G 为待测表头,G_0 为指示电表,R 为电阻箱,R_0 为变阻箱。

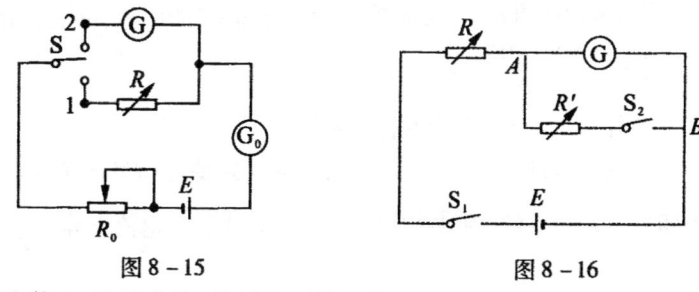

图 8-15

图 8-16

①首先使 R_0 取最大值,然后使开关 S 接通"2"处,调节 R_0,使表头 G_0 的指针指在某一较大数值。

②将开关 S 转至"1"处,调节电阻箱 R 值,使表头 G_0 指针仍指在原来数值。由

电路的等效性可知,此时电阻箱的 R 值,即为待测表头 G 的内电阻 r_g。

(3)半值法(半偏法)

电路如图 8-16 所示,首先断开开关 S_2,接通 S_1,调节电阻箱 R,使电表指针偏转到满刻度。再合上开关 S_2,调节电阻 R'(注意:此时调节 R' 过程中,一定不许再调节 R,即不能改变 R 值),使电表指针指示为原来的一半值。当 $R \geq 100\ R'$ 时即认为 $R_m = R'$。为什么要提出 $R \geq 100\ R'$ 的条件,又怎样来实现这个条件呢?这些问题的回答是以该实验系统误差的分析为基础的。

测量前表头指针必须准确地调至零位。测试电路如图 8-16 所示。

在开关未闭合时,先调节 R 使表头的指针指示到满刻度,设 E 为电源电动势,此时总电流:

$$I = \frac{E}{R + R_m} \tag{1}$$

然后接通 S_2,调节 R' 使指针恰好指示到标度的中心点(也就是原电流一半的数值),此时总电流:

$$I' = \frac{E}{R + \dfrac{R_m \cdot R'}{R_m + R'}} \tag{2}$$

同时,由 AB 两点间的电位差可得

$$\left(I' - \frac{I}{2}\right) R' = \frac{I}{2} R_m$$

所以

$$\frac{I}{I'} = \frac{2R'}{R_m + R'} \tag{3}$$

将(1)、(2)代入(3)式后得到:

$$R_m = \frac{R}{R - R'} \cdot R'$$

计算中,因为电池内阻较小,可忽略不计。若 $R \geq 100R'$,则可认为 $R_m = R'$,因为 $R = 100\ R'$ 时 $\dfrac{R}{R - R'} = \dfrac{100}{100 - 1} \approx 1$。

如果 R' 用电阻箱时,可直接读得表头内阻 R_m。

用半值法测量表头内阻时,为什么在测试前一定要把指针准确地调在零点位上呢?因为如果不调至零位,当满标度电流为 I 时,半标度电流不等于 $\dfrac{I}{2}$,无法进行计算。

(4)相关演示实验

①根据现有的实验器材自行设计测量示教电表内阻的实验方案(先给出实验线路图)。注意:示教电表允许通过的最大电流为 2 mA。

②根据你所测得电表内阻的大小,将该示教电表改装为 2 V 直流电压表,画出线路图。

③将该示教电表改装成 3 A 直流电流表,画出线路图。

④用示教电表,直导线和蹄形磁铁演示右手定则。

演示装置如图 8-17 所示,此时电表作为灵敏电流计用。取一段粗铜线做直导线,放在磁场中并使之做切割磁感线运动。观察电流计指针偏转的方向,从而判断出导线中感应电动势的方向。在讲解右手定则时,用该演示实验配合既直观又简单易懂。

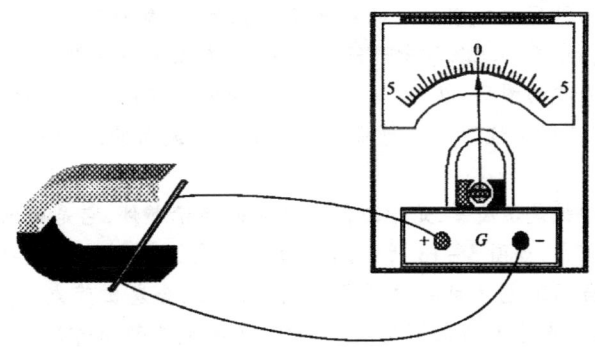

图 8-17

但是,你会发现电流计指针偏转角度很小,这是由于单根导线产生的电动势小,因而得到的感应电流微弱的缘故,你能否想办法使电流计指针偏转角度增大一些呢?在解决这个问题后,你考虑如何指导学生观察,着重观察什么呢?

[思考练习]

还有哪些方法可以提高单根导线切割磁感线的实验演示效果?

实验六　教学示波器及相关演示实验训练

[实验目的]

1. 了解示波器的基本结构和工作原理;
2. 熟悉并掌握示波器面板上各控制旋钮的作用和使用方法;
3. 观察李萨如图形,研究简谐振动的合成;
4. 用示波器观察声波的波形以及演示 LC 振荡;
5. 用示波器测单摆的周期。

[课前预习]

1. 阅读有关示波器工作原理的内容以及有关使用示波器的实验；
2. 怎样才能得到稳定的波形？
3. 如何将声振动转换为电振动的显示？
4. 超低频振动的显示。

[知识链接]

示波器是一种用途非常广泛的电子测量仪器，它能将不可见的电讯号变为可见的光讯号。在中学物理教学中进行演示时，常常需要将周期性变化的物理现象，按时间展开成为波的图形，以供观察分析。如果将任何周期性的物理变化，设法变成电的变化，都可用示波器来进行观察。下面将示波器的结构和基本工作原理做一简单介绍。

示波器的心脏是示波管，是示波器中主要的显示部件，它是由电子枪、偏转板、荧光屏三部分组成，如图 8-18 所示，管内抽成真空，它的底部是一个涂有荧光粉的圆形荧光屏。当高速电子束打到屏幕上时，屏上就会发出荧光束；当电子束移去时，荧光屏上的光点并不马上消失；又由于人们的视觉暂留作用，如果电子束较快地沿着一条直线连续地打到荧光屏上，我们就能看到屏上出现一条明亮的线条。

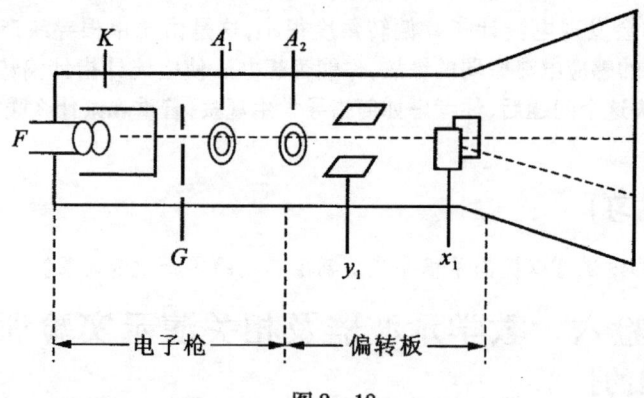

图 8-18

电子枪能发出高速电子束，它是由灯丝 F、阴极 K、控制栅极 G 和阳极 A_1、A_2 组成。阴极是一个金属圆筒，套在灯丝 F 外面。当灯丝通电发热使阴极温度上升时，在阴极上就会发射出大量的电子并通过控制栅极。控制栅极也是一个金属圆筒，套在阴极前面，而正对阴极中心处有一个小孔，从阴极发出来的电子就由这个小孔射出形成电子束。

在阴极上加负电压调节控制栅极电位的高低，就可以控制射出的电子数的多少,从而达到控制亮度的目的。示波器上的"辉度"旋钮就是用来控制栅极电位从而控制光点亮度。

A_1 和 A_2 是第一阳极和第二阳极——这两个极的构造如图 8-18 所示,它们都加上正电压。第一阳极上的电压通常是三四百伏,第二阳极上的电压通常高达千伏。这样高的正电压吸引着电子,使它高速飞向荧屏。第一阳极对电子束还起着聚焦作用,增减加在它上面的电压就可以调节电子束在荧光屏上形成的光斑的大小,适当调节,可以使电子束在荧光屏上形成一个圆光点。

在电子由电子枪向荧光屏前进的途中,还要通过两对极板——水平偏转板和垂直偏转板。在两对板上加上电压后,电子束受到电场力的作用,就会发生水平方向和竖直方向的偏转。图 8-19 中看到的黑点,就是当偏转板上加上电压时,电子束发生偏转的位置。

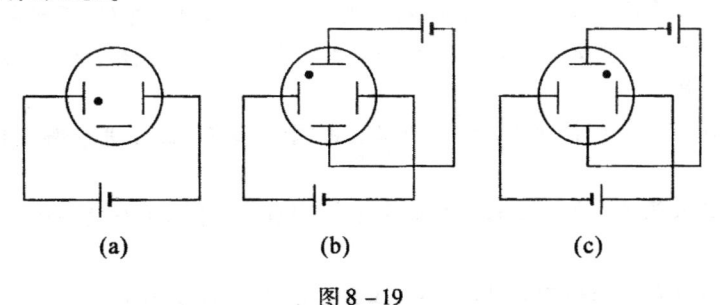

图 8-19

现在我们看一下,如果将一个锯齿波形的电压加在水平偏转板上,会有什么现象发生?

所谓锯齿波形电压,就是将这个电压的变化以时间为横轴,电压为纵轴画成的图形是锯齿波形(如图 8-20),也就是说,这个电压随时间的增加由零逐渐升高到某一定值,又突然降到零。

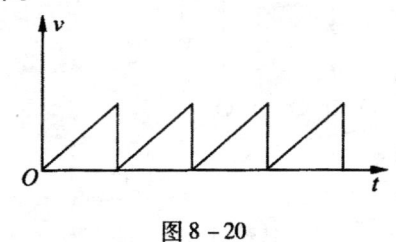

图 8-20

当水平偏转板加上适当的直流电压时,荧光屏上的光点停在最左边,如图 8-20 所示。这时再加上锯齿波形电压,当电压逐渐升高时,光点由左逐渐向右;当电压达到最大值时,光点到达屏的最右边;如果这时电压突然降回到零,光点又回到最左边。如果该锯齿波形电压变化足够快,我们将在屏上看到的是一条水平线。

通常把电子束在屏上这样的运动叫水平扫描,产生水平扫描的锯齿波形电压

273

叫做扫描电压。为了观察周期性变化的图像,可以在水平轴上加上合适的扫描电压,能在屏上看到水平亮线。再把要观察的周期性变化现象变成电压的变化,并把这变化的电压加到竖直偏转板上。这时,电子束既要做水平方向的扫描,又因受到竖直偏转板电场的影响而做竖直方向的偏转,结果在荧光屏上形成的光线既做水平运动又做上下运动,于是它的合成运动就形成了反映这个周期性变化现象的波形图像。以上所述是阴极射线示波器的构造和基本工作原理。

一、示波器的调节与使用

SBD-6型示波器的板面如图8-21,板面上各旋钮的作用如下:

(1)、(3)分别为"亮度1"和"亮度2",顺时针旋转亮度变大,逆时针旋转亮度减弱并能全部关暗。注意:当"亮度"旋至最大时,不应超过几分钟,否则易引起"烧屏"现象,严重时将形成黑斑。在不观察信号时,最好把亮度关死,这样可以延长示波管使用寿命。

(2)、(4)分别为"聚焦1"和"聚焦2",由"辅助聚焦"配合进行调节1通道的"聚焦"。

(5)"标尺亮度":控制照射遮光玻璃刻度光线的强弱,顺时针旋转变亮,逆时针旋转变暗。

(6)"时标开关":扳向通时,时标发生器工作;扳向断时,时标发生器不工作。

(7)"时标量程":当旋钮指向某挡时,即表示一个时标点,代表标称时间值,应注意一个亮点和一个暗点才表示一个完整的时标点。

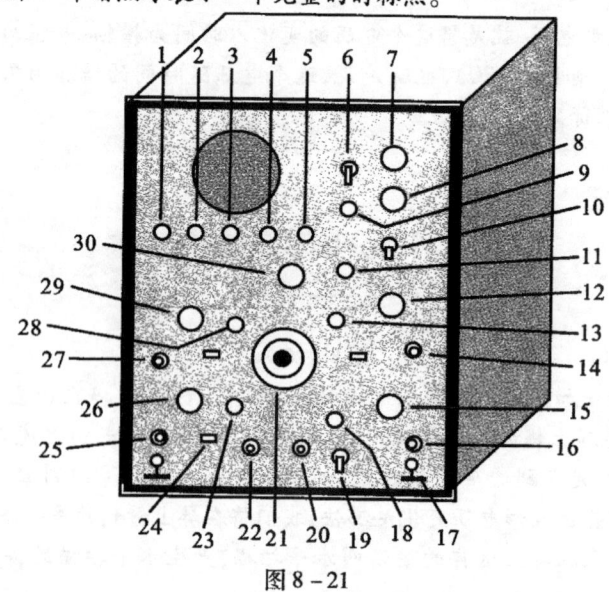

图8-21

(8)"扫描时间"：它是变化扫描时间的粗调波段开关。应注意旋钮是指在两挡次上，"微调"则在两段之间变化。

(9)"扫描时间微调"：它可以连续改变扫描时间。

(10)"启动还原"开关：在扫描过程中，如按动开关向下一次，扫描线立即还原至起始位置。当扫描处于待触发状态时，按动开关向上一次，扫描立即开始一个周期。

(11)"X轴增幅"钮。

(12)"X轴选择"。

① 连续扫描：当待观测信号是周期性过程时，可采用"连续扫描"，这时，应将"X轴选择"旋钮置于"连续"位置，荧光屏上应出现扫描线。为能看清整个信号的波形，应适当转换"扫描时间"开关，并且旋转"细调"旋钮以选择所需的扫描速度。为了使荧光屏上的图像稳定，可以同时调节"同步信号"钮。在大多数情况下，最方便的是用加到"Y_1"（或"Y_2"）插孔的待观测信号来使扫描同步；这时，应将"同步选择"的转换开关调至"Y_1"（或"Y_2"）的位置，再适当调节"同步增幅"钮使图像刚好稳定为止。

扫描过程中，如果将"启动还原"开关钮压向"还原"位置，扫描立即停止，并返回到起始位置；放开这个开关，扫描又重新开始。

② 触发扫描：如果观测脉冲或单次过程，应将"X轴选择"旋钮置于"触发"位置。同时信号的选择，可由"同步选择"开关分别取"＋"或"－"。

③ 水平放大：在有些情况下，不希望用本仪器内部扫描发生器所产生的锯齿波作为水平偏转电压，这时，可将"X轴选择"开关转换到"衰减"位置，再通过输入电缆，将具有所需波形的外加扫描电压加到本仪器的"X轴输入"插孔，即可得到水平扫描。

(13)"X轴位移"：用来移动光点或图像。

(14)"X轴输入"：输入X轴偏转信号。

(15)"同步选择"：旋钮至"Y_1"时，表明同步信号取自Y_1通道垂直放大器，旋钮至"Y_2"时，表明同步信号取自Y_2通道垂直放大器。旋钮至"＋"和"－"时，表明同步信号应取自外部信号。

(16)"同步输入"：输入同步信号。

(17)"接地插座"。

(18)"同步增幅"：顺时针旋转同步作用增强。

(19)"电源开关"。

(20)"前置放大输入"：如果"量程"开关置于"150 mV"位置，仍然不能在荧光屏上得到足够高度的图像，则可将待观测信号加到前置放大器的"输入"插孔，再用一专用短电缆，将其输出接到"Y_1"或"Y_2"插孔。

(21)"电压测量"：当需要测量"Y_1"（或"Y_2"）插孔的待观测信号幅度时，可将

"测量选择"旋钮扳到"Y_1"(或"Y_2")位置,再逐步转换"量程1"(或"量程2")开关,使荧光屏上的图像高度约为 25~80 mm,然后,转动"电压测量"旋钮,使指针对准盘上的"0"刻度。测量时,调节"位移1"(或"位移2")旋钮,将图像的下端移到荧光屏上任一水平刻度位置,再顺时针方向转动"电压测量"旋钮,使图像的上端移动到荧光屏上的同一位置,这时,即可根据量程开关的位置,直接由刻度盘上读出待观测信号幅度的峰—峰电压值。

(22)"前置放大输出端":将放大后的信号输出到"Y_1"或"Y_2"插孔。

(23)"位移2":逆时针旋转可使光点向上位移,反之则相反。应注意,当不需要某一通道时,不可将光点移出屏外,这样使放大器处于极偏状态,长时间很可能损坏荧光屏,应把亮度关死。

(24)"交直流开关"。

(25)"Y_2 垂直输入端"。

(26)"量程2设置"钮。

(27)"Y_1 垂直输入端"。

(28)"位移1"。

(29)"量程1设置"钮。

(30)"测量选择":当使用"测量选择"时,如果校准"Y_1"通道的信号,则将"测量选择"开关扳向"Y_1";如果校准"Y_2"通道的信号,则将"测量选择"开关扳向"Y_2",当不校准时,可置于"断"。

二、仪器的接通和预调

接通电源,打开开关,指示灯即亮。预热 3~4 min 后,即可开始预调。

预调时,把"量程"开关置于"500 V"位置,"测量选择"钮置于"断"位置,"时标"开关置于"断"位置,"X 轴位移"置于"衰减100"位置,再分别调节两个通道的亮度、聚焦、垂直位移和水平位移旋钮。调节时可先调节"亮度1","位移1"以及"X 轴位移"旋钮,把第一通道的光点调到适当位置;然后再调节"亮度2"和"位移2"把第二通道的光点也调到适当位置。最后,再分别调节它们的亮度和聚焦,使它们的亮度适当,聚焦良好。

注意事项:

1. 当接通电源后,如果"亮度"加大后仍然看不见光点出现时,则可调节"X 轴位移""Y 轴位移"来找到光点,并将光点移至中心位置。

2. 调节"聚焦"时,先将"X 轴增幅"和"Y 轴增幅"旋至最小(逆时针旋转),以免干扰。

3. 光点不可太亮,且不可使光点长时间停留在一点,以免损伤荧光屏。

4. 示波器暂时不用时,可不必关电源,只要调节"亮度"光点变暗即可。使用完毕后先将"亮度"旋至最小,然后再关掉电源。

[实验内容与过程指导]

一、掌握示波器的使用方法和观察交流电的正弦波形

1. 示波器的调节

(1) 接通电源前先将"亮度"、"聚焦"、"X 轴位移"、"Y 轴位移"旋至中间位置。

(2) 将"X 轴选择"旋至"1"挡上,使扫描电压加到 X 轴偏转板上。

(3) 将"Y 轴量程"旋到"5"挡处。

(4) 将"扫描时间"旋至"10 或 30"处,将"X 轴选择"置于"连续"挡处。使"X 轴"由内部输入扫描电压。

(5) 接通电源,预热 3~4 min 后。

(6) 调节"亮度"、"聚焦"使亮线细而清晰。

(7) 细调"X 轴位移"和"Y 轴位移"使亮线恰在中间。

(8) 将信号源接入垂直量程 Y_1(或 Y_2)中,使电压加在 Y 轴输入上,这时可看到荧光屏上出现波形。

2. 观察交流电正弦波形

(1) 调节"X 轴增幅"和"Y 轴增幅"使图像大小适中。

(2) 先把"微调"钮顺时针调节,然后再逆时针慢慢调节,使屏上分别出现 1 个正弦波、2 个正弦波、3 个正弦波形。

二、研究简谐振动合成,观察李萨如图形

1. 实验方法

(1) 示波器调好后,将"X 轴选择"钮旋至衰减"1/1"挡。

(2) 把信号源接到"X 轴输入"和"接地"间,把自装的信号发生器接到"Y 轴输入"和"接地"间。

(3) 调节低频信号发生器和自装的信号发生器,使屏上呈现椭圆形的李萨如图形,此时说明两个信号的频率相同。不同的频率对应不同的图形,如图 8-22 是几个简单整数比的李萨如图形。当频率不是简单的整数比时,在屏上不能形成简单清楚的图像。

图 8-22

在已知比较信号频率的条件下,利用李萨如图形,可以测出被测信号的频率比,从而确定被测频率的值。

频率比确定的方法常有两种:

(1)通过出现的李萨如图形,引水平线和垂直线分别与封闭线相切,则接在 X 轴上的信号频率与接在 Y 轴上的信号频率之比就等于合成波形与垂直及水平线相切点的数量之比,例如 $n_x:n_y=1:2$,

则 $f_x:f_y=n_y:n_x=2:1$。

由此得: $f_y=\dfrac{n_x}{n_y}f_x$,如图 8-22 所示。

(2)频率比确定的第二种方法。通过屏上呈现的李萨如图形,在图形的中间作水平和垂直两条互相相交的线,这两条线都不要通过李萨如图形中任何交点,然后数出水平线和垂直线分别与图形的交点的数目 n_x 和 n_y,则 $n_x:n_y=f_y:f_x$,由此得到被测频率 f_y

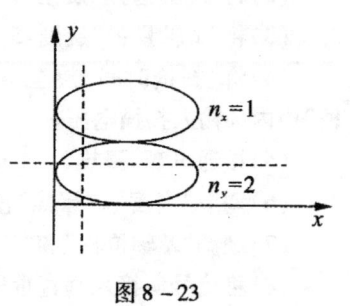

图 8-23

$$f_y=\dfrac{n_x}{n_y}f_x$$

例如:图 8-23 中虚线即为不通过图形任何交点的两条相互垂直的交线,则有 $n_x=2,n_y=4$,所以 $f_x:f_y=n_y:n_x=4:2=2:1$。两种方法得出的结果相同。

利用李萨如图形还可测定自装信号发生器的频率。

三、观察声波的图像,并测定音叉的频率

1. 调好示波器,把话筒接到"Y 轴输入"和"接地",把"X 轴选择"旋至"衰减"挡,把"扫描"旋至"1"挡处,调节"Y 轴增益"和"X 轴增幅"。

2. 在话筒前放一音叉,用击音锤敲击音叉,音叉发声,荧光屏上就出现声波的波形图像。然后慢慢调节"扫描微调",使波形数目减少,并使之稳定清晰。这时即可演示,敲得重则振幅大,敲得轻则振幅小,说明振幅跟声音大小有关。

3. 利用李萨如图形测定音叉频率:话筒接原处,把低频信号发生器输出信号接在"X 轴输入"和"地","X 轴选择"旋至"1/1"挡。调节"Y 轴增幅",然后敲击音叉,同时调节低频信号发生器的频率,荧光屏上呈现出为椭圆。此时,低频信号发生器输出信号的频率即为音叉的频率(为什么?)。再通过其他形式的李萨如图形求出音叉的频率,记录下图形,算出频率比。

四、测量单摆周期并观察其振动合成图像

如果将任何周期性的物理变化设法将它变成电的变化,就可以用来进行观察。

如图 8-23 装置就是把单摆振动的位移信号转换为电压信号,从而可将信号输入示波器中进行观察,通过示波器可以测量出该信号的周期。

单摆传输电信号的原理是:当两极与电池组的两极相连时,两极板间就产生恒定的电势 $+E$ 和 $-E$,电池组中间抽头接地为零电势。同时由于极板面积足够大,极板间可认为是一匀强电场,两极板之间中心位置为零电势(对地而言),其两侧造成均匀的电势梯度,故当单摆位于中心位置时,电势为零。振动后,单摆在电场中的位置将随着时间坐标的变化而变化,其电势也随之而变化,因而随着单摆做简谐振动,就产生一个具有正弦特性变化的信号,这个信号由导电摆线传输给示波器,就会在荧光屏上出现正弦波形。实验步骤如下:

1. 按图 8-24 接好电路,将单摆处于水槽两极之间中心位置。

2. 启动单摆,注意使单摆在电场中沿着电场线方向摆动。调节"扫描范围"及"扫描微调",使屏上正好出现一个完整的正弦波。

3. 打开示波器的"时标开关",并调节"时标旋钮"使其对准 100 ms 或 400 ms 处,这时屏上的连续波形便形成一系列的光点,数其光点数,再乘以时标指数(100 ms 或 400 ms),便得单摆周期的毫秒数。

4. 用直尺量出摆线长。根据单摆周期公式 $T = 2\pi\sqrt{\dfrac{l}{g}}$,计算出周期

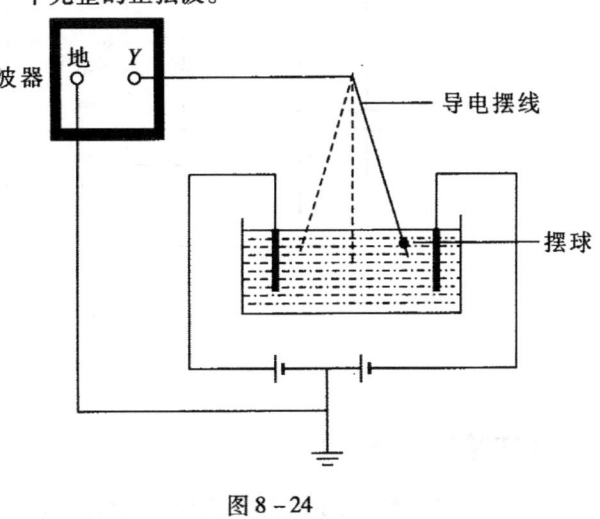

图 8-24

T,与用示波器得到的周期进行比较,如有误差,请分析原因。

5. 请你用两个上述不同摆长的单摆所产生的不同频率信号,研究一下振动合成的瞬间过程,观察"拍"现象及李萨如图形。

五、演示 LC 振荡

LC 振荡电路所产生的阻尼振荡的演示,一直是中学物理教学上的一个"老大难"问题。首先由于电表指针的惯性,电路的频率必须很低,这就要求用数值较大的电容或电感。电感量大的线圈体积、重量很大,一般中学没有条件绕制,所以做起来比较困难,有时还会出现假象,反而影响教学效果,但是如果用示波器就比较成功。

按图8-25电路将电感线圈、电解电容、电源连接起来,从电感线圈两端用两根接线分别接到"Y轴输入"和"接地"间。将示波器接通电源并调整好,把双刀双掷开关扳向电源一边,对电容充电(用电解电容,并选用涡电较小的 10 μF、50 μF、100 μF 各一只);过一段时间后,迅速将双刀双掷开关扳向电感一边,使 L,C 组成振荡电路,适当调节扫描频率,即可在示波器荧光屏上看到一条阻尼振荡波形图线。这里的电感线圈可用 $\phi = 0.31$ mm 漆包线在截面积 20 cm² 铁芯上绕约 3000 匝,即可获得较好的图像。

更换电容器改变 C 值,可以从示波器上观察出振荡周期发生变化,定性演示 $T = 2\pi\sqrt{LC}$ 的关系。

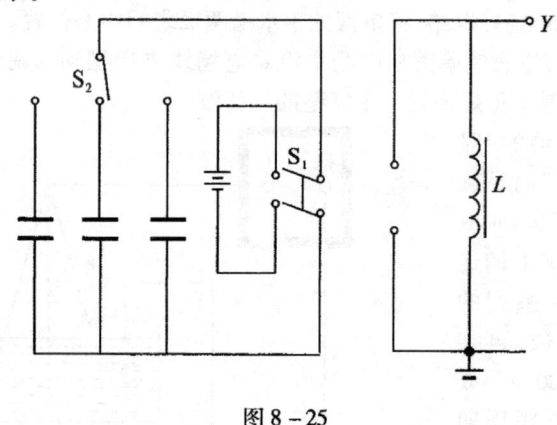

图 8-25

[实验报告要求]

1. 简述阴极射线示波器的基本构造及原理。
2. 根据李萨如图形测量自装信号发生器的输出信号频率及音叉固有频率。
3. 用两种方法测单摆振动周期,并进行比较,说明产生误差的原因。
4. 描述三种 LC 振荡,标出波形之间的区别,定性验证 $T = 2\pi\sqrt{LC}$ 的关系式。

[思考练习]

请你参照说明书研究型号为 DS5022M 的数字采集示波器的使用方法。

实验七　高、低压电源与相关演示实验训练

[实验目的]

1. 熟悉低压电源和高压感应圈的使用方法；
2. 掌握阴极射线的演示方法，学会调节阴极极性；
3. 掌握各种稀薄气体放电现象和电谐振现象的演示方法。

[课前预习]

1. 根据低压电源的原理图 8-26，说明直流电是如何获得的？其脉冲性如何？

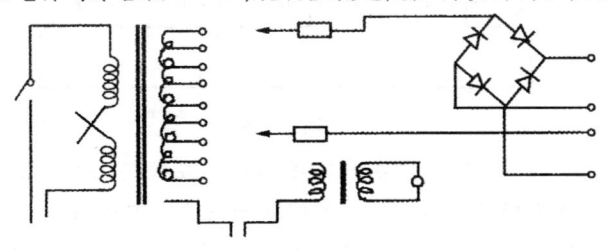

图 8-26

2. 本实验中阴极射线管工作时，屏上的光带是怎样形成的？
3. 高压感应圈是什么样的装置？怎样转换感应圈次级线圈的输出极性？

[知识链接]

(一) 低压电源

低压电源由于它的电压是可变的，并能获得直流和交流两种电压，所以，在中学物理实验中应用较普遍。在用电的电流不大，电流输出不求很平稳的情况下，一般常用低压电源。低压电源的型号各不相同，但它们的原理基本上相同，下面以 J-T14 型低压电源为例来加以说明。

低压电源的电学原理见图 8-26 所示，交流电经过多插头的降压变压器下降为低压后，就可直接供低压交流输出用。当低压交流电经过全波桥整流，得到低压直流电，可供低压直流输出用。

在输入的共同电路上装有供过载指示用的电流互感，随着外电路负载电流的改变，通过互感器的电流也随之变化，从而使过载指示灯亮度发生变化。低压电

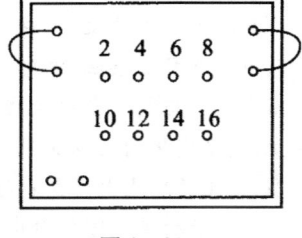

图 8-27

源面板如图8-27所示。

(二)高压电源

1. 高压感应圈的结构

高压感应圈是供低电压放电管、伦琴射线管和电谐振等实验的一种高压电源装置，结构如图8-28所示。

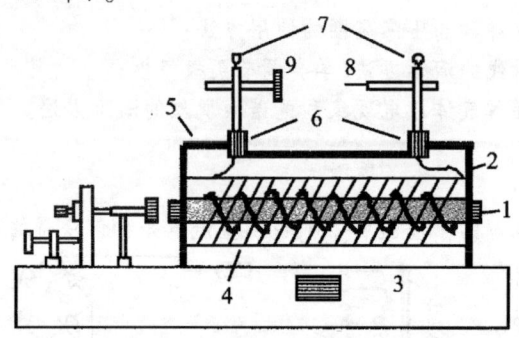

图 8-28

铁芯(1)由一支架(2)固定在木底座(3)上，在铁芯上用较粗的绝缘材料导线绕成初级线圈，在初级线圈上用很细的绝缘导线绕成次级线圈(4)，次级线圈经过良好的绝缘处理，固封在一层绝缘蜡中，线圈外部套着胶木外壳(5)，胶木壳上装有一对金属接头(6)分别与次级线圈的两端相接。每一个接头都插有一个可拆卸的放电柱(7)用来插置火花放电杆(8)和放电圆盘(9)。

在木底座上线圈的一头装有一断继器，它由衔铁(10)、振动片(11)和调节器(12)组成，断继器与初级线圈的一级相接。另外，还有一个电容器与断继器并联，电容器在木底座箱内(见图8-29所示)。

在木底座上还有一对接线柱和转动开关。转动该开关，电路可以接通或断开，而且改变输入电流的方向。

2. 感应圈的工作原理

感应圈的电路如图8-29所示，初级线圈中电流的接通和切断，可由继电器 MD 来完成。当通电时，铁芯就磁化吸引衔铁 M 使它和螺旋 D 分离，于是在衔铁和螺旋接处电路被切断，这时电流中断，铁芯的磁性消失，衔铁受振动片的弹性作用又重新和螺旋接触，电路再次连通。这样衔铁在1s内振动多少次，电流也随之通断多少次。当电流在初级线圈中有断续时，便在它的周围造成磁场的增强和减弱变化，这个变化的磁场穿过次级线圈，同样产生感应电动势，由于次级线圈的匝数很多，产生的感生电动势也很高，使放电两极间得到很高的电压。

由于初级线圈的自感系数很大，接通电流的时间比正常切断的时间长，也就是磁感线的变化率前者比后者小，因而在初级线圈中接通电流时，次级线圈新产生的

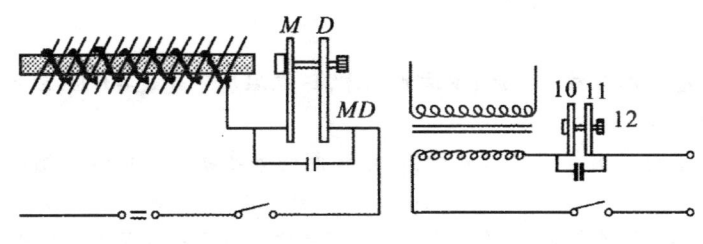

图 8-29

电动势也比当初级线圈中切断电流时产生的电动势小。在一般感应圈中,产生火花放电所需的电压,常常是在切断电流时才能达到,所以感应圈的火花放电,也只有在切断电路时才发生,因此它的电流是一种单向的脉冲电流。如图 8-30 所示。

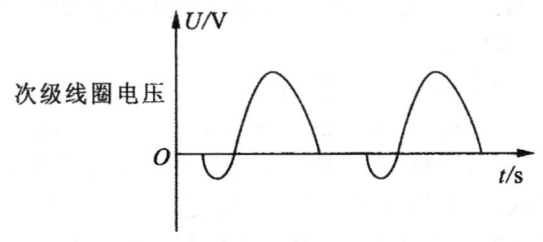

图 8-30

虽然当电路断开时,电流切断较快,但由于初级线圈有很大的自感,在断开的一瞬间,接触点之间会产生火花。这种火花的存在会使电路不能立即断开,以至减缓了磁通量的变化速度,影响了次级线圈中获得较大的感应电动势。解决的办法是:在断继器两端并联一个电容器 C,使电路断开时,电容器作反向充电。这样当电路断开时,接触点间的火花减少,电流就能迅速切断,磁通量很快消失,次级线圈中产生了很大的感应电动势。

3. 感应圈的使用方法和保养方法

使用时,先断开转换开关,调节螺旋松开,并与振动片分开,同时将两放电杆拉开适当距离,不要使它们接触但最大距离也不超过 80 mm。然后用两根绝缘导线将 10~12 V 的直流电源接到感应圈的接线柱上,此后,可转动转换开关,使电路接通。再调节螺旋使断继器正常工作(使接触点间隙中产生火花处于最小的状态)。最后,调节制紧螺丝把它固定下来。并把放电杆上的尖端金属与圆盘之间的距离调节得适当,就会看到火花放电现象。

感应圈做高压电源时,可把两放电杆拆卸并另用两根绝缘导线从放电柱两端引出。注意:两根引出线不要靠得太近,最好悬空到实验仪器上。在实验过程中,不要用手触及放电杆的金属部分和引出导线,以防触电。

4. 高压感应圈的维护及注意事项

(1)放电火花距离不许超过 80 mm 的最大值,以免损坏感应圈线圈内部的绝缘。

(2)感应圈应放在干燥、清洁的地方,环境温度不超过40 ℃,以免次级线圈的绝缘蜡熔化。

(3)不要随便卸下胶木外壳,以免线圈的导线折断。次级线圈两极不得短路使用。

(4)不允许直接输入110～220 V的交流电。如果输入是低压的交流电,则输出是交变电流且电压不稳定。

[实验内容与过程指导]

(一)演示阴极射线的直进、磁场内偏转以及电子的动能

1. 演示磁效应阴极射线管

如图8-31所示。在一个真空的玻璃管内封有两个电极,其中圆片型的一极为阴极,圆棒形的一极为阳极。在近阴极一端有一块金属板,板上开一条狭缝,使阴极发出的射线束通过挡板后成一光带状,在阴极板侧面安装显示板——荧光屏。演示时注意:阴极必须与感应圈输出"-"极相连。调节螺丝,使阴极射线管管中荧光屏上呈现一条直进的、清晰的绿光带。从而证明:阴极射线的光束(电子流)是直线传播的。

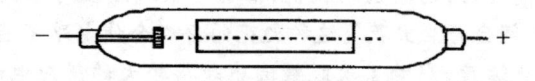

图8-31

若用蹄形磁铁横跨在管的中部,用来演示电子在磁场中的偏转,效果会更好。偏转方向可用左手定则确定,但是注意电子运动的方向与电流方向是相反的。如图8-32所示。

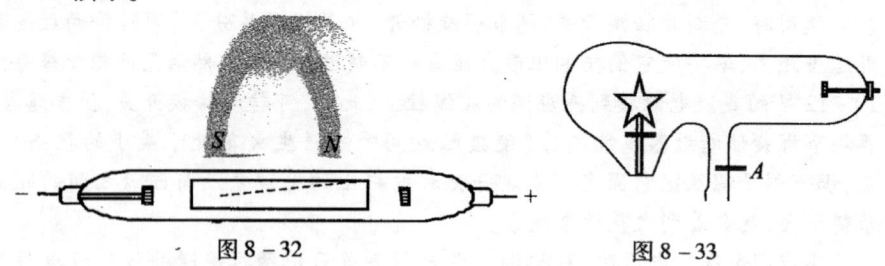

图8-32　　　图8-33

2. 演示阴极射线的直线传播

如图8-33所示。演示时将直进阴极射线管的两极用导线与感应圈的两个放电极连起来。感应圈工作时就有阴极射线出现。这时在阴极对面的玻璃壁上会出现一个和五角星形金属片形状相同的影子,影子周围的玻璃上则出现鲜明的黄绿

荧光。由此说明阴极射线是沿直线传播的,且穿透金属片的能力很弱。

3. 阴极射线可使物体做机械运动的现象

当阴极射线投射在涂有荧光物质的翼轮上时,翼轮受阴极射线照射的一面便发出荧光,并且翼轮顺着阴极射线的方向转动。这说明阴极射线是一束粒子流,具有很大的动量和能量,并且把它传递给受照射的物体。如图8-34所示。

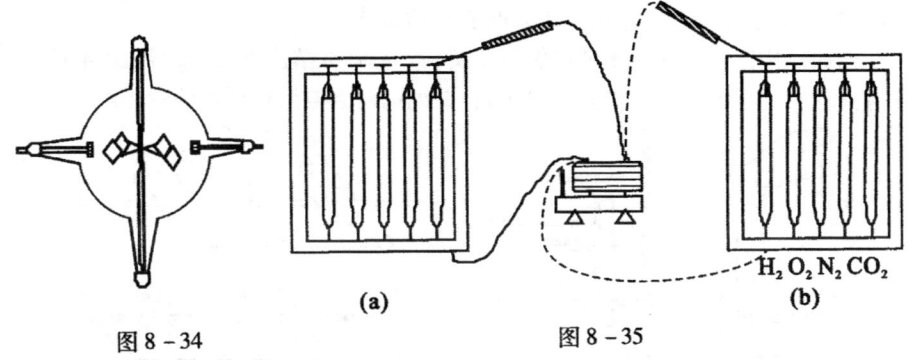

图8-34　　　　　图8-35

(二)稀薄气体中放电现象的演示

我们知道,在一个大气压的通常情况下,气体是不导电的。若要气体导电,一是用电离源(如火焰、射线管)来激发气体,一是加大气体放电管中两极间的电压,即增大两极间电场强度,使离子有足够大的速度去撞击气体的中性分子,从而产生磁碰电离,使气体放电。

演示稀薄气体中的放电现象,一般有两种方法:一种是利用几支已经抽去气的气压不等的封闭玻璃管(即放电管)来说明稀薄程度不同的气体放电现象也不一样;另一种是利用一支未抽空的玻璃管,边抽气边演示放电,以便观察在不同气体下放电现象的变化。

实验时,取三支到五支放电管,每管两端各封入一个电极。使用时,感应圈负电极接圆片形电极,另一个圆棒形的电极接感应圈的正极。由于气体稀薄程度不同,所以,放电现象也不同。

演示时,先将各放电管,按气体稀薄程度大小,依此排列在木框架上,如图8-35(a)所示,木框架的上下端都用金属夹子夹住放电管,木框架下边的夹子相连在同一个接线柱上,另一个接线柱通过导线连接在一个有绝缘柄的导电杆上,用导杆可以去接触每一个放电管的上端电极。

若在放电管中,充有不同气体时,经放电观察到什么现象?如图8-35(b)所示。

(三)利用感应圈和电谐振器演示电谐振

1. 用莱顿瓶演示电谐振现象

用两个莱顿瓶按图8-36所示装置成两个振荡电路。其中一个振荡电路作为发射电路(或称发射振子),另一个振荡电路作为接收电路(或称接收振子)。

振荡电路的装置是一木板上放一莱顿瓶作为电容器,木板座上的木柱上夹持着两根横放的平行导杆。下面一根导杆的一端装有铁皮圆环,套在莱顿瓶上,圆环与莱顿瓶外面的金属箔相连接,上面一根导杆的一头装有一个金属球与莱顿瓶的金属球靠近构成放电球。上下两根导杆之间有一滑动连杆,沿导杆滑动这个滑动连杆,从而可以用改变矩形的面积来改变它的自感。

你如何按图 8-36 所示装置做演示实验?在什么情况下,接收器两放电球之间才有火花?观察电路相对位置不是平行、并列的时候电谐振现象的变化。

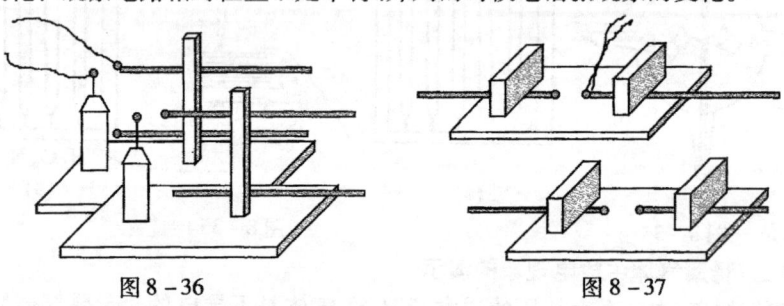

图 8-36   图 8-37

2. 用赫兹振荡器演示电谐振动现象

取两根带小球的铜棒,用绝缘支架把它们相向的固定在木架上方的水平方位上,如图 8-37 所示,这装置就是一个赫兹振荡器和接收器。演示时,接通高压电源,使振荡器两铜球间产生火花放电,即产生振荡电流时,铜棒就是天线发射振荡电磁波。用另一个相同的装置——接收器,接近且平行于振荡器时,在接收器两铜球之间霓虹灯泡就亮起来。

改变棒的长度——即拉长铁棒重复上述实验有什么变化?

此实验之所以用霓虹灯而不用别的灯泡,是因为接受天线中能接受到的电压很高而功率甚小,霓虹灯泡具有一点低电压就能发光,比小电珠所需能量要小得多。

[思考练习]

当你在演示实验的过程中,应着重让学生观察什么?

实验八 测量玻璃折射率的设计性实验训练

[实验目的]

1. 根据给定器材(或自选器材)自行设计验证折射定律的实验方案,研究如何通过简单器材,培养学生观察能力和动手能力;

2. 研究如何指导学生根据实验所记录的数据,绘制实验图像,并由实验图像分析实验结论,使学生学习用实验解决物理问题的方法。

[课前预习]

1. 透明物质的折射率 n 是如何定义的?
2. 如果 n_α 为空气折射率,n_β 为玻璃折射率,θ_α 为空气中入射线和法线夹角,θ_β 为玻璃中折射线和法线之间的夹角,那么,折射定律的数学表达式是什么?

[知识链接]

当光线从空气中射入光密度较大的介质中(如玻璃)时,或光线从光密度较大的物质重新进入光密度较小的介质时,都会发生折射现象。

任何透明物质的折射率 n 可以定义为:

$$n = \frac{光在真空中的速率}{光在物质中的速率}。$$

光在空气中的速率近似等于它在真空中的速率,所以在实验中可以用空气中光的速率来代替。于是:

$$n = \frac{光在空气中的速率}{光在物质中的速率}。$$

由于在实验室中直接测量光速是一件几乎不可能的事情,所以实验中要采取一个间接的办法,这个办法涉及运用折射定律。就折射定律最一般的形式,对空气与玻璃组合来说,这个定律可写成:

$$n_\alpha \cdot \sin\theta_\alpha = n_\beta \cdot \sin\theta_\beta。$$

式中 n_α 为空气折射率,n_β 为玻璃折射率,θ_α 为空气中入射线和法线之间的夹角,θ_β 为玻璃中折射线和法线之间的夹角。但是,若取空气中光速等于真空中的光速,那么 $n_\alpha = 1$,此时,折射定律变为:

$$\sin\theta_\alpha = n_\beta \cdot \sin\theta_\beta \quad 或 \quad n_\beta = \frac{\sin\theta_\alpha}{\sin\theta_\beta}。$$

实验原理光路如图 8-38 所示。

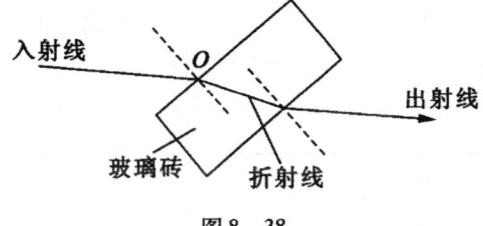

图 8-38

[实验内容与过程指导]

实验器材：玻璃砖，刻度尺，量角器，圆规，白纸，铅笔，坐标纸，大头针数根，绘图板一块。

提示与要求：

1. 运用所给器材，设计出可以测量出玻璃折射率的实验方案（不要满足于一种设计方案）。

2. 用不同入射角 θ_α（20°、30°、45°、60°等），重复测量，并将数据列表：

入射角 θ_α				
折射角 θ_β				
$\sin\theta_\alpha$				
$\sin\theta_\beta$				

绘制 $\sin\theta_\alpha$—$\sin\theta_\beta$ 图像，求出图像中曲线的斜率即为待测玻璃的折射率。

3. 利用单位圆法求出折射率，与上面求出的折射率比较，看哪种方法的误差较小些，为什么？

单位圆法见图 8-39 所示。以 O 点为圆心做单位圆。圆与入射线、折射线分别相交于点 A 和点 B，以 A、B 两点分别向 NN' 做垂线，交点为 C、D。用直尺测量 AC 与 BD 长度。

因为 $\sin\theta_\alpha = \dfrac{AC}{AO}$，

$\sin\theta_\beta = \dfrac{BD}{BO}$，

而 $AO = BO$。

所以折射率 $n = \dfrac{\sin\theta_\alpha}{\sin\theta_\beta} = \dfrac{AC}{BD}$

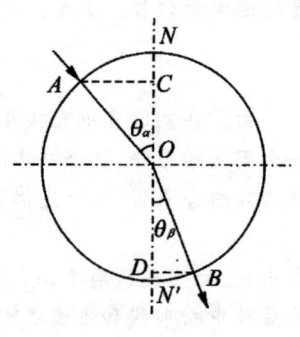

图 8-39

实验数据表

实验次数	AC/cm	BD/cm	$n = \dfrac{AC}{BD}$	n
1				
2				
3				
4				

4. 根据实验结果,计算光在你所使用的玻璃中的传播速率 v。

[思考练习]

关于测定玻璃折射率的方法你还能列举出哪些?

实验九　静电仪器与静电演示实验训练

[实验目的]

1. 认识验电器(静电计)和静电感应起电机;
2. 掌握静电起电的方法和特点;
3. 掌握检验静电实验中漏电和排除实验故障的方法;
4. 研究几个重要的静电实验。

[课前预习]

1. 如图 8-40 所示的装置叫验电器,如果外壳接地,就叫做静电计。请说明它的原理,指针张开的本质是什么?它有哪些功能?

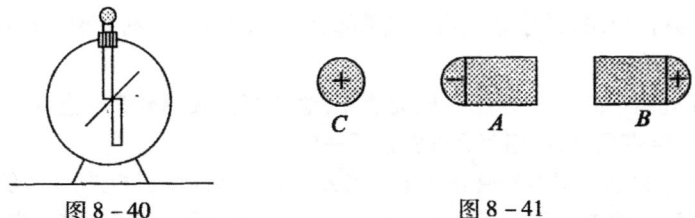

图 8-40　　　　图 8-41

2. 有两个枕形导体 A、B 和一个带正电的球形导体 C,如图 8-41,如何使导体 A、B 都带负电荷?如何使导体 A、B 同时带上相异的电荷?

3. 阅读韦氏感应起电机的说明书,并回答下列问题:

(1) 使用起电机时,旋转手柄应当是顺时针方向还是逆时针方向?

(2) 为什么不称它为摩擦起电机而称其为感应起电机?

(3) 莱顿瓶是一种什么器件?它的结构是怎样的?

[实验内容与过程指导]

一、研究静电的起电方法

所用器材:有机玻璃棒、丝绸、棉手帕、塑料棒、塑料直尺、保鲜塑料袋、验电器。

静电起电的方法有摩擦起电和感应起电两种。

1. 摩擦起电

传统的摩擦起电是用丝绸与玻璃棒摩擦、用毛皮与橡胶棒摩擦来获得两种电荷的。用丝绸摩擦玻璃棒可使玻璃棒带正电,用毛皮摩擦橡胶棒可使橡胶棒带负电。其实,只要是两种不同的物质摩擦就能产生电荷。在现有条件下,常用普通的手帕(或尼龙绸等)与有机玻璃棒(或板)摩擦,用普通的手帕(或尼龙绸等)与塑料棒(或塑料板、塑料膜)摩擦来获取不同种类的电荷。它比传统材料的效果更好。

用起电帕与起电棒摩擦正确的操作方法是:用一只手的拇指与食指、中指等捏紧(而不是用掌心握住)起电棒的一端,另一只手将起电帕包在起电棒的中部,用手指捏紧使两者摩擦,或快速地抽出起电棒,起电棒上就可带上一定种类的电荷。

如何将摩擦获得的电荷传递到其他的导体(对地绝缘的导体)上去?例如,将有机玻璃棒上的正电荷传递到验电器上,仅使带电棒与导电小球接触,效果好吗?请你试一试,并分析原因,然后提出一种改进的操作方式,使有机玻璃棒上的电荷有效地传到验电器上。

在给出的各种材料的物品中选用两种,组成不同的组合,用摩擦起电的方法使其带电,看看各种组合中每种材料所带电荷的种类(假定丝绸与有机玻璃棒摩擦时玻璃棒带正电荷)。

2. 感应起电

所用器材:丝绸(或手帕),有机玻璃棒,保鲜塑料袋(内衬硬泡沫塑料),带绝缘柄的金属盘,验电器。

(1)用丝绸(或手帕)摩擦有机玻璃棒,通常有机玻璃棒带正电荷,欲使对地绝缘的一个导体带负电,应当怎么办?请试一试。

(2)把一只塑料保鲜袋套在一个适当大小的硬泡沫塑料板外,用丝绸(或手帕)摩擦塑料膜,通常塑料膜带负电荷,欲使一个带绝缘柄的金属盘带正电,应当怎么办?请试一试。画示意图,并作简要说明。

(3)把衬有泡沫塑料板的塑料袋放在桌上,用丝绸(或手帕)摩擦塑料膜,再把带绝缘柄的金属盘放在被摩擦过的塑料膜上,用手指接触一下金属盘的表面,再手持绝缘柄把金属盘从塑料膜上移开。看看金属盘上是否带电,带何种电荷?

请画出上述过程的示意图,并分析带电的过程。

[知识链接]——感应起电盘及其优点

感应起电盘由三部分组成:绝缘盘,带绝缘柄的金属盘和手帕(丝绸,尼龙,棉织手帕等皆可)。起电的方法如图 8-42 所示。

1. 用手帕摩擦绝缘盘使绝缘盘带电;
2. 把金属盘放在绝缘盘上,用手指接触一下金属盘;

3. 手持绝缘柄将金属盘提起，金属盘即带上了与绝缘盘相异的电荷。

使用感应起电盘的优点是：①可使金属盘上带有与其下方绝缘盘上几乎等量的相异电荷，而绝缘盘上的电荷几乎不减少；②将金属盘上的电荷传递到需要带电的金属导体上非常方便，只要将金属盘与其他导体接触一下即可；③可以反复用感应起电的方法使另一导体带上足够多的电荷。因此，静电实验中，在没有特殊要求时，常用感应起电盘来使金属导体带电。

图 8-42 起电盘

二、检查漏电故障的技能

静电实验成功的一个重要条件是保持绝缘体良好的绝缘性能。

1. 如果有一个性能良好的验电器，怎样用它来检验绝缘体的绝缘性能？请写出检验的方法，并检验下列物体在静电实验条件下绝缘性能的优劣：木块，有机玻璃棒，有机玻璃尺，橡胶棒（板），纸，玻璃杯，塑料导线包皮，丝绸，手帕，石蜡块，泡沫塑料板等。

2. 用丝绸（手帕）摩擦有机玻璃棒使其带电，再让它从酒精灯的火焰中掠过（不可停留，以免烧坏有机玻璃棒的表面），检查一下有机玻璃棒是否带电，为什么？

3. 请归纳出影响静电实验中绝缘物的绝缘性能的主要因素有哪些？

[知识链接]——静电实验困难的原因

做静电实验一般比较困难。当我们给一个在绝缘支架上的导体带电时，导体上的电荷很快就漏完了，演示也就无法完成。为什么容易漏电呢？让我们从理论上做一点分析：

设初始时给导体球带电，电荷量为 Q_0，由于绝缘柄为非理想的绝缘体，漏电就会发生，也就是说，球上的电荷将通过绝缘柄流向大地，其放电的等效电路如图 8-43 所示。电路的微分方程为：

$$\frac{Q}{C} + R\frac{dQ}{dt} = 0。$$

解方程得导体球上的电量变化情况为：

$$Q = Q_0 e^{-\frac{t}{RC}}。$$

导体球对地电压随时间的变化情况为：

$$U = \frac{Q_0}{C} e^{-\frac{t}{RC}}。$$

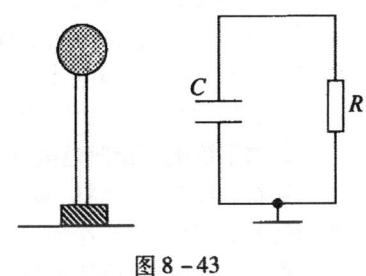

图 8-43

假若导体球的直径约 10 cm,电容为 5pF,绝缘支柱长为 20 cm,截面直径为 1 cm。对于用干燥的木材做的支柱,其电阻率约为 $10^{14}\Omega \cdot mm^2/m$,可以算出它的电阻为 $2.5 \times 10^{11}\Omega$;对于用石蜡做的同样尺寸的支柱,电阻率约为 $10^{22}\Omega \cdot mm^2/m$,电阻约为 $2.5 \times 10^{19}\Omega$。由上述参数,可得两种材料做支柱时放电电路的时间常数 ($\tau = RC$)分别为:木支柱约为 1 s,石蜡支柱约为 10^8 s。

如果初始时导体球上的电压为 2 000 V,由上述公式可得,对木支柱:8 s 后,电压降到 3 V,电量为初始时的 0.002;对于石蜡支柱,1 h 后,电压为 1 999.9 V。

通常在我们的意识中,石蜡与木材都是绝缘体,但在静电实验中却有着非常显著的区别,由此可见,绝缘体的绝缘性能对静电实验是何等重要。

三、静电电荷种类的判定

所用器材:感应起电盘,氖管。

通常用验电器可以判定两种带电物所带电荷的异同。有这样一种方法:先给验电器带上一种电荷,再用另一带电体与验电器的导电球接触,若验电器指针张角变大,说明两者带同种电荷;若张角变小,则两者带相异种电荷。你对此有何看法,如不赞同,为什么?你能提出一种合适的方法吗?

用氖管不仅可以判定电荷种类的异同,而且可以确定电荷的种类。氖管是利用低气压放电引起辉光的,通常两极的电压超过起辉电压(小型氖管的起辉电压约 60 V)时,电势低的一端将产生辉光,因此用手持氖管的一极,使另一极与带电体接触,根据哪一极起辉就能确定待检导体电势的高低及所带电荷的种类。

用感应起电的方法使起电金属盘带电,再用氖管来判断一下金属盘所带电荷的种类。记录你的实验现象和所作出的判断。

四、几个静电实验的研究

1. 演示平行板电容器的电容量

所用器材:平行板电容器,静电计,起电盘,导线。如图 8-44 所示。

平行板电容器的电容量与两极板相对面积成正比、与两极板之间的距离成反比、与平行板中介质的介电常数有关。演示中用静电计(验电器)作为指示器,实验时,平行板电容器与静电计应当如何连接?怎样安排实验步骤?怎样使现象明显?画出装置的示意图,并由实验现象推出结论。

2. 演示静电平衡时电荷分布在导体的外表面

器材:开口的金属桶,验电器,验电羽,感应起电盘(绝缘盘,带绝缘柄的金属盘,丝绸),石蜡块或干净的泡沫塑料板,导线等。

组装实验装置,设计实验步骤,进行实验演示,说明实验现象。

在实验过程中,请你思考下列问题:

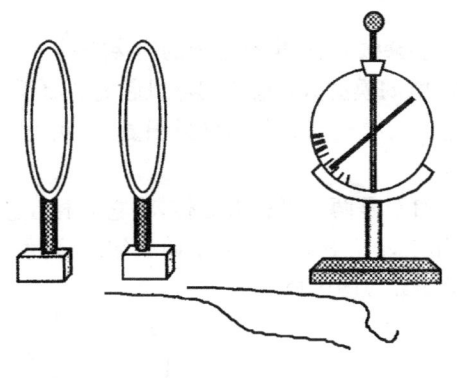

图 8-44

如何给起电盘带电？
如何将起电盘上的电荷传递到金属桶上？
如何使金属桶上带上足够多的电荷量？
如何显示金属桶带有了足够多的电荷量？
如何检验金属桶内表面不带电？
如何检验金属桶外表面带了电？

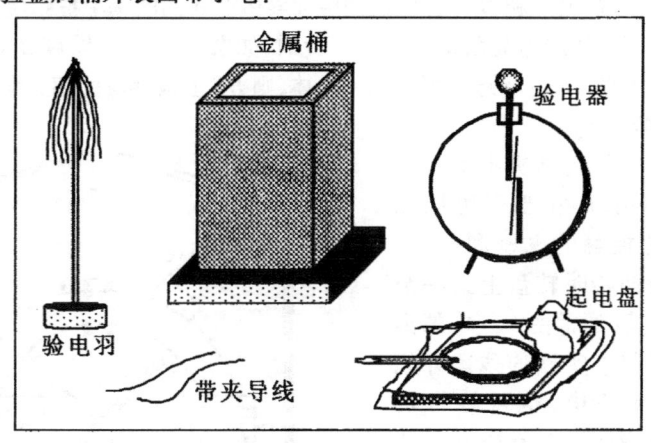

图 8-45

五、静电感应起电机的认识和使用

1. 观察韦氏感应起电机的外形

缓缓地沿顺时针方向摇动手柄,参照说明书,初步了解它的构造。

(1)指出转动圆盘、导电刷、集电梳、放电杆、莱顿瓶所在的位置。

(2)指出顺时针方向转动手柄时,前后圆盘转动的特点;前后电刷位置的特点及与盘上铝箔的关系。

(3)指出集电梳、莱顿瓶、放电杆之间的连接关系。

2. 应用感应起电的模型分析感应起电机起电的原理

韦氏感应起电机的原理初看起来好像很复杂,实际上只要掌握它起电的一种模型,就不难分析。

如图8-46,B 和 C 是两个半枕形导体,将它们相互接触并放在带电体 A 的附近,在外电场的作用下,BC 中的自由电子向一端迁移,使 BC 导体脱离接触,则 BC 导体就带上了等量而异号的电荷。

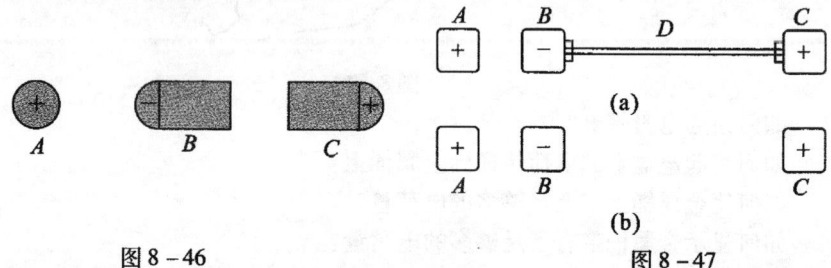

图8-46

图8-47

在韦氏起电机中,这种模型有所变形,如图8-47所示。设初始时,A 金属箔片带正电荷,B、C 箔片和 D 导杆组成的中性导体在 A 的电场中被感应,在 B、C 导体上出现等量而异号的电荷图8-47(a)。此时,如果移走 A 导体,则 B、C 导体上就不会带电。如果将 D 导杆移开,再移走 A 导体,则 BC 上被感应的相异电荷就不会中和,如图8-47(b)。

A、B、C 是起电机中不同转盘上的铝箔,D 相当于可以和 B、C 箔片接触的电刷和导杆。请你假设初始时转盘上某一箔片带正电荷(通常由大气中的离子提供或前次实验的残留等原因,可能带正电,也可能带负电),分析说明顺时针转动手柄时产生的感应起电过程。

①对照起电机实物,在图8-48中用符号标出前后盘上箔片的序号、旋转的方向、电刷、电梳、莱顿瓶、放电球等,再分析起电的过程。

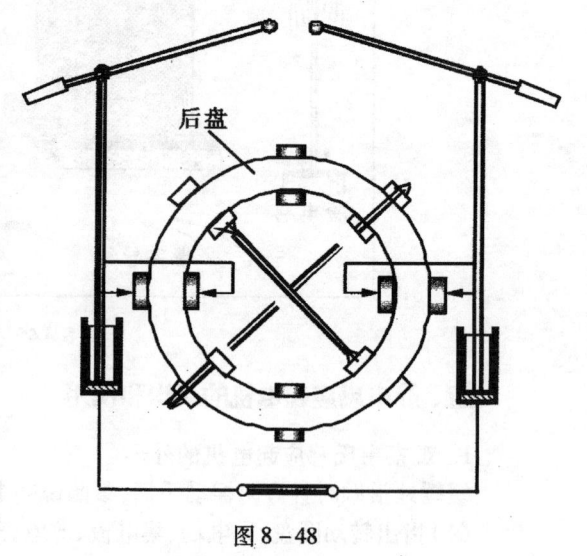

图8-48

②起电机由于静电感应而使箔片上带电荷,而箔片上的电荷又是通过尖端放电的途径使莱顿瓶不断的积累电荷。请说明起电机的集电过程和放电过程,并说

明为什么莱顿瓶中积累的电荷总是同一种电荷。

③缓缓地沿逆时针方向摇动手柄,看看是否能起电,并分析说明原因。

④在两个莱顿瓶外铝壳之间有一根连接导杆,可以将两外壳接通或断开,观察起电时有何不同的现象,试画出该导杆接通和断开时放电的等效电路图,并分析说明现象不同的原因。

利用感应起电机选做下列实验

(1)静电跳球演示器

用途:演示电荷之间的相互作用,以及静电感应现象。

演示方法:接通电源,使两电极板分别带正负电荷,导电球在极板内不断摆动,敲击极板发出声响。如图8-49进行实验演示,说明现象。

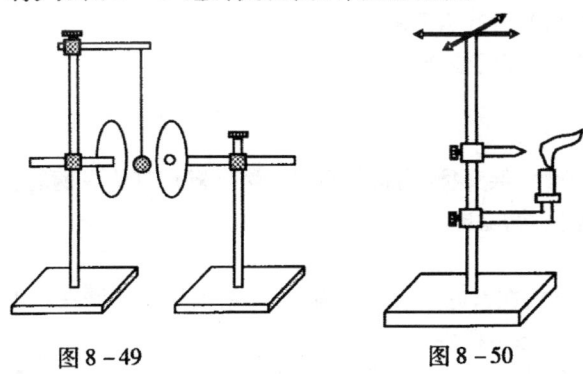

图8-49　　　　图8-50

(2)电轮、电风吹烛焰装置

用途:演示尖端放电现象。

演示方法:①接通电源,由于尖端放电产生的电风,使电轮向着尖端所指的相反的方向旋转。②点燃蜡烛,电针尖端处产生的电风迫使烛焰偏向一方。如图8-50所示。

(3)避雷针演示器

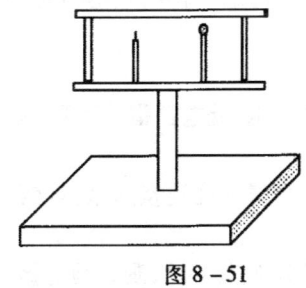

图8-51　　　　图8-52

用途:演示避雷针的基本原理

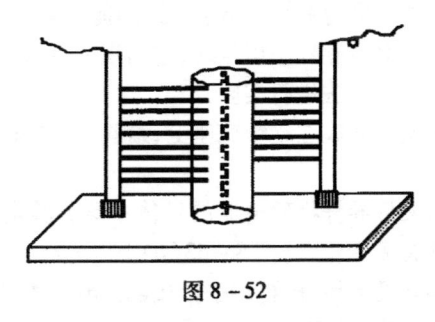

演示方法:①调节放电针与金属球等高,尖针模拟避雷针,球模拟建筑物。②

295

上、下电极板通电后,由于尖端放电,球与电极板之间不放电。③放低尖针,起电后即可看到金属球与上极板之间放电。如图8-51所示。

(4)电风转筒

用途:演示尖端放电。如图8-52所示。

演示方法:将排针接通电源,因排针尖端放电而产生电风,推动转筒快速旋转。解释实验现象。

实验后,请归纳使用韦氏感应起电机应注意的事项:

①使用前,应做好哪些检查工作?

②外引高压输出线应注意什么问题?

③手摇转柄应注意什么问题?

④使用完毕应注意什么问题?

⑤不能起电,应如何检查和排除故障?

开放选题

1. 人体带电

实验器材:丝绸,保鲜袋(内衬一硬泡沫塑料板),带绝缘柄的金属盘,石蜡块或干净的硬泡沫塑料块,验电羽等。

实验方法:

(1)把塑料袋放在靠近桌边的台面上,并用大号文具铁夹将塑料袋夹在桌边,然后用丝绸反复摩擦塑料袋;

(2)人站在石蜡块上,一手握验电羽的金属杆;

(3)将金属盘覆盖在塑料膜上,且与铁夹接触,再将金属盘提起,与人体接触;

(4)重复步骤(3)多次;可见验电羽张开。

(5)请按上述步骤进行实验,并分析实验原理。

2. 验电器是测电荷量还是测电势差的仪器?

当我们给验电器的导杆小球带电时,它的指针就会张开,所带电荷量越大,指针张开的角度也越大。鉴此,我们能否认为验电器就是一种测量电荷量的仪器?如果将验电器导杆小球接地,它的指针会张开吗?

按图示方法进行实验:

把验电器放在绝缘底座上,给验电器导杆小球带电,验电器指针张开[图8-53(a)]。

用叉形导杆将验电器的导体小球与验电器的金属外壳连接起来,观察验电器的指针有无变化?[图8-53(b)]

移开叉形导杆,再用手指接触验电器的导电小球使其接地,观察验电器指针张角有何变化?[图8-53(c)]

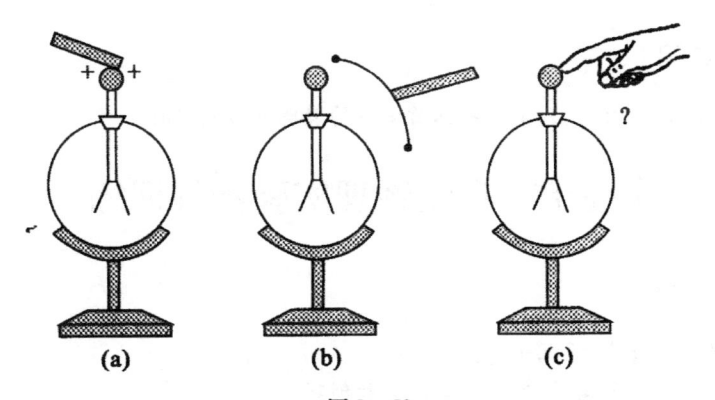

图 8-53

请分析上述实验现象,由此你能得到有关验电器本质的结论吗?

在什么样的情况下,验电器可以作为测量导体电势的仪器?

在什么样的情况下验电器可以作为测量电荷量的仪器?

3. 用静电摆推测带电荷量的多少

通常静电实验中导体所带的电荷量是很小的,小到什么样的数量级,你可以通过下面的实验求得:

用很细的尼龙丝悬挂两只小纸片,测量出每个小纸片的质量 m 和尼龙丝摆线的长度 l。

用手绢摩擦塑料板使其带电,再将小纸片放在塑料板上,用手指接触一下纸片。(如图 8-54)

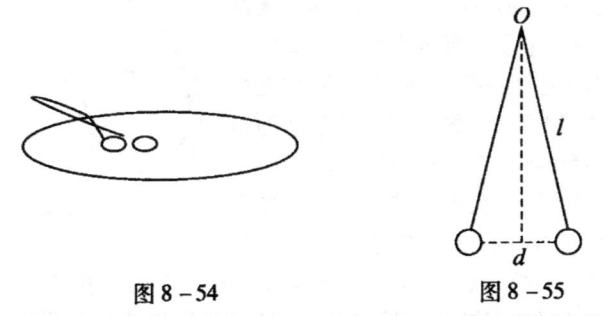

图 8-54   图 8-55

用手提住尼龙丝摆线的上端,将两纸片提起,由于两纸片带同种电荷而相互排斥(如图 8-55)。测量出两纸片之间的距离 d。

请推导出测量电荷量的公式,并根据实验测量的数据求出纸片所带电荷量的数量级。

[思考练习]

查阅中学物理教材,列举一些你所知道的静电实验的名称。

实验十 自制物理实验器具训练

[实验目的]

1. 自制简易滑轮、浮沉子、直流电机;
2. 培养实验动手能力、实验教学能力和创新能力。

[课前预习]

1. 生活中的材料都可以做哪些物理实验呢?
2. 查阅中学物理教材,列举一些你所知道的自制教具。

[实验内容与过程指导]

一、自制简易滑轮

制作材料:易拉罐2个,废塑料油笔芯1支,铁丝20 cm。

制作方法:取易拉罐2个,废塑料油笔芯一支。用剪刀截取两个易拉罐的顶部,将其边缘修整规则且无刺,把两个易拉罐的上底背靠背取齐后,用电钻在圆心处打一孔,同时在圆面靠近边缘处以等间隔打三个孔,孔的粗细与油笔芯的粗细相同,如图8-56所示。在圆心以外的三个孔中分别插入一段油笔,长度以笔芯在两侧各露出2 mm为准,然后用电烙铁烫软笔芯的露出部分,使之成钉帽状,待冷却后,两圆面便被铆在一起。在圆心孔插一段油笔芯,再在笔芯内穿入一根比其内径略细的铁丝(或铝丝),然后将铁丝弯曲成一挂钩,如图8-56所示,一个简易的滑轮就制成了。该滑轮具有轻巧、转动灵活、精致美观等特点。

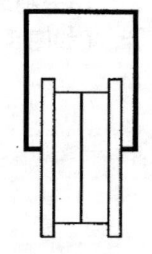

图 8-56

二、自制浮沉子

制作材料:大塑料饮料瓶,小玻璃药瓶。

制作方法:

1. 在小瓶开口端缠绕几圈细铁丝,倒置放入水中,如果小瓶下沉,则可逐渐减少缠绕铁丝的圈数。再在小瓶中装适量的水,倒扣后(小瓶口封盖后口朝下)放在大瓶的水中,小瓶中的水量需仔细调到小瓶能竖直浮在水中,且使之底部刚浮出水面,接近全部浸没在水中的程度为宜(露出水面的体积不能太大,如果浮沉子露出水面的体积太大,则实验时使它下沉所需的力会越大)。这样浮沉子就做好了。

2. 在大瓶中装水至将满而未满的程度,将做好的浮沉子开口端向下放入瓶中,拧紧瓶盖。

3. 用手挤压大饮料瓶,里面的浮沉子就会上浮,直至其底端略高于大瓶水面;松开挤压的大饮料瓶,浮沉子又会下沉。如图 8-57 所示。

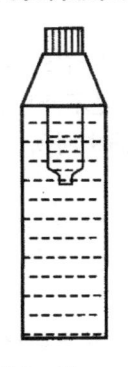

图 8-57 　　　　　图 8-58

三、自制直流电机

制作材料与工具:

小磁铁,漆包线,泡沫板,胶带纸,曲别针,火柴盒,干电池,尖嘴钳,小刀。

制作方法:

1. 以一长约 16 cm、宽约 10 cm 的长方形泡沫板为底座,在底座上放置小磁铁,找两枚曲别针分别弯成 L 形,使弯好的曲别针紧贴磁铁两侧固定在泡沫板上,使其作一线圈支架并兼作线圈与电源间的连线。

2. 将直径约 0.2 mm、长约 100 cm 的漆包线在火柴盒上绕 10~12 圈,两端各留 2 cm 作为引出线,2 根引出线从线圈的正中引出,且两引出线的连线 OO' 基本通过线圈的重心,使两引出线作转轴时能保证线圈平稳转动,用胶带纸将线圈扎紧(线圈也可以做成六角形或其他形状)。

3. 把线圈平放在桌面上,用锋利的小刀将线圈一端引出线(兼作转轴)上的绝缘漆全部刮去,另一端引出线的绝缘漆只刮去上半圈(注意:贴近桌面的下半圈上的绝缘漆要保留着),即制成一"自动通断电装置"。

4. 把线圈的两引出线分别装在曲别针支架上方的圆环中,使其可以灵活转动。

如发现线圈两侧不平衡,可略为移动轴OO′的位置或在轻的一侧粘贴胶带纸作为配重。调整线圈与磁铁间的距离,找到一个最佳位置,使线圈不仅能转动,而且能转得较快。

5. 接通电源,稍稍拨动线圈,观察现象。

发现线圈能连续转动。改变电池极性,线圈转动方向随之改变;改变磁铁极性(上下倒置),线圈转动方向亦随之改变。如图8-58所示。

说明与延伸:

1. 在调整线圈与磁铁间的距离的过程中,如果发现线圈和磁铁处在某一相对位置时,经拨动转起来的线圈很快停止,则可反向拨动线圈,再行调整,也可以把磁铁的两极交换位置,仍按原方向拨动线圈,进行调整。

2. 由于线圈的一端引出线有半圈绝缘漆未刮去,当这一半与支架接触时,便没有电流进入线圈。因此,当线圈静止在这一半周位置时通电是不能启动的,线圈只有在另外的半周才受到转动力矩,且线圈平面处于竖直平面中时所受转动力矩最大,这时静止线圈最易启动。线圈能连续转动主要靠惯性。

[思考练习]

利用生活中的材料还能制作哪些物理教具?请你利用生活中的材料自制一件物理教具。

实验十一　伏安法测电阻及小灯泡功率实验训练

[实验目的]

1. 掌握伏安法测电阻的原理,懂得怎样根据待测电阻的估计值及电流表和电压表的内阻,确定测量电路。

2. 掌握测定小灯泡功率的实验方法。

[课前预习与思考问题]

1. 请仔细观察一下电流表、电压表的外形结构,如果它们都是由表头和两只附加电阻构成的双量程电表,请推测并在图8-59(a)、(b)中分别表示出它们的连接关系。其中,3 A量程表的最小分度是(　　),最大绝对误差是(　　);0.6 A表的最小分度是(　　),最大绝对误差是(　　);0~3~15 V表的最小分度分别是(　　)和(　　),最大绝对误差分别是(　　)和(　　)。

2. 伏安法测电阻有几种方案,怎样确定系统误差?

电流表
(a)　　　　　　　电压表
(b)

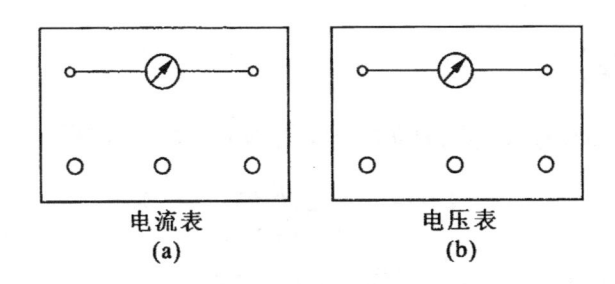

图 8 − 59

3. 画出测定小灯泡功率的电路图,标出所用器材规格,用两种方法测出小灯泡在额定电压、高于额定电压 $\frac{1}{5}$ 和低于额定电压 $\frac{1}{5}$ 时的功率。想一想,为什么小灯泡的伏安特性曲线不是一条直线?

4. 测量读数应有几位有效数字?

5. 列表并记录(三次)测 20 Ω 电阻的数据,并算出平均值,进而计算出最大相对误差的范围,看看你实验的结果在不在误差范围内。

[实验内容与过程指导]

所用器材:直流电流表(量程 0 ~ 0.6 ~ 3 A,2.5 级,满量程表头压降 U_g = 75 mV),直流电压表(量程 0 ~ 3 ~ 15 V,2.5 级,满量程表头电流 I_g = 3 mA),滑线变阻器(0 ~ 50 Ω,1.5 A),电阻箱(9999 Ω),电阻圈(5 Ω、1.5 A;10 Ω、1 A;15 Ω、0.6 A),学生电源,开关,电池,小灯泡(1.2 V、2.5 V、3.8 V),小灯座等。

一、伏安法测电阻的实验

1. 根据实验方案确定待测电阻的范围

伏安法测电阻的基本方案,一是电流表外接法,二是电流表内接法,分别如图 8 − 60(a)、(b)所示。

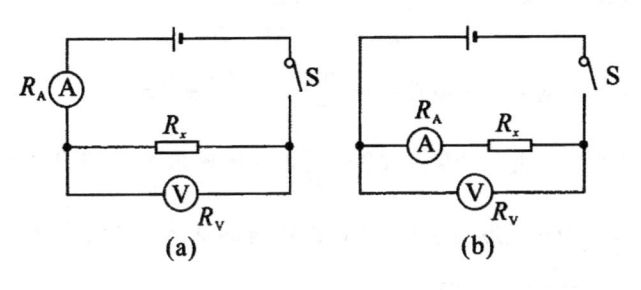

图 8 − 60

[知识链接]

对于图 8-60(a)的方案,测量值 $\frac{U}{I}$ 为 R_x 与 R_V 的并联总阻值,即

$$R' = \frac{U}{I} = \frac{R_x R_V}{R_x + R_V}$$

系统相对误差:$\delta(R_x) = \frac{|R' - R_x|}{R_x}$,代入可算出:

$$\delta(R_x) = \frac{R_x}{R_V + R_x} = \frac{1}{1 + \frac{R_V}{R_x}} \times 100\%$$

它是因为电路中电压表的分流作用而产生的系统误差(常称线路误差)。中学常用电压表 0~3.0 V、$R_V = 1.0$ kΩ。

若采用电流表外接要使线路误差在 1% 以下,则待测电阻 $R_x \leqslant \frac{R_V}{100}$,即在 10 Ω 以下。

如图 8-60(b),测量值

$$R' = \frac{U}{I} = R_A + R_x$$

系统相对误差

$$\frac{|R' - R_x|}{R_x} = \frac{R_A}{R_x} \times 100\%$$

中学常用电流表的内阻 R_A 在 0~0.6 A 挡,一般为 0.125 Ω。要使线路误差不超过 1%,待测电阻值为 $R_x \geqslant 100 R_A$,即 R_x 在 12.5 Ω 以上。

2. 根据电流表的准确度级别来选择待测电阻规格和确定实验误差范围。

[知识链接]

设电表的准确度级别为 K,则测量中的最大绝对误差为满量程的 $K\%$,即

$$\Delta I = I_m \times K\% \qquad \Delta U = U_m \times K\%$$

由间接测量的误差传递公式可知 $\frac{|\Delta R|}{R} = \frac{|\Delta U|}{U} + \frac{|\Delta I|}{I}$。

测电压产生的最大相对误差:$\delta U = \frac{\Delta U}{U}$。实验时选用 0~3.0 V 挡,考虑到准确度为 2.5 级,则 $\Delta U = 2.5\% \times 3.0 = 0.075$ V,待测电压应在满量程的 $\frac{2}{3}$ 以上(2~3 V),误差范围在 $(\frac{0.075}{3.0} \sim \frac{0.075}{2.0}) = (2.5\% \sim 3.8\%)$ 之间。

测电流产生的最大相对误差: $\delta I = \dfrac{\Delta I}{I}$。若选用 $0 \sim 0.6$ A 挡, $\Delta I = 2.5\% \times 0.60$ $= 0.015$ A,待测电流在满量程的 $\dfrac{2}{3}$ 以上($0.4 \sim 0.6$ A),其误差范围为 $\dfrac{0.015}{0.60} \sim \dfrac{0.015}{0.40} =$ $2.5\% \sim 3.8\%$ 之间。

那么,电表产生的误差在 $5\% \sim 7.6\%$ 之间。待测电阻的规格应是:

阻值 $R_x = \dfrac{3.0 \text{ V}}{0.60 \text{ A}} = 5.0 \ \Omega$,功率 $P_x = 3.0 \text{ V} \times 0.60 \text{ A} = 1.8 \text{ W}$。

3. 根据上述条件来确定电源电动势和滑线变阻器的规格

待测电阻 $R_x(5.0\ \Omega)$、最大电流 $I_{max}(0.6$ A)、最小电流 $I_{min}(0.4$ A)、当滑线变阻器 $R_0 = 0$,电阻两端电压为: $I_{max} \cdot R_x = 0.6 \text{ A} \times 5.0\ \Omega = 3.0 \text{ V}$。则电源电动势应满足: $E \geqslant I_{max} \cdot R_x = 0.6 \times 5.0 = 3.0 \text{ V}$(用干电池,选用 4.5 V)。

根据最小电流的要求,确定变阻器 R_0 的参数:

$$I_{min} = \dfrac{E}{R_x + R_0} \quad \text{则} \quad R_0 \geqslant \dfrac{E}{I_{min}} - R_x = \dfrac{3.0}{0.4} - 5.0 = 2.5\ \Omega$$

可选用大于 $2.5\ \Omega$, 0.6 A 规格的滑线变阻器。J2354 型滑线变阻器有 $0 \sim 10\ \Omega$, 2 A; $50\ \Omega$, 1.5 A 两种。这两种规格都能满足本实验的要求。

开放选题

根据上面的分析和实验条件来测定 $20\ \Omega$ 的电阻(允许电流为 0.3 A),请认真设计和选用仪器的量程,并计算出最大相对误差,再与惠斯通电桥测出的值进行比较。

二、测定小灯泡功率的实验

可选用额定电压为 2.5 V、电流为 0.3 A 的小灯泡为例进行分析。

这样规格的灯泡额定功率 $P_0 = IU = 0.3 \times 2.5 = 0.75$ W,灯丝电阻大约为 $8\ \Omega$,根据前面分析,若不考虑灯丝电阻的实际差异和变化,自然采用电流表的外接法。

其最大相对误差为:

$$\delta(P_{总}) = \delta(P_{路}) + \delta(P_{表}) = \dfrac{R_x}{R_V + R_x} + \dfrac{\Delta U}{U} + \dfrac{\Delta I}{I}$$

$$= \dfrac{8}{1000 + 8} + \dfrac{0.075}{2.5} + \dfrac{0.015}{0.3} = 0.8\% + 3\% + 5\% = 9\%$$

最大绝对误差: $\Delta P = P_0 \times 9\% = 0.07$ W。

测得功率: $P = P_0 \pm \Delta P = 0.75 \pm 0.07$ W。

根据上述分析方法,估算用"1.2 V,0.3 A"和"3.8 V,0.24 A"灯泡测额定功率时的误差范围,再从以上三种灯泡中选出合适的一种,接下述两种方法,测出小灯泡的额定功率及高于额定电压 $\dfrac{1}{5}$ 和低于额定电压 $\dfrac{1}{5}$ 时的实际功率。

(1) 直接测出灯泡两端的电压 $\left[U_{额}、\left(1 + \dfrac{1}{5}\right)U_{额}、\left(1 - \dfrac{1}{5}\right)U_{额}\right]$ 和通过灯丝的

电流,算出灯泡的功率。

(2)测一组电压和电流值,作伏安特性曲线,用内插法找出对应于 $U_{额}$、$\left(1+\dfrac{1}{5}\right)U_{额}$、$\left(1-\dfrac{1}{5}\right)U_{额}$ 的电流值,由此算出对应的小灯泡的功率。

[思考练习]

1. 在进行演示实验的过程中首先要对电表进行调零,如何进行调零?
2. 在进行电路连接的过程中应强调哪些注意事项?

实验十二　牛顿第三定律数字化实验训练

[实验目的]

验证牛顿第三定律。

[实验器材]

数据采集器,静力传感器,计算机。

[实验原理]

力是相互作用的。作用力与反作用力大小相等,方向相反。

[知识链接]

1. 数据采集器

朗威DISLabV6.0数据采集器与计算机以USB方式通信,采用四路并行输入,可同时接插四种传感器。

图 8-61

传感器接入口和计算机 USB 通讯线接口相连(见图 8-61),因此不需要外接电源。采集器连入计算机 USB 接口后,即进入待机工作状态。透过透明机壳,可见蓝色的工作指示灯发亮。随着传感器接入采集器并产生数据交换,可见透明机壳内红色的数据指示灯出现闪烁。

2. 力传感器

力传感器(图 8-62)的敏感器件为压力应变计,其外观设计严格按照人机工程学的原则,采用独创的手柄构造,轻松持握,便于使用,并能够与铁架台、力矩盘等教具紧密配合使用,既可测量拉力又可测量压力。软件中规定:拉力读数为正值,压力读数为负值。

注意:使用前应对传感器进行软件调零。请注意软件的超量程报警提示,切勿超量程使用。实验结束后务必除去砝码等重物,避免传感器长时间处于受力状态。

图 8-62

[实验过程及数据分析]

1. 取两只静力传感器,分别接入数据采集器第一、二输入口;
2. 选择"示波显示"方式,将"数据采集设置"中的采集频率挡位调为"慢";
3. 启动"组合显示",选择"物理量—时间"方式"1"、"2"通道;
4. 点击"开始数据采集",两手各持一只力传感器,两手传感器的测量钩互相钩住,两手用力拉或压,如图 8-63,得组合显示波形,如图 8-64 所示。观察测量波形,发现两组波形基本重合,表示两力的大小是相等的;

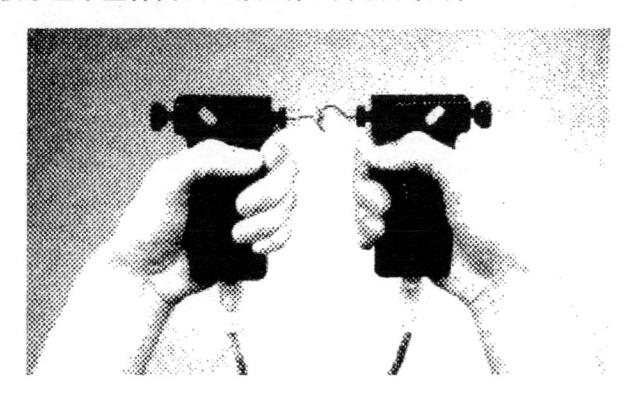

图 8-63

5. 打开"组合显示设置",将第二通道设为"镜像显示";

305

图 8-64　　　　　　　　　　　　图 8-65

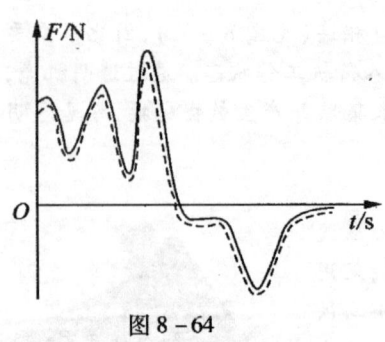

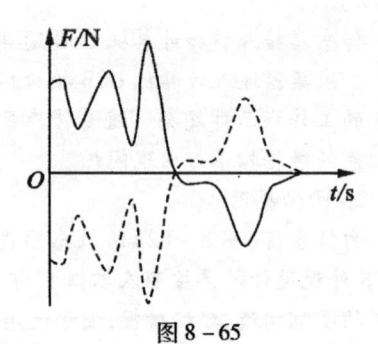

6. 返回组合显示窗口,重复实验,可发现两组波形在坐标系内呈上下对称,见图 8-65;

7. 点击"停止数据采集",回放所测得的波形;

8. 结合实验结果,总结牛顿第三定律在实验中的体现。

[实验建议]

1. 实验中应保持两传感器的手柄平行,注意测钩的角度,以免产生扭力;

2. 取下测钩,设法在锁紧螺栓上固定上强力磁铁,重复实验,观察磁力是否符合牛顿第三定律;

3. 改变实验次序,尝试另外一种教学思路:先观察镜像图像,得出两力方向相反;再取消镜像模式,借助两图线的重合现象,验证两力大小相等;

4. 尝试引导学生画出上下不对称的图线,对应此时的操作手法分析图线不对称的原因,加深对正确操作方法的理解和认识。

[思考练习]

能否用 DIS 演示实验代替学生的动手实验?

第九章　常见材料自加工技术简介

[内容提要]

本章简单介绍了对金属、有机玻璃、玻璃管、木料与泡沫塑料等常见材料的加工技术，根据制作需要，主要介绍了如何切割、打磨、打孔、固定或弯曲与黏合等。

[学习指导]

当实验器具设计方案确定之后，接着就是选材与加工制作。动手加工制作能力的高低，直接影响着研制成果的优劣与制作周期，所以，提高动手加工制作的技艺是非常重要的。本章介绍的内容，是对于常见材料的简单加工技术，涉及采用什么工具以及工具的使用方法，这些方法需要进行操作练习才能达到熟练的程度。因此，对本章的学习需要加强实践，在"做"中学。

在实验教学中，对仪器、教具的改进研制主要依靠设计者本人或指导他人和学生来完成，因为面临的工艺问题一般都比较简单，一学就会，多干就熟，熟能生巧；对于一般零部件（如螺杆、螺母、电源接线柱、开关等），应该使用标准件，市场上很容易买到；对于非标准件且要求精度，则需要到有关厂家定做，但这种情况下，需要我们事先绘出图纸，标清尺寸、规格、材料和精度要求。

制作教具常用到的材料有：金属（如铁、铜、铝等）和非金属（如木料、有机玻璃、玻璃管、泡沫塑料等）。下面就介绍一下对它们进行自加工的简易方法。

第一节　金属的简易加工方法

对金属的加工，不外乎要切割、打磨、打孔、固定等，完成这些工作必须具备相应的工具。

一、切割

对于角钢（铁）或扁钢（铁）等具有一定厚度以及直径大于 5 mm 的金属棒，如果要按需要的尺寸切割它们，常用的工具是钢锯。当被切割件比较短小时，则需要用台虎钳将被切割件固定后再用钢锯切割，否则在切割过程中因被切割件摇动容易弄断锯条。使用钢锯切割金属时，用力不宜过猛，要掌握好推拉的方向，在金属即将锯断前,一定要放慢切割速度,被割件的悬空端要用另一只手把持住,避免使其落地。

对于薄铁皮、铜皮以及薄铝板,则需要使用钢剪将其按需要形状和尺寸裁剪下来。

二、打磨

以上的切割属于粗加工过程,因很难保证切割件的尺寸正好符合要求,即使尺寸合适,也难免有一些毛刺或尖利的棱角,所以需要打磨平整或使其光滑无刺。需要的工具是各种规格及大小的钢锉,表面抛光要用到砂布(或砂纸),根据被加工件的大小、形状和需要打磨部位的光滑程度,选择合适的钢锉和砂粒粗细适中的砂布(或砂纸)。

三、打孔

在金属加工件上打孔分有螺纹及无螺纹两种。如果仅仅是要求打一个孔,则需要具备一台手枪钻或台钻以及各种直径的一组钻头。选择粗细合适的钻头安装在电钻机上,将加工件适当固定,在指定位置钻孔即可。如果需要加工一个具有螺纹的孔,则除了具备钻孔工具以外,还要具备各种粗细的丝锥。具体加工方法是:①用游标卡尺测准要用的螺杆外径 Φ 和内径 Φ_1[注:$\frac{\Phi-\Phi_1}{2}$ 即为螺纹的高度];②选择直径为 Φ_1 的钻头在指定位置打孔;③选择直径为 Φ 的丝锥在孔径为 Φ_1 的孔内掏丝,此工作完成后,即完成具有螺纹孔的加工任务。

四、固定

关于金属的固定可能有许多种情况,比如:①角钢与角钢、角钢与扁钢之类薄金属之间的固定;②金属棒与薄金属或与厚金属之间的固定;③金属与非金属(如木料等)之间的固定,等等。不论是何种材形及何种方式的彼此固定,我们总可以想办法通过打孔,用螺杆、螺母或螺丝钉将其固定。比较复杂一点的是金属棒与厚金属进行垂直固定,上面我们已经介绍了如何加工有螺纹孔的方法,如果我们将金属棒的一端加工成带螺纹的螺杆,固定问题就解决了。将金属棒或杆的一端加工成带螺纹的螺杆,具体方法是选取与金属棒或杆相应粗细的"板牙"。板牙是加工螺杆的专用工具,有了它,加工螺杆就非常简单了,只要将板牙中孔对准相应粗细的金属棒或杆,顺时针旋进就刻成螺纹,然后逆时针旋转退出板牙,螺杆就加工成了。

第二节 有机玻璃的简易加工方法

有机玻璃具有表面光滑、透明、不易破碎、绝缘性能好等特点，加工的成品规整美观，也比较容易进行手工加工。因此，有机玻璃越来越多地应用到教具与仪器上。

一、切割

根据有机玻璃的材料特点，对其切割可以采取以下三种方法：

(1)锯割：厚度在 4 mm 以上的有机玻璃，可以用切割金属的钢锯切割。

(2)划切：用手工钢锯条在砂轮上磨一把带钩的划刀，如图 9-1 所示，用它作为划切工具（商店里可以买到专用划刀）。握住划刀沿着待加工的直线反复向一个方向划，开始划切时为了保证直线可使划刀靠在一直尺上来划，直到有机玻璃板上划出一道深痕。翻过来按同一部位再划一道深痕。如图 9-2 所示，将有机玻璃的切痕处移至桌边，用手轻轻向下一扳，即可将其断开。

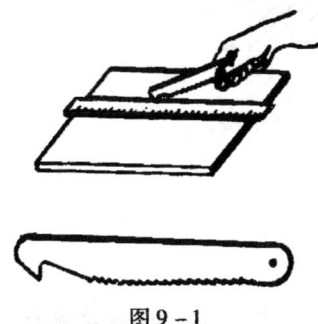

图 9-1

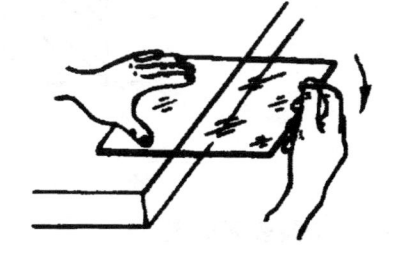

图 9-2

(3)热切：如果需要在有机玻璃板上加工出形状比较复杂的孔或曲边，可以把一段电炉丝拉直后固定在弯弓上，用调压变压器调节电源输出电压在 10 V 以下使电炉丝微红。如图 9-3 所示，将电炉丝沿预先画好的待加工线移动，即可加工出所需要的形状来。

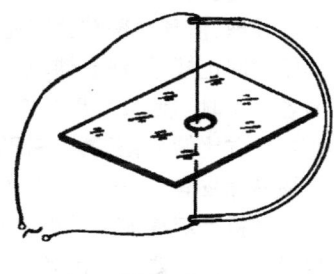

图 9-3

二、弯曲

当弯曲的曲率较小而有机玻璃板又较薄时，可将其放在酒精灯的火焰上方走动加热，直到板开始软化时，将弯曲部分放在预先准备好的曲面模体上（如圆柱体），冷却后即可成形。如果有电吹风，用热风吹也可弯曲成形。

如果弯曲的曲率较大,可以把板上待弯曲的棱线靠近拉直的电炉丝进行加热,如图9-4所示,当加热部位软化时,将其迅速离开热源弯折成所需要的角度,待冷却后再松手。如果有机玻璃板较厚,又要求弯角规整,可预先在板上待弯曲部分的内侧划一道V形槽,用上述办法烘烤,待软化后衬在两块角形木材间进行弯曲,这样棱角明显,效果较好,如图9-4所示。另外,用热水加热也可使有机玻璃软化。

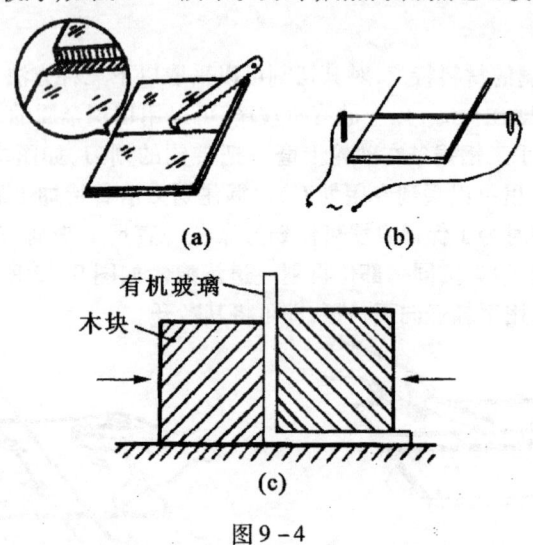

(a)　(b)

有机玻璃
木块

(c)

图9-4

三、黏合及表面抛光

有机玻璃裁切下来的各组件一般还不能直接黏合,因为黏合接触面必须进行打磨处理,使其紧密贴合方能用胶水黏合。将两黏合表面打磨加工整齐,以欲黏合的结构固定好,用注射器取三氯甲烷溶液注入接缝,片刻后即可粘住,但要粘牢还需若干小时。如果发现粘接处有较大缝隙,可以填补一些有机玻璃胶。有机玻璃胶的配方比例为:三氯甲烷90%,有机玻璃粉末10%。需要注意的是,三氯甲烷是易燃易挥发有毒液体,使用时远离明火,保持室内通风良好。

有机玻璃在加工过程中难免在其表面产生轻微的划痕或被胶水玷污,因此,粘好后的表面需要进行抛光,具体方法是用绒布沾少许抛光膏反复研磨,也可用牙膏加水调和后代替抛光膏使用。抛光后可使有机玻璃表面光洁,透明度提高。

第三节　玻璃管的加工方法

玻璃管在物理实验中的应用很广,因此,了解和掌握一些加工玻璃管的简易方法十分必要。

一、割截

割截玻璃管最简便的方法是用三角钢锉的棱刃在玻璃管面上垂直玻璃锉一段数毫米长(玻璃管直径的 $\frac{1}{3} \sim \frac{1}{4}$)的锉痕,锉

图 9-5

刀应该紧压在玻璃管上向后拉,并且要保持在与玻璃管垂直的同一条直线上,不可前后推锯,以免损坏锉刀。然后用两手大拇指抵住锉痕所对的另一面管壁,如图 9-5所示,迅速用力拉折,管即断裂。

如果玻璃管需要切断的一端较短,手不能用力,或者管径很大,管壁很薄,再用上述方法则容易破碎或戳破手,这时可用另外拉细或本来就较细的玻璃管尖端放在锋焰(即火焰尖端)上烧成炽热的玻璃珠,将它迅速压在锉痕上,玻璃管就会沿着锉痕整齐地断裂下来。有时,这种手续需要连续做几次才能逐渐引导裂痕成为一个完备的圆截线。

对于管径很大、管壁很薄的粗玻璃管或玻璃瓶的割截,也可以用热切的方法。此方法需要一根镍铬电阻丝,长约 60 cm,直径约为 0.5 mm。在电阻丝的两端做两个临时的绝热手把,在其中一个手把上装一个开关。将电压为 12 V、电流为 5 A 的电源(汽车用电瓶或低压变压器)与电阻丝接通。注意接头和开关都要能承受通过的电流。电流接通后几秒钟,电阻丝应烧红。如果烧不红,应先检查电源和接头。如果电阻丝的热度总是不够,就必须截短一点。在需要切割的玻璃管或玻璃瓶预定位置上用锉刀划一道沟痕;将电阻丝沿着锉刀划痕处环绕在瓶上。

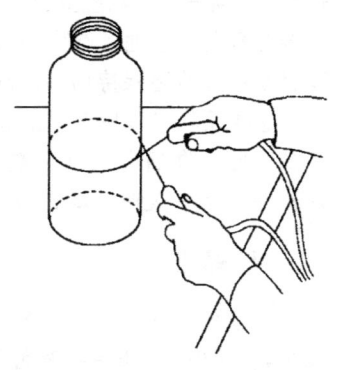

图 9-6

如图 9-6所示,但注意电阻丝的两端不要相碰,避免形成短路。接通电流,在正常的情况下,几秒钟后瓶子就会沿电阻丝咔嚓一声裂开。如果在 15~20 s 还不发生断裂,则切断电源,很快取下电阻丝,把瓶子放在自来水龙头下冲,或在受热处滴几滴凉水,玻璃受冷收缩,就会沿原定的位置裂开。

二、拉细

将玻璃管放在火焰上不停地转动,等四周均匀软化后,离开火焰缓缓向两端拉伸,如图 9-7所示,同时仍继续绕轴旋转。总之,应使所拉成的细管直径均匀(即粗细均匀),并与玻璃管原来的轴线对称。

如果要将玻璃管的一头拉细,可先把这一端管口附近照上法加热软化,然后用

另一段红热的玻璃管与它接触后粘住（或用镊子夹住）再拉。

如果要使玻璃管在拉细的地方断开，只要将它移到火焰尖端上一烧就成，也可以按上述方法割截。

三、弯曲

图 9-7

玻璃管的弯曲和拉细的步骤在开始时几乎完全相同，不过弯曲一般不必将玻璃管烧得太软，只要加热到刚开始软化、而且还具有相当韧性（不会自动变形）就够了。

管壁厚而管径较细的玻璃管可以在低温的火焰上加热，随着管壁的软化，用手轻轻用力弯折即可弯成预定的角度，如图9-8所示。对于管壁薄的玻璃管，当加热到一开始软化，就应立即离开火焰，用手握一端使另一端自行向下弯曲。在弯曲薄而粗的玻璃管时，由于周围温度不能始终保持均匀，因此常常发生高低折叠等现象。这些缺陷可以用锋焰的尖端对准它加高温，使它彻底融后自行收缩以及从一端吹气（另一端应预先封闭好），一次又一次地反复对局部加以校正。

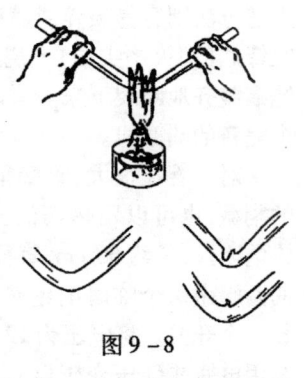

图 9-8

四、缘边

由于割截下来的玻璃管口十分锋利，为避免使用过程中划破手，需要对其打磨或对其"缘边"。如果对玻璃管口的光滑要求不高，那么使用小钢锉或砂纸（砂布）将其打磨一下即可；如果要求玻璃管口光滑无刃，只要将玻璃管口放到粗焰处微微烘烧，其刃角处由于受热软化，自然会收缩而变得十分光滑。

对于玻璃管的其他加工技术（如封底、补洞、熔接、吹泡等），这里就不进行介绍了，用到时，可查阅有关资料。

对玻璃管进行变形加工时，需要注意以下事项：①预热。由于玻璃的导热性很差，如果各部分冷热不均匀就容易碎裂，因此，在给玻璃管加高温之前，必须进行预热，即将玻璃管需要加热的部分预先在火焰（粗焰）上往复扫掠烘热，再停留在火焰上转动加热数秒钟，最后逐渐升高火焰温度并把玻璃管移到火焰尖端上去。即使在工作进行当中，每次离开火焰后再回到火焰上加热时，也必须经过预热步骤方可放到高温火焰处进行烘烧。②冷却。加工完毕后必须按预热相反的步骤将高温玻璃管冷却，即在加工处较大的范围内先预热，使一定长度的玻璃管的温度与待冷却处的温度缩小温差，然后逐渐地远离火焰，使一定长度范围内的玻璃管均匀地降温,最后才将它移放在没有风的地方继续自然冷却。如果不经过这种方法处理,被加工的玻璃管突然冷却,玻璃管就会自己碎裂(或在相当长时间以后破裂)。所以,预热和冷却是对玻璃管进行热加工必不可少的两个过程。

第四节　木料、泡沫塑料等材料的加工方法

一、对木料的加工

木料也是实验中常用到的,因此有必要了解和掌握一些简单的加工方法。

1. 割截

由于木料较金属松软,因此用钢锯和木工锯都可以对其割截。当然,对于锯割行程长的情况,最好用木工锯,因为木工锯齿牙较大且锯条较长,切割木料省时方便。

2. 打磨与抛光

要使木料加工件的表面光滑平整,需要用木工刨,而一般实验室都不具备这一工具,所以实验室中常常采用半成品或下脚料,这样,按规定尺寸割截下来,截面的打磨和棱角的打磨,用木锉和粗细砂纸即可完成。

3. 接合

木料的接合,正规的做法是开铆加胶咬合,由于实验室中一般没有相关工具,所以常常采用比较简单的办法,即将接合面加上乳胶,然后用钉子或螺丝钉加固。有时也可用双件对齐打孔,用螺杆螺母紧固。对木料的打孔,用加工金属的手枪钻或台钻,配上粗细合适的钻头,很容易加工完成。

二、对泡沫塑料的加工

泡沫塑料比木料还要松软,所以对它的加工比较容易。

1. 裁切

如果加工面比较小,可用双面保险刀片切割即可,如果加工面较大或加工形状比较复杂(如切割一个字),则用热切的办法比较好。

热切的方法与加工有机玻璃板的方法相同,用拉直的电炉丝通电加热进行切割。如图9-9所示,不过加工时应注意电炉丝的温度不宜过高,加工件与电炉丝最好保持相对匀速运动,这样才能保证加工件表面光洁整齐。

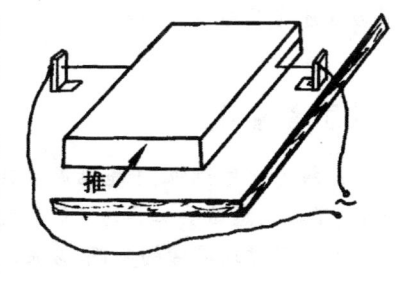

图9-9

2. 表面打磨

如果对加工件的形状及表面要求较高,而热切又达不到这样的要求,这种情况

下可以用双面刀片修整或用砂纸进行打磨加工。一般可用木块制作一个砂纸打磨器，先把0号或00号木砂纸包在打磨器上，再用打磨器对需加工的泡沫塑料表面进行打磨，如图9-10所示。

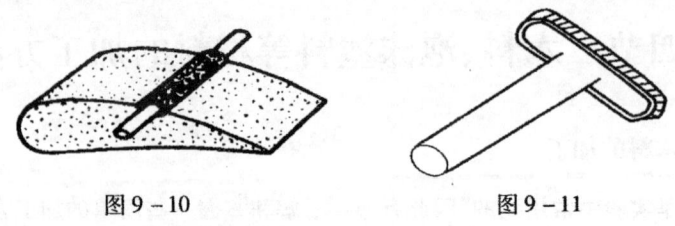

图9-10　　　　　　图9-11

三、在橡胶塞上打孔的方法

在自制实验器具中，经常遇到在橡胶塞上打孔的问题，由于橡胶比较柔软，不能用给金属和木料打孔的办法，更不能用锥子来锥孔，正确的方法是采用打孔器。打孔器是由一组粗细不同的薄壁钢管制成，钢管前端是圆形刀刃，末端是一个手柄，形成一个T字形，如图9-11所示。打孔时选定一个打孔器，手握打孔器手柄，将带刃的一端对准打孔点垂直用力旋进，便可穿透橡胶塞打成孔。注意在打孔时，在橡胶塞底部衬垫一块软木，以免打孔器穿透橡胶塞时损坏桌面或损坏打孔器刀刃。

以上是对几种常用材料手工加工的简易方法简介。真正对上述各种材料自加工技术的掌握和熟练运用，必须亲自去实践和体验。

[本章小结]

本章介绍了对金属、有机玻璃、玻璃管、木料与泡沫塑料等常见材料的加工技术。对于这些材料的加工，主要是进行切割、打磨、打孔与固定，对于玻璃管以及有机玻璃还有弯曲与黏合等。

[思考练习]

1. 练习使用钢锯、手枪钻或台钻、丝锥、扳牙、划刀、热切割器、钢锉及打孔器等工具，了解熟悉这些工具的性能和使用技巧。
2. 练习对玻璃管的割截、弯曲、拉细与缘边操作，制作一个U型管、"幻杯"及溢水杯。
3. 制作一个热切割器，用以切割有机玻璃板和泡沫塑料。
4. 利用常见材料以及相应的加工技术，制作一个实验器具。

参考文献

[1] 安忠,刘炳升. 中学物理实验教学研究[M]. 北京:高等教育出版社,1986.

[2] 陶洪. 物理实验论[M]. 南宁:广西教育出版社,1996.

[3] 张伟. 中学物理实验教学研究与演示教具设计[M]. 呼和浩特:内蒙古人民出版社,2001.

[4] 季子林. 自然科学方法论概论[M]. 呼和浩特:内蒙古人民出版社,1983.

[5] 国家教委教学仪器研究所. 初中物理自制教具[M]. 北京:人民教育出版社,1993.

[6] 国家教委教学仪器研究所. 高中物理课外实验[M]. 北京:人民教育出版社,1993.

[7] 国家教委教学仪器研究所. 初中物理演示实验[M]. 北京:人民教育出版社,1993.

[8] 国家教委教学仪器研究所. 高中物理学生实验[M]. 北京:人民教育出版社,1994.

[9] 刘贵兴. 电学小实验[M]. 上海:上海科学技术出版社,1986.

[10]《物理课外活动》编写组. 物理课外活动[M]. 重庆:重庆出版社,1984.

[11] 联合国教科文组织. 新编理科教学实验手册[M]. 北京:中国对外翻译出版公司,1983.

[12] 侯德彭. '93桂林中外物理教师学术交流会论文集[J]. 广西物理,1994.

[13] 山东远大网络多媒体股份有限公司:《朗威数字化信息系统实验室V6.0用户手册》.

[14] 罗星凯. 物理实验的教育教学功能探索[R]. 天津:南开大学国际物理实验教育学术研讨会,1990.

[15] 江天骥. 当代西方科学哲学[M]. 武汉:武汉大学出版社,2006.

[16] 张巨青. 当代西方科学方法论研究趋势[J]. 教育学文集,15.

[17] T.S.库恩,李宝恒. 科学革命的结构[M]. 上海:上海科学技术出版社,1980.

[18] 邵瑞珍. 教育心理学[M]. 上海:上海教育出版社,1997.

[19] T.S.库恩. 必要的张力[M]. 福州:福建人民出版社,1981.

[20] 罗星凯,周中权. 学生头脑中的自感概念——关于学生对自感现象理解的调查研究[J]. 江西师范大学学报(自然科学版),1988,2.

[21] 蔡锦涛. 联合国教科文组织新编理科教学实验手册[M]. 北京:中国对外翻译出

版公司,1983.

[22]皮亚杰.发生认识论原理[M].北京:商务印书馆,1981.

[23]雷永生.皮亚杰发生认识论述评[M].北京:人民出版社,1987.

[24]胡南琦.课程设置与教材改革[J].中国大学教学,1986,3.

[25]E. L. Jossem.通往科学的门径[J].国际物理教育通讯,1989,2-3.

[26]季子林.自然科学方法论概论[M].呼和浩特:内蒙古人民出版社,1983.

[27]朱智贤.心理学大词典[M].北京:北京师范大学出版社,1998.

[28]张伟.用弹簧秤演示超、失重现象的简单记忆装置[J].物理教师,1992,5.

[29]张伟,色生阿.投影式气体分子运动模拟演示器,《BROCHURE OF INTERNATIONAL COFERENCE ON PHYSICS EDUCATION THROUGH EXPERIMENTS》,1990. TIANJIN CHINA;

[30]张伟,张治国.投影式静电场等势线描绘演示器[C].基础物理教育改革新动向(ICPE 会议论文集),重庆:东南大学出版社,1995.

[31]国家教育委员会教学仪器研究所.1986-1988年全国优秀自制实验器具选编[M].北京:人民教育出版社,1992,12.

[32]郭章意.用毛刷显示摩擦力方向[J].物理教学,1984,1.

[33]朱正元.勤俭做实验[J].物理教师,1980,1.

[34]孙荣祖.中学物理实验[M].长春:吉林人民出版社,1983.

[35]王兴乃.示波器在中学的应用[M].北京:人民教育出版社,1980.

[36]饶立安.对 LC 阻尼振荡实验的一点改进[J].物理教师,1984,6.

[37]吴金福.介绍两个简易的失重实验[J].物理教学,1982,6:39.

[38]段天煜.组织中学生测量当地重力加速度[J].物理实验,1983,5.